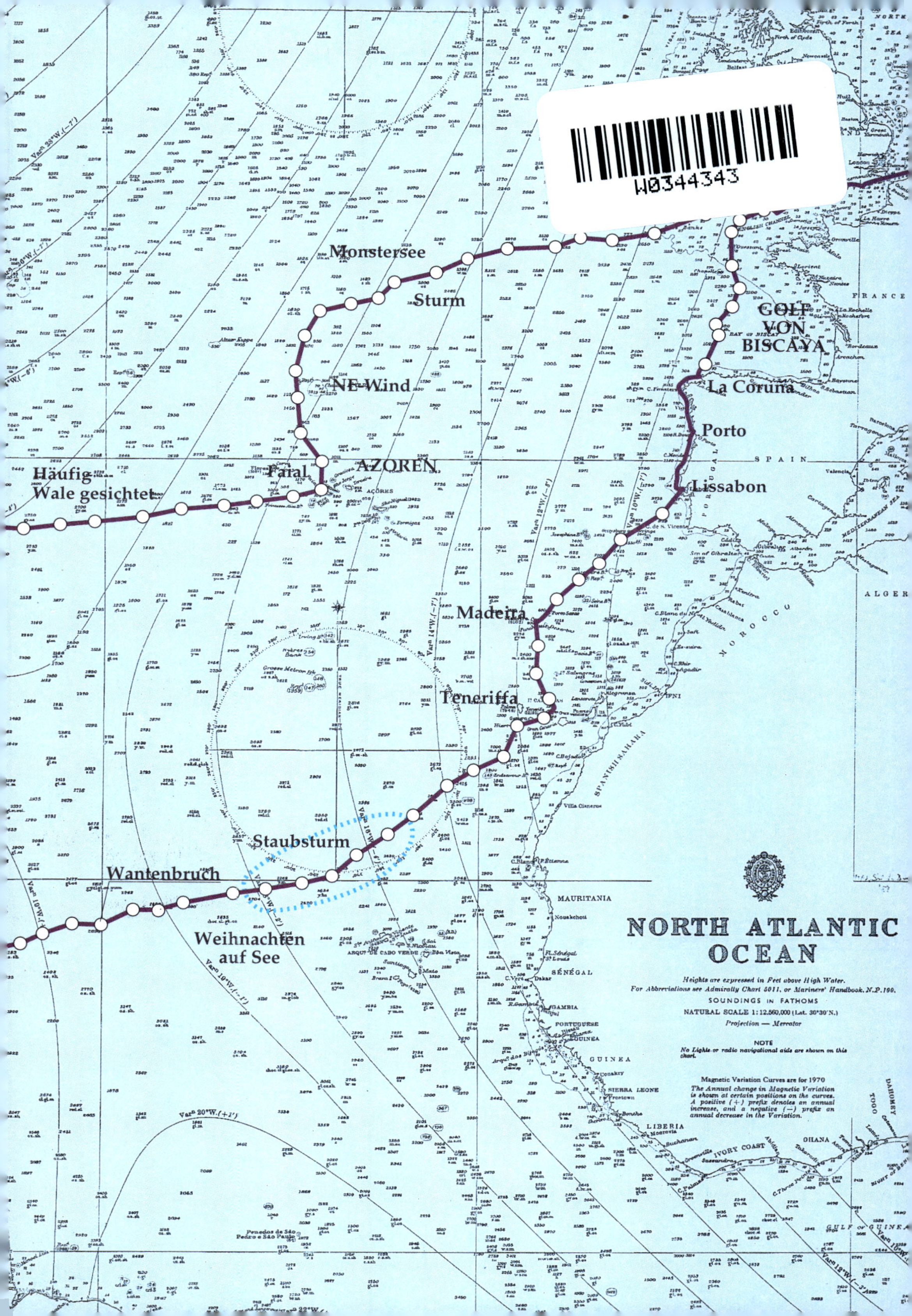
Monstersee
Sturm
NE-Wind
Faial
AZOREN
Häufig
Wale gesichtet
Madeira
Teneriffa
Staubsturm
Wantenbruch
Weihnachten
auf See
GOLF
VON
BISCAYA
La Coruna
Porto
Lissabon
FRANCE
SPAIN
MOROCCO
SPANISH SAHARA
MAURITANIA
SÉNÉGAL
GAMBIA
PORTUGUESE GUINEA
GUINEA
SIERRA LEONE
LIBERIA
IVORY COAST
GHANA
NORTH ATLANTIC
OCEAN
Heights are expressed in Feet above High Water.
For Abbreviations see Admiralty Chart 5011, or Mariners' Handbook. N.P. 100.
SOUNDINGS IN FATHOMS
NATURAL SCALE 1:12,560,000 (Lat. 30°30'N.)
Projection — Mercator
NOTE
No Lights or radio navigational aids are shown on this chart.
Magnetic Variation Curves are for 1970
The Annual change in Magnetic Variation is shown at certain positions on the curves. A positive (+) prefix denotes an annual increase, and a negative (−) prefix an annual decrease in the Variation.

CLEMENS RICHTER

FIRECREST AUF ATLANTIKREISE

CLEMENS RICHTER

FIRECREST AUF ATLANTIKREISE

Edition
Die Barque

Inhalt

Vorwort

Jugendtraum, wer hat ihn nicht gehabt, doch der, mit richtigem Seewasser getaufte, Autor vorliegender Reiseerzählung hat ihn sich erfüllt. Bereits in jungen Jahren ergriff ihn die » Große Sehnsucht « nach einem Blick hinter die fernen Horizonte.

Als er dann in einem alten Buch von kühnen Einhandseglern las, von Slocum, Voss und von Gerbault, die mit ihren kleinen Segelbooten die riesigen Wasserflächen der Ozeane durchmessen hatten, nahm sein Traumziel Gestalt an.

Um dieses Ziel auch gewiß zu erreichen, wählte er seinen Beruf als Mittel zum Zweck: Schulabschluß, Seemannsjahre, Kapitänspatent - für ihn waren das nur mehr Schritte auf dem Weg zum eigenen, selbstbestimmten Kurs über das Weltmeer.

Nach zweijährigem Bau in einer Scheune an der Schlei ließ Clemens Richter 1983 schließlich die - vom Boot des Franzosen Alain Gerbault inspirierte - FIRECREST - vom Stapel.

Zunächst begann er mit der intensiven Erkundung der Dänischen Südsee. Das Segelrevier seiner Jugend hatte auch nach jahrelangen Frachterreisen rund um den Globus nichts an Reiz für ihn verloren.

Aber die » Große Sehnsucht « konnten diese Törns nicht stillen. So setzte FIRECREST schließlich im Juni 1986 die Segel zu ihrer ersten Ozeanreise - einer Atlantiküberquerung.

Dabei hatte mittlerweile auch eine Crew angeheuert. Die segelbegeisterte Hamburgerin Christine Nissen folgte an Bord und hinaus in die blauen Weiten. Und so findet FIRECREST rund Fünen seine logische Fortsetzung mit dieser mitreißenden Schilderung einer Ozeanreise ganz besonderer Art.

Auch hier segelt FIRECREST den für Segelschiffe günstigen Kurs mit den vorherrschenden Windsystemen. Doch durch die Langsamkeit des Gaffelkutters und seine, gemessen an heutigen Serienbooten, veraltete Konzeption, erschließen sich dem Seglerpaar ungeahnte Erlebnisbereiche scheinbar längst vergangener Zeiten der Segelschiffahrt. Es wird eine einmalig schöne und abenteuerliche Reise voll großer Ruhe, aber auch mit atemberaubenden Situationen der Bewährung.

Und wie nebenbei erweist es sich, daß Ozeanreisen mit klassisch einfachen Hilfsmitteln auch im Computerzeitalter nicht nur möglich, sondern auch sicher, ja sogar angenehm sein können.

Der Verlag

Von Flensburg bis Norderney

Scharhörnbank

Der Horizont ist verschwunden. Keine Seemeile entfernt, verschwimmen Wasser und Himmel in weißem Nebel. FIRECREST treibt wie inmitten eines milchig-grellen Goldfischglases.

Ich blinzele aus dem Schatten des faltig herabhängenden Großsegels über die gleißende Dünung. Da ist er wieder - einige Bootslängen entfernt, treibt ein dunkler, runder Gegenstand auf dem Wasser. Wären wir in der Südsee, würde ich denken: treibende Kokosnuß. Aber FIRECREST, da bin ich ganz sicher, steht dicht westlich der Nordseeinsel Scharhörn über drei Meter Wassertiefe. Und die „Kokosnuß" macht deutlich Kielwasser und hat zwei schwarzglänzende Augen. Deshalb ist es ein Seehund.

Neugierig betrachtet er das Boot. Ich lasse Christine schlafen - sie kennt ihn schon. Seit dem späten Vormittag treiben wir hier draußen herum. Als uns die auflaufende Tide langsam auf Scharhörn drückte und das Wasser immer flacher wurde, hatte ich den Kaffeeanker geworfen.

Nun liegen wir unter vollen Segeln am Anker in der Flaute. Die Kette zeigt mäßig straff nach vorn. Unter dem Heck küselt schwaches Kielwasser, etwa wie bei dem Seehund.

Als ich mich erhebe, taucht er ab. Ich klettere unter Deck - auf dem Kartentisch liegen Reed's Nautical Almanac mit den Gezeitentafeln, das alte Seehandbuch und die nagelneue Seekarte. Westlich von Scharhörn prangt ein großzügiger Bleistiftkreis - irgendwo darin ankern wir.

Ich klopfe gegen das Barometer - gleichbleibend 1023 Millibar. Am Schott klemmt ein Barographenstreifen. Weil uns ein Barograph zu teuer war, tragen wir die Luftdruckwerte von Hand ein. Die Kurve, die dabei entsteht, hilft uns bei der Wettervorhersage. Ich verlängere den Bleistiftstrich, der seit vorgestern stetig ansteigt und jetzt abflacht. Nach Schlechtwetter sieht es nicht aus - aber auch nicht nach Wind.

Bei Morgengrauen auf der Elbe zeigte sich das Wetter noch anders. Notgedrungen kreuzten wir frischem Nordwest in die Zähne. Doch die ablaufende Tide schob uns erfreulich nach Luv, und als der Ebbstrom nachließ, standen wir schon nördlich von Scharhörn und konnten abfallen auf Südwestkurs - meine erste gelungene Gezeitenstrategie. Die Planung von Brunsbüttel nach Cuxhaven tags zuvor war weniger gelungen gewesen, doch davon später.

Wie berechnet, setzte nun der Flutstrom ein, der uns zusammen mit dem NW über Weser und Jade zu den Ostfriesischen Inseln schieben sollte. Doch leider verabschiedete sich mit dem Kentern der Tide auch der Wind. Um nicht inmitten der Schiffahrtswege hin und her zu treiben, hielten wir auf die Scharhörnbank. Hier waren wir ungestört. Als die Insel im Nebel verschwand, hörte der Wind ganz auf. Ich warf das Bleilot und ließ es hinterherschleifen. So sahen wir an der Richtung der Leine, wohin der Strom uns trieb.

In Pullovern saßen wir an Deck. Es war kühl im Schatten des Großsegels. Christine hatte sich in meinen Arm gekuschelt und die Augen geschlossen. Ich atmete den Duft ihres Haares. So trieben wir friedlich über den berüchtigten Schiffsfriedhof.

Da tauchte zum ersten Mal der Seehund auf. Neugierig schwamm er auf Bootslänge heran. Sachte stieß ich die Freundin an. Sie öffnete die Augen und beobachtete den Seehund, ohne ihre Stellung zu verändern. Dann deutete sie auf die Lotleine.

»Ist das in Ordnung?« flüsterte sie.

Die Leine zeigte querschiffs ins Wasser.

»Warum nicht?« antwortete ich.

Aber irgendwie stimmte der Sonnenstand nicht. Als ich mich nach dem Kompaß umdrehte, tauchte der Seehund ab. Wir trieben nach Nordosten, auf die Sände zu. Eine Minute später rasselte der Anker über Bord.

Jetzt lag Christine auf der Backbordkoje und atmete sanft im Schlaf. Vorsichtig zog ich die Wolldecke über ihre Schulter, drückte mich am Mast vorbei nach vorn in die Pantry und setzte Kaffeewasser auf. Aus der Ferne klang Dampfertuten, doch ein Blick aus dem Vorluk zeigte nur helles Grau.

Wir lagen gut in der Zeit. Trotzdem wäre ich lieber einen Monat früher aufgebrochen. Dann hätten wir uns beim Wettlauf mit den Jahreszeiten mehr Zeit lassen können. Andererseits - war das Datum nicht nebensächlich vor der Tatsache, daß wir unterwegs waren?

Wir sind unterwegs!

Mehrmals sagte ich mir das vor. Im gewohnten Ostseerevier war es mir noch nicht so bewußt gewesen. Im Nord-Ostsee-Kanal gab es dann viel Abwechslung, und in Brunsbüttel herrschte spannungsvolle Erwartung der Gezeiten auf der anderen Seite des Schleusentores. Auf Frachtschiffen hatte ich mehrmals die Welt umrundet, aber ich hatte noch niemals ein Segelboot in Gezeitengewässern geführt.

Zum ersten Mal seit Tagen erlebten wir jetzt so etwas wie gelassenes Aufatmen. Ich beherrschte mich, um meine Kameradin nicht zu wecken und ihr mitzuteilen: »Geliebte! FIRECREST ist auf Langfahrt!«

Wenn der Wind günstig steht, segele!

Das geplante Datum des Reisebeginns war der 20. Juni. Ein Freitag, aber das kümmerte uns nicht. Irgendwann hatten wir willkürlich diesen Termin festgelegt, und wir hielten uns daran.

Am Abend zuvor hatte der Wetterbericht gemeldet: Hoch über dem Nordmeer mit Ausläufer über der Deutschen Bucht. Vorhersage: Nord um 4, nordostdrehend, zunehmend.

Damit war der Kurs nordwärts durch die dänischen Inseln und dann quer über die Nordsee nach England abgehakt. Gegen Nordostwind nach Skagen wäre es ein endloser Kreuztörn geworden.

Vielmehr mußten wir den günstigen Wind nutzen, um schnell so weit wie möglich nach Süden zu kommen. Bis Ende August mußten wir die Biscaya »gemacht« haben, wollten wir nicht in die Herbststürme gera-

ten. So entschieden wir uns für den »Kaiser-Wilhelm-Kanal«.
Der 20. Juni war ein schöner Frühsommertag, kühl aber sonnig. Leichter Nordwind kräuselte die Flensburger Förde.

»Moin!«

Erich Neidhardt stand auf dem Steg. Wie FIRECREST war auch seine ELEFANT Gast im dänischen Yachtclub in Fahrensodde. Erich hatte sein Boot selber gebaut und war kürzlich von einer Weltumsegelung zurückgekehrt. Nach seinem Diavortrag hatten wir noch zusammengesessen, und Erichs helle Augen hatten gestrahlt, als ich ihm unsere Pläne verriet.

»Komm´ an Bord!«

»Soll´s jetzt losgehen?«

Erichs Seemannsauge hatte gleich gesehen, was anlag.

Ich holte zwei Bierdosen aus der Last und bat den Kameraden, den Kutter noch einmal zu begutachten.

»Du möchtest es nochmal hören«, schmunzelte Erich.
»Wenn's dir nichts ausmacht.«

»FIRECREST ist ein schwerer Verdränger, genau wie ELEFANT, nur kleiner. Sie ist massiv gebaut, hat einen langen Kiel und reichlich Freibord. Sie ist relativ neu, tadellos in Schuß. Mit dem Gaffelrigg habe ich keine Erfahrung, aber wenn ich den kräftigen, niedrigen Mast sehe... kein Problem.«

»Und das Dingi?«

»Da oben auf dem Kajütsdach steht es sicher«, meinte der Kamerad.

»Wir sind technisch ziemlich rückständig«, gab ich zu bedenken.

»Du hast doch alles, was man braucht.«

Da hatte »Schnauzi« andere Vorstellungen geäußert. Früher selbst Blauwassersegler, verkaufte er jetzt Hochseeyachten. Auf der FIRECREST vermißte er ziemlich viel von dem, was in seinen Augen eine leistungsfähige Hochseeyacht ausmachte.

»Willst du sie wirklich mitnehmen?« Schnauzi meinte Christine und fügte hinzu: »Das wird eher ein Kampf ums Überleben als Ozeansegeln.«

Trotzig blieb ich von der FIRECREST überzeugt. Aber meiner Kameradin gegenüber hatte ich von seinen Bedenken geschwiegen.

Um so wohler tat nun Erichs Sicht der Dinge. Als Christine erschien und vorsichtig einen hochbeladenen Proviantwagen über den Steg manövrierte, begleitete sie ein fülliger junger Mann mit Fototasche. Das Gerücht von unserer Abreise hatte die Redaktion des Tageblattes erreicht.

Während die Freundin Kaffee kochte und den letzten Proviant einräumte, füllte sich die Kajüte langsam mit Segelkameraden und Freunden. Große Ankündigungen schienen wenig angebracht, und wir unterbreiteten dem Reporter eine möglichst bescheidene Version unserer Absichten.

Der Abend kam. Die Freunde stiegen an Land, und während der Reporter seinen Film vollknipste, schlugen wir Segel an, machten seeklar und kürzten die Leinen auf.

Noch in der Hafeneinfahrt setzten wir Segel. Es war genau 18.00 Uhr. Auf der Mole fotografierten meine Vettern und auf der aufgeslipten ELEFANT trötete Erich mit dem Nebelhorn. Als das Toppsegel stand, waren alle schon ganz klein geworden. Immer noch winkten einige, auch Leute, die wir nur vom Sehen kannten. Da fühlte es sich dick an im Hals.

Die Konturen der waldigen Hügel von Mürwik und der Solitüde verschwammen im Abenddunst. Dort war meine Heimat gewesen. In dem alten Haus mit dem großen, verwilderten Garten wohnte ich zusammen mit meinem Freund Gustav-Adolph und seinen Söhnen - ein herrlicher, freier Junggesellenhaushalt. Vor wenigen Wochen war der alte Herr 96jährig gestorben.

»Wenn auch du nicht mehr da sein wirst...«, hatte er bei unserem letzten Gespräch bedauert. Gegenseitig hatten wir uns »Gute Reise« gewünscht. Dann war er davongesegelt.

Voraus liegt die lehmgelbe Steilküste von Holnis Kliff. Wie gut kenne ich diesen Kurs! Der Abendwind steht günstig - Nord 3. Unter Vollzeug gleiten wir langsam an den vertrauten Ankergründen und Kaffeebuchten vorbei. Manchmal sind wir abends einfach noch irgendwohin gesegelt, um die Nacht in einer stillen dänischen Bucht zu verbringen.

Christine übernimmt das Ruder, und ich zünde die Positionslampen an - der Ordnung halber. Die Förde ist weit und leer.

Der Wind steht durch, aber nach Mitternacht werden wir müde. Die schwarze Silhouette der dänischen Küste ist nahe, und so mißachte ich Weltumsegler Erichs dringende Empfehlung:

»Wenn der Wind günstig steht, segele! Egal, wie müde du bist oder wie leid es dir um den Ankerplatz tut!«

Wir loten uns dicht an die Südküste der Halbinsel Kegnæs heran und werfen um 01.00 Uhr nachts auf drei Meter Sandgrund den Anker.

Am nächsten Morgen weht der Wind immer noch günstig, und wir gehen um 06.00 Uhr ankerauf. Aber im Laufe des Vormittags schläft der Wind ein. Zuletzt treiben wir als Regattahindernis inmitten dichter Spinnakerfelder vor der Kieler Außenförde. Die Kieler Woche hat begonnen.

So starte ich den Motor, doch um ihn sofort wieder zu stoppen: Ein dicker Wasserstrahl schießt aus dem Motorblock auf die Bodenbretter! Bis ich den von innen durchkorrodierten Frostpfropfen mit Flüssiggummi und einem dänischen Kronenstück abgedichtet habe, wird es wieder Abend.

In der Stille der langen Junidämmerung machen wir im Möltenorter Hafen fest und schlendern den Hügel hinauf zum Haus meines Patenonkels. Die Tante hat uns Ofenpizza aufgehoben, und der Abend klingt aus bei Rotwein am Kamin. Ein letztes Mal könnten wir in einem luxuriösen Doppelbett schwelgen, aber wir sind ganz auf Langfahrt eingestellt und wandern durch die helle Mittsommernacht zurück an Bord.

Zum Frühstück sind wir wieder bei Onkel und Tante auf der Terrasse. Es wird einer jener heiteren nordischen Sommertage, die nie selbstverständlich werden. Die Förde sprenkelt sich mit Segeln, die Brise flüstert in den Bäumen, und das Frühstück dehnt sich in den Mittag hinein.

Als wir endlich aufbrechen, geleiten uns Onkel und Tante mit ihrer SUUTJE über die Förde bis nach Holtenau. Dort schließen sich dann die Schleusentore hinter der vertrauten Welt.

Das Schleusen verlangte Aufmerksamkeit und zwang den Blick nach vorn. Würde sich der kleine Motor auf der langen Kanalfahrt bewähren? Würde das Kronenstück im Zylinderkopf halten? Wie weit würden wir heute kommen?

Wider Erwarten wurde es eine idyllische Motorfahrt entlang einsamer, malerischer Ufer, hinter deren Biegungen große Frachter wie mitten aus dem Wald gefahren kamen. Bei Sonnenuntergang erreichten wir Rendsburg. Die kleine Marina unter dem baumbestandenen Ufer lag friedlich wie in einem Dorfteich.

Der nächste Kanalabschnitt war weniger romantisch. Dafür konnten wir bei böigem Südost Segel setzen und machten - mit Motorkegel im Rigg - gute Fahrt. Schon nachmittags erreichten wir Brunsbüttel.

Dort warteten Christines Eltern. Sie waren von Wedel hergesegelt und gaben bei Kaffee und Kuchen letzte Tips für die Fahrt in die Nordsee. Als wir sie abends zu ihrem Boot DISCO im Außenhafen brachten, blickte ich von der Deichkrone über die grau strömende Elbe und wappnete mein Herz mit Tapferkeit.

Mitlaufender Strom

Frühmorgens wurde allein für unser Boot die riesige östliche Schleuse geflutet. Dann spie das Schleusentor FIRECREST mit der ersten ablaufenden Gezeit in die Elbe.

Vor Südost 5 jagten wir mit gerefftem Groß, Fock und Klüver durch die Stromkabbelungen hinein in das Fahrwasser und elbabwärts. Die Ebbe schob mit guten vier Knoten. Kaum hatten wir uns an das Segeln im Strom gewöhnt, kam Cuxhaven in Sicht.

Jetzt merkte ich, was es für ein Unsinn gewesen war, mit erster Tide aus Brunsbüttel auszulaufen. Bei vollem Ebbstrom kamen wir in Cuxhafen an. Die schmale Einfahrt zum Yachthafen mußten wir auf Anhieb treffen, sonst würden wir glatt vorbeigerissen. Und unmittelbar in Lee der Einfahrt dräuten Stahldalben und Spundwände.

An die folgenden Minuten erinnere mich nur mit Unbehagen. Dicht vor der aufkommenden England-Fähre wechselte ich das Fahrwasser. Der Lotse riß ärgerlich am Typhon, und ich habe mich geschämt, doch hätten wir sie erst durchgelassen, wären wir, am Yachthafen vorbei, bis Neuwerk geschwemmt worden. Unter Segeln und Vollgas forcierten wir quer zum reißenden Strom die Einfahrt - »Chef, jetzt laß den Motor durchhalten!«

Es paßt! Drinnen gleich in den Wind, denn da ist schon die Böschung, Segel runter, Fender rüber, Festmacher klar! Zügig schiebt der Wind uns zu dem freien Schlengel. Wir werden zu schnell, Motor rückwärts - spotz! Der Motor schweigt, und wir treiben mit schöner Fahrt den Schlengel entlang, auf das Heck einer großen Motoryacht zu. Ich schwenke den Festmacher zu einer polnischen Segelyacht - heda! - man springt auf den Steg, ich werfe das Ende rüber, wirbele das Rad, man belegt - schneller doch! - ich nehme Törn um die Heckklampe, stoppe auf - knirsch! - neun Tonnen kommen zum Stehen, eine Bootslänge vor der Motoryacht. FIRECREST hat festgemacht in Cuxhaven. Wenn das erst der Anfang war...

Christine und ich bummeln durch die malerische kleine Hafenstadt - Erinnerungen an Sommerferien der Kindheit. Die Hand der Freundin in meiner tut gut. Mein seemännisches Selbstbewußtsein hat einen Dämpfer erlitten.

Aber meine Gedanken ziehen weiter. Der Wind hat über Süd auf West gedreht und soll weiter auf Nordwest drehen und auffrischen - genau in die Elbmündung.

Durch die Kronen der Kastanien fallen Sonnenflecken auf die Bürgersteige. Wir stehen vor einem italienischen Eislokal.

Als wir das Boot im Frühling zur Langfahrt überholten, fuhr Christine oft in die Stadt, um Eis von *Cortina* zu holen. Dann saßen wir mit unseren Eisbechern an Deck, blickten übers Wasser zur dänischen Küste und träumten von unserer Reise.

Nun genießen wir unsere letzten deutsch-italienischen Eisbecher für lange Zeit.

Um 05.00 Uhr morgens werfen wir los. Lehmbraun dehnt sich die Elbmündung im Stauwasser. Beaufort 4 aus Westnordwest, gerade genug. FIRECREST legt sich an die Kreuz: 60, 65 Grad am Wind. Voll und bei - höher ist die Dame gegen Seegang nicht zum Laufen zu bringen. Aber sie wartet ja auf den Ebbstrom, und der setzt gerade ein. Schwer arbeitet der Kutter in der steilen, gegen den Strom stehenden Windsee, aber bald reißt die Tide uns förmlich nach Luv, an Neuwerk vorbei Richtung ELBE 1.

Bei Niedrigwasser stehen wir nördlich Scharhörn. Wir haben es geschafft, unser erstes kleines »Kap Horn« dieser Reise umrundet. Langgehegte Bedenken mit Namen Scharhörnbank verschwinden im Kielwasser. Dann kommen Flaute und Nebel und der Seehund.

Der Blaue Heinrich

Kaffeeduft trieb durch die Kajüte. Ich klapperte mit dem Blechgeschirr. Weißemailliert mit blauem Rand, paßte es zu den weißlackierten Schotten und den blaugestreiften Bezügen. Die Kameradin rekelte sich.

»Kaffee!« begrüßte ich sie.

Zustimmendes Murmeln.

»Übrigens: *Wir sind unterwegs!*«

»Ach.«

Bei Kaffee und Kuchen saßen wir an Deck. In beruhigender Entfernung brummte ein Nebelhorn. Nachdem es lange verklungen war, klatschte Dampferschwell unter das Heck. Dann war wieder alles still.

Rotgolden schimmerte die Sonne in Christines Haar und ihr Schatten auf den Decksplanken wurde schärfer umrissen. Im Westen erschien ein feiner grauer Strich - der Horizont. Der Nebel hob sich!

Zehn Minuten später segelten wir bei feiner nördlicher Backstagsbrise Kurs Südwest. Ganz dicht passierten wir den alten Leuchtturm ROTER SAND und fanden, daß er gut zu unserem Boot paßte.

Die Sicht blieb mäßig. Ein großer Schwimmbagger erschien erst auf zwei Meilen Distanz. Deshalb segelten wir die Ostseite des Weser-Fahrwassers ein ganzes Stück nach Süden, ehe wir die Fahrrinnen von Weser und Jade dort querten, wo sie noch eng beieinander lagen.

Abends lag Wangerooge als lange dunkle Dünenkette an Backbord.

Die Sonne warf eine goldflirrende Bahn über die See. Der Wind wehte gerade noch so stark, daß unser Windruder ansprach. Wie in Zeitlupe pendelte die hellblaue Sperrholzfahne hin und her - unser »Blauer Heinrich«.

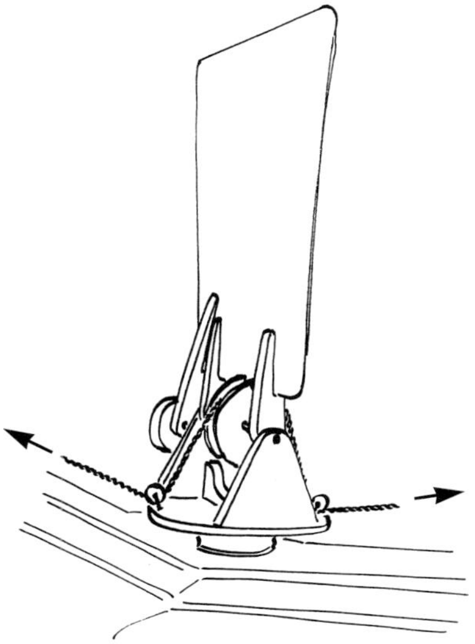

Ich hatte ihn nach dem Prinzip des Pendelservos gebaut: eine hohe, dünne Sperrholzplatte, die sich mit einem Gegengewicht um eine waagerechte Achse drehte. Von einer Trommel auf der Achse führten zwei Steuerleinen auf das Ruderrad. Der Sockel des Windruders war horizontal drehbar, damit die Sperrholzfahne genau in Windrichtung gestellt werden konnte. Lief das Boot nun aus dem Kurs, so drückte der Wind die Fahne herunter, und eine Steuerleine brachte das Boot wieder auf Kurs.

Nach unserem Pfingsttörn war dies das zweite Mal, daß der Blaue Heinrich sich bewährte. Nun hatte er uns schon seit Stunden das Rudergehen abgenommen, und es sah so aus, als würde er es auch noch einige weitere Stunden tun.

Christine reichte Schalen mit Bohnen und Speck aus der Vorluke und zwei Bierdosen. Nicht anders hatte ich mir als Junge Segelschiffsromantik vorgestellt. Während der Blaue Heinrich Ruderwache ging, saßen wir als unsere eigenen Matrosen vorn auf dem warmen Holzdeck, den Rücken gegen die Nagelbank, hinter uns der leise knarzende Mast, über uns das verhaltene Summen des Windes in den taugeliekten gespannten Segeln, in den Wanten, Pardunen und Fallen.

Da sahen wir ein seltsames Gebilde auf dem Wasser schwimmen - wie ein skurriles Spielzeugsegelboot. FIRECREST hielt genau darauf zu. Als sein Mast am Schanzkleid vorbeizog, hob Christine das Fahrzeug daran aus dem Wasser.

Das Gebilde aus verwittertem Holz, Draht, rostigen Blechstücken und Plastikfolie schien ganz aus Treibgut gefertigt - wohl von Sommergästen auf einer Nordseeinsel. Mit Kugelschreiber war eine Adresse aus dem Binnenland auf das Deck gemalt. Wir schrieben sie ab. Dann setzten wir das Boot wieder aus.

Noch manchmal auf unserer Reise fiel uns das skurrile Traumschiff ein. Von Westindien haben wir später an die Adresse geschrieben. Ohne unsere FIRECREST hätten auch wir vielleicht einmal unser Fernweh auf diese Weise vom Stapel gelassen.

Erste Nachtwache

Es war die erste durchsegelte Nacht unserer Reise. Christine ging die erste Wache. Nach Mitternacht löste ich sie ab. Die Lippen der Freundin waren kühl. Einen Moment lang hielt sie mich fest. Da wurden sie wärmer.

Kaum spürte ich den schwachen Wind auf den Wangen. Der Blaue Heinrich indes schien das »richtige Gefühl« bekommen zu haben, denn er hielt sauber Kurs. 260 Grad lagen an. An Backbord lag flach und dunkel die Insel Langeoog, und an Steuerbord in der Ferne reihten sich die Dampferlichter auf dem Tiefwasserweg. Über der ruhigen, leeren See hing blasser Sternenhimmel.

Christine war schlafen gegangen, und ich betrachtete den Schattenriß von Langeoog. In steter Wiederkehr huschte der Lichtschein seines Leuchtturms über das Großsegel.

Vor 20 Jahren war ich dort drüben ins Internat gegangen, hin- und hergerissen zwischen Fernweh, wenn ich von den Dünen übers Meer blickte, und Heimweh, wenn ich mich auf den Rückweg machte zu den ehemaligen Luftwaffenkasernen, in denen wir spartanisch untergebracht waren. Gern hätte ich jetzt dem Jungen von damals einen Blick in die Zukunft gegönnt, zu jenen »Gestaden an den Meeren«, von denen sich seine »Schulweisheit nichts träumen ließ«.

Wir sind unterwegs. Ich konnte es mir immer wieder vorsagen.

Schon in meiner Jungenzeit hatte ich über dem Atlas gesessen und mir diesen Reiseabschnitt vorgestellt. Vor der Nordsee hatte ich Respekt, denn ich las die Jahrbücher der Deutschen Gesellschaft zur Rettung Schiffbrüchiger. Später lernte ich die Nordsee von der Frachterbrücke aus kennen. Schon wenn wir uns nach monatelanger Tropenfahrt dem Englischen Kanal näherten, spürten wir sie grau und ungemütlich in den Knochen.

Deshalb wollten wir jetzt so schnell wie möglich nach England. Hundertmal hatte ich Entfernungen abgezirkelt, Wetterlagen studiert, Etmale geschätzt, und immer dachte ich an graue Tage und schwarze Nächte in gischtender See. Und jetzt hatten wir Langeoog schon fast passiert!

Ich drehte den Docht der Petroleumlampe über dem Kartentisch etwas höher. Ich klopfte ans Barometer, und der Zeiger zuckte noch ein Stück nach oben. Ich verlängerte den Strich auf dem Barographenstreifen. Es schien fast zu einfach.

Langsam schlenderte ich in der Dunkelheit über Deck. Ein Windsteuer war eine großartige Sache - und höllengefährlich. Jeden Handgriff, jeden Schritt tat ich bewußt, als gähnten tausend Meter Abgrund neben dem Boot. Die Folgen bei einem Fehlgriff wären ähnlich gewesen. Christine schlief, das Boot würde weitersegeln, sein Schatten kleiner, der Schein seiner Hecklaterne schwächer werden und dann ganz verschwinden. Nach der Verzweiflung würde die Kälte kommen - eine Stunde vielleicht. Die Freundin würde erwachen. Ein stilles, leeres Boot, das seinen Kurs segelt. Das war unsere größte Furcht.

Am Anfang unserer Reise konnte ich auf Freiwache keine zehn Minuten unten liegen, ohne einmal den Kopf gehoben und zumindest den Umriß meiner Gefährtin durch den Niedergang gesehen zu haben. Ihr ging es ähnlich. Später versprachen wir uns, niemals allein das Cockpit zu verlassen, ohne dem anderen Bescheid zu sagen, selbst wenn er seinen Schlaf bitter brauchte. Noch später, als wir es gelernt hatten, mit dem Meer zu leben, wurden wir gelassener.

Mast und Fallen waren naß vom Tau. Der Gaffelschuh knarrte. Leise säuselte der Wind im Rigg. Ab 2 Beaufort pflegten die Hunderte von Metern Drähte und Leinen im Mast der FIRECREST bereits im Winde zu harfen. Ich hakte die Sicherheitsleine ans Vorstag und blickte den Steven hinab. Gelbgrün strahlte die Bugwelle, und weiße Perlen Meerleuchten spritzten über die Wasserfläche.

Die rote Backbordlaterne brannte mal wieder zu klein. Ich öffnete die Klappe und drehte den Docht einen halben Millimeter höher - nicht mehr, sonst begann er gleich zu rußen. Die Steuerbordlaterne machte nie Probleme.

Bei der Ausrüstung der FIRECREST hatte ich auf Bordelektrik bewußt verzichtet und es bis jetzt nicht bereut. Ich brauchte mein Boot nur mit all den anderen Yachten zu vergleichen, auf denen ich bisher gesegelt war. Keine, auf der man sich nicht immer wieder mit technischen Problemen befaßte.

Ich setzte mich in die Kajüte und las bei heruntergedrehter Lampe im Roman *Das Rätsel der Sandbank*. Hier, dicht unter den Inseln, brauchten wir kaum mit Verkehr zu rechnen. Trotzdem blickte ich alle paar Minuten in die Runde. Nur fern am Horizont schimmerten die Dampferlichter auf der Verkehrstrennung wie Laternen an einer Straße. Alle halbe Stunde peilte ich die Leuchtfeuer von Baltrum und Norderney. Unter dem heller werdenden östlichen Himmel wurden die Feuer langsam schwächer.

Dann saß ich im Niedergang und nippte an einer dampfenden Muck Kakao. Wohlig strömte die Wärme in Schultern und Füße. Fahl und trübe ging die Sonne auf. Eine Meile an Backbord lag der Strand von Norderney, voraus das Dove-Tief. Nun schlief der Wind vollends ein, und der Blaue Heinrich gab auf. Wenn der Ebbstrom bald einsetzte, würden wir zurücktreiben. Vielleicht sollten wir doch motoren.

Erst zwei Jahre nach dem Stapellauf hatte ich mich für den Einbau eines Hilfsmotors entschieden - aus Bequemlichkeit. Er stand seitlich im Rumpf unter dem Kartentisch, die Welle schräg durch die Außenhaut gezogen, einfach und simpel. Ich hob das Schott heraus, und der winzige gußeiserne Zweitakter stand, von allen Seiten bequem erreichbar, da. Zündung ein, Anreißschnur um die Schwungscheibe, und kurz darauf puckerte der Motor im Leerlauf vor sich hin.

Christine erwachte, aber da ihr die Situation wenig dramatisch erschien, drehte sie sich auf die andere Seite und duselte weiter.

Nebel im Seegat

Als ich wieder an Deck kam, war Norderney im Nebel verschwunden, ebenso die Ansteuerungstonne. Zum Glück hatte ich noch die Peilung. Damit die schlaffen Segel nicht schlugen, holte ich alle Schoten dicht. Dann kuppelte ich den Motor ein. Nach spannenden Minuten kam die Ansteuerungstonne wieder in Sicht. Zuweilen erhaschte man zwischen den Nebelbänken einen Blick auf Dünen und Hochhäuser, dann war wieder alles zu.

Hinter der Ansteuerungstonne begann das Seegat. Durch den Niedergang sicherte ich auf das flimmernde Echolot und suchte die Tiefenlinie, auf der die erste Fahrwassertonne lag.

Verschlafen tauchte Christine aus der Luke und betrachtete die rote Tonne, die sich aus dem Grau schälte.

»Sind wir schon vor Norderney?«

Norderney - wie weit hatte das damals geklungen!

Christine steuerte nach Kartenpeilung zur nächsten Tonne, und ich holte die nutzlosen Segel herunter. Die See schwappte wie Öl. Ebbstrom hatte eingesetzt.

Das Seegat bildete zur Insel hin eine steile Abbruchkante. An dieser Kante lagen die roten Tonnen. So konnten wir uns mit Hilfe von Kompaß und Echolot auch ohne Sicht von einer Tonne zur nächsten hangeln. Es machte Spaß, sie immer wieder genau voraus auftauchen zu sehen, und heilte meine Cuxhavener Wunden.

Zwischendurch gaben wir mit dem Mundhorn Nebelsignale. Weit wird man sie nicht gehört haben. Ein Krabbenkutter mit drehender Radarantenne tauchte aus dem Nebel. Die Fischer winkten.

Dann bog die Rinne nach Osten, und der Nebel wurde noch dichter. Wie dicht, merkten wir, als dumpf dröhnend ein großes Fahrzeug von achtern aufkam. Wir drückten uns hart an die Abbruchkante. Erst als der Dampfer quer war, erkannten wir den hohen, dunklen Schatten der Inselfähre - kaum 50 Meter entfernt.

Plötzlich erschienen voraus Dalben und Spundwände und das Ende einer Steinmole. Wir standen schon fast in der Hafeneinfahrt. Aus dem Nebel schälten sich die Umrisse von Kaimauern und Fischkuttern.

Gemütlich tuckerten wir über das spiegelglatte Hafenbecken. Die Morgensonne stand als greller Fleck im Nebel und zeichnete zarte Schatten an Deck.

Am Yachtponton nahm ein junger Mann unsere Leinen an.

»Sie sind ja früh dran,« meinte er. Es war 07.30 Uhr.

»Sie aber auch.«

»Das ist mein Beruf. Ich bin der Hafenmeister. - Wo kommen Sie denn jetzt her?«

»Aus Cuxhaven.«

»Bei dem Nebel?«

Da waren wir ein wenig stolz.

Als ich gegen Mittag erwachte, prangte im Ausschnitt der Niedergangsluke blauer Himmel. Christine saß im Cockpit und schrieb.

»Wollen wir in den Ort?« fragte sie.

»Da wären noch ein paar Punkte auf meiner Arbeitsliste.«

Die Kameradin verdrehte die Augen gen Himmel.

»Ich mach' uns jetzt was zu essen. Aber heute nachmittag lädst du mich zu Kaffee und Kuchen ein!«

Das versprach ich.

Wenn nicht diese endlose Liste wäre! Jeder Fahrtensegler schleppt so eine mit sich herum. Auf ihr sind alle geplanten Reparaturen und Verbesserungen notiert. Und sie verlängert sich nach jedem erledigten Punkt um zwei neue.

Nach »Elbschmutz von der Außenhaut schrubben« und verschiedenen Takelarbeiten wanderten wir in den Ort. Neugierig betrachtete ich einen literarischen Schauplatz aus Erskine Childers Roman: *Das Rätsel der Sandbank*. Wir gingen die Bülowallee entlang, wo die Villa des Agenten Dollmann gestanden haben soll, und spazierten hinauf auf die Dünen zum Pavillon *Marienhöhe*, der in der Verfilmung eine Rolle spielte. Dort bestellten wir Kaffee und *Gemischtes Eis mit Sahne - große Portion* und ließen uns vom Ober von den Dreharbeiten erzählen.

Als wir gingen, reichten unsere Schatten vom Kamm der Dünen weit ins Hinterland. Grau kräuselte sich die Nordsee. Draußen am Tiefwasserweg zogen die Silhouetten der Frachtschiffe langsam über den Horizont. Die Sonne versank in schwarzen Wolkenbänken. Darüber staffelten sich rosafarbene Bänder von Federwolken. Stetiger Nordost strich kühl über Hals und Wangen - das wäre jetzt halber Wind.

Christine sah mich an, resigniert, wissend um die sich anbahnende Entscheidung. Der Abendhimmel irisierte in ihren hellblauen Augen. Schicksalsergeben hakte sie sich ein, und wir wanderten durch die abendlich-stillen Straßen zum Hafen.

Zurück an Bord, klopfte ich als erstes gegen das Barometer. Es blieb gleich. Die lange, stetige Aufwärtsbewegung der Luftdruckkurve war in eine Waagerechte übergegangen. Ein Blick auf die Gezeitenuhr zeigte, daß das Wasser seit zwei Stunden ablief. Also jetzt!

»Ich bin so müde...«, sagte die Kameradin leise.

Vergebens versuchte ich, Härte in meinen Blick zu legen. Ich wollte sie an mich ziehen, doch sie entzog sich.

»Ich koche Wasser für die Thermoskannen«, beschied sie. »Aber du gehst die erste Wache.«

Ich klarierte die Schoten und machte die Segel klar zum Setzen. Im Ruderhaus auf dem Nachbarboot saß die Familie beim Abendessen und betrachtete verwundert mein Tun. Wieder hörte ich Erich Neidhardt:

»Wenn der Wind aus der richtigen Richtung weht, mußt du segeln. Du kannst erleben, daß es der letzte günstige Wind für Monate gewesen ist.«

Und was lag näher, als daß sich bald wieder die übliche Westwindlage durchsetzen würde? Dann konnten wir die Biscaya für dieses Jahr vergessen.

Von Norderney bis Ostende

Eine Stunde später segelten wir hoch an der leichten nordöstlichen Brise durch das Seegat. Im Pavillon Marienhöhe brannten jetzt die Lampen, und die Gäste betrachteten gemütlich von drinnen die Nordsee. Ich stellte mir vor, wie sie den dunklen Schattenriß unserer Segel gegen die im Abendrot flimmernden Wellen sahen.

Der Ebbstrom schob. Bald war die Skyline des Seebades nur noch eine, mit Lichtpunkten durchsetzte, Kontur am Horizont. Überall kamen Leuchtfeuer durch. Nachts und bei guter Sicht ist die Navigation entlang der Nordseeküste ein Kinderspiel. Auf jeder Insel steht mindestens ein hoher Leuchtturm.

Christine schlief, der Blaue Heinrich steuerte. Stetig lief der Kutter durch die milde Nacht. Die Küstengewässer gehörten uns - wie gestern. Weit draußen reihten sich die Dampferlichter an der Kimm.

Ich wärmte meine Hände an einem Becher heißer Brühe und betrachtete den blaßblauen Sternenhimmel. Es war gut, daß wir ausgelaufen waren. Ich hätte jede ungenutzte Stunde Ostwind verwünscht, den Himmel und die Wetterberichte nach Anzeichen für kommenden Westwind abgesucht und mich dafür verachtet, daß ich dem inneren Schweinehund so nachgegeben hatte.

Und Christine? Sicher sah sie manches anders. Aber »wir saßen in einem Boot«, und sie kannte die Regeln, nach denen wir angetreten waren.

Palace-Hotel

Drei Tage später.

»Vous avez choisi, Madame? Monsieur?«

Wir wählten Schneckenpastete mit Artischockensalat, dazu leichten Weißwein von der Marne.

»Merci!« Der Ober zog sich zurück.

Meine Kameradin und ich saßen auf der verglasten Veranda des Palace-Hotels. Milde Abendluft strömte durch das hochgeschobene Fenster. Sie roch nach warmem Sand, Tang und einem Hauch Sonnenöl. Unter der Veranda dehnte sich der breite Strand von Ostende.

Zweihundert Meter weiter ragten die beiden mächtigen hölzernen Piers in die See, zwischen denen wir gestern nachmittag hereingekommen waren. Neben dem alten Komplex des North Sea Yacht Club ragte ein Wald von Yachtmasten, dazwischen auch der der FIRECREST. Darüber erhob sich die Skyline des alten Seebades.

Mit Ostende hatten wir eine wichtige Etappe geschafft. Und wo ließ sich das mit einer schönen Frau besser feiern als an diesem ehrwürdigen Platz?

Die untergehende Sonne füllte den Saal mit rotgoldenem Licht. Befrackte Musiker betraten das Podium. Der Wein kam.

Gewittersturm

Es war richtig gewesen, den günstigen Wind auszunutzen. In der Nacht hatten wir bei Borkum die holländische Seegrenze passiert, und am Vormittag des nächsten Tages lag die Insel Ameland wenige Meilen an Backbord. Die sommerliche See sprenkelte sich mit weißen und bunten Segeln.

Am Nachmittag frischte der Ostwind auf. Mit Reff im Groß, ausgebaumter Fock und Klüver preschten wir mit guter Fahrt dahin, und gegen Mitternacht blinkten die Feuer von Den Helder quer an Backbord.

Dann flaute es ab, und gegen 02.00 Uhr morgens segelten wir in vollkommene Flaute hinein. Als die Tide begann, uns zurückzuschieben, motorten wir in flaches Wasser und ankerten auf drei Meter Tiefe.

Kurze Zeit später wären wir fast von einem Herzmuschelfischer niedergefahren worden. Das Deck in Flutlicht getaucht, dröhnte er mit ausgebrachten Netzbäumen in kaum 50 Metern Entfernung vorbei, am Grunde einen Streifen von Tod und Zerstörung zurücklassend. Von unseren aufgeregten Signalen mit dem Handscheinwerfer schien er keine Notiz zu nehmen.

Bei Sonnenaufgang lag die holländische Küste flach und grau im Dunst. Die Sonne schien grell von weißem Himmel, und das Barometer machte einen Knick nach unten. Frühstück nahmen wir wieder unter Segeln. Westwind war aufgekommen. Aber da die Küste hier schon fast südlich verläuft, konnte FIRECREST gut anliegen. Meile um Meile spulte sie ab, und der Blaue Heinrich steuerte.

Es war wieder Abend geworden, und Hoek van Holland lag voraus. Die Umrisse der riesigen Wellenbrecher, zwischen denen die Maas in die Nordsee strömt, traten bereits aus dem starken Dunst. Die Frage war, wo wir die Einfahrt nach Rotterdam, dem verkehrsreichsten Hafen Europas, am besten queren sollten. Dort, wo sie am engsten ist, gleich hinter der Mündung, entschied der Skipper. Denn die Tide war auslaufend und würde das Boot von den gefährlichen Wellenbrechern fort und nach See hin versetzen. So seine Theorie.

Die folgende Stunde wurde die unangenehmste der Ausreise.

Mit Vollzeug und von der Tide geschoben, näherte sich FIRECREST den meilenlangen Wellenbrechern. Schon sahen wir deutlich die großen Betonquader, aus denen sie bestanden. Ein auslaufender Massengutfrachter in Ballast passierte gerade die Mündung. Das blaue Containerschiff dahinter stand noch ein gutes Stück stromauf. Von See kam gerade kein Verkehr. Der Moment schien günstig.

Dicht hinter dem Heck des Massengutfrachters segelten wir ins Fahrwasser. Wir stießen hinein in eine mörderische Kabbelsee. Der Schwell stand gegen den Strom - wie beim Auslaufen Cuxhaven. Doch in diesem Moment schlief der Wind ein. Das tonnenschwere Boot sprang und stampfte wie eine Jolle. Die Segel donnerten, Baum und Gaffel schlugen hin und her, und die Fußrah des Toppsegels dröhnte gegen die Gaffel. Das Rigg ächzte und federte, Blöcke rasselten, Schoten knallten.

Braunes, übelriechendes Flußwasser spritzte durch die Speigatten und lief trübe über die Planken. Über das tanzende Deck turnte ich zum Mast und machte einen Fehler: Ich barg das schlagende Toppsegel. Noch stärker arbeitete das Boot in der chaotischen See.

Panik im Auge hielt Christine das Ruder mit entschlossener Miene. Eine Handbreit über ihrem Kopf fegte der massive Baum hin und her.

Beim erneuten Setzen des Toppsegels quetschte ich mir heftig die Finger. Dann holte ich alle Schoten so dicht wie möglich. Für einen Moment schien sich das Boot zu beruhigen.

Seewärts verschwand gerade das pastellblaue Heck des Containerfrachters im weißen Dunst. Dafür sah ich die Betonquader der Wellenbrecher nun scharf umrissen. Sie schienen sehr nahe.

Ich nahm den Sextanten und peilte den horizontalen Winkel der beiden Molenköpfe. Nach drei Minuten noch einmal - kein Zweifel: Der Winkel öffnete sich, ein Neerstrom trug uns auf die Küste zu!

Im Inneren des Bootes erschienen die Schlingerbewegungen noch unkontrollierter. Heftig stieß ich mir Schulter und Knie, als ich die Motorabdeckung abnahm. Trotz bunter Kreise vor den Augen Seewasserventil auf, Zündung ein, Choke ziehen, ein kurzes Gebet zum Chef, starten. Beruhigend tuckerte der Motor los.

Dann war alles einfach. Mit Motorfahrt und dichtgeholten Schoten steuerten wir Südwest. Zuweilen noch setzte das Boot tief ein, rollte aber kaum noch, und schließlich hatten wir den Maasstrom und die wahnsinnige Kreuzsee verlassen. Als die Wellenbrecher achteraus im Dunst verschwunden waren, lag das Boot mit halber Fahrt voll und bei am Nordwestwind, der wieder etwas zugenommen hatte. Christine ging unter Deck.

Ihr Schrei: »Wasser! Alles ist voll Wasser!« ließ mich kalt zusammenfahren.

»Es kommt aus dem Motor!« setzte Christine gleich nach.

Gott sei Dank, der Rumpf war heil! Da war ich schon unten, hatte den Motor ausgeschaltet und sah die Bescherung.

Die neulich bei der Reparatur eingesetzte Kronenmünze hatte sich verabschiedet. Obwohl der Motor stand, plätscherte weiter Kühlwasser aus dem Motorblock über die Bodenbretter des Kartenraumes. Hastig schloß ich das Seeventil, und es versiegte.

Inzwischen segelte FIRECREST brav ihren Kurs.

»Vielleicht sollte ich mal ans Ruder gehen«, meinte die Kameradin.

Bei mäßiger Brise steuerte der Blaue Heinrich in die Dämmerung hinein. Christine klapperte vorn in der Kombüse, und es duftete nach Abendessen. Ich legte letzte Hand an die neue Abdichtung. Mit Flüssiggummi, einem Stück Autoschlauch, einem Holzpflock und einer Drahtzurring hatte ich das Loch verschlossen. Die Reparatur hielt bis zum Ende der Reise.

Es herrschte beinahe Nebel. Wir sahen die Sonne nicht untergehen, doch Himmel und See färbten sich kupferrot. Das Boot, die Segel, alles war in Rot getaucht. Das Barometer zuckte ein Millibar nach unten, und wir hatten den Wetterbericht verpaßt.

Wir saßen im Cockpit und aßen geröstete Käse-Sandwiches mit Tomaten und Porree. Doch wir konnten sie nicht recht genießen. Die Luft war feucht und drückend. Was man anfaßte, war klamm und schmierig, der Feudel stank, und die Luft roch nach Schwerölabgasen. Kurs und Echolot nach standen wir in der Nähe des Schiffahrtsweges. Zur Vorsicht hielten wir soviel Abstand von der niedrigen, untiefen Küste wie möglich.

Unvermittelt klang im Rigg ein Seufzer, und das Boot krängte einen Moment lang leicht über. Da raunte es etwas lauter und begann zuletzt kräftig zu summen. Mit dem Schanzkleid unter Wasser schäumte FIRECREST dahin.

Ich spülte den letzten Bissen mit dem Rest aus der Bierdose herunter und turnte zum Mast.

»Binde dich bitte an!« schrie die Freundin hinter mir her.

FIRECREST machte deutlich, wie sehr sie mich brauchte, aber ich kehrte noch einmal um und legte die Sicherheitsleine um. Dann kämpfte ich den Flieger nieder, doch FIRECREST krängte noch weiter.

Mit ein paar Griffen war das Toppsegel an Deck - unser dankbarstes Beisegel. Effektiv, schnell gesetzt, schnell wieder geborgen und aus dem Wind, wie man eine Flagge fallen läßt. Der Kutter fühlte sich sichtlich entlastet, aber der Preß war immer noch zu stark. Zehn Minuten später jagten wir mit doppelt gerefftem Groß, kleiner Fock und Klüver in die Nacht hinein.

Im verhangenen Himmel begann es zu flackern, erst vereinzelt, dann immer häufiger. Und dann leuchtete das Meer - nicht die üblichen hellen Schaumkämme und Lichtpunkte, nein! Grünweiß leuchteten die Wellen, so weit wir sehen konnten. Unser Kielwasser strahlte, daß es Schatten gegen das Heck warf, und phosphoreszierende Schaumzungen wuschen in Lee über das Schanzkleid. Wenn das Boot einsetzte, platzten unter Wasser leuchtende Schockwellen vom Rumpf und schnellten konzentrisch in die Nacht. Und unter dem Kiel zickzackten wie unterseeische Raketen Fische - wohl Makrelen - mit nachleuchtenden Bahnen. Und dann begann das Meer hell zu pulsieren, als schalteten sich in der Tiefe Glühbirnen ein und aus.

»Deshalb sind wir losgesegelt!« rief ich, und »Ja!« schrie Christine, wobei Faszination und Staunen in ihrer Stimme vibrierten.

Ich küßte ihre salzigen Lippen.

Immer stärker wetterleuchtete es, und dann war alles um uns

flackerndes Weiß. Aber kein Donnerschlag folgte, und immer noch legte der Wind zu, und der Blaue Heinrich pendelte, daß die Ruderleinen knackten. Ich beschloß, das Großsegel ganz wegzunehmen.

Ohne Fahrtverlust, aber mit wesentlich weniger Lage, jagte FIRECREST allein unter Fock und Klüver über die Seen. Auch hatte ich den Eindruck, daß sie jetzt weniger tief einsetzte - als würde der brechend hart stehende Klüver den Vorsteven über die Wellen hinwegheben.

Einen Moment zog ich mich in die Ruhe des Kartenraumes zurück, keilte mich über der Karte fest und überlegte. Das Echolot zeigte gleichbleibend 15 Meter. Demnach hatten wir zur Küste noch ausreichend Leeraum. Und nach dem anliegenden Kurs, Abdrift eingerechnet, konnten wir die Distanz zur Küste gut halten.

Zurück an Deck, sah ich den Schatten meiner Gefährtin vor einem Hintergrund aus brodelndem Meeresleuchten. Vergeblich suchte ich den Horizont nach Lichtern ab. Fast greifbar schien die heulende Schwärze - keine Dampferlichter, keine Leuchtfeuer, keine Sterne, nichts. Schwere, warme Regentropfen trafen das Gesicht wie nasse Ohrfeigen, dann sekundenlanges Wetterleuchten in abgehackten Blitzlichtern. Das rasend segelnde Boot erschien dabei wie in einem zu langsam laufenden Film. Wir starrten wie gegen eine graugelbe Wand. Die Sicht mußte sehr schlecht geworden sein.

Da poltern die ersten Schläge, und Petrus spielt zum Tanze. Knallen und Bersten, blendende Lichtsäulen stehen im Wasser, hellglühende Bälle schweben sekundenlang wie an einer gleißenden Schnur, dann ohrenbetäubendes Krachen. Wie in einem schlechten Segelfilm halten wir uns im schrägstehenden Cockpit mit einem Arm umfangen, mit dem anderen am Schanzkleid fest oder am Ruderrad im heulenden Nordwest.

Dabei ist alles ganz einfach. Ein Gewittersturm dauert nie lange, und der Kurs stimmt. Wenn der Schiffahrtsweg nicht wäre, könnten wir sogar Luv machen, denn der Wind scheint zu raumen. Und das Boot sorgt für sich selbst. Trotz rasender Fahrt schwingt es ruhig und gemessen über die gischtfliegenden Kämme.

Dann schmeckt die Luft frischer, kühler. Es flackert und kracht gedämpfter, scheint sich nach Lee zu verlagern. Die Böen flauen deutlich ab, und auch das Meerleuchten wird weniger.

Bald darauf stehen das ausgereffte Groß, Fock und Klüver vor leichter Backstagsbrise aus Nord. Beim Setzen des Toppsegels funkeln plötzlich die Sterne. Und dann beginnt es überall zu blitzen und zu blinken. Positionslampen und Leuchtfeuer glitzern am scharfgerissenen Horizont.

Ich peile die Feuer und zähle die Kennungen. Wir stehen dicht vor der Scheldemündung. Viele Dampferlichter zeigen uns das Fahrwasser nach Antwerpen.

Ostende

Im Osten graut der Morgen. Zusammengekauert sitzt Christine am Ruder, klein in ihrem weiten Seeparka, und lächelt mir müde zu. Irgendwie sieht das Boot hinter ihr leer aus.

»Der Blaue Heinrich ist weg!«

Verwundert blickt die Freundin sich um. An einer Klampe hängt noch ein Stück abgerissene Steuerleine. Samt Gelenken und Sockel hat sich unsere himmelblaue Windfahne verabschiedet. Mit seinen bleiernen Kontergewichten hat der Blaue Heinrich eine vollendete Seebestattung bekommen.

Zum Frühstück setze ich Kaffeewasser auf. Auch ohne Windfahne segelt das Boot brav allein - zumindest eine Weile. Christine schläft unter mehreren Wolldecken, und auch der Kaffeeduft weckt sie nicht.

Im Laufe des Vormittags drehte der Wind weiter auf Nordost und flaute immer mehr ab. Er schob uns noch lange genug, um das Scheldefahrwasser zu queren, dann schlief er ganz ein. Mit flappenden Segeln taumelte das Boot in der Dünung. Im Dunst schimmerte bereits die Skyline von Ostende. Es wurde Zeit, daß der Motor mal wieder richtig warmlief.

Am frühen Nachmittag passierten wir die Köpfe der masthohen, weit in die See hinausgebauten Holzpiers, zwischen denen die Hafeneinfahrt verläuft. Die Lotsen- und Signalstation am Ende der Ostpier glich den Aufbauten eines alten Dampfschiffes.

Unterhalb des ehrwürdigen *North Sea Yacht Club* öffnete sich das Hafenbecken für Yachten. Die Boote lagen an Schwimmstegen, und meterhohe Seegrasstreifen an den Kaimauern zeugten von beträchtlichem Tidenhub. Längsseit einer deutschen Halberg-Rassy machten wir fest.

Tief befriedigt blickte ich beim Aufklaren hinauf zu der Gründerzeitkulisse des alten Seebades. Die Mündungen von Maas und Schelde - sie hatten mir als Handelschiffs-Seemann besonders im Magen gelegen.

Währenddessen rumorte in der Pantry die ausgeschlafene Kameradin. Es brutzelte, und Bratendüfte stiegen aus dem offenen Vorluk.

Daß nun die Straße von Dover auf uns wartete, daran wollte ich heute nicht denken. Und ich ignorierte die Windfahne auf dem Dach des Yachtclubs, die beharrlich nach Nordosten zeigte. Nein Erich, diesmal nicht! Stell dir vor, ein günstiger Wind würde dich begleiten auf deiner Reise um die Erde. Nicht einen Hafen würdest du sehen aus Sorge, den guten Wind nicht auszunutzen.

Abends dann führte ich Christine aus in die festlichen Räume des Palace-Hotel.

Wir tranken einander zu. Die Augen meiner Gefährtin glänzten. Sie sah wunderbar aus in dem weißen Leinenkleid mit ihrem rotschimmernden Haar und den rosa Perlen auf dem sommersprossigen weißen Hals.

Zum Dessert spielte die Kapelle *Smoke get's in your Eyes.*

Auf der Seepromenade wehte kühler Nordseehauch.

»Immer noch Nordost. Wir sollten morgen weiter«, stellte ich fest.

Da ließ die Gefährtin meine Hand fallen.

Verdammt, verdammt! dachte ich. Schweigend schlenderten wir unter den Laternen weiter.

Da ergriff die Freundin wieder meine Hand und preßte sie fest. Im gelben Licht der Laterne schimmerten ihre Augen feucht. Ihre Arme zitterten. Ich zog ihr den Wollschal über den Schultern zurecht.

»Verzeih!« sagte ich.

»Quatsch!« antwortete sie.

Da hielten wir uns in den Armen.

»Wir werden uns aneinander gewöhnen.«

»Das werden wir wohl müssen«, lächelte sie. »Ich will nämlich unbedingt mit dir über den Atlantik segeln.«

Im Hafen herrschte Ebbe. Die Gezeitentreppe hinunter zu den Stegen war steil. Statt Stufen hatte sie Querhölzer wie eine Hühnerleiter.

Gleich unter der Treppe lagen die Cupper. In den nächsten Tagen startete die Regatta Ostende - Helgoland, und in den Cockpits tobte noch das Leben. Als wir - gemeint war eher die Kameradin - die steile Stiege hinabhangelten, klangen auf englisch und französisch launige Einladungen aus der Tiefe.

Die Freundin lachte aufgekratzt. Wohlmeinende Gute-Nacht-Wünsche verfolgten uns bis zu unserem Liegeplatz. Als wir über das Boot unserer Nachbarn stiegen, saß das Ehepaar noch im Cockpit.

»Dürfen wir Sie zu einem Cidrè einladen?«

»Eigentlich wollten wir morgen mit der Tide auslaufen«, schränkte ich ein.

»Das können Sie vergessen. Wir haben gerade den belgischen Wetterbericht gehört: Nebel, umlaufende Winde.«

So ließen wir uns in die Lederpolster des komfortablen Ruderhauses sinken.

»Das ist Rosemarie, ich bin Jürgen«, sagte der feine ältere Herr und schenkte französischen Apfelwein ein.

Auch wir stellten uns vor.

»Sie tragen ein schönes Kleid. Selbst entworfen?« fragte Rosemarie.

Christine nickte.

»Und mir gefällt Ihr Boot. Selbst gebaut?« lächelte Jürgen.

So wurde es noch sehr nett. Interessiert hörten die beiden von unseren Plänen und gestanden, daß sie früher auch von Langfahrt geträumt hatten.

»Letztlich kommt es darauf an, loszusegeln, wenn die Umstände es gerade erlauben«, stellte Jürgen fest. »Wartet man aber auf die idealen Voraussetzungen, kommt sicher etwas dazwischen: Kinder, beruflicher Aufstieg, Verpflichtungen. - Wann haben Sie sich zur Reise entschlossen?«

»Mit Vierzehn?« lächelte ich.

»Im letzten Winter«, berichtigte meine Gefährtin.

Es stimmte beides.

Segelschiffskapitän

Wie andere Jungen Lokomotivführer werden wollten, so beherrschten Träume von Großseglern meine Kindheit. Segelboote hingegen nahm ich gar nicht wahr. Doch älter werdend, erkannte ich, daß es kaum noch große Segelschiffe gab. Segelschiffskapitän - diesen Beruf gab es nicht mehr. Das betrübte mich sehr, und ich verkroch mich umso mehr in die Welt meiner Bücher.

Ich muß etwa Vierzehn gewesen sein, als mir ein alter, abgegriffener Band von 1936 in die Hände fiel: *Kleinsegler des Weltmeeres* von Stanley Rogers. Als ich darin von Slocum las, von Pidgeon, Gerbault und anderen, die tatsächlich mit kleinen Segelbooten Ozeane überquert hatten, packte mich plötzlich heiße Begeisterung: Die Erfüllung meiner Segelschiffsträume - das war die Lösung!

Schule, Seemannsberuf, Kapitänspatent - meine Ausbildung sah ich nur als Mittel zum Zweck. Als ich Christine kennenlernte, hatte ich FIRECREST zwei Jahre zuvor vom Stapel gelassen und bereitete nun alles vor zur großen Reise.

Eigentlich wollte ich immer einhand segeln, doch der Segelsommer mit der neuen Gefährtin tat seine Wirkung. Es wurde wieder Winter, und die Förde lag unter dickem Eis. Wir hatten gerade Rollo Gebhardts Vortrag im Deutschen Haus erlebt und schoben uns mit der Menge in die kalte Schneenacht hinaus. Noch ganz unter dem Bann der lichtdurchfluteten Bilder von tropischen Gestaden hielt ich meine Freundin an.

»Ich segele in diesem Frühling!« sagte ich, und dann schluckte ich und fügte hinzu: »Willst du mit?«

Einen Moment sahen wir uns nur an und versuchten, in der spärlichen Straßenbeleuchtung gegenseitig unsere Augen zu erkennen.

»Endlich fragst du mich!« hatte sie dann ausgestoßen, und wir umarmten uns lange und fest.

Wasser im Motor

Trotz des guten Cidrè von Jürgen und Rosemarie war ich schon früh wieder hoch und machte einen Stapf hinaus auf die Pier. Hell leuchtete der Strand in der Sonne. Die windstille See irisierte wie eine endlose Kunststoffolie. Ohne Horizont verschwamm sie in kompaktem Weiß, aus dem plötzlich, wie ein Spuk, die Englandfähre auftauchte.

Christine sah mir durchs offene Vorluk fragend entgegen. Ich hob die Schultern.

»Nebel, Flaute...«

»Dann können wir ja richtig frühstücken!« freute sie sich.

So ließen wir die Haferflocken in der Tüte und gingen einkaufen. Auf der anderen Seite der Kaipromenade begann das alte Hafenviertel mit verwinkelten Kopfsteinstraßen, Gemüsehändlern, Käsegeschäften, Bäckern, Schlachtern, Feinkostläden und zahlreichen Kneipen.
Ich trug die Taschen, und Christine kaufte Baguette, Butter, Tomaten, Porree, Artischocken Zwiebeln, Knoblauch, Eier, Radieschen, verschiedene Käse, Kochschinken, Leberpastete, Wein, Oliven...

Das Frühstück dauerte bis nach Mittag. Es wurde ein heißer Sommertag, aber im Boot war es angenehm kühl. Als Rosemarie und Jürgen hereinschauten, luden wir sie zum Mitessen ein, und sie steuerten ihren leichten, erfrischenden Cidrè bei.

Nachmittags begleitete Christine unsere Nachbarn an den Strand, während ich mich mal wieder meiner »Liste« widmete.

Mit Fett, Hüsing und Takelgarn arbeitete ich auf dem Vorschiff, als ein kleiner englischer Gaffelkutter in den Hafen tuckerte. Die blaue Zweitaktwolke und das rhythmische Kühlwasserschlürfen kamen mir bekannt vor. Obwohl mehrere Liegeplätze frei waren, steuerte der Skipper gleich längsseit der FIRECREST.

»Hello, I am John!« sagte der Skipper.

»I am Susan. Hello!« stellte sich seine blonde Gefährtin vor.

»I am Clemens. Hello!«

»Du hast ein schönes Boot.«

»Nicht weniger schön als Eures.«

Wir freuten uns.

Auf ihrem Dingi an Deck stand DULCIBELLA.

»Dulcibella - Erskine Childers - *The Riddle of the Sands.*«

»Du kennst das Buch von Childers?«

DULCIBELLA war ungefähr so lang und so breit wie FIRECREST, aber in der Kajüte konnte man sich nur gebückt bewegen. Das Boot hatte einen flachen Kiel, damit es trockenfallen konnte.

Als Kartentisch diente ein Kasten mit Lüftungsschlitzen. John hob den Deckel. Darunter erschien der gleiche gußeiserne Zweitakter wie auf der FIRECREST.

»It's a wonderful engine!« schwärmte Susan. »So einfach! Sie versagt nie.«

»Und wenn doch, ist sie einfach zu reparieren«, relativierte John.

Das hörte ich gern.

Und John und Susan erzählten, daß sie nur eingelaufen seien, um auszuklarieren - zu den Friesischen Inseln - und nach Norderney. Vielleicht fanden sie dort noch die Villa des Geheimagenten Dollmann.

»In der Bülow-Allee!« warf ich ein.

»Exactly!« bestätigte Susan begeistert.

Ich zeigte Ihnen die FIRECREST. Sie waren beeindruckt von der kompromißlosen Tiefwasserkonzeption des Bootes.

Als ich zur Demonstration das Motorschott herausnahm, sah ich das Seewasserventil offen. Ich hatte es nach dem Einlaufen vergessen zu schließen. Mir schwante Unheil. Ich zog an der Anreißleine. Die Schwungscheibe schien wie festgeschweißt. John und Susan blickten mich mitleidig an.

Voll böser Ahnung schraubte ich die Zündkerze heraus. Wasser rann mir entgegen. Seewasser war durch das offene Seeventil über den Auspuff in den Motor gelaufen. Schnell schloß ich das Seeventil.

Shit! Ich sah uns bereits wochenlang auf Ersatzteile warten und viel Geld für teure Reparaturen ausgeben, während der Sommer ins Land ging.

»No problem, Clemens«, bemerkte John trocken.

Ungläubig sah ich ihn an.

»Laß´ die Zündkerze draußen. Dann dreh den Motor durch, bis kein Wasser mehr kommt. Dann trockne die Kerze gut ab, sprüh sie mit Caramba ein, dreh sie wieder rein und starte.«

»Aber das Wasser im Kurbelgehäuse, John? Das zerreißt den Motor!«

»Da bleibt nicht viel Wasser drin«, beruhigte der englische Kamerad. »Und der Rest wird ausgestoßen. Das kennen wir, nicht wahr, Susan?

No problem! Try it, Clemens!«

Während Susan mit den Papieren der DULCIBELLA zum Zoll ging, blieb John zur moralischen Unterstützung da. Ungefähr fünfzigmal drehte ich den Motor durch. Schon bald kam kein Wasser mehr, aber ich wollte sichergehen. Dann Zündkerze rein, Seeventil auf, Benzinhahn auf, Zündung ein - und Start! Der Motor lief! Vor Schreck schaltete ich ihn gleich wieder aus.

»No problem, Clemens. Laß ihn eine Zeitlang laufen, bis alles Wasser herausgetrocknet ist. Dann ist er wieder in Ordnung.«

Ich startete erneut. Der Motor lief, als wäre nichts gewesen.

John und Susan wollten gleich weiter - die Flaute ausnutzen. Dicht unter der Küste wollten sie, soweit es ging, nach Norden motoren, ehe vielleicht wieder Ostwind einsetzte.

Als sie ablegten, lief mein Vire immer noch. John winkte mit dem neuen Übersegler Deutsche Bucht, den ich ihnen geschenkt hatte, dann waren sie um die Einfahrt gebogen.

Kurs England

Das Erlebnis mit dem Motor mochte Jürgen kaum glauben.

»Meinen Diesel hätte es zerrissen«, meinte er. »Aber Kurbelgehäuse, Lager und Verbrennungsraum sind mit Zweitaktöl einbalsamiert, so daß dein Motor ein paar Tage Seewasser anscheinend aushält. Und es gibt keine Ventile, keine Schmierleitungen, keinen Ölfilter, nichts, das Schaden nehmen könnte. Dazu sind die Kompressionen beim Anlassen gering und können leicht entweichen.«

In der Abendsonne spazierten wir zu viert hinaus auf die Pier. Von ihrem Ende aus war der Strand nicht mehr zu sehen, und die Lotsenstation gegenüber sah aus wie ein Ankerlieger im Nebel.

Kinder lagen auf dem Bauch an der Pierkante und angelten mit Senkketschern, die sie an langen Schnüren hinab auf den Grund ließen. In der Mitte der Ketscher hatten sie Fischköpfe befestigt. Damit fingen sie handtellergroße Taschenkrebse.

»Wie wär's mit Krebssuppe heute abend?« schlug ich vor. Jürgen war gleich dafür, aber unsere Frauen guckten skeptisch.

»Was ist das für eine Röhre dort?« fragte Christine und zeigte auf das tunnelartige Mauerwerk, das sich vom Strand her in die See schob - ohne Zweifel ein mächtiges Abwasserrohr.

Wir verzichteten auf das Krebsessen und verbrachten den Abend im Yachtclub. Hier herrschte ausgelassene Stimmung. Morgen sollte die Regatta nach Helgoland starten. Jürgen gab einige Lagen belgischer Biersorten aus und schlug mich vernichtend im Lochbillard. Trotzdem ließen wir es heute nicht spät werden.

Am nächsten Morgen wehte leichter Nordost, und von der Pier konnte man fast bis England sehen.

Während die Frauen ausklarierten, machten wir Männer seeklar. Kurz nach 09.00 Uhr puckerten wir aus dem Hafen. Draußen trennten sich unsere Kurse. Jürgen legte den Hebel auf den Tisch und dampfte die Schelde aufwärts. Sie wollten über die Kanäle nach Holland. FIRECREST aber setzte Vollzeug Kurs England.

Wir winkten, bis wir ihre Gestalten nicht mehr erkennen konnten. Unsere ersten Segelfreunde auf dieser Reise blieben achteraus.

Von Ostende bis Falmouth

Straße von Dover

Nordost und Sonnenschein wollten nicht recht zur Wettervorhersage passen. Das Hoch sollte abschwächen, und für Dover war *variable three to four* angesagt, dazu Regen und mittlere Sicht.

Wirklich ließ der Wind bald nach, bis FIRECREST - noch in Sichtweite von Ostende - in lästigem Schwell umherschlingerte. Auch den Teilnehmern der Regatta nach Helgoland ging es nicht besser. Nördlich von uns dümpelte ein Wald von schlaff hängenden Spinnakern. Aber *wir waren unterwegs!*

Bald fanden wir uns wieder in die Bordroutine. Christines Bereich waren Ruder- beziehungsweise Seewachen und die klassischen Bordfrauenaufgaben, mein Bereich ebenfalls Wachen, außerdem Navigation, Segelmanöver und Bootsmannsarbeiten.

Auf den Wunsch meiner Gefährtin hin hatten wir diese strikte Trennung eingeführt. Natürlich halfen wir uns, wenn nötig, aber grundsätzlich sorgte sie dafür, daß wir saubere Wäsche anziehen konnten und nicht verhungerten, und ich, daß das Boot uns dorthin brachte, wo wir hinwollten und dabei nicht verrottete.

Abendbrot gab es heute am Ruder, denn es war wieder Wind aufgekommen: Nordost 4. Mit schöner Fahrt steuerten wir Kurs Feuerschiff SANDETTIE. Die Kimm stand voller dunkler Frachtersilhouetten.

Gelobt sei die Verkehrstrennung! An den engen Stellen des Englischen Kanals ist der Verkehr geregelt wie auf einer Autobahn. Die westgehende Großschiffahrt fährt auf der Nordseite, die ostgehende auf der Südseite. Zwischen diesen Fahrbahnen dehnen sich mehr oder weniger breite »Grünstreifen«. Diese Streifen dürfen vom Großschiffsverkehr nicht befahren werden, wohl aber von Kleinfahrzeugen unserer Art. Hier konnten wir ungestört vorankommen.

Der nächste Mittelstreifen lag bei Sandettie, und dort wollten wir hin. Als der ostgehende Einbahnweg frei war, holten wir die Schoten dichter und jagten mit halbem Wind quer hinüber. Gegen 21.00 Uhr hatten wir den Mittelstreifen erreicht. Hier halsten wir auf Südwestkurs und rauschten platt vor dem Wind in die anbrechende Nacht.

Die klare Sicht war ein Geschenk. Endlos zogen die Prozessionen der großen Dampfer von West nach Ost und von Ost nach West. Durch die Stellung der Positionslichter zueinander waren ihre Kurse schon von weitem viel deutlicher zu erkennen als am Tage. Dabei bildeten sich immer wieder Pulks einander überholender Fahrzeuge, hinter denen größere Lücken frei wurden. Auf eine solche Lücke warteten wir, um nun auch die westgehende Fahrbahn zu queren.

Dabei kam mir meine eigene Brückenerfahrung zustatten. Ich ahnte, was in den Köpfen der wachhabenden Steuerleute vorging. Ich kannte die Stellen, wo die Fahrzeuge den Kurs ändern, oder wo manche abbiegen würden, um das Verkehrstrennungsgebiet zu verlassen, und ich wußte, wo damit zu rechnen war, daß Fahrzeuge aus der Küstenverkehrszone in den Einbahnweg einbiegen würden. So konnte ich einen Kurs absetzen, der uns mit so wenig Verkehr wie möglich in Berührung brachte.

Vor allem aber wußte ich, daß FIRECREST für die Brückenbesatzungen unsichtbar war. Selbst mit hellen elektrischen Positionslampen hätte man uns erst gesehen, wenn es für ein Ausweichmanöver zu spät gewesen wäre. Wir aber besaßen die zwar vorschriftsmäßigen, jedoch sehr lichtschwachen Petroleumlampen. Zudem fiel ihr Lichtschein wegen der Bündelung durch die *Fresnelschen Linsen* bei Krängung auf der einen Seite wirkungslos ins Wasser, und stieg dafür auf der anderen Seite ebenso wirkungslos in den Himmel. Und unser Radarreflektor war höchstens bis drei Meilen Entfernung wirksam - bei ruhiger See. Auf einem Radarschirm unterschied FIRECREST sich also kaum von irgendeinem Wellenecho. Schon bei mäßigem Seegang würden wir vom wachhabenden Offizier mit dem Knopf *Seegang-Enttrübung* einfach ausgeblendet.

Folgerung: Wir durften Ausweichsituationen gar nicht erst entstehen lassen.

Doch unbehelligt segelten wir zwischen den Verkehrswegen. Nur hinter Feuerschiff SANDETTIE war der Mittelstreifen unterbrochen. Hier querte der Fährverkehr zwischen Dover und dem Kontinent. In prachtvollem Lichterglanz kreuzten zwei Fähren unseren Kurs, eine von Backbord, die andere von Steuerbord. Als die nächsten Fähren kamen, waren wir schon auf dem Streifen von Bassurelle. Als der nördliche Einbahnweg hinter einem Massengutfrachter auf längere Zeit frei war, änderten wir den Kurs, um ihn zu queren. Doch das dauerte.

Unter Englands Küste

Bei Morgendämmerung stand VARNE-Feuerschiff quer an Backbord, und der Wind ließ immer mehr nach. Eine endlose Reihe von Frachtern zwang uns, parallel mit ihnen zu segeln, bis uns der letzte passiert hatte. Hinter seinem Heck schoben wir uns endlich im Schneckentempo aus dem Einbahnweg hinaus unter die englische Küste.

Auf der Höhe von Dungeness trieben wir nun langsam nach Westen - mit einem erfolgreichen Gefühl und hundemüde.

Zwar hatten wir uns regelmäßig am Ruder abgelöst, doch auch auf Freiwache war ich nach spätestens zehn Minuten immer wieder aufgetaucht, um kurz die Lage zu peilen. Wenn selbst die Dampferkapitäne in der Straße von Dover auf der Brücke bleiben, war es sicher verzeihlich, daß auch ich Christine hier nicht allein lassen mochte.

Mit steigender Morgensonne war die Sicht schlechter geworden. Kap und Atomkraftwerk von Dungeness waren im Dunst verschwunden, doch hier unter der Küste hatten wir unsere Ruhe. Christine versprach, mich zu wecken, wenn sie irgendein näherkommendes Fahrzeug sichten sollte, und ich legte mich für eine Stunde hin.

Die Kameradin weckte mich, als der Wind über Südost zuletzt auf Südwest drehte - genau von vorn. Gern wären wir jetzt irgendwo eingelaufen. Aber Dover lag weit achteraus, und auch Rye hatten wir schon passiert, weil der Strom in der Ansteuerung gerade ungünstig stand. Jetzt kam lange gar nichts und irgendwann Newhaven und Brighton. So kreuzten wir geduldig nach Westen. Über Stunden segelten wir bei gegenlaufender Tide auf der Stelle, um bei mitlaufendem Strom dann wieder zügig Meilen gutzumachen.

Bei Dunkelwerden standen wir vor dem alten Seebad Eastbourne. Neben den ragenden Klippen der Seven Sisters hob sich ein Schloß in Festbeleuchtung aus dem Wasser. So sah die alte Vergnügungspier jedenfalls aus, die unterhalb der alten Hotels hinaus in den Kanal gebaut war. Wenige Bootslängen vor der *Seapalace-Pier* wendeten wir unter den Augen flanierender Abendgäste und hielten wieder hinaus nach See.

Mit dem nächsten Schlag rundeten wir Beachy Head. Träge huschte der Schein des Leuchtturmes über unsere Segel. Wohl mit Bedacht stand er am Fuße der Klippen, denn oberhalb lag die Felsenküste schon im Nebel.

Bei Sonnenaufgang hatten die Gezeiten uns bis auf die Höhe von Brighton getrieben. Sachte blies der Westwind uns vor die Einfahrt der Marina. Ein Wald von Mastspitzen ragte über die hohen Mauern der Schutzmolen. Müde machten wir Fender und Leinen klar.

Als ich von der Einklarierung zurückkam, empfing mich der gedeckte Frühstückstisch. Ich erinnere mich, daß ich mir eine Riesenportion Haferflocken in die Schüssel häufte. Dann spürte ich noch, wie Christine mir die Wolldecke über die Schultern zog.

Auf unserer speziellen Einkaufsliste für England standen Seekarten und eine Walker-Logge. Vor allem aber brauchten wir ein neues Windsteuer, auch wenn das ein tiefes Loch in unsere Kasse reißen würde - am liebsten die legendäre *Aries*.

»Segeln Sie nach Cowes!« empfahl uns der Leiter der Yachtwerft. »Bei Mr. Franklin bekommen Sie die Aries zum Einkaufspreis.«

Aber erstmal fuhren wir nach London.

Der schöne, alte Bahnhof von Brighton hätte in ein Verkehrsmuseum gehört. Die Eisenbahnfahrt durch das sommerliche Sussex war ein flüchtiger Traum von Feldern, Wäldern, Hügeln und Herrenhäusern. Dann fuhr die Bahn über eine Hügelkuppe, und im Dunst breitete sich ein graues Häusermeer.

Erfreut stellten wir fest, daß die Londoner City wirklich von roten Doppeldeckerbussen und schwarzen Oldtimertaxis beherrscht wurde. Bei Potter in den Minories bekamen wir alle karibischen Seekarten, und bei einem Schiffsausrüster um die Ecke eine Walker-Logge, halb so teuer wie in Hamburg. Die edlen Geschäfte, die Gebäude und Plätze, die wir bisher nur aus dem Englischbuch kannten, luden zum Bleiben. Doch es war ein heißer Tag, die Arme wurden lang unter der Last unserer Einkäufe, und an der Südküste wartete FIRECREST im Seewind. So verließen wir die menschenüberfüllte Stadt wieder Richtung Sommerfrische.

Zum Frühstück präsentierte BBC-4 ein Orkantief bei den Hebriden.

Also zahlten wir noch einmal die gesalzenen Liegegebühren und fuhren mit einem richtigen Doppeldeckerbus nach Brighton. Dort bummelten wir die Uferpromenade entlang und spazierten hinaus auf die Palace-Pier, wo sich die Badegäste zwischen Automatenspielhallen und Fish-and-Ships-Buden ergingen. Wenn man sich über die rostigen Geländer lehnte, sah man über dem Wasser die durchgerosteten Stahlträger, auf denen das Bauwerk an dieser Stelle schon nicht mehr ruhte. Es schien absehbar, daß es bald das Schicksal der gegenüberliegenden Westpier erleiden würde. Die sah mit ihren Türmen, Ornamenten und verwinkelten Dächern aus wie ein hölzernes Märchenschloß. Vielleicht schlief in den windschiefen, verfallenden Hallen ein maritimes Dornröschen - mit Seemannspullover und Flossenfüßen, ganz ungestört. Denn die ersten Meter der Pier waren zur Sicherheit abgebaut, so daß sie mehr einer Insel glich.

Wir stöberten durch Buchhandlungen und Antiquariate und verbrachten den Nachmittag schmökernd im Park, wo König Georgs hölzerner Orientpalast gerade restauriert wurde. Zur Tea-Time saßen wir in einem Tea-Room, und nach Riesen-Hamburgern in einem rustikalen Imbißlokal ließen wir den Abend in einem rosaroten Plüschpub ausklingen, wo die Gäste lustig, die Damen grell und das Bier billig waren. Der lange Fußmarsch zurück zum Hafen gefiel uns dann weniger. Der letzte Bus war schon abgefahren.

Am nächsten Tag strahlt der Himmel blau. Von der Krone der Schutzmauer blicken wir gegen frischen Westwind bis nach Selsey Bill, dem nächsten Kap auf unserer Reise. Aber erst gegen 18.00 Uhr motoren wir aus der Abdeckung der Schutzmauern. Wegen des Orkantiefs haben wir erst den Wetterbericht und dann den mitlaufenden Gezeitenstrom abgewartet.

Doch das Tief hat sich in die Norwegische See verzogen, und so setzen wir Vollzeug in den raumenden Wind. Bald können wir Isle of Wight anliegen. Meile um Meile spult das neue Walker-Log ab und scheint dabei recht genau zu gehen.

Aries of Cowes

Die Tiden laufen günstig, und bei Morgengrauen stehen wir vor der Einfahrt zum Solent. 48 Kreuzschläge später laufen wir bei Sonnenschein in den überfüllten Flußhafen von Cowes. Welch Unterschied zu Brighton!

Die Mooringfelder auf dem malerischen River, die alten Häuser, das ansteigende Gewirr der verwinkelten Dächer, gegenüber Wiesen und Pferdeweiden, und oben auf gepflegter Anhöhe zwischen segelwinddurchrauschten Eichen die Türme von Norris-Castle.

Wir bekommen den letzten Liegeplatz am Ponton von West Cowes Marina. Am kommenden Sonnabend soll die Cowes Week beginnen.

Beim Einklarieren frage ich den Hafenmeister nach einem gewissen Mr. Franklin.

»Wollen Sie eine Aries kaufen?« Schon hebt der Hafenmeister den Telefonhörer.

Kurz darauf steht Mr. Franklin am Steg - der Erfinder, Konstrukteur und Fabrikant der legendären Aries persönlich. Ein freundlicher, kleiner Herr in kurzem Hemd mit abgerissenen Shorts und sympathischem Lächeln, der mich an meinen Mathelehrer an der Seefahrtschule in Lübeck erinnert.

Mr. Franklin nennt den Preis des Windsteuers, der mir äußerst moderat scheint. Beim Tee im Cockpit (der Gentleman verzieht keine Miene) beginnt er gleich, alles auszumessen. Denn er will Schaft und Ausleger genau nach Maß liefern. Auch empfiehlt er für das überhängende Heck besondere Adapter - nein, im Preis ist bereits alles enthalten.

Ich mag es nicht recht glauben. Doch als Mr. Franklin das Geld später ohne nachzuzählen in die Hosentasche steckt, fühle ich mich beschämt. Dafür hätte man in Deutschland gerade ein paar Ersatzteile bekommen.

Während Christine Geld von der Bank holt, fahre ich mit Mr. Franklin im Morris-Lieferwagen über heckengesäumte Straßen, vorbei an Landhäusern und Cottages, zu seiner *factory* - einigen Holzschuppen auf verwilderter Wiese. Dort stellt er sorgfältig die nötigen Teile zusammen, verkürzt den Schaft nach seiner Vorstellung und biegt die dicken Trägerrohre nach dem Winkel unserer Heckgillung. Zuletzt sucht er noch ein paar Ersatzteile aus Kisten und Kartons, und wir sind wieder auf dem Weg zum Hafen.

In den folgenden Tagen füllt sich Cowes wie Marstal zu Pfingsten. Doch trotz des dichten Gewühles von Seglern und Touristen, Yachten und Ausflugsbooten bleibt alles irgendwie gelassen. Ungestört inmitten des Trubels säge, bohre und schraube ich und baue die Aries an unser Heck.

Aber am Nachmittag ist jeweils Feierabend. Frischgeduscht bummeln wir dann über die Uferpromenade, Christine in weitem Sommerkleid mit Strohhut, ich mit offenem Hemd und in den hier unvermeidlichen roten Coweshosen, so schieben wir uns durch die High Street, sehen uns im Laden der Fotografenfamilie Beken um, sitzen bei Bier oder Ginger Ale in einer quirlenden Seglerkneipe oder betrachten von der Restaurant-Terrasse die FIRECREST.

Von dort sehen wir die eintreffenden Megayachten auf dem Solent ihre edelstahlschimmernden Anker werfen. Dazwischen ziehen die großen *Cupper* mit riesigen braun-gelb-weißen Segeln ihre Trimmkurse, einheitlich gekleidete Crews auf den Schanzkleidern, rauhe Rufe und wilde Gesten von Bord zu Bord. Und um uns auf der Straße, auf der Terrasse, in den Lokalen, auf den Stegen die Leute, die dazugehören, und die, die sich für einen Moment so fühlen möchten - wie wir.

Aries ist eingebaut. Mr. Franklin begutachtet die Arbeit und scheint zufrieden. Alles paßt, wie er es ausgemessen hat. Wir trennen uns mit Handschlag und müssen versprechen, von der »Ehe« zwischen FIRECREST und Aries zu berichten. Dann machen wir seeklar.

Leider können wir nicht zur Cowes-Week bleiben. Aber die Liegegebühren am Ponton sind horrend, und an den Pfählen oder auf der Flußreede hat keine Badewanne mehr Platz. Vor allem aber: Die Zeit läuft! Vor September wollen wir die Biscaya hinter uns haben. Es hieße das Glück versuchen, wollten wir das gute Wetter nicht ausnutzen.

Neue Freunde

»And - did you meet Prince Charles?« fragte Janette, eine Woche später.

»Bedauerlicherweise nicht.«

Denn der Ankerplatz der Königsyacht BRITANNIA war noch leer gewesen, als wir von Cowes ausliefen und vor den ehrwürdigen Mauern der *Royal Yacht Squadron* Segel setzten. Doch das große Besucherzelt auf dem Rasen war schon aufgebaut, und gerade brachten Männer in blauen Overalls neben dem Signalmast die bronzeschimmernden Startkanonen in Position. - Schade!

»What a pity! Vielleicht hätte Prinz Charles euch zum Dinner an Bord geladen«, spottete Paul gutmütig.

Trotzdem - jetzt beglückwünschte ich uns. FIRECREST lag auf der Reede von Falmouth, nicht weit von der äußersten Südwestecke von England. Weststurm orgelte im Rigg, und das Boot schwoite so heftig, daß wir die Kaffeetassen festhalten mußten.

Vor dem Einsetzen der Böen kamen Paul und Janette mit ihrem Schlauchboot von der THUELLA herübergerudert. Die hübsche kleine Holzyacht lag ein paar Bootslängen hinter uns. Jetzt tranken wir Kaffee und aßen dazu Janettes selbstgebackenen Rosinenpudding.

»Welches war nach Cowes euer nächster Hafen?« fragte Paul.

»Falmouth«, meinte ich trocken - und ein wenig stolz. »Allerdings haben wir zweimal geankert, um zu schlafen und die Tide abzuwarten. Aber sonst waren wir die ganze Zeit unterwegs.«

Overfalls

Mit einsetzender Ebbe sind wir von Cowes ausgelaufen und kreuzen nun gegen frischen Südwest den Solent entlang. Je enger der Meeresarm wird, desto reißender trägt der Strom uns mit sich. Schon passieren wir Yarmouth und bald - steuerbord die alte Seefestung, backbord die steilen Klippen der Isle of Wight - schießen wir durch die Enge bei Hurst Point. Mit vier Knoten Ebbstrom unter dem Achtersteven jagen wir hoch am Wind durch den Needles Channel seewärts. An Steuerbord liegen unsichtbar die Untiefen der Shingles. Bald ragen die Needles mit ihrem berühmten Leuchtturm Backbord auf gleicher Höhe. Hochnebel wabert um die Felsnadeln.

Doch was sind das dort voraus für hohe Brecher? Die gleichsam ölige Oberfläche des Ebbstromes, in dem wir segeln, endet unvermittelt an einer langen Linie steil brechender Seen. Sie stehen auf der Stelle, und wir kommen immer näher. Das sind also *Overfalls* - Gezeitenbrecher. Keine Frage, daß wir da hindurch müssen. Christine steht am Ruder. Um Gummistiefel anzuziehen, ist keine Zeit mehr.

»Halt dich fest!« rufe ich, springe nach vorn und werfe das Vorluk zu. Ist das Dingi sicher gelascht? Da geht es schon hinein ins erste Wellental. Der Klüverbaum stößt bis zur Hälfte in eine grüne Wand, dann schwingt der Bug himmelhoch, und das Heck mit Christine tief ins Wellental. Dann kippt die Schaukel wieder, und ich sehe um mich grüne Wasserwände und die Kameradin hoch über mir gegen den grauen Himmel. Und noch einmal, und wir sind hindurch - ohne nasse Füße.

FIRECREST hat nur ein paarmal tief und weich eingesetzt und dabei keinen Spritzer Wasser an Deck genommen. Damit wurde die Funktion der hohen, scharfgeschnittenen Vorsteven der englischen Kutter schlüssig am Originalschauplatz demonstriert.

Hinter den Gezeitenbrechern steht ganz normale Windsee, den 4 Beaufort angemessen. Wir legen das Boot auf das lange Bein Kurs Westnordwest und laschen neugierig die Steuerleinen der Aries an die Speichen des Ruderrades. Schon die ersten Trimmversuche funktionieren, und der neue Apparat läßt ahnen, was er uns noch wert sein wird.

Bei Sonnenuntergang nimmt der Wind zusehends ab. Außerdem wird bald Gegenstrom einsetzen, und so steuern wir nach Swanage Bay. Als wir die Bucht erreichen, ist es stockdunkel. Mit Echolot und Handscheinwerfer suchen wir uns zwischen unbeleuchteten Mooringliegern einen geeigneten Ankerplatz.

Hell scheint die Morgensonne auf einen hübschen Fischer- und Badeort. Wir liegen inmitten zahlreicher Fischerboote und Yachten. Nach dem Frühstück gehen wir gleich wieder ankerauf - eine voreilige Entscheidung des immer noch tidenungewohnten Skippers. Als ich merke, daß der Wind zu schwach ist, um den Gegenstrom auszusegeln, sind wir schon weit von der Küste abgetrieben, und es ist schon zu tief zum erneuten Ankern. Zurückmotoren gegen die Tide würde Spritreserven kosten, also segeln wir eben. Aber die Fahrt über Grund geht über den Achtersteven.

Gegen Mittag steht der Strom wieder günstig. Bei Südwest 3 kommen wir unter Vollzeug gut voran und stehen bald querab von Anvil Point. Hoch von grüner Almwiese strahlen weißgekalkt und einsam der Leuchtturm und das Gehöft des Wärters.

Als sich die graue Nase von Portland Bill über den Horizont erhebt, frischt der Wind auf und dreht auf W. Da bald wieder Gegenstrom stehen wird, kreuzen wir in die Bucht von Weymouth und ankern spät nachmittags vor dem breiten Sandstrand des alten Badeortes.

Zur Tea-Time flezen wir an Deck, knabbern Ingwerkekse und betrachten das Strandleben von Bord aus. Früh gehen wir schlafen.

Bei Stauwasser um Mitternacht segeln wir wieder und hoffen auf den bald einsetzenden Mitstrom. Die Rechnung geht auf. Draußen dreht der Wind sogar günstig auf Nordwest und frischt noch auf. Dunkel und massiv ragt Portland Bill, doch von den *Races* - den Gezeitenstromschnellen - spüren wir nur wenig, hören in der Dunkelheit nur verhaltenes Rauschen und Plätschern. Stetig zieht FIRECREST unter Groß, Fock und Klüver hindurch, Kurs Start Point.

Wir laufen so gut, daß das Kap am folgenden Mittag zwei Meilen an Steuerbord liegt. Doch es gibt nichts geschenkt. Im Laufe des Nachmittags bedeckt sich der Himmel. Die Sonne ist verschwunden, und die Wolken ziehen schnell und niedrig aus Nordwesten. Würde das Barometer jetzt einen Knick nach unten machen, würden wir vielleicht nach Start Point zurücklaufen und Schutz in der Tor Bay suchen. Aber auch im Wetterbericht hören wir nur von einer leichten Störung bei geringen Druckunterschieden. Also segeln wir weiter. Lizard Point liegt an, und bald ist Start Point nur noch eine undeutliche, dunkle Masse achteraus.

Innerer Schweinehund

Gegen Sonnenuntergang frischt der Wind auf und dreht zurück. Den Anlieger auf Lizard Point können wir vergessen. Hoch am Wind brettern wir in den Kanal hinaus. Graue Roller ziehen von Westen heran. So hohe hatten wir noch nie. Christine ist übel, mir nicht minder. Wir wollen nach Falmouth, und das liegt 60 Meilen in Luv - 60 Meilen gegen diese Seen!

Also nächster Schlag wieder auf die Küste zu und überlegen. Salcombe käme in Frage. Erich hatte den Hafen damals empfohlen. Aber vor irgendetwas hatte er gewarnt. War es die Barre vor der Einfahrt? Dem Handbuch nach braucht man günstige Tide, um sie gefahrlos zu passieren. Und bei diesem Seegang wird auf der Barre einiges los sein.

Ich wäge hin und her, rechne das Alter der Gezeit, und wann wir dort eintreffen werden. Ich suche alle Informationen aus dem Seehandbuch und aus den hintersten Ecken meiner Seemannserfahrung. Es sieht so aus, als würde es gehen. Aber ich behalte ein schlechtes Gefühl. Wenn die Barre sich bei der hohen Dünung als unpassierbar herausstellt, kann es zu spät sein. Außerdem werden wir in der Enge zwischen den hohen Felsufern bekalmen und müssen uns dann allein auf unseren Flautenschieber verlassen.

Es bleiben zu viele Zweifel, und Schiffbruchphantasien geben mir den Rest. Mich würgt es, aber wir wenden - wieder hinaus in den Kanal.

Kaum sind Backstagen und Preventer durchgesetzt, die Schoten festgemacht, verschwindet Christine unter Deck - Krise.

Im Moment sieht sie nur den beinharten Skipper, der rücksichtslos weiter will. Aber wie sehr bräuchte ich selbst jetzt Ermunterung und Hilfe!

Ich trimme die schon unersetzlich gewordene Aries, und wir segeln in die sturmgraue Nacht. Um Mitternacht binde ich das zweite Reff ins Groß und frage mich, ob wir auch den großen Klüver austauschen sollen. Aber er ist unser schönstes, bestes Segel, von Ebbe Andersen in Marstal. Mit starker Hand scheint er das Boot über die Seen hinwegzuheben - wie damals hinter Hoek van Holland. Kein bißchen verzogen war das Segel nach dieser Kraftprobe. Und du brauchst Segelfläche in den Gezeiten des Kanals. Also stehenlassen. Eher können wir das Groß ganz wegnehmen als den Klüver.

So grübele ich, lehne im Ölzeug am Kartentisch, die Hände um eine

Muck mit heißem Kakao. Christine liegt krank in der Koje. Sie wollte ihre Wache gehen, doch so dicht an den Schiffahrtswegen muß ich sowieso oben bleiben. Und ich bin hellwach.

Ich habe die Freundin mit einer zweiten Wolldecke zugedeckt, mir selbst ein Kissen hinten in die Ölhose gestopft und sitze so beinahe gemütlich an Deck. Alles ist schwarze Dunkelheit. Die Sicht muß mäßig sein, sonst könnte man vielleicht Lichter erkennen, oder wenigstens den Horizont. Und wir sind natürlich besonders unsichtbar mit unseren kleinen Lampen. Aber wir laufen wie der Teufel und können jederzeit ausweichen.

Doch nichts durchbricht die Finsternis - bis gegen 03.00 Uhr morgens plötzlich Lichter auftauchen, schon ganz nahe! Ich sehe einen hohen, dunklen Schattenriß, mittendrin eine rote Seitenlampe. Doch wo sind die Dampferlichter? Stattdessen weiß über rot. Und da - ein korrekt beleuchtetes Maschinenfahrzeug hält direkt auf uns zu. Hat es das andere Schiff nicht gesehen?

Endlich begreife ich: Es ist der Lotsendampfer! Und das andere Schiff hält auf ihn zu, um den Kanal-Lotsen an Bord zu nehmen. So weit draußen sind wir schon! Wende - fort von dieser Gesellschaft, wieder zur Küste!

In der Morgendämmerung flaut es ab. Zum Ausreffen kommt Christine ans Ruder. Rundum graue See - schwacher Horizont, kein Land, kein Fahrzeug. Meine Gefährtin möchte am Ruder bleiben.

»Laß die Aries! Und du geh' schlafen!«

Ich pelle mir das Ölzeug ab, lege mich hin und bin sofort hinüber.

Beim Aufwachen pendelt die Kajütlampe golden im Sonnenlicht. Leise plätschernd wiegt sich der Kutter in leichtem Seegang. Mit einem Sprung bin ich an Deck. Gott sei Dank! Da sitzt die Gefährtin und lächelt - müde. Weit und von sattem Dunkelblau riffelt sich - ja, beinahe schon der Atlantik.

Der Wind hat auf Westsüdwest gedreht. Folgerichtig hat Christine mitgeluvt, denn Abfallen können wir immer noch. Ich trage einen Koppelort ein - ziemlich unsicher bei den Gezeitenversetzungen. Aber wir müßten Falmouth jetzt bereits anliegen. Ich setze Toppsegel und Flieger - endlich wieder Vollzeug!

Barfuß in Jeans und Pullover sitze ich auf dem Kajütdach und trinke

Kaffee. Aries steuert wieder und Christine schläft. Milde Brise treibt uns mit halbem Wind über ein weites, sommerliches Meer. So möchte ich immer segeln. Irgendwo voraus liegt Cornwall - klingt fast so weit wie damals »Norderney«.

Gegen 11.00 Uhr schwebt ein niedriger, blaßblauer Schatten über der Kimm - Land! Dort, wo der blaue Schatten aufhört, das müßte Lizard Point sein. Die Peilung würde genau zum Koppelort passen. Die Walker-Logge ist wirklich eine Hilfe. Man braucht nur die Kurse und abgelaufenen Meilen zu notieren und »koppelt« sie später einfach aneinander.

Es wird ein schöner Segelnachmittag. Christine kommt mit ihrer Wolldecke an Deck und aalt sich in der Sonne. »Vor September über die Biscaya« hatte es gehießen, und nun liegt Falmouth, der geplante Ausgangshafen, bereits voraus. Rechnet man eine Woche für die Überfahrt, bleiben uns noch drei Wochen. Nachher nehme ich die Übersegler Nordsee und Kanal und greife grob unsere Kurse zwischen Falmouth und Fahrensodde heraus: 720 Meilen. Ist doch was für uns Dänische-Südsee-Segler!

Immer deutlicher schält sich die zerklüftete Küste Cornwalls aus dem Dunst. Leider bezieht sich dabei der Himmel. Als wir mit der einsetzenden Flut die Enge von St. Anthony Head passieren, den schwarzweiß gestreiften Leuchtturm an Steuerbord, ist es Abend geworden.

Vor uns breitet sich die Reede von Falmouth. Eine halbe Stunde später liegen wir an einer der Gästemoorings.

Es beginnt zu nieseln. Trist liegt das Mooringfeld im Strom vor grauschwarz ragenden Hafenmauern, über die sich graue, nasse Dächer gegen einen niedrigen, grauen Himmel heben. Kalt gellen riesige Silbermöven, und ich denke an ein Thule irgendwo im Nordmeer.

Falmouth

Paul und Janette

Denke ich heute an Falmouth, sehe ich einen sonnenwindigen, malerischen, feldsteingemauerten Hafen, zahllose Kamine über steilen Schieferdächern, Hügelkuppen mit Wiesen und Kornfeldern, dazwischen verwunschene Eichenwälder, Herrenhäuser in verwilderten Parks und Cottages an den tidenatmenden Ufern. Ich denke an die faszinierenden *Working Boats* - und an die Bäckerei über dem Hafen, wo wir Apple Puffs mit Clotted Cream aßen. Und ich erinnere mich an Paul und Janette von der THUELLA und unsere Tage zu viert auf den cornischen *creeks*.

Ihr schmucker, hölzerner Doppelender war noch kleiner als die FIRECREST. Zuerst war mir die selbstgebaute Windfahne aufgefallen, nach dem gleichen System gefertigt wie das Windsteuer von Bernard Moitessier. Sollte auch THUELLA eine Ozeanreise planen? Als wir vorbeiruderten und das junge Paar gerade aus dem Schlauchboot kletterte, sprachen wir die beiden an.

Nach wenigen Minuten hatte die Sympathie alle Distanz überwunden. Wie wir wollten auch Paul und Janette auf Langfahrt gehen. Wie wir wollten sie über die Biscaya, und wie wir fürchteten sie die Herbststürme. Ich weiß noch, wie sie bei ihrem ersten Besuch bei uns als Gastgeschenk eine Tüte Jakobs-Kaffee und einen Becher *Clotted Cream* mitbrachten, süße eingedickte Sahne, eine cornwalisische Spezialität. Damit wollten sie sich entschuldigen, weil sie, obwohl Engländer, keinen Tee mochten.

Die beiden erzählten von ihrem Leben in Manchester. Janette war dort Polizistin gewesen. Eines Tages stellte sie einen Busfahrer wegen einer Verkehrssünde zur Rede. Der Busfahrer war Paul. Seitdem lebten sie zusammen.

Aber sie waren nicht glücklich in der Großstadt. So kauften sie ein kleines Segelboot, heirateten, kündigten ihre Jobs und Wohnungen und bummelten langsam die Küste entlang nach Süden. Sehr genau waren ihre Pläne nicht. Aber Paul und Janette hatten Zeit. Überall in den ehemaligen britischen Kolonien würden sie Arbeit finden können, und sie brauchten nicht viel, um bequem auf ihrem Boot zu leben.

Da waren unsere Pläne konkreter: Im September wollten wir die Biscaya hinter uns haben. Dezember - Januar wollten wir zu Beginn der hurrikanfreien Monate Westindien erreichen und die Inseln zum Beginn der nächsten Hurrikan-Saison wieder verlassen, also spätestens im Mai. Anschließend mußten wir wieder schnell genug sein, um nicht in die Herbststürme des Nordatlantiks zu geraten. Auf den Monat genau waren unsere Abfahrtszeiten den jahreszeitlich vorherrschenden Windrichtungen und Wetterzyklen angeglichen.

Im Moment allerdings sah es so aus, als hätten uns die diesjährigen Herbststürme bereits eingeholt. FIRECREST schwoite, daß wir Tassen und Kuchenteller festhalten mußten, und ich überlegte schon, ob wir Paul und Janette anbieten sollten, bei uns zu übernachten. Denn mit ihrem Schlauchboot bei Sturm und reißender Ebbe zur THUELLA zurückzurudern, erschien mir sehr gefährlich. Aber wo sollten sie schlafen?

FIRECREST war zwar sehr klein, aber dennoch wie ein richtiges Segelschiff eingerichtet - mit Küche und Kanonenofen, Herd und Spüle, mit Kajüte, getrenntem Kartenraum, Waschecke und großer hinterer Segelkammer. Aber deshalb hatte sie auch nur zwei Kojen. Nun - ich würde in der Segellast schlafen und für Christine würden wir die Hängematte über der Backbordkoje spannen.

Doch dann setzte Stauwasser ein, und, als hinge es damit zusammen: der Sturm ließ nach. Zehn Minuten später blinkten Paul und Janette mit der Taschenlampe zum Zeichen, daß sie THUELLA sicher erreicht hatten.

Kurze Zeit später begann es erneut zu kacheln. In den Riggs der Nachbarboote kreischte der Sturm, nur aus unserem weich durchgesetzten Gaffelrigg klang ein sonores Summen und Brummen. FIRECREST lag sicher und geborgen. Wohlig kuschelten wir uns ein.

Angehende Hochseevögel

Nun sahen wir Paul und Janette häufig. Oft trafen wir uns an Bord von THUELLA oder bei uns zum Kaffee. Denn die beiden mochten ja keinen Tee. Wir hingegen schon.

So verschafften wir uns diesen Genuß zuweilen »heimlich« in der kleinen Bäckerei an der Hafenstraße. Außerdem gab es dort köstliche Apple-Puffs mit Clotted Cream, und durch ein schmales Sprossenfenster blickte man über den ganzen Hafen. Der zeigte sich meist böig aufgewühlt unter schnell ziehenden Wolken. Kein Gedanke an Auslaufen. Dafür kamen schlechtwettergebeutelt die alte Lübecker Yawl BAJADERE mit Andreas und Sabina, die holländische Slup PIMPERNELL mit Vim und Emmi und die Bremer Slup SUNDAY mit Ditmar. Auch sie wollten über die Biscaya und hofften auf besseres Wetter.

In mehrfacher Hinsicht war Falmouth unser erster »richtiger« Langfahrthafen. Am Ende des Kanals lag er günstig als Ausreisehafen für alle nordeuropäischen »Hochseevögel« und die, die es in dieser Saison werden wollten. Dabei lagen wir zum ersten Mal auf einer richtigen Hafenreede, die einem Hochseeboot ja viel mehr ansteht als eine profane Marina. Das winzige Beiboot, das ich einst den Maßen des Kajütsdaches entsprechend gezimmert hatte, erwies sich nun als unverzichtbar.

Auch für die Besatzungen von BAJADERE, PIMPERNELL und SUNDAY war es der erste Ozeantörn, und alle hatten noch viel vorzubereiten. Doch Spezialwerkzeuge, Material und handwerkliches Geschick waren unterschiedlich verteilt. Während wir ungeduldig die Wetterentwicklung verfolgten, war bald ein eifriger Transfer von Werkzeug, Ersatzteilen und technischer Hilfe im Gange.

Auch wir hatten zu tun. Meine Gefährtin nähte aus Nesseltuch Flaggenrohlinge, um sie später nach Bedarf mit den Farben und Motiven der Flaggen unserer Gastländer zu bemalen, und ich sah inzwischen die Takelage durch, bändselte und spleißte und baute eine kleine Sprayhood für den Niedergang.

Unterdessen schleppte ein *vigorous low* nach dem anderen seine Fronten über uns hinweg. Kein Tag verging ohne *gale warnings* aus westlichen Richtungen. Die Biscaya »dräute« bis in meine Träume, und mich plagte die Vorstellung, bis in den Herbst hinein hier eingeweht zu bleiben.

Gale bedeutete in den britischen Vorhersagen Windstärke 8 und mehr. Trotzdem war das Wetter alles andere als grau und trist. Zwischen den Tiefs sorgten die Rückseiten immer wieder für strahlend sonniges Wetter. Während unter blauem Himmel mit weißen Haufenwolken heftige Böen über die Reede fegten, gingen manche Yachten auf Drift.

Eine amerikanische *Formosa-Slup* trieb so oft vor ihrem *Bruce*-Anker, daß der Skipper schließlich entnervt an eine der teuren Gästemoorings ging. Auch wir gerieten vor unserem Danforth mehrmals ins Treiben. Schließlich tauschten wir ihn probeweise gegen den Stockanker, und der hielt vortrefflich.

Es gab hier an mehreren Stellen sehr tiefen, suppigen Schlick. Anscheinend sackten großflächige Anker nicht hindurch bis zu dem festeren, besser haltenden Grund, sondern blieben in dem weichen Schlick darüber hängen. Unser Stockanker mit seinen schmalen Flunken hingegen grub sich hier so tief ein, daß ich mehrmals Mühe hatte, ihn auszubrechen. Übrigens hielt auch der 35 Pfund schwere *CQR*-Anker von THUELLA problemlos. Paul hatte ihn bewußt eine Nummer größer gewählt.

Working Boats

Die Geselligkeiten mit unseren Kameraden, die Reisevorbereitungen, der Dingiverkehr bei Sturm und laufender Tide sowie die wiederholten Ankermanöver der Nachbarboote - bis man selber wieder dran war - ließen keine Langeweile aufkommen. Und die Bürger von Falmouth sorgten für Unterhaltung vom Feinsten: An den Wochenenden regattierten die Working Boats.

Working Boats sind Austernfischer - rassige, ranke Gaffelkutter, mit denen auf den *rivers* und *creeks* des Truro und Helford während der Muschelsaison (den Monaten mit »r«) Austern gefischt werden. Denn ein weises englisches Fischereigesetz verbietet den Austernfang mit

Maschinenhilfe. So haben sich in der Gegend um Falmouth die Austernbestände - und die segelnden Austernkutter - bis heute erhalten.

Im Sommer jedoch (den Monaten ohne »r«) werden mit den Working Boats Regatten gesegelt. Dazu werden die offenen Boote (ohne Schwimmkammern, aber mit fünf Tonnen Ballast) mit besonders langen Bäumen und Gaffeln ausgerüstet, mit himmelhohen Toppstengen, Klüverbäumen von halber Bootslänge und extragroßen, professionell geschnittenen Regattasegeln.

Eines Sonnabends dann drängte sich eine dunkle Menschenmasse auf den hohen, steinernen Piers, und die großen Austernboote machten seeklar. Die einheitlich gekleideten Besatzungen schlugen Segel an, setzten riesige Großsegel voll ausgerefft in den böigen SW und slippten mitten im überfüllten Bojenfeld die Mooringleinen.

Denn einen Motor besaß keines der Working Boats. Wozu auch? Wie Jollen manövrierten die Fischer - nun »Herrensegler« - ihre 30 Fuß plus 15 Fuß Klüverbaum langen, zehn Tonnen schweren und sechs Fuß tiefen Boote zwischen den Ankerliegern hindurch flußabwärts. Dort sammelten sie sich außerhalb Sichtweite zum Start.

Als die Kutter dann bei böigen 6 Beaufort unter Vollzeug heranrauschten, Dollbord an Dollbord, eine kompakte Wolke von Segeln, war es ein Bild wie auf den alten Fotos der Brüder Beken, die wir in Cowes gesehen hatten.

Wir lagen ganz in der Nähe der Wendemarke, und einige Kutter passierten so dicht, daß wir mit einem Schritt hätten übersteigen oder die Nocken der vorüberziehenden Großbäume hätten berühren können, und wir spürten die abgelenkten Windböen aus den riesigen Segeln. Von jeder Besatzung flogen Scherzworte und Gelächter herüber zu uns, die wir komfortabel an Deck saßen und Tee tranken.

Truro River

Eines Tages bekamen wir unerwarteten Besuch. Nach heftigen Schauerböen lag Falmouth vorübergehend wieder in beinahe mediterranem Licht. Da ankerte eine weiße Ketsch ganz in unserer Nähe, ein Schlauchboot wurde ausgesetzt, hielt auf uns zu - und es war Mr. Franklin aus Cowes.

Im Cockpit bei unserem letzten deutschen Aldi-Bier vernahm er zufrieden, wie gut Aries sich benahm. Aber als er sah, wie wir die Steuerleinen befestigten, meinte er, wir sollten vielleicht doch eine Radtrommel nachbestellen. Dann genüge ein Hebelgriff, und wir müßten die Leinen nicht nach jedem Segeltrimm neu an den Radspeichen festbinden. Er würde uns das Teil überallhin nachschicken. Wir versprachen, darüber nachzudenken.

Mit Paul und Janette freundeten wir uns richtig an. Ich schenkte ihnen meine alten australischen Positionslampen, und sie revanchierten sich mit einem antiquarischen Reisebuch von Alain Gerbault: »In Quest of the Sun«. Ich war glücklich. In dem Buch beschreibt der französische Jagdflieger des Ersten Weltkrieges und spätere Tennis-Champion Alain Gerbault seine Einhand-Weltumsegelung mit der originalen FIRECREST. Seiner englischen Kutteryacht hatte ich meinen Eigenbau nachempfunden und das Boot später einfach ebenso genannt.

Ich las das Buch mit Begeisterung, und das Beispiel des großen Seglers baute mich auf. Denn in mir nagte die Furcht, daß es mir ebenso ergehen könnte wie Paul.

Ihm steckte die Unentschlossenheit schon in den Knochen. Er gab zu, daß er sich bei jeder Sturmwarnung beruhigt zurücklehnte in der Gewißheit, daß ihm die Entscheidung »auslaufen oder nicht« wieder vom Wetter abgenommen worden war. Und bei mir stellte ich bereits ähnliche Symptome fest: Solange es aus westlicher Richtung kachelte, war ich beinahe zufrieden. Umso fester entschloß ich mich, bei der allerersten, günstig erscheinenden Wetterlage auszulaufen.

Dann wurde der übliche *gale eight* zur Abwechslung aus Nordost angesagt. Endlich schien sich die Wetterlage zu ändern. Trotzdem - bei Sturmwarnung auslaufen, war nicht unser Ding. Und weil Nordost unruhigen Schwell bedeutete, entschlossen sich THUELLA und FIRECREST zu verholen.

Gegen Mittag, kurz vor Niedrigwasser, gingen wir ankerauf und segelten zwischen malerischen Hügeln den Truro aufwärts. Die Sonne schien warm, doch das Barometer fiel steil. Bald wurde der Fluß enger, und dichter Eichenwald wuchs die hohen Ufer hinauf und deckte den Wind ab.

Doch die Tide und unsere kleinen Motoren schoben uns weiter, vorbei an Wäldern, Wiesen, reifen Kornfeldern und strohgedeckten Cottages, die aussahen wie Kulissen für einen romantischen Film.

Da ragte hinter einer Flußbiegung plötzlich himmelhoch ein riesiger Wulstbug auf. Ohne Zweifel lag da mitten im Creek zwischen mächtigen Festmacherbojen ein aufgelegter Massengutfrachter. CAP AVANTI DUE stand abgeblättert auf den rostfleckigen Bugseiten. Allein in der Stevenbirne hätte mein Lotsenkutter unter vollen Segeln Platz gehabt. Respekt vor dieser Schlepperarbeit!, dachte ich.

Ein Stück hinter dem Frachter gab Paul uns ein Zeichen, und wir legten uns vor Anker. Am Ufer zwischen Schilf und Eichen stand ein reetgedecktes Gasthaus. Rosen und Efeu umrankten das Fachwerk, und auf einem Schild über der Tür lasen wir erwartungsgemäß *Smuggler's Cottage*. Wie Spielzeug wirkte das romantische Anwesen gegen die himmelragenden Stahlwände, einen Bogenschuß entfernt.

Als wir uns beim Kaffee an Bord der THUELLA die Sonne auf die Pullover scheinen ließen, begann in den Eichen über dem Ufer der NE zu rauschen. Wolkenschatten jagten über die Stoppelfelder, aber die CAP AVANTI DUE rührte sich keinen Meter.

Abends ruderten wir hinüber zum Gasthaus. Dort tranken wir zimmerwarmes, wassersüffiges Lagerbier mit dem ägyptischen Wachmann, der schon vier Jahre an Bord des Frachters lebte. Skurrile Typen in hohen Watstiefeln lehnten an der Bar, ausgerüstet mit Fliegenruten und Körben, aus denen es nach frischem Fisch roch, andere mit umgehängten Jagdtaschen und doppelläufigen Flinten in der Armbeuge, tote Enten am Gürtel, in den Händen schaumlose Biergläser, die Augen in den roten Gesichtern funkelnd von Sinnesfreude beim Anblick von Janette und Christine.

Als wir nach der *last order* zurück an Bord pullten, schien mir der nächtliche Schattenriß des Kutters seltsam schief zu liegen. Schuld war aber nicht das Lagerbier. Der Schlick, in den FIRECREST bei Ebbe weich einsinken sollte, erwies sich doch als solider. Mit 20 Grad Schlagseite blieben wir dann hängen. So bauten wir unsere Kojen wie beim Segeln am Wind.

Am Morgen stand der Mast wieder im Lot. Während sich der Nordost über unseren Köpfen ausblies, schliefen wir lange, frühstückten dann noch länger zu viert an Bord der FIRECREST und bummelten nachmittags mit den Dingis die Ufer entlang, beobachteten die Fischreiher und aßen auf THUELLA zu Abend.

Es war wie Atemholen vor dem Sprung ins tiefe Wasser. Dieser Ostwind hätte uns weit in die Biscaya hineinwehen können, wenn er nur etwas moderater geblasen hätte. Aber auch so hörten sich die Wetterberichte von BBC-4 vielversprechend an. Nach Wochen kräftiger Westlage schien sich nun Hochdruckeinfluß durchzusetzen mit abnehmenden ostdrehenden Winden. Da sagte Paul, daß er »beschissene Angst« hätte. Die Mädchen und ich beknieten ihn: Wir wollten uns doch in La Coruna wiedersehen! Er versprach, sich zusammenzunehmen, aber der lange, entschlußlose Sommer hatte ihn zermürbt.

Jetzt!

Voll gespannter Erwartung liefen wir am nächsten Tag mit der frühen Ebbe flußabwärts. In den morgensonnigen, goldgrünen Wipfeln der hohen Ufer hingen Nebelfetzen und erinnerten mich an den Film *Fitzcarraldo*. Würde auch FIRECREST einst tropische Urwaldflüsse hinauftuckern?

Als der Hafenmeister sein Office aufschloß, standen wir schon davor zum Ausklarieren. Noch Wasser bunkern, Treibstoffkanister auffüllen, die Mädchen noch mal schnell zum Supermarkt, dann waren wir startklar - THUELLA und FIRECREST.

Andreas und Sabina winkten von der BAJADERE und Vim und Emmi von der PIMPERNELL, als wir ankerauf gingen. Auch bei ihnen wurde seeklar gemacht.

»Mast- und Schotbruch!«

»Auf bald in La Coruna!«

Ich dachte an die schneidigen Austernfischer und setzte das Toppsegel noch zwischen den Bojen. Bevor die Flut kam, mußten wir St. Anthony Head passiert haben.

Über die Biscaya

Erster Biscaya-Tag - Abschied

FIRECREST wiegte sich im langen westlichen Schwell. Alle Segel standen, die Bugwelle flüsterte, leise gurgelte das Kielwasser. Cornwalls Hügel waren nur noch sanft gewellte Schatten im Abendlicht. Der Wind kam aus Südwest, wir steuerten Westkurs, und von Westen zogen Federwolken mit sichtbarer Geschwindigkeit. Die See um uns war leer. Wir waren allein, und so fühlten wir uns auch.

Bei St. Anthony Head hatten wir noch eine kleine Flottille gebildet: dicht beieinander THUELLA und FIRECREST, hinter uns aufkommend BAJADERE und PIMPERNELL. Die Sonne schien warm, sanft spannten der SE die Segel und verbreitete Hoffnung und Zuversicht. Launige Sprüche von Boot zu Boot knarzten aus dem Walkie-Talkie. Nur Pauls Kommentare blieben verhalten.

Gegen Mittag ließ der Wind nach und drehte auf Süd. BAJADERE und PIMPERNELL starteten den Motor und verschwanden bald hinter der Kimm. THUELLA und FIRECREST blieben zusammen. Wir liefen etwas schneller, THUELLA machte mehr Höhe. Aber es war mehr ein Dümpeln. Lizard Point lag noch weit voraus.

Am frühen Nachmittag frischte der Wind auf - aus Südsüdwest! Voll heißer Enttäuschung trimmten wir die Segel. Kreuzen! Immerhin liefen wir jetzt gute Fahrt. Seite an Seite machten THUELLA und FIRECREST wieder einen Schlag auf die Küste zu. In Lee öffnete sich die Einfahrt zum Helford River, einem malerischen Creek mit geschützten Ankerplätzen.

Zeit für den Wetterbericht.

»*Atlantic low west of Ireland, moving east.*«

Nicht jetzt das!

»THUELLA fällt ab!« rief da Christine von Deck.

Sofort war ich oben. THUELLA hatte Kurs geändert - zum Helford River. Da rauschte es bereits im Walkie-Talkie.

»FIRECREST?« klang Janettes Stimme. »We will sail to the Helford.«

Da halfen keine beschwörenden Worte.

»There is this Atlantic low, Clemens. You know?«

Wir hatten verstanden. Janette wäre mit Paul in die Hölle gesegelt, aber er hatte die Nerven verloren. *Atlantic low...*

Es tat fast weh, als ich ins Gerät sprach. Denn meine Worte legten Feuer an die goldene Brücke in den geborgenen Landschutz. Denn eine Minute später wären wir gleichfalls abgefallen zum Helford.

»Wir segeln weiter, Janette. Vielleicht ist es unsere letzte Chance in diesem Jahr.«

Und ich verfluchte meinen ewigen zwanghaften Kampf gegen den »inneren Schweinehund«. Dort lag der Helford River, verschlungene Meeresarme, geschützte Ankerplätze zwischen sanften Hügeln. Warum hatte ich nicht die Gelassenheit, zusammen mit unseren Freunden einfach zu warten, bis uns eines Tages, dieses Jahr, nächstes Jahr, eine stabile Ostwetterlage wie von selbst nach Kap Finisterre blasen würde?

»Good bye - and good luck for you.« Janettes Stimme brach.

Mich würgte es, und meiner Gefährtin liefen die Tränen herunter. Doch auch sie wußte: Wir hätten den idyllischen Ankerplatz nicht genießen können - all unsere hochfliegenden Reisepläne wären zerweht wie heiße Luft.

Demonstrativ gingen wir über Stag, und bald war THUELLA nur noch ein kleiner weißer Fleck. Nur das leuchtend rote, obere Viertel ihres Focksegels unterschied sie von den anderen Feierabendseglern.

Blaß versank die Sonne hinter den Hügeln Englands. Es wurde dunkel. Fern glitzerten die Lichter der Küste. Die Dünung schmatzte unter dem Heck, und gelbgrün waberte das Kielwasser über der schwarzgläsernen Tiefe.

Langsam kreuzten wir gegen den schwachen Südwestwind und ließen uns vom Gezeitenstrom umherschieben. Dabei versuchten wir, gut frei von den Scilly-Inseln zu halten und vom Kanalverkehr. Beides gelang. Nachdem wir in der zweiten Nachthälfte die Verkehrstrennung passiert hatten, merkten wir vom Schiffsverkehr nur noch wenig. Dann wurde es diesig. Die Leuchtfeuer von Lizard Point und Lands End erloschen.

Zweiter Biscaya-Tag - CASTELLBLANCA

Gegen Morgen flaute es ganz ab. Es begann zu regnen, und FIRECREST schlingerte erbärmlich im kurzen Schwell. Die Sicht sank unter eine Meile. Christine lag seekrank danieder, und ich selbst hing in Abständen über dem Schanzkleid und kotzte, bis die Galle kam. Hinterher ging es mir jeweils eine Zeitlang besser. Dann machte ich in der Pantry herum oder brütete über dem Kartentisch. Fast unsichtbar dümpelten wir vor dem Eingang des Kanals im Nebel.

Einmal dröhnte laut und deutlich ein Nebelhorn. Es kam aus östlicher Richtung. Nach längerer Zeit hörten wir es, leiser geworden, aus dem Westen. Ich war so müde.

Aber wenigstens konnte ich sagen: *Wir haben den Absprung geschafft!*

Reglos lag die Kameradin, in Decken gewickelt, in ihrer Koje. Ihr Gesicht sah weiß und spitz aus im grauen Morgenlicht. Ich strich ihr übers Haar. Da hielt sie meine Hand lange fest.

Ich zwang mich, den Herd anzuwerfen, goß das restliche lauwarme Wasser aus den Thermoskannen zurück in den Wasserkessel und setzte ihn auf die Flamme.

Die heiße Brühe schien Christine gut zu tun. Als ich mit meinem eigenen frugalen Frühstück ins Cockpit balancierte, lächelte sie mir zu. Das Segeln machte beinahe wieder Spaß.

Der Regen hatte aufgehört, die Sicht klarte etwas auf, und wir konnten beinahe Südwest anliegen. Auch das Deck begann zu trocknen.

Nachts hatte ich den Flieger geborgen, um einhand manövrierfähiger zu sein. Nach dem Frühstück setzte ich ihn wieder. Dabei bewegte ich mich über Deck wie ein Faultier. Jeder Griff war überlegt. Erst wenn eine Hand festen Halt hatte, ließ die andere los. Später, als ich gelernt hatte, mich damit nicht mehr an der Nagelbank zu vertörnen, trug ich ständig eine Sicherheitsleine.

Plötzlich schälte sich ein mächtiger Schatten aus dem Dunst - ein hoch in Ballast gehender Massengutfrachter. Es war kein Kielwasser zu sehen, und da hingen auch die beiden Fahrtstörungsbälle in der Saling. Er trieb.

Blaß, erschöpft war Christine an Deck gekommen und blickte die ragende Bordwand hinauf. CASTELLBLANCA stand am Heck, La Coruna.

»Da wollen wir hin!«

Eine kleine Gestalt winkte von der Brücke, und ich schaltete das Funkgerät ein. Der freundliche Wachoffizier erzählte von einem Maschinenstopper und gab uns seinen Decca-Ort. Ich bedankte mich, und wir wünschten gute Reise.

Ich trug den Ort in die Karte ein und stutzte. Demnach hatten uns die Gezeiten zwölf Meilen nach Westen versetzt. Das wäre ja wunderbar! Trotzdem malte ich ein Fragezeichen neben den Ort. Seit gestern Nacht hatten wir keine Position mehr bestimmen können.

Die Freundin hielt es an Deck noch aus, und ich legte mich für einen Moment hin. Zehn Minuten einfach wegtörnen! Doch Christine litt, und ich schickte sie bald wieder zur Koje, wo es ihr gleich besser ging. Ich selbst litt lieber an Deck und opferte den Rest vom Frühstücksmüsli.

Eine Stunde später rauschten wir mit Braßfahrt und halbem Wind Kurs Südwesten. Der Südost frischte böig auf, und bald stand das erste Reff im Groß. Aries steuerte. Ohne sie wären wir nicht hier, daran bestand kein Zweifel.

Es nieselte. Keine Sonne, keine Position. Es regnete, es wurde dunkel. Keine Sterne. Der Wind ließ wieder etwas nach. Sofort schüttete ich das Reff wieder aus. Noch kam es auf jede Meile an, die wir uns von den Kanalküsten freisegelten.

Dritter Biscaya-Tag - Log

Bei Morgengrauen hockte ich mit Haferflocken und Kaffee im Niedergang, den Kopf über der Sprayhood, die sich schon bestens bewährt hatte. Da sah ich genauer hin. Voraus war etwas gewesen; wie eine dünne, schwarze Linie auf dem Wasser - wie mit dem Lineal gezogen; eine Struktur, die nicht hierher gehörte. Da war es wieder, ein gerader dunkel glänzender Strich, lag sehr ruhig in der See und war schon ganz nahe - *Log!*

Mit einem Satz stand ich beim Ruder, denn als Seemann wußte ich gleich, was es war. Aber ich griff nicht ein. 20 Meter in Luv trieb ein riesiger Baumstamm vorbei, glattgeschält, schwarz glänzend, meterdick, mit Büscheln von weißen Entenmuscheln bewachsen. So tief lag er im Wasser, daß er nur alle paar Sekunden sichtbar wurde. Fast unbewegt ruhte der Stamm, Tonnen mochte er wiegen - für ein kleines Fahrzeug gleichbedeutend mit einem soliden Riff.

Tief atmete ich durch - vorbei ist vorbei, 20 Meter oder zwei Meilen. Den Proportionen nach war es ein Edelholzstamm aus den Tropen. Nach wenigen Augenblicken war er achteraus verschwunden.

Immer mal wieder gehen solche an Deck gelaschten *Logs* bei schlechtem Wetter über Bord. Dann treiben sie monatelang dicht unter der Wasseroberfläche, bis sie irgendeine Küste erreichen oder sich so vollgesogen haben, daß sie untergehen. Auch dieser Stamm trieb schon lange, denn die Entenmuscheln waren bereits groß.

An wieviel Treibgut dieser Art waren wir schon ahnungslos vorbeigesegelt? Wer auf See hinausgeht, muß auch vertrauen können.

Ich weiß nicht, wie oft ich an diesem Tag das Groß gerefft und wieder ausgerefft, das Toppsegel gesetzt und wieder geborgen habe. Der Wind pulsierte zwischen Flaute und Starkwind und drehte dabei langsam auf Süd. Entweder preschten wir mit Affenfahrt dahin, oder FIRECREST torkelte in der hohen See zum Gotterbarmen.

Von einem Schiffsort war immer noch keine Rede. Wir sahen weder Sonne noch Sterne, und das Wasser war viel tiefer, als das Echolot reichte.

Nach einem langen Schlag gen Westen wendeten wir gegen Abend und steuerten Südost, wieder auf die französische Küste zu. So liefen wir in die Nacht hinein - blind, denn zur Dunkelheit kam Nebel. Niesel setzte ein, und es brieste wieder auf - reffen!

Gegen Mitternacht flackerte Wetterleuchten über den Wolken.

Als der Wind dann abermals nachließ, wollte ich nicht mehr. Ich ließ das Groß gerefft, wie es war, und drehte bei: einfach mit den belegten Schoten auf den anderen Bug. Dort trieben wir - dann mit backstehenden Vorsegeln und Ruder nach Luv gelascht - gemächlich quer. Bald hatte sich in Luv ein breiter Teppich ölig-glatten, aufquellenden Wassers gebildet, der uns vor brechenden Wellenkämmen schützte. Das ruppige Gegenanbolzen bei harter Schräglage war in weiche Schaukelbewegungen übergegangen. Warum nicht früher so?

Ich zog mir das nasse Ölzeug vom Leib und setzte mich zu Christine in die Kajüte. Füße hoch, in Wolldecken gewickelt, eine Tasse heißen Kakao in den Händen, kam ich langsam zu mir.

Unsere Mahlzeiten in diesen Tagen bestanden meist aus Kaffee, Brühe, Kakao, Biskuit, Rosinen, Nüssen und Haferflocken sowie H-Milch. Aber viel aßen wir auch heute nicht. Im Journal steht zum Thema Essen nur: Kapitän und Crew seekrank.

Fast drei Tage waren wir schon unterwegs, und in der Zeit hatte ich zusammengerechnet vielleicht drei Stunden geschlafen. Dabei war ich allmählich in einen überwachen Zustand geraten, der dann mit wenigen Unterbrechungen die ganze Überfahrt anhalten sollte. Zuletzt ließ ich mich von der Routine in Gang halten wie eine Maschine. Denn es gab ständig zu tun. Ich machte Navigation, wusch und rasierte mich, versuchte, Kartenraum und Kajüte trockenzuhalten, kochte Wasser und Kaffee, flößte Christine Brühe ein oder strich ihr Butter aufs Knäckebrot, hielt alle paar Minuten Ausguck, setzte Segel, reffte, reffte wieder aus, ging über Stag, notierte die abgelaufenen Seemeilen fürs Koppeln, stellte Aries neu ein - ad infinitum. Bald hatte ich kein Gramm Fett mehr auf den Rippen - und kaum noch Hunger. Oft zwang ich mich, eine Handvoll Rosinen und Nüsse zu essen oder Kekse. Zwischendurch legte ich mich für einen Moment auf die Koje, aber nach spätestens zehn Minuten stand ich wieder hellwach im Niedergang und blickte in die Runde.

Nach einer halben Stunde Beidrehen hatte ich mich spürbar erholt. Ich legte das Boot wieder auf alten Kurs.

Vierter Biscaya-Tag - Vigorous Atlantic low

Bei Tagesgrauen hörte der Regen auf. Der Wind drehte auf Nordwest. Unter einer Decke grauer Wolken bildete der Horizont eine scharfe, von fernen Dünungsrücken gezackte Linie.

»Wir können La Coruna anliegen«, berichtete ich, als ich meiner Gefährtin ihre Brühe reichte.

Sie sah hohlwangig aus und elend. Sie übergab sich nicht, aber sie aß auch kaum, und ich begann mir Sorgen zu machen. Ich selber hatte die Seekrankheit überwunden. Selbst der Stehplatz vorn in der Pantry machte mir nichts mehr aus, wo beim schnellen Einsetzen des Vorstevens manchmal für eine Sekunde die Schwerkraft aufgehoben schien. Als ich mir Haferflocken in die Schale füllte, hatte ich einen Mordshunger. Eigenartigerweise war er nach zwei Löffeln gestillt.

Als ich mit meinem Kaffeebecher an Deck kam, übergoß die Morgensonne Boot, Spieren und Segel mit goldenem Licht. Gleich tauchte ich wieder ab und holte den Sextanten.

»Tut mir leid, Schäfchen, du mußt die Zeit nehmen!«

Schon war ich wieder an Deck, rauf aufs Dingi, schnell den Index berichtigen, dann die Sonne einpeilen... Da ist sie! Runter auf den Horizont!

»Null!«

»Null!« bestätigte Christine unten an der Uhr.

Endlich hatten wir wieder eine Standlinie. Das war zwar noch keine vollständige Position, aber da die Standlinie etwa Nord-Süd verlief, erhielten wir so den ungefähren Abstand zur Insel Quessant: 50 beruhigende Meilen.

Es hatte soweit abgeflaut, daß ich Vollzeug setzen konnte. Die Sonne trocknete die Planken, und es wurde ein richtig schöner Segeltag. Hätte die Erschöpfung mein Gesichtsfeld nicht so eingeengt, hätte ich ihn noch mehr genießen können. Auch die Gefährtin wurde ein wenig munterer.

Den ganzen hellen Tag über wehte der Wind aus Westnordwest zwischen 3 bis 5 Beaufort. Zwar mußte ich Flieger und Toppsegel immer mal wieder bergen und setzen, konnte die Schoten und Fallen der übrigen Segel aber in Ruhe lassen. Unbeirrt steuerte FIRECREST mit halbem Wind ihre Bahn, und ich registrierte befriedigt Meile um Meile, die die Walker-Logge weiterspulte.

Weit im Westen zogen zuweilen die dunklen Umrisse von Frachtschiffen über die Kimm, ähnlich wie damals vor den ostfriesischen Inseln. Zwar gab es hier draußen keinen Zwangsweg, aber da kein Handelsschiffskapitän auch nur eine Kabellänge Umweg fährt, durften wir uns hier, einige Meilen östlich der kürzesten Verbindung zwischen Quessant und Kap Finisterre, ziemlich ungestört fühlen.

Trotz Schlafmangels wurde ich jetzt kaum noch müde. Hier, wo der Horizont meist uns allein gehörte, konnte ich mich jederzeit für ein

paar Minuten hinlegen. Dieses Wissen reichte schon, um die Müdigkeit zu verscheuchen - zumindest tagsüber. Und nachts begnügte ich mich mit hie fünf, da zehn Minuten Schlaf. Dabei half mir auch das *Autogene Training*, das ich seit Jahren betrieb.

Die Wetterberichte von BBC Radio 4 auf Langwelle 200 Kilohertz waren die Eckpunkte des Tages. Sie kamen morgens, nach dem Mittag, abends und nach Mitternacht. Wobei vor der mitternächtlichen Sendung stets die schöne Melodie *Morgenstimmung* von Edvard Grieg gesendet wurde, die uns hier draußen wie eine wehmütige, ferne Verheißung klang.

Doch leider blieb die Tendenz der Wetterberichte unverändert. Ein Tief nach dem anderen zog mit seinen Fronten über uns hinweg.

Mit bangen Gefühlen hörten wir an diesem vierten Tag unserer Biscaya-Überfahrt nun die Ankündigung eines *vigorous Atlantic low*. Wir brauchten nur aus der Luke zu sehen, um seine Vorläufer bereits an der hohen, schnell ziehenden Cirrusbewölkung zu erkennen.

Gegen Abend drehte der Wind zurück auf Süd und frischte auf. Gleichzeitig fiel das Barometer - die bekannten üblen Vorzeichen eines Trogtiefs.

Ich hatte FIRECREST über Stag gebracht und knüppelte sie gegen die schnell wachsende Dünung. Solange es ging, wollte ich West gutmachen, weg von der französischen Küste.

Bald nach Dunkelwerden fiel die erste Bö ein - genau aus West. Wieder über Stag, das zweite Reff ins Groß, und FIRECREST jagte los in die Nacht. Die Windsee war noch gering. Mit Rumpfgeschwindigkeit gischtete der Kutter über die mächtigen Roller. Es war herrliches Segeln, und es machte gar nichts, daß ich das Groß in dem orgelnden Sturm schließlich ganz wegnehmen mußte: Um so leichter hob sich der Vorsteven über die See. Meile um Meile spulten wir ab - Kurs Finisterre.

Auch als sich die Windsee aufgebaut hatte und der Kutter nun schwer arbeitete, hielt er weiter mühelos Höhe. So ließ ich mir einen Sturm gefallen.

Doch der Trog zog schnell, wie es Tröge an sich haben. In der zweiten Nachthälfte flaute es schlagartig ab. FIRECREST stieß und schlingerte in der hochgehenden restlichen See. Wild schlugen Gaffel und Baum, bis ich das Groß wieder voll gesetzt und Fallen und Schoten hart durchgeholt hatte. Doch der Kutter sprang und taumelte in der Kreuzsee, daß die Spieren krachten, und ich fürchtete, sie würden nicht standhalten. So setzte ich auch noch das Toppsegel und knallte alle Schoten so dicht wie möglich.

Meine Hände waren aufgeweicht und wund. Als ich zwischendurch einen Koppelort eintrug, sah ich im Licht der Kartenraumlampe, daß ich die Karte mit Blut verschmierte.

Windheulen und Segeldonnern holten mich wieder an Deck. Jede meiner Bewegungen war schneckenlangsam geworden. Nun band ich mich bei allen Arbeiten fest, weil ich spürte, daß mir bei einem plötzlichen Schlingern vielleicht die Kraft fehlen könnte, mich festzuhalten. Hörte das denn nie auf?

Als ich das Boot für ein paar Minuten versorgt wußte, setzte ich mich an Deck und ließ meinen Tränen freien Lauf. Zum Glück konnte die Gefährtin mich so nicht sehen. Danach war mir leichter.

Inzwischen gischtete der Kutter unter immer stärkerem Segelpreß dahin - immer noch besser als dieses wahnsinnige Dümpeln. Doch schließlich ertrug ich das Federn und Ächzen der Lärche nicht länger, raffte mich auf und zerrte das Toppsegel wieder an Deck.

Fünfter Biscaya-Tag - Flaute

Bei Tagesanbruch segelten wir bei mäßiger Brise über weite graue See. Jeden Tag hofften wir, milderes südliches Wetter würde sich einmal durchsetzen, aber alles blieb wie Nordsee.

In meteorologische Grübeleien vertieft, klemmte ich über dem Kartentisch, als plötzlich ein tiefes Knarren ertönte, wie ein altes Scheunentor, das langsam, langsam geöffnet wird. Es schien direkt aus der Bordwand zu kommen. Aber ich hatte Cousteaus Filme gesehen und wußte, was es war. Schon stand ich im Niedergang und blickte über die Wellen.

»Da bläst er!« rief ich wie weiland Ismael. »Ein Pottwal!«

Eine gute Kabellänge entfernt, stieg ein buschiger Blas schräg in die Luft. Da schob sich Christine, Fernglas in der Hand, schon neben mich.

»Hey!« stieß sie hervor, und ihre Stimme klang gar nicht mehr seekrank.

Ruhig trieb der Pottwal an der Wasseroberfläche. Kleine Windwellen spülten über seinen kantigen Schädel. Wieder knarrte es laut aus der Kajüte. Wahrscheinlich betrachtete er gerade per Schallwellen den 3000 Meter tief abfallenden Schelfrand. Denn in den Klüften und Schluchten des Schelfrandes, das hatte ich gelesen, lebt seine Beute, die großen Tintenfische. Da tauchte der Schädel, die knochige Schwanzwurzel knickte fast rechtwinklig ab, und der Wal war verschwunden.

Aneinandergedrückt standen wir im engen Niedergang. Wie leicht und mager war meine Gefährtin geworden! Wir warteten, ob der Pottwal wieder auftauchen würde, aber wir sahen ihn nicht mehr.

»Wie geht's?« fragte ich.

Resigniert zuckte die Freundin mit den Achseln.

»Im Liegen geht's. Ich glaube, es wird langsam besser.«

»Du mußt was essen!«

»Ich weiß.«

»Was hältst du von Kartoffelsuppe?«

Ich laschte den großen Drucktopf mit einer doppelten Schwichting auf den Herd. Nach zehn Minuten waren die Kartoffeln gar. Die eine Hälfte zerstampfte ich mit Milch, Wasser und Butter zu Christines Kartoffelsuppe. Zu der anderen Hälfte tat ich einfach ein großes Stück Butter und aß sie mit der Schale. Wir schafften unsere Mahlzeit nicht, aber zum ersten Mal seit Tagen hatten wir wieder ordentlich gegessen.

Die Stimmung hatte sich beträchtlich gehoben. Nach dem Essen bestand Christine auf ihrer Wache. Dankbar streckte ich mich auf die Koje.

Dann war ich schon wieder hellwach und sah durch den Niedergang die Freundin, die, unverändert eingemummt und festgebunden, im Cockpit saß. Der Zeiger der Kajütenuhr war 20 Minuten weitergewandert, mir schien, als wäre es eine einzige gewesen. Nach weiteren zehn Minuten war ich »ausgeschlafen«.

»Bleib doch liegen!« rief Christine von oben.

Aber dann war sie doch dankbar, daß sie sich wieder in die Waagerechte begeben konnte.

Gegen Mittag schlingerte das Boot unter einer Decke grauer Schichtwolken bei vollkommener Flaute in hoher, steiler Dünung. Obwohl alle Segel hart dichtgeholt waren, knallte die Rah des Toppsegels mit Hammerschlägen gegen die Gaffel, der Gaffelschuh knarrte, und der Großbaum ruckte in die Schot, daß der ganze Rumpf in seinen Verbänden federte. Mit Decken und Kissen zwischen Schott und Kojennetz gekeilt, lag die Gefährtin in Agonie. Ich fühlte mich kurz davor.

Versuchsweise hatte ich zuvor alle Segel weggenommen. Da hatte das Boot extrem zu schlingern begonnen. Nach einem Akt verzweifelter Anstrengung, bei dem es mich fast über Bord katapultiert hätte, stand nun wieder schlagendes, donnerndes Vollzeug.

Zwar bewegte sich der Kutter jetzt langsamer, aber manchmal schien es, als zerlegten sich Rumpf und Rigg in ihre Einzelteile, besonders, wenn das eintauchende Heck mit einem schäumenden Krachen auf einen heranlaufenden Dünungsrücken schmetterte.

Erschöpft streckte ich mich für einen Moment an Deck, hielt mich fest, die Augen geschlossen, und dachte nur: Ruhe, Ruhe, ... Gelassenheit...

Als ich halbwegs entspannt nach unten kletterte, starrte aus dem Spiegel über dem Waschtisch mit tiefliegenden, geröteten Augen ein sonnenverbrannter, stoppelbärtiger, knochiger Schädel.

»Du hast dich heute morgen nicht rasiert«, grinste er.

Eine halbe Stunde später war ich ein neuer Mensch. In dieser schlingernden, stolpernden Holzschachtel hatte ich mich rasiert, Haare gewaschen, die abgebrochenen Fingernägel geschnitten und frische Klamotten angezogen - und war dabei hundemüde geworden.

Ich sicherte in die Runde. Ein mitlaufender Dampfer am westlichen Horizont beunruhigte mich nicht weiter. So legte ich mich hin und war sofort weg.

Als ich erfrischt und ausgeruht erwachte, füllte heiteres Sonnenlicht die Kajüte. An Deck war alles unverändert, nur wieder ein Mitläufer am westlichen Horizont, ein Stück weiter als der Dampfer vorhin. Ich blickte durchs Glas - es war derselbe. Wieder hatte ich gerade mal ein paar Minuten geschlafen.

Die graue Wolkenschicht war verschwunden, und feine Hakenzirren verzierten den blauen Himmel - sicher die nächste Warmfront. Aber ich hatte den Eindruck, die Spieren und Segel würden schon weit weniger schlagen.

In aller Ruhe nahm ich die Sonnenhöhe. Ich ließ Christine schlafen und zählte die Sekunden vom Augenblick der Höhenbeobachtung, bis ich unten war und die Borduhr selbst ablas. Der Standlinie markierte zufällig genau die Hälfte der Distanz Falmouth - La Coruña.

Die Dünung wurde jetzt spürbar länger und weicher, und bald dümpelten wir nur noch sachte hin und her, während langgestreckte, kristallklare Wasserberge unter uns hindurchwanderten. Zum ersten Mal auf dieser Reise war das Wasser von jenem leuchtenden Blau, das Menschen, die es nicht kennen, auf Fotos für unecht halten.

Aber noch nie hatte ich von einem kleinen Boot aus solche Dünung erlebt. Bang fragte ich mich, wie weit der Sturm, der sie erzeugt hatte, noch entfernt sein mochte. Doch dann las ich im Segelhandbuch, daß die hohen Wellen ebensogut bei Neufundland hätten entstanden sein können.

Begann jetzt endlich das südliche Wetter? Nackt saß ich im Cockpit und sog die Sonnenwärme durch jede Pore. Überall traten meine Muskeln und Sehnen deutlich hervor. Kein Gramm Fettreserve hatte ich mehr auf dem Körper.

Erschöpft, aber zufrieden blinzelte ich über die sonnenflirrende See: Biscaya - die halbe Strecke hatten wir bereits hinter uns gebracht.

Mal lag FIRECREST tief im Wellental wie zwischen blaugläsernen Hügeln, dann blickten wir wieder über endlos wogende Kuppen. Was schwamm dort auf dem Wasser? Markstückgroße gallertige Wesen mit einem durchscheinenden Dreieck auf dem Rücken, einer Art kleiner Flosse, die senkrecht in die Luft ragte - junge Segelquallen?

Da trieb mit blau-lila irisierender Luftblase und prachtvollem Segel eine große Portugiesische Galeere heran. Wie die Großmutter aller Segelquallen passierte sie langsam auf Armlänge an der Bordwand, ihre dünnen, auch für Menschen tödlich giftigen Nesselfäden meterlang nachschleppend.

Ich hatte die Freundin gerufen, und beide blickten wir dem herrlichen Monstrum nach. Aus welchen Tropenfernen mochte es bis hierher getrieben worden sein?

Keine halbe Stunde später sahen wir wieder eine. Und bald stellten wir fest, daß Portugiesische Galeeren in der sommerlichen Biscaya zahlreich sind. Dann erschien unser erster Hai. Träge zogen die Spitzen seiner Rücken- und Schwanzflosse an der Wasseroberfläche dahin. Wie lang mochte er sein - zwei Meter? Hier draußen fehlte jeder Vergleich. Da - als wolle die See ihr Schauspiel nicht unterbrechen - sahen wir es in der Ferne spritzen und schäumen, darüber kreisende Seevögel.

Wir saßen auf dem Kajütdach und reichten uns das Fernglas hin und her. Dunkle Rücken mit kleinen Sichelflossen rundeten durch das schäumende Wasser, und braune Sturmvögel stießen dazwischen nieder. Zwergwale hatten wohl einen Fischschwarm eingekreist, und die Vögel holten sich ihren Anteil an der Beute.

Da streifte ein Hauch meine Wange. Rauhe Windflecken zogen über die spiegelnden Dünungsrücken. Und bald segelten wir mit leichtem Südost über die blau auf- und niederschwingende Wasserlandschaft. Wir konnten wieder anliegen! Es war wie ein Geschenk.

Fast eine Stunde war meine Gefährtin an Deck gewesen. Jetzt las sie, trank Tee und knabberte Ingwerkekse. Gewöhnte sie sich langsam? Zuweilen fragte ich mich, was aus unserer gemeinsamen Ozeanreise wohl werden würde.

Am späten Nachmittag übernahm Christine noch einmal die Wache, und ich schlief eine »volle« halbe Stunde.

Dann fuhr ich hoch. Ich sah Christines Haarschopf über dem Niedergang und ließ mich beruhigt zurücksinken. Aber da war noch etwas: Ins gleichmäßige Gurgeln und Plätschern des segelndes Bootes mischte sich ein leises, an- und abschwellendes Zwitschern. Beinahe wie ein Schwarm Singvögel. Als Christine sah, daß ich mich regte, winkte sie mich nach oben.

»Ich wußte nicht, ob ich dich wecken sollte«, meinte sie mit warmer Stimme.

Gemessen zog FIRECREST ihre Bahn durchs kristallblaue Wasser, umkreist von den Delphinen wie in einem Aquarium. Zum ersten Mal seit Auslaufen in Falmouth erhellte ein entspanntes, freudiges Lächeln das Gesicht meiner Gefährtin. Sie wußte nicht, wie sehr es mich wärmte.

Nach einer Weile wanderten die Delphine weiter.

»Nun sind wir wieder allein«, befand Christine traurig.

Eine Portugiesische Galeere trieb vorbei - da noch eine. Hatten die Delphine die gefährlichen Nesseltiere meiden wollen?

Irgendwie fand ich, daß der Sonnenstand nicht paßte und sah auf den Kompaß: 250 Grad lagen an. Der Wind hatte auf S gedreht, und Aries hatte brav ihren Kurs zum Wind beibehalten.

»Laß uns wenden«, meinte ich.

Vorbei war es mit dem Anlieger. Nichts gab es umsonst.

Die Sonne neigte sich zum Horizont, und ich bereitete einen Sternenort vor. Aus den HO-Tafeln suchte ich geeignete Fixsterne und zeichnete das Rechenschema. Als die Sonne unterging, färbten sich die über den ganzen Himmel reichenden Hakenzirren rosa. Im Fernrohr des Sextanten erschien der erste Fixstern.

Die Auswertung meiner fünf Beobachtungen war enttäuschend. Ich fand zwei Rechenfehler, aber die Schnittpunkte der Standlinien lagen immer noch weit auseinander. Ich hatte etwas falsch gemacht. Mir fehlte die Konzentration - und Schlaf. Ich zeichnete den Ort in die Mitte eines riesigen Fehlerdreiecks. Demnach waren wir über 20 Meilen zurückversetzt.

Die Nacht brach herein. Für einen weiteren Versuch war die Kimm schon zu undeutlich. Na schön, sollte ich mich geirrt haben, würden wir morgen eben 20 Meilen geschenkt bekommen.

Inzwischen hatte die Bugsee zu rauschen begonnen, und FIRECREST schob Lage in zunehmenden Böen. Die Lichtbahn des Halbmondes schimmerte auf den heranrollenden Dünungsrücken, über die sich schnell rauhe Windsee legte.

Bald lag der Kutter wieder gerefft voll und bei, und es blies genau von dort, wo wir hinwollten. Um nicht gegen die hohe westliche Dünung anzubolzen, steuerten wir Südost. So lief der Kutter weich vor der achterlichen Dünung, und außerdem entfernten wir uns auf diesem Kurs wieder vom Dampfertreck Finisterre - Quessant. Tatsächlich kreuzten wir auf der ganzen Überfahrt den Kurs keines größeren Fahrzeuges.

Der Wetterbericht zerstörte unsere keimenden Hoffnungen. Das Tief über dem Gebiet *Sole*, westlich von uns, vertiefte sich. Für *Biscay* war Südwest 6 angesagt, zunehmend - natürlich genau von vorn.

Immer rauher lief der Kutter durch die Nacht, aber noch ließ ich die

Fläche stehen, um gegen Wind und See voranzukommen. Aries steuerte, und ihr machte es nichts, wenn sie von Gischtfahnen eingedeckt wurde.

Ich begann für die Apparatur geradezu liebevolle Gefühle zu hegen. Anfänglich war sie doch sehr anonym und industriell erschienen, verglichen mit unserem Blauen Heinrich. Um so mehr Persönlichkeit gewann sie im Laufe der Reise. Eigenartigerweise empfand ich ihre massive Aluminiumkonstruktion als weiblich, im Gegensatz zu ihrem zerbrechlichen hölzernen Vorläufer - vielleicht wegen ihrer Rundungen?

Um Mitternacht leuchtete das Meer. Die weiße Bordwand strahlte im Schein der Brecher, und leuchtende Schaumstreifen bedeckten die See. Jetzt wehte es durchgehend mit Sieben. Wolkenfetzen jagten unter der Mondsichel nach Nordosten. Das Großsegel lag beschlagen in den Faulenzern. Nur Fock und Klüver hoben, hart wie Bleche, den Bug über die gischtenden Kämme.

Sechster Biscaya-Tag - Sturmvogel

Seit Tagesanbruch kreuzte ein Sturmvogel in unserem Kielwasser. Ohne einen einzigen Flügelschlag zog er mit Pfeilgeschwindigkeit seine Kreise - stundenlang, wie ein kleiner Albatros.

Mittlerweile jagten wir tiefer in die Biscaya hinein, als mir lieb war. Aber auf dem anderen Bug wären wir Spanien überhaupt nicht nähergekommen.

Nach 12.00 Uhr brach endlich die Sonne durch, zu spät für eine Mittagsbreite. So begnügten wir uns mit einer einfachen Standlinie. Es blieb die einzige heute, denn bald hatte es sich wieder zugezogen. Dafür raumte der Wind. Nach Dunkelwerden konnten wir 210 Grad anliegen - weiterhin nur unter Fock und Klüver. Aber nun lag La Coruña wieder recht voraus - allerdings noch einige hundert Meilen entfernt.

So endete dieser graue Tag, von dem wenig mehr zu sagen wäre, als daß auch er noch ein wenig von unserer Substanz zehrte. Ich wunderte mich, wieviel davon noch vorhanden schien.

Siebter Biscaya-Tag - Badetag

Nach Mitternacht meldet BBC-4 für Rockall, Malin, Shannon und Fastnet Sturmtiefs und Teiltiefs, für *Biscay* und *Finisterre* indessen *variable 5 or less*.

Wie aufs Stichwort läßt mit dem Ende des Wetterberichtes der Wind nach. Und wieder erleben wir, wie der Kutter aus Starkwind herausläuft und haltlos hineintaumelt in eine leichte Brise mit irrer Kreuzsee aus Dünung und dem alten Windschwell. So hatte ich mir Ozeansegeln nicht vorgestellt.

Diesmal probiere ich, nur die Vorsegel dichtgeknallt stehen zu lassen. Ob der Kompromiß viel taugt, ist nicht festzustellen. Das Boot arbeitet wie verrückt. Aber um das geborgene Groß nun wieder loszumachen und mit dem über Deck fegenden Baum und der umherschlagenden

Mördergaffel wieder hochzuziehen, fehlen mir jetzt Kraft und Nerven.

Bei Sonnenaufgang ist der Windschwell abgeklungen. Nur noch hohe, extrem lange Dünung hebt und senkt uns, und es herrscht absolute Windstille - unsere zweite große Flaute in der Biscaya.

Sorgfältig, ein Griff nach dem anderen, setze ich wieder Groß und Toppsegel. Mögen sie schlagen, aber ihre Massenträgheit läßt das Boot doch deutlich ruhiger liegen.

Wohlig dringt die Sonne durch die Haut. Auch Christine kommt vorsichtig an Deck wie Eva und sucht ebenfalls Sonne und Wärme. Wie mager sie geworden ist!

»Wie mager du geworden bist«, sagt sie und schwankt etwas, und wir halten uns gegenseitig.

Um uns ziehen blaue Wasserhügel von halber Masthöhe. Hier draußen hat es auch im Erdmittelalter nicht anders ausgesehen. Erst nehme ich die Morgenhöhe der Sonne, dann machen wir Badetag.

Christine hat sich im Cockpit mit Shampoo eingeseift. Dann habe ich sie mit Eimern voll Seewasser übergossen und danach vorsichtig mit ein, zwei Litern kostbaren Frischwassers abgespült. Nun sitzt sie trocken auf dem Kajütsdach und hält eine Leine in der Hand. Deren anderes Ende ist um meinen Bauch gebunden (aber da ist kein Bauch mehr). Langsam klettere ich die Badeleiter hinab ins abgrundtiefe Blau.

Das hatte ich mir immer gewünscht, doch nun ist es ganz anders - kalt, 17 Grad, Luft 21. Ich halte den Atem an, als mir das Wasser über die Brust steigt. Ich streife die Tauchbrille über und stoße mich von der Bordwand ab. Nun schwebe ich über bodenlosem Blau. In einem Brennpunkt ferner Tiefe sammeln sich hundertfache Sonnenstrahlen. Schweben ist das einzig richtige Wort in diesem lichten, blauen Medium - FIRECREST, Christine und ich 4000 Meter über dem Meeresgrund. Plötzlich erscheint mir das physikalische Gesetz des hydrostatischen Auftriebs eine flüchtige, gar nicht mehr so zuverlässige Laune der Natur.

Die Tauchbrille beengt mein Gesichtsfeld. Was ist hinter mir? Wieviel Sekunden braucht ein Weißer Hai für den Angriff aus dem blauen Nebel, aus dem er mich längst geortet hat?

FIRECREST schwimmt an der Oberfläche wie ein freundliches Meerestier. Das edel gerundete Ruderblatt ist seine Schwanzflosse, und auf seiner Haut haben sich Algen und Seepocken festgesetzt. Die Wirkung des Antifowling scheint nachzulassen. Ich sollte mal mit dem Schrubber tauchen - irgendwann. Hinter dem großen Ruderblatt sticht das schmale Hilfsruder der Aries ins Wasser. Und was ist hinter dem Boot? - Genug gesehen!

Die Sorgleine hindert beim Zurückschwimmen. Endlich fasse ich die Jakobsleiter, angele mit den Füßen nach der untersten Sprosse und klettere erleichtert aus dem Wasser.

Eine halbe Stunde später treibt wieder eine Portugiesische Galeere heran. Ich halte das Kursdreieck über ihr aufgeblasenes Segel und messe 15 Zentimeter über alles. In der Mitte ragt das Segel etwa zehn Zentimeter über das Wasser. Dann tue ich etwas sehr Mutiges: Vorsichtig tippe ich mit dem Zeigefinger dagegen. Elastisch und kühl fühlt es sich an, wie Sülze. Demnach können nur die Nesselfäden unter der Qualle gefährlich sein. Sie sind teilweise länger als unser Boot, denn wir sahen, wie Exemplare, die gut in Lee vorbeitrieben, plötzlich mit Gewalt ein Stück herangezogen wurden, wenn der Bug ihre hinterherschleppenden Nesselfäden erwischt hatte.

Heute zur Kulmination war die Sonne endlich einmal sichtbar: Wir bekamen eine Mittagsbreite. Zusammen mit der Morgenbeobachtung, die ich nicht einmal versegeln mußte, weil wir immer noch auf der Stelle trieben, ergab sich ein prima Schiffsort: 45 Grad, 29 Minuten Nord und 7 Grad, 6 Minuten West - zwölf Meilen Versetzung vom Koppelort.

Zufällig hatte die Walker-Logge seit Auslaufen Falmouth jetzt genau 400 Meilen abgespult. Das bedeutete 2,7 Knoten durchschnittliche Fahrt durchs Wasser. Auf dem Großkreis, der kürzesten direkten Linie über den Globus, hatten wir allerdings nur 275 Seemeilen zurückgelegt, uns also im Mittel mit 1,9 Knoten Spaniens Küste genähert.

Doch das waren theoretische Größen, die zu unserem wirklichen Leben an Bord wenig Beziehung hatten - auch, daß wir noch 155 Meilen Großkreis bis La Coruña vor uns hatten.

Nach dem Mittagsbesteck gab es heute wieder Pellkartoffeln, dazu Butter, Käse und Porree. Die Freundin hatte es sich im Schatten des Großsegels auf Wolldecken bequem gemacht und las, während die von blauem Licht durchfluteten Dünungsberge von einer Seite des wolkenlosen Horizonts zur anderen wanderten. Ich legte mich auf die Koje und schlief mit Unterbrechungen mehrere halbe Stunden. Nachmittags fühlte ich mich vollkommen ausgeruht.

Ich brachte gerade Kaffee und Kekse an Deck, da hörten wir in einiger Entfernung »flupp« und wieder »flupp« - als würfe jemand Steine ins Wasser. Delphine sprangen - aber was für welche! Ich wußte nicht, daß es so große Delphine gibt, aber sie hatten die typische Delphinschnauze und die sichelförmige Rückenflosse. Massig wie Kühe schossen die braun-silber gescheckten Tiere mit enormer Wucht in gestreckter Flugbahn aus den blauen Wasserhügeln und stießen nach zehn bis zwanzig Metern wieder durch die Oberfläche, daß sich kaum eine Welle kräuselte. Unwirklich mutete es an, weil sie dabei außer einem leisen »flupp« keine Geräusche machten. Unser Boot schienen sie nicht zu beachten.

Als mein Blick etwas später vom Gipfel eines Wellenkammes zum Horizont schweifte, blinkte dort ein weißes Segel - das erste Segelboot, seitdem wir den Kanal hinter uns gelassen hatten. Und es blieb das einzige unserer ganzen Überfahrt.

Mit voller Fahrt motorte es in einiger Entfernung vorbei, das Großsegel dichtgeschotet, um das Boot in der Dünung zu stabilisieren. Am Achterstag hing eine norwegische Flagge. Der Rudergänger winkte, wir winkten, und bald war das Segel als winziges Dreieck im Norden wieder verschwunden. Seltsamerweise fühlten wir uns erleichtert.

Nach Sonnenuntergang kamen die Sterne durch wie im Lehrbuch. Fünf Fixsterne - fünf Standlinien. Diesmal schnitten sich alle mehr oder weniger an einem Punkt, nur wenige Meilen vom Mittagsort. Mein nautisches Selbstvertrauen nahm langsam wieder zu.

Christine schlief. Auch die Dünung hatte nun merklich nachgelassen. Über der schwarzen Kimm wölbte sich die von unzähligen Sternen funkelnde Himmelskuppel.

Ganz leichten Wind spürte ich auf der Wange - aus Südsüdwest. Wirklich nahm das Boot langsam Fahrt auf, und bald sprach auch Aries wieder an. Still glitten wir durch die Nacht.

Später übernahm die Kameradin ihre Wache, und ich schlief oder ruhte doch zumindest. Wenn ich die Augen aufmachte, sah ich im Rahmen des Niedergangs den Schatten ihres Kopfes gegen den funkelnden Sternenhimmel und schloß beruhigt wieder die Augen.

Plötzlich ein Getöse, ein Rauschen und Brodeln! Erschrocken sprang ich auf, da kam mir Christine im Niedergang schon fluchtartig entgegen.

»Ein Wal!« stieß sie hervor, und Nässe perlte im Licht der Kartenlampe von ihrem erschrockenen Gesicht.

Doch oben dehnte sich still der nächtliche Ozean. Leise harvte der Wind im Rigg.

»Er hat mich ganz naßgepustet«, klagte die Gefährtin vorwurfsvoll. Sie stand am Waschtisch und wusch sich das Gesicht mit viel Frischwasser. »Das brennt vielleicht!«

»Du riechst auch etwas seltsam.«

»Er hatte wohl gerade Fisch gegessen.«

Wir lachten.

Christine trug ihre „intime" Begegnung ins Journal ein. Dann zog sie schnell die Jacke aus und streckte sich auf die Koje.

»Im Liegen geht's gleich wieder«, sagte sie leise.

Ich bin jetzt wieder ganz wach, doch die Erschöpfung macht sich bemerkbar. Die Wahrnehmung aus den Augenwinkeln ist eingeschränkt. Ich sehe nur klar, was ich genau fixiere - »Tunnelblick« könnte man sagen. Dazu schmerzt es zuweilen heftig in der Brust. Wir sollten langsam an Land kommen.

Achter Biscaya-Tag - Leuchtfeuer voraus

Kurz vor Sonnenaufgang stehen strahlend helle Lichter voraus. Aber das Festland ist noch zu weit. Es müssen Arbeitslichter von Fischern sein.

Mit prachtvollem Farbenspiel in Rot und Gold geht die Sonne auf. Gegen den leuchtenden Himmel ziehen die dunklen Umrisse großer Boote. Eines kommt heran - ein hölzerner Fischkutter mit hohem Mittelaufbau, breitem, überhängendem Vorsteven und starkem Decksprung.

Eine Flagge sehe ich nicht. Oder ist es dieser verrußte gestreifte Lappen da hinter dem Schornstein? Rot, gelb, rot? Dann ist es ein Spanier.

Freundlich winkt die wild aussehende Besatzung. Lange Bambusspieren stehen in Bündeln an Deck - Schleppangeln. Zwei davon ragen rechts und links in die See, ziehen dünne Leinen hinterher. Da schnellt eine der Ruten zurück, ein großer silberner Fisch fliegt durch die Luft und landet auf dem Achterdeck. Männer stürzen sich auf die Beute. Es muß ein Thunfisch sein.

Breit lachende Gesichter und noch einmal Winken, als Christines weibliche Erscheinung aus dem Niedergang taucht. Dann stampft der Kutter dieselrauchend gegen die Dünung davon. Sie ist so hoch, daß das große Boot in den Tälern ganz verschwindet.

Schöne Vollzeugbrise. Nur die Sonne ist wieder weg. See und Himmel sind grau, und meine Gefährtin leidet.

In Abständen lege ich mich immer wieder hin. Einen Wecker brauche ich nicht. Nach fünf bis zehn Minuten - der Zeit, die ein schneller Dampfer vom Horizont bis zu uns benötigen würde - stehe ich wieder im Niedergang und halte Ausguck.

Einmal ein kurzer Sonnenstrahl, aber als ich mit dem Sextanten an Deck komme, ist schon wieder alles dicht. Das wiederholt sich mehrmals. Erst als die Sonne bereits tief steht, bekomme ich eine Höhe. Da reißt die Wolkenschicht auf, und eine breite Front leuchtend weißer Cumuluswolken zieht von Westen heran. Unter ihrer schwarzblauen Unterseite blinken die Schaumkronen.

Eine halbe Stunde später jagen wir mit Halbwind und Reff im Großsegel Kurs Spanien! Eigentlich brauchte FIRECREST noch ein Reff, aber diesmal lasse ich sie. Nur schön festhalten! Wie sie sich in langen Surfs vor die Wellenkämme hängt! Ich hatte fast vergessen, wie FIRECREST laufen kann.

Der Wind dreht weiter auf Nord. So rauschen wir mit Starkwind von Backstags in die Nacht. Die Restmeilen erscheinen plötzlich nicht mehr viel.

Ich habe das Leuchtfeuerverzeichnis aufgeschlagen und rechne für verschiedene Leuchttürme den *Abstand des Feuers in der Kimm*. Die verschiedenen, für die Augeshöhe unseres Bootes berechneten Sichtweiten nehme ich in den Zirkel und schlage von der galizischen Küste aus Halbkreise in Richtung unserer letzten Position. Wenn wir so weiterlaufen...

Die Freundin löst mich ab. Zwei Stunden schlafe ich durch - meine längste Schlafenszeit auf dieser Überfahrt. Und auch nur Christines Rufen weckt mich dann.

»Leuchtfeuer voraus!«

Donnerschlag, wenn das schon...!

Christine reicht mir das Glas. Da - ein deutlicher Lichtschein! Ich versuche die Wiederkehr zu zählen, doch immer wieder sinken wir in den Wellentälern außer Sicht. Dann endlich!

»Blitzgruppe Zwei, 15 Sekunden Wiederkehr - Punta de la Estaca de Bares! Recht voraus!«

Ich drücke meine Gefährtin und blicke gleich wieder durchs Glas.

»Lies den Kompaß ab, wenn ich das Feuer genau voraus peile! - Jetzt!«

»185 Grad!«

Unten trage ich die Peilung in die Karte ein. Ihr Schnittpunkt mit dem vorhin bereits eingetragenen Sichtweitenradius um das Leuchtfeuer ist unsere Position. - Dort, 40 Meilen voraus, liegt Spanien!

Der Wind nimmt weiter zu und dreht auf Nordost - vierkant von achtern. Wir müssen mitluven, sonst kommt der Baum rüber. Punta de Bares liegt schon an Backbord. Die Lärche knarrt und ächzt unter dem Segelpreß. Mit Gewalt laufen wir jetzt gegen die steile westliche Dünung an. Wenn FIRECREST auf dem Wellenkamm nach vorn kippt, bekommt das Großsegel für einen Moment Lose und kracht dann wieder in die Schoten.

Wir müssen halsen - aber nicht mit dieser Segelfläche. Ich stecke das zweite Reff ins Groß und achte darauf, daß ich dabei immer festgebunden bleibe. Jetzt über Bord - null Chance!

Bei einem gutgeschnittenen Gaffelsegel ist Reffen auch platt vor dem Wind eine einfache Sache. Doch die Arbeit geht nur noch langsam. Von den ständigen Segelmanövern der letzten Woche sind meine Hände zerschunden, die Hornhaut ist aufgeweicht und abgescheuert. Nur mit Lederhandschuhen kann ich noch fest zugreifen. Und nach den Manövern spüle ich die Handschuhe in Frischwasser aus, denn das allgegenwärtige Salz brennt in den Wunden.

Mit dem doppelt gerefften Groß wird die Halse einfach. Punta de Bares liegt wieder voraus. Mit der Dünung von Lee segelt FIRECREST nun ruhig und gemessen und nicht langsamer als vorher.

Diese Überfahrt wird mir eine große Lektion für Segelausrüstung und -taktik werden.

Neunter Biscaya-Tag - Tantalus

Der Morgen graut. Die Leuchtfeuer erlöschen, und die Gebirgsküste erhebt sich bereits deutlich strukturiert an Backbord. Bei gleichbleibendem Wind könnten wir am frühen Nachmittag in El Ferrol festmachen - das liegt einige Meilen näher als La Coruña und bietet noch besseren Schutz. Ich wage es kaum zu hoffen - zu Recht.

Wenige Meilen unter der hochragenden Gebirgsküste liefen wir aus Ostwind mit Beaufort 6 mitten hinein in ein Flautenloch. Binnen weniger Minuten schlingerten wir wie nie zuvor. Hin- und hergeschleudert auf dem bockenden Vorschiff, vermochte ich das Großsegel nicht mehr auszureffen, sondern nur noch ganz herunterzulassen, wobei Christine gleichzeitig die Schot dichtholte, damit der umherschlagende Baum nicht den Baumgalgen zerschmetterte. Als auch die Gaffel niedergelascht war, setzte ich alle Vorsegel und dazu den leichten Schönwetterflieger, damit uns deren Luftwiderstand vor dem Schlimmsten bewahrte.

Es folgte die dritte Krise.

In der sportlichen Segelnacht mit der Aussicht auf baldige Ankunft hatte Christine deutliche Erholung gezeigt - jetzt war sie nervlich am Ende. Selbst in den Kojen konnten wir uns kaum halten. Zwischen Kojennetz und Rückenlehne verspreizt, versuchte ich verzweifelt, autogene Gelassenheit zu erzeugen. Die Folge war *negative Intention*: Verkrampft man sich auf ein bestimmtes Wollen, erreicht man genau das Gegenteil.

Noch nie auf dieser Reise war mir so nach Aufgeben wie jetzt, da die Küstenberge greifbar nahe lagen. Ria de Cedeira, ein gemütlicher geschützter Fischereihafen, lag nur wenige Meilen entfernt. Unter Motor hätten wir in knapp zwei Stunden dort sein können - »hätten«. Ich wußte nicht, was die mächtige Atlantikdünung in der schmalen Einfahrt zwischen den hohen Felsen anrichtete und wie sich die Gezeitenströmung dort verhielt. Ein Motorstopper an falscher Stelle konnte das Ende der FIRECREST bedeuten.

Ich schalt mich verzagt, aber die Furcht vor unwägbaren Risiken war größer. Ich nannte es lieber mein seemännisches Gewissen. Schließlich waren wir nicht in Not - oder!?

Endlich hatte ich mir klargemacht, daß dem Boot trotz der heftigen Schläge und Erschütterungen kaum etwas passieren konnte. Das Rigg war überstark und mit den Jungferntaljen trotzdem elastisch, so daß es immer halten würde. Und der Rumpf war über alle Zweifel erhaben. - Ich wurde etwas gelassener.

Das Boot ist sicher, nur deine Freundin und du, ihr seid die schwachen Punkte. Und ihr ruht euch jetzt aus! Scheißegal, leg dich hin, spann aus, bis die Kräfte wiederkommen! Zwischendurch kannst du ja mal rausgucken, ob wir nirgends gegentreiben.

Und so ging es dann.

Gegen Mittag kam leichter Westwind auf. Als es nach zehn Minuten immer noch wehte, setzte ich unendlich langsam Groß- und Toppsegel. FIRECREST schmiegte sich an den Wind und beruhigte sich deutlich.

Elegisch tauchte die Freundin aus dem Niedergang.

»Da, ein Haifisch«, zeigte sie über Bord.

Fast neidvoll blickte ich dem dünnen Kielwasser seiner Flossen nach. Er wußte nichts von den Anstrengungen, mit denen wir empfindlichen Landbewohner uns auf der Oberfläche seines Elementes zu halten versuchten.

Dann war der Wind wieder vorbei. Diesmal ließ ich das Großsegel stehen wie es war, auch wenn die Toppsegelrah immer wieder dröhnend gegen die Gaffel knallte. Aber es schien ihr nichts auszumachen. Holz ist ein wunderbarer Werkstoff.

Die letzten 30 Meilen hätten auch Tantalus ermüdet.

Unversehens wehte es kräftig aus West. Alle Vorsegel standen back - Schoten rüber, Backstagen schiften, Großschot fieren, Wende, Schoten wieder dichtholen! Nicht zu schaffen, zu viel Druck, reffen!

Flieger weg, Toppsegel weg, Reff ins Groß - Flaute! Großsegel ausreffen - Bö! Einreffen, Wende, weiter raus, weg von der Küste, vielleicht weht es dort stetiger.

Bei den Manövern ist Christine jetzt immer an Deck, steht am Ruder. Woher nimmt sie die Kraft? Vom Anblick der karstigen Berge?

Eine halbe Stunde gute Fahrt, eine Stunde, dann flaut es ab. Ausreffen, Toppsegel setzen, Flieger, Vollzeug - und wieder Flautendümpeln.

Die Strömung setzt uns zurück. Ich kann nicht mehr. Christine auch nicht. Aber es nützt nichts.

Zwischendurch Knäckebrot, eine Handvoll Nüsse und Rosinen, ein Schluck aus der Thermoskanne. In einer Manöverpause koche ich neues Wasser, gieße Kaffee auf, Brühe. Es ist kühl an Spaniens Küste, nicht wärmer als das Wasser, und das hat 17 Grad.

Für die grandiose Gebirgsküste haben wir wenige Blicke. Fast unbewaldete, braune Felsmassive unter hohem, grauem Himmel. Kaum Anzeichen menschlicher Besiedlung.

Die Nacht fällt, und die Leuchtfeuer kommen durch. Da - das ist Torre de Hercules, das Leuchtfeuer von La Coruña! Und an Backbord Cabo Prior! Langsam, langsam nähen wir uns gegen Wind und Strom voran.

Bö, reffen - Flaute, ausreffen, zu häufig, um den Wechsel im Journal noch mitzuschreiben. Arbeit mit blutenden Händen in salzwasserbrennenden Handschuhen ohne Ende. Es scheint, als bediente jemand mit böser Absicht eine Windmaschine.

Jetzt muß ich oft pausieren. Wenn dabei ein Schothorn donnert, eine Schot peitscht - ich lasse sie. Und immer wieder diese Brustschmerzen - warten und langsam atmen. Ich mache mir Sorgen - diesmal um meine Gesundheit. Aber vor allem: Wir müssen es schaffen!

Zehnter Biscaya-Tag - Blitzschlag

Morgengrauen, ausgerefft, Vollzeug - und wieder Bö. Laß sie wehen! Christine am Rad, blaß, tapfer - langer Blick zu mir. Will er denn nicht reffen?

FIRECREST legt sich weit, das Wasser schießt zwischen Kajütdach und Schanzkleid nach achtern. Laß es schießen! FIRECREST stöhnt: Nimm mir wenigstens den Flieger weg!

Schrill heult der Wind in den Wanten. Noch weiter legt sich das brave Teil - und beginnt mit seinen neun Tonnen zu laufen. Jetzt macht sie fünf Knoten hoch am Wind! Seit Ostseezeiten hatte ich ihr das nicht mehr abverlangt, weil es zu nervenaufreibend war und zu unbequem für längere Schläge.

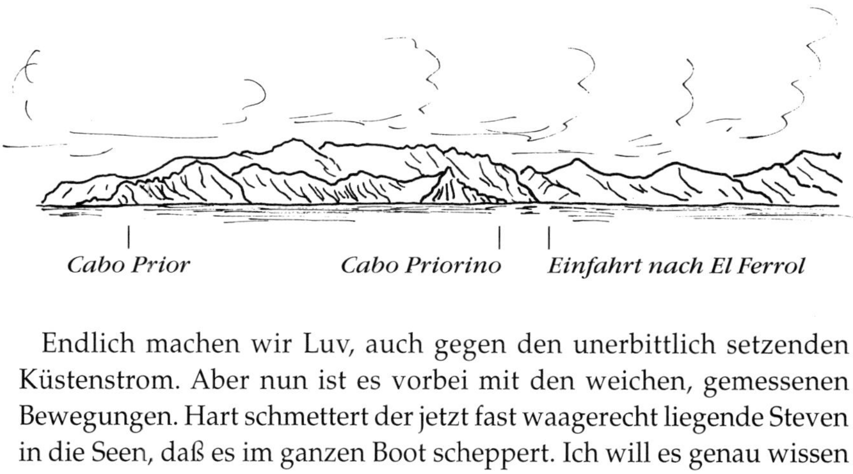

Endlich machen wir Luv, auch gegen den unerbittlich setzenden Küstenstrom. Aber nun ist es vorbei mit den weichen, gemessenen Bewegungen. Hart schmettert der jetzt fast waagerecht liegende Steven in die Seen, daß es im ganzen Boot scheppert. Ich will es genau wissen und arbeite mich unter Deck nach vorn, mehr seitlich auf der Bordwand kriechend als auf dem hochkant stehenden Kajütboden. Unterwegs verkeile ich neu, was aus Bücherschapps und Hängenetzen gefallen ist.

In der Vorpiek lege ich meine Hände auf Bordwand und Verbände, als könnte ich sie heilen - wieder schmettert die Bugseite krachend auf die See. Und wieder. Doch nichts rührt sich. Da ist nur der Schall.

Ich habe FIRECREST so solide gebaut wie einen Fischkutter. Alte Segler hatten darüber gescherzt. Nun grinse ich.

Zurückgewandt, sehe ich Christine durch die Luke, festgebunden am Ruder, groß die wasserhellen Augen, ihre Haut, wund von der salzigen Gischt, spannt über den durchscheinenden Wangenknochen. Im Kartenraum halte ich einen Moment inne, lasse die Brustschmerzen abklingen. Dann klettere ich an Deck.

Diese Art von Knüppeln werden wir nicht lange durchhalten, aber endlich kommen wir sichtbar voran. Vor Cabo Priorino müssen wir noch einmal wenden. Werde ich den mächtig ziehenden Flieger auf dem anderen Bug wieder schnell genug dichtbekommen? Egal: Ree!

Christine wirbelt das Rad, ich slippe die Schoten, donnernde Vorsegel, Backstagen schiften, dann gleich Fliegerschot dicht, dann Klüverschot - laß die Fock peitschen, das kleine Segel bekomme ich nachher auch so dicht! - Kuchen!

»Luv nochmal an!«

Geschafft, auch Fockschot ist dicht, jetzt abfallen - zu spät! FIRECREST hängt im Wind - Großschot los, raus mit dem Baum gegen den Wind! Langsam fällt das schwere Boot zurück, treibt quer. Schaumzungen lecken das schräge Deck hinauf zum Cockpit. Langsam nimmt FIRECREST wieder Fahrt auf.

Mit der nächsten Wende scheinen wir von Cabo Priorino frei zu kommen. Wenn nur der Wind nicht wieder dreht!

Er tut es nicht. Dann peilen wir das Kap quer, können abfallen und halten mit Backstagsbrise auf die Einfahrt nach El Ferrol. - Es war die letzte Wende auf dieser Überfahrt! Noch fassen wir es nicht.

Über La Coruña flackert es grell aus schwarzblauen Wolken. Durchs Fernglas sehe ich schäumendes Wasser heranfegen. Mag es kommen!

Mit ausgebreiteten Segelschwingen, geschoben von der auflaufenden Flut, gleiten wir in den Fjord hinein. Als die ersten schweren Tropfen fallen, tuckern wir mit geborgenen Segeln in der totalen Windabdeckung der Berge. Die alten Festungen Castello de San Felipe und Castello de la Palma gleiten vorbei. Zwischen den Gipfeln hallt der Donner, und dann gießt es wie aus Eimern.

Christine steuert, und ich habe mir den Schrubber geschnappt und scheuere die Salzkrusten von Deck. Weil meine Brust wieder schmerzt, schrubbe ich langsam, aber frisch gewaschen erreicht FIRECREST Spanien.

Der Fjord öffnet sich in das weite Becken von El Ferrol. In regentriefendem Ölzeug lehne ich am Backstag. Christine lächelt aus hagerem, erschöpftem, schönem Gesicht. Wir sind glücklich.

Da - greller Blitz, gleichzeitig Donnerknall und ein peitschender Schlag in meiner Hand. Verdattert blicke ich zum Mast empor und dann zur Gefährtin. Die starrt mich aus aufgerissenen Augen an. Als ich immer noch nicht umfalle, kommt sie zu sich. Sie sah Mast und Wanten in weißem Blitz und einen Lichtbogen von meinem linken Daumen zum Dingi.

Aber alles blieb unversehrt: Mast, Wanten, Dingi, Skipper, von Nässe triefend - vielleicht ein Faraday-Käfig aus Wasser?

Da stelle ich fest, daß ich keine Schmerzen mehr in der Brust fühle. Und sie kamen auch später nicht wieder.

Noch im Bann der letzten Eindrücke nähern wir uns dem Hafen.

»Wärest du ein Entdecker, gäbe es jetzt eine Legende«, meint die Kameradin. Gegen diese Vorstellung habe ich nichts einzuwenden.

Das Boot dampft in der Sonne, und vor der abziehenden blauen Wolkenwand ergießen sich goldene Strahlenfächer über eine ansteigende Hügelstadt aus hohen alten Häusern mit roten Ziegeldächern. Darunter dehnen sich weitläufige Hafenanlagen. Doch von einzelnen Marinefahrzeugen und ein, zwei Frachtern abgesehen, sind sie leer. Auch von Yachten oder einem Yachthafen ist nichts zu sehen.

So laufen wir in ein kleines Becken direkt vor der Stadt, in dem ein paar aufgelegte kleine Küstenfahrer liegen. Dort gehen wir längsseit eines alten Leichters, auf dessen Planken Grasbüschel und Moospolster wachsen.

Halb schlafwandelnd breitete ich die Segel zum Trocknen aus, schoß die Schoten auf und hing sie an die Nagelbänke in den Wanten. Die Freundin rumorte inzwischen in der Pantry. Dort hatten sich in den letzten 10 Tagen Veränderungen ergeben, die sie nicht alle gutheißen konnte.

Immer wieder hielt ich inne und träumte in die Umgebung. Über der gelb in der Sonne leuchtenden alten Barockfassade der Hafenkommandantur wehte eine segelgroße rot-gelb-rote Flagge. Damit korrespondierten taschentuchgroß die spanische Gastflagge und die gelbe Quarantäneflagge in unserer Saling. Wir mußten ja einklarieren. Aber es war Sonntag, und es sah nicht so aus, als wollte sich irgend jemand um uns kümmern.

Behutsam machte ich ein paar Schritte an Land. Es schwankte nicht - schade! Als Junge fand ich es immer reizvoll, wenn es noch schwankte, obwohl man längst wieder festen Boden unter den Füßen hatte.

Wir saßen bei Kaffee und noch warmem Kuchen aus dem Dampfdrucktopf, und ich ließ mir von der Gefährtin zum dritten Mal berichten, wie es ausgesehen hatte, als mich der Blitz traf. Da hörten wir jemanden das Boot anrufen.

Ein älterer Herr stand am Kai, umgeben von Frau und Enkeln, offenbar beim Sonntagsspaziergang. Auf englisch stellte er sich als Hafenarzt vor. Wo wir denn herkämen?

Aus Inglaterra? Santa Maria! Und niemand krank? Dann sei ja alles bestens! Er werde morgen dem Hafenkommandanten Bescheid sagen. Wir sollten die gelbe Quarantäneflagge nur einziehen.

Wir holten die Flagge ein, die Arztfamilie winkte zum Abschied, und wir setzte uns wieder zum Kaffee.

Als ich mit einer Decke über den Schultern erwachte, brannte die Kajütenlampe. Ich war allein. Draußen war es dunkel, und Nebelniesel schwebte.Vorn am Mast erkannte ich den Umriß meiner Gefährtin. Zigarettenglut warf roten Schein auf ihre Züge und ihren hellen Pullover. Als ich neben sie trat, lehnte sie sich an mich. Im Hafenwasser spiegelte sich das gelbe Licht der Gaslaternen.

Von El Ferrol bis Bayona

An Spaniens Küste

Im Nieselregen des Montagmorgens enterte ein junger Zollbeamter über den Leichter. Bevor er die Kajüte betrat, putzte er sich im Kartenraum sorgsam die Schuhe am Feudel ab. Christine bot ihm Kaffee an, und er dankte höflich in gebrochenem Englisch und nickte.

Ich holte die Mappe mit den Schiffspapieren, und der junge Mann begann einen ganzen Stoß Formulare auszufüllen. Kohlepapier für die Durchschläge hatte er mitgebracht.

Es waren die gleichen Formulare wie für Frachtschiffe. Darin wurde bestätigt, daß wir *in Ballast*, also ohne Ladung, fuhren und nicht mehr als die Freimenge an zollpflichtigen Waren an Bord hatten. Der Zöllner trank den Kaffee aus, verabschiedete sich formvollendet und wünschte einen angenehmen Aufenthalt an Spaniens Küsten.

Kaum war er gegangen, erschienen zwei weitere Beamte. Der eine trug Marineuniform, der andere gehörte unverkennbar zur Guardia Civil: grüne Uniform, Pistole am Koppel, schwarzer Lackhut, schwarze Schaftstiefel und schwarzer Umhang. Es ging um die Hafenformalitäten und unsere Einreise.

Auch diese Herren wischten ihre Stiefel sorgfältig sauber, bevor sie die Kajüte betraten. Den Kaffee lehnten sie dankend ab. Wollten sie sich gegenseitig keine Bestechlichkeit vorwerfen lassen?

Der Marinebeamte bestätigte, daß der Hafenarzt ihm Mitteilung über unsere Seuchenfreiheit gemacht hätte. Aber ob wir Ratten an Bord hätten?

Verblüfft blickte Christine ihn an. Da wurde der junge Mann verlegen.

»Natürlich keine Ratten«, murmelte er auf englisch, »so sauber und ordentlich wie hier alles ist.« Und er bestätigte im Formular unsere Rattenfreiheit.

Der Polizeibeamte warf nur einen Blick in die Pässe und notierte sich unsere Namen und Paßnummern.

Nun mochten die Staatsdiener ihrer Gastgeberin den Kaffee doch nicht abschlagen. Während wir von unserer Reise erzählten und die

Herren sich für das schlechte Wetter in Spanien entschuldigten, fiel mein Blick in das offenstehende Schapp gegenüber. Dort prangte der Schaft meines alten Karabiners. Der Polizist neben mir hatte ihn bereits eingehend betrachten können. Heiß fiel mir ein, daß ich vergessen hatte, die Waffen anzugeben. Und ich dachte an das nahegelegene Baskenland.

Erst als die Beamten sich höflich empfahlen, atmete ich auf. Wegen eines einfachen Gewehres schien sich in Spanien niemand aufzuregen.

»Die Einklarierung hat nichts gekostet«, stellte die Gefährtin erfreut fest. »Sie wollten nicht einmal Liegegebühren.«

In Öljacken gingen wir an Land. Das alte El Ferrol mit seinen einst prächtigen Bürgerhäusern an steilen, engen Gassen träumte vom Wohlstand längst vergangener Jahrhunderte. Die verlassenen Befestigungsanlagen im Fjord erinnerten an die großen Zeiten spanischer Seeherrschaft. Heute lag der Hafen fernab der Verkehrswege, schien beinahe vergessen.

In der Nähe unseres Liegeplatzes gab es einen kleinen, altertümlichen Schlachterladen. In der mageren Auslage sahen wir nur Rippenfleisch, Innereien und Würste. Schüchtern fragten wir nach filete de vaca. Da leuchteten die Augen des Fleischers, und er öffnete die Tür eines mannshohen Kühlschrankes aus den fünfziger Jahren. Dunkelrot hing darin ein einzelner Filetstrang. Ein großes Stück ließen wir uns davon abwiegen - für einen beschämend niedrigen Preis.

Zur Feier unserer Ankunft verzehrten wir, von Christines Kochkünsten verfeinert, das aromatischste und abgehangenste Filetsteak unseres Lebens, dazu duftendes spanisches Weißbrot und frischen Salat.

Am Nachmittag ließ ich mir beim Friseur neben dem Schlachter die Haare schneiden. Während ich mit meinem gebrochenen Spanisch versuchte, dem dahinplätschernden Monolog des alten Friseurs zu folgen und den Blick über die seit den vierziger Jahren schon recht verschlissene Einrichtung wandern ließ, fühlte ich mich langsam in Spanien angekommen.

Die Berge hingen in den Wolken. Der Nieselregen hörte nicht auf, Pflaster und Rinnsteine lagen voller Unrat, und eine fingerdicke Schicht Öl und Abfälle schwappte im Hafenbecken und labsalbte die Seiten der FIRECREST.

Noch eine Nacht gönnten wir uns, dann liefen wir mit der letzten Morgentide aus. Auf See empfingen uns Sonnenschein und leichte nordöstliche Brise. Unter Vollzeug segelten wir hinüber in die weite Bucht von La Coruña.

Hier trafen wir sie alle wieder, die angehenden »Hochseevögel«. Als wir den Kopf des langen Wellenbrechers passierten, sahen wir BAJADERE und PIMPERNELL schon vor Anker liegen.

Großes Gewinke, doch unsere Augen suchten weiter. Aber von THUELLA keine Spur. Aber vielleicht würden Paul und Janette noch kommen.

Durch den Niedergang flimmerte der *Seafarer*, unser Echolot mit Batteriebetrieb. Leider zeigte es nur an, was auch schon aus dem Seehandbuch hervorging: überall 15 bis 18 Meter Wassertiefe. Zudem warnte das Handbuch vor unreinem Grund.

Deshalb gingen wir zur Begrüßung erstmal bei der BAJADERE längsseit. Mütterlich schloß Sabina Christine in ihre Arme.

»Daß ihr doch noch gekommen seid!«

Da ruderten auch schon Vim und Emmi heran.

»Wir haben uns Sorgen gemacht!« rief Emmi. »Wir warten seit einer Woche auf euch. Wo seid ihr bloß gewesen?«

PIMPERNELL und BAJADERE hatten nur halb so lange für die Überfahrt gebraucht wie wir. In den ersten Tagen hatten sie den Motor die meiste Zeit mitlaufen lassen und dann in der Mitte der Biscaya günstigen Wind bekommen. Gemeinsam - sie hielten die meiste Zeit Funkkontakt - hatten sie nach fünf Tagen La Coruña erreicht.

Da wir in El Ferrol erst fünf Tage später angekommen waren und uns dort noch zwei Tage aufgehalten hatten, war ihre Sorge erklärlich.

»Christine ist noch dünner geworden«, meinte Emmi bekümmert.

«Fang du nicht auch noch an!« lachte meine Gefährtin.

»Der Schipper könnte auch ein paar Kilo mehr vertragen«, fand Andreas, der nicht viel größer, dafür aber doppelt so breit war wie ich.

»Findet ihr auch, daß die Einklarierung in Spanien unverschämt teuer ist?« fragte Vim.

Verwundert blickte mich Christine an.

»Wenn ihr über das Clubgelände an Land geht, müßt ihr euch jedenfalls beim Sekretär melden. Macht euch auf was gefaßt«, warnte Andreas.

Es stellte sich heraus, daß der Clubsekretär für die ankommenden Yachten die Einklarierung besorgte - gegen Gebühren. Als wir uns anmeldeten, registrierte der mürrische Angestellte sichtlich enttäuscht die Stempel der Guardia Fiscal und der Guardia Civil in unseren Papieren. Daraufhin legte er uns ein anderes Formular vor.

»No, gracias!« sagte ich, denn wir wollten keine clubeigene Mooringboje. Unwirsch zog er das Papier wieder weg und mußte sich nun begnügen, für unser Festmachen am Dingiponton eine saftige Gebühr zu kassieren. Dafür erhielten wir eine Quittung.

»Sie müssen jeden Tag neu bezahlen!« stellte der Sekretär fest.

Doch darauf verzichteten wir. Denn auf der Quittung stand auf spanisch: »Berechtigt zur Benutzung der Einrichtungen des Königlichen Yachtclubs während der Dauer Ihres Aufenthaltes. Herzlich Willkommen!«

Dies war und blieb unsere einzige negative Erfahrung mit spanischen Clubs oder Behörden. Überall sonst wurden wir als Ausländer mit größter Höflichkeit behandelt.

Am Nachmittag gingen wir mit den Segelkameraden an Land. Die alte Hafenstadt La Coruña machte sich gerade auf den Weg ins moderne Europa. Zwischen würdevollen Bürgerfassaden, in Parks und Gärten dröhnten Bagger, drehten Kräne. Betonklötze wucherten, Verkehr brandete um üppige Marktstände, und Edelboutiquen glänzten in Marmor neben grottenartigen Eisenwarenhandlungen und Kurzwarengeschäften, in denen die Zeit seit 50 Jahren stehengeblieben zu sein schien.

In den Markthallen, einem bahnhofsartigen Gebäude aus dem letzten Jahrhundert, überwältigte uns die unübersehbare Vielfalt an frischem Obst, Gemüse, Fisch und Fleisch. Ermüdet schleppten wir unsere Tüten und Pakete in ein Straßencafé. Im Schatten der Markise neben den Staub- und Dieselschwaden der Hauptstraße erholten wir uns bei schwarzem Kaffee aus kleinen, dickwandigen Tassen.

Vim und Andreas hatten sich in technische Erörterungen vertieft. Es ging um Adapter, Dichtungen und Ersatzteile. Gemeinsam hatten sie verschiedenes technisches Material bestellt, das aber noch nicht eingetroffen war.

»Wann wollt Ihr denn weiter?« fragte uns Sabina.

»Wir möchten noch zu Hause anrufen und in diese Dali-Ausstellung

- und dann möglichst schnell um Kap Finisterre. - Vielleicht übermorgen?« meinte Christine und sah mich an.

Ich nickte.

»Wir segeln, sobald wir die Federn und Dichtungen bekommen haben«, stellte Vim fest. »Ihr habt es gut! Ihr braucht nur mal ein paar Schrauben oder etwas Tauwerk.«

Um ihm eine Freude zu machen, verriet ich, daß mir die Kühlwasserpumpe Sorgen bereitete. »Da ist ein kleines Loch unter dem Deckel, aus dem Wasser herausläuft.«

»Viel?« fragte Andreas.

»Tropfenweise - sobald der Motor läuft.«

»Dann ist es in Ordnung«, meinte Andreas. »Das Wasser soll da rauslaufen.« Und er zeichnete auf eine Papierserviette den Querschnitt durch meine Wasserpumpe.

»Ich hatte schon befürchtet, das Wasser würde nach innen ins Getriebe laufen.«

»Vergiß es!« meinte Andreas, in Gedanken wieder bei dem 60-PS-Diesel der BAJADERE und seinen zahlreichen Nebenaggregaten.

Dali

Die Ausstellung der Werke Salvador Dalis fand im alten Grand-Hotel statt. Entsprechend dem Inhalt unseres »gesellschaftlichen Überlebenskoffers« hatten wir uns umgezogen, Christine im langen Waschleinenkleid, ich im blauen Blazer mit grauer Leinenhose.

In der milden Nachtluft zirpten die Grillen. Flutlicht tauchte die abgeblätterte Hotelfassade in den Glanz der großen Welt. Edel knirschten unsere Schritte auf der Zufahrt, und die Gefährtin stützte sich auf meinen Arm, weil ihre hohen Absätze im Kies versanken.

Das huldvolle Nicken meiner Begleitung ließ den Türsteher lächelnd beiseitetreten. Unter Kronleuchtern, in denen zahlreiche Birnen erloschen waren, flanierten festlich gekleidete Menschen zwischen Vitrinen und Gemälden. Dazwischen wurde Schaumwein und Orangensaft gereicht, wie überall auf der Welt.

Wir waren enttäuscht: schwülstiger Dali-Kitsch in fürchterlichen Goldrahmen aus Plastik und Preßholz. Es war bekannt, daß der große

Maler im Sterben lag, und daß eine Gruppe von Kunsthaien sich seiner bemächtigt hatte. Abgeriegelt von der Außenwelt, produzierten seine »Schüler« unsägliche Bilder und Plastiken in Serie, die der hinfällige Meister dann signierte - weiche Uhren und brennende Giraffen in allen Variationen. Nichts von dem, was wir sahen, war Dali - trotz der übergroßen Signaturen, mochten sie auch, wie ausdrücklich vermerkt, notariell beglaubigt sein.

Die Manager dieser abgeschmackten Show waren an ihrer exzentrischen Kleidung erkennbar, die sie offenbar dem Meister abgeguckt hatten.

»Unter Dali habe ich mir was anderes vorgestellt«, meinte Christine.

»Laß uns gehen!« stieß ich hervor. »Mir wird übel.«

Ein freundliches, spanisches Mädel betreute ein aufgeschlagenes Gästebuch. »Schade, daß der Meister das noch erleben muß!« schrieb ich auf deutsch. Die Kleine strahlte mich an.

Aus einem Nebenflügel klangen Stimmengewirr und das typische Rollen und Klappern von Roulettekugeln. Der akustische Hintergrund paßte zu der Ausstellung. Aber meine Gefährtin war noch nie in einem Spielkasino gewesen. Ich hakte sie ein.

»Damit wir uns nicht umsonst angeplünnt haben.«

So schritten wir zur »Einklarierung«, und es wurde doch noch ein vergnüglicher Abend. Was ich verlor, gewann Christine und noch genug für *Cava*-Champagner und *Camarones*-Cocktail. Damit lehnten wir an der Brüstung der Hotelterrasse, atmeten die samtige Nachtluft und blickten über die Dächer der Stadt. Auf der mondlichtflimmernden Reede glaubten wir den gedrungenen Schatten der FIRECREST zu erkennen, und jenseits der weiten Bucht hoben sich dunkel die Berge Galiziens ab.

Aneinandergesunken auf der Rückbank eines Taxis, rollten wir durch die nächtlichen Straßen zurück zum Yachtclub.

Am Ende des Pontons dümpelte unser Dingi. Behelfsmäßig trocknete ich die taunassen Duchten mit dem Taschentuch. Die Freundin raffte ihr empfindliches Kleid aus dem Weg und setzte sich beherzt auf die feuchte Planke. - Seitdem verstauten wir bei abendlichen Landgängen stets ein Handtuch in Plastiktüte im Dingi.

Mit gleichfalls nassem Hosenboden ruderte ich hinaus in die dunkle Bucht. Ganz am Ende des Ankerfeldes schimmerte wie ein Glühwürmchen die Ankerlampe der FIRECREST.

Zurück an Bord, warteten wir in Pyjama und Pullover auf BBC-4. Die Freundin räkelte sich auf meinem Schoß, um ihren kalten Po aufzuwärmen. Inzwischen drohte der Kakao überzukochen. Das verhinderte Edvard Griegs *Morgenstimmung* - gleich kam der Seewetterbericht. Ich griff zu Papier und Bleistift.

Die Dame im fernen London verkündete für Finisterre nördliche Winde - ideal!

An den Kartentisch gelehnt, betrachteten wir unsere Möglichkeiten.

»Hinter Kap Finisterre beginnt der *Norder*, der *Portugiesische Passat*. Dann können wir den ewigen Kampf gegen die Tiefs und die Westwinde vergessen.«

»Endlich richtig segeln!« meinte die Kameradin verträumt. Dann sah sie mir tief in die Augen. »Aber bis zum Auslaufen haben wir noch ein paar Stunden.«

Tief Charly

Vor Tau und Tag machten wir seeklar. Leichter Nordost wehte über den Wellenbrecher.

Es gab einen spannenden Moment, als die Kette auf und nieder stand und der Anker irgendwo in 15 Metern Tiefe hakte. Nicht das! dachte ich. Und hievte. Mit einem Ruck kam der Anker frei.

Als wir Andreas und Sabina später wiedersahen, berichteten sie, daß auch ihr Anker gehakt hatte. Da der hiesige Taucher so viel wie ein neuer Anker gekostet hätte, versuchte es Andreas mit voller Maschinenkraft. Der Ankerschäkel brach. So hatten sie wenigstens die Kette gerettet.

Während Christine den Kutter zwischen den schlafenden Ankerliegern hindurchsteuerte, setzte ich ein Segel nach dem anderen.

Inzwischen ging die Sonne über den Bergen auf. Draußen liefen kleine Kräuselwellen über langausgezogene Dünung. Gemessen zog FIRECREST mit drei Knoten westwärts. Voraus zeichneten sich die Umrisse der Islas Sisargas. Vor dort waren es nur noch 40 Meilen bis Kap Finisterre.

Nach dem Frühstück vertrieb ich mir die Zeit wie üblich mit Segeltrimm, Navigation und der ständigen Überlegung, wieweit wir bei gleichbleibender Geschwindigkeit noch kommen könnten, wo sich unterwegs Ankermöglichkeiten boten, und wie es dort bei plötzlich auflandigem Wind aussehen würde.

Doch mit steigender Sonne nahm der Wind immer mehr ab, bis wir gegen Mittag etwa drei Meilen vor der Küste in der Flaute trieben. Meeresfriede umgab uns. Die Gaffel knarrte, die Segel flappten, aber sonst waren die Bewegungen angenehm. Der Luftdruck war in den letzten Tagen gleichmäßig gestiegen und stagnierte nun bei 1020 Millibar. Im Schatten der Segel saßen wir an Deck, ließen uns von den tintenblauen Rollern auf- und abwiegen und warteten auf BBC-4. Auf die hohe Dünung gab ich nach unseren Erfahrungen nichts mehr.

Nach 13.55 Uhr UTC war es mit der Seelenruhe vorbei. Ein kräftiges Tief sollte sehr schnell an Kap Finisterre vorbei und in die Biscaya ziehen. Für *Finisterre* wurde für die kommende Nacht bereits Südwest 7 vorhergesagt. Überflüssig zu sagen, daß es wieder genau von dort wehen sollte, wo wir hinwollten.

Was soll´s, dachte ich, bei Südwest können wir jederzeit ablaufen, zurück nach La Coruña oder auch nach El Ferrol.

Beide Ansteuerungen waren bei Nacht befeuert, und achterlicher Sturm war für FIRECREST kein Problem. Also erstmal Kurs beibehalten. Und wenn das Tief schnell kam, würde es auch schnell durchziehen und auf seiner Rückseite günstigen Nordwestwind bringen.

Wie zur Belohnung für unsere Standhaftigkeit huschten leichte Katzenpfoten über das Wasser, und bald glitten wir wieder mit nördlicher Damenbrise dahin. Auf die sonnenwarmen Decksplanken gegossen, tranken wir Kaffee, und Aries steuerte.

Ein kleiner Fischkutter war aufgetaucht. Sein Deck stand voller mannshoher Fangkörbe. In Abständen warfen die Fischer jeweils einen der Körbe über Bord, der auf seinem langen Weg in die Tiefe ein endloses Tau hinter sich herzog, zuletzt kam eine große Netzboje.

Die Fischer winkten. Irgendwie beruhigte die Tätigkeit dieser »Bauern des Meeres« in unserer Nachbarschaft. Weniger beruhigte, daß die Dünung merklich steiler wurde. Stammte sie doch aus kürzerer Entfernung? Oder erschien sie nur so steil gegen das Licht der tiefer stehenden Sonne?

Gerade reichte ich Christine die leere Kaffeekanne nach unten, als sie sagte: »Das Barometer fällt.«

Ohne verdächtige Hast stieg ich in den Kartenraum. In den letzten Stunden war das Barometer um drei Millibar gefallen. Als ich dagegen klopfte, fiel es um einen weiteren Strich. Das bedeutete viel Wind! Die Federwolken, die sich in breiten Streifen von Westen her deutlich verdichteten, gefielen mir immer weniger.

Islas Sisargas

Ich brütete über der Karte. Bei den Islas Sisargas gab es ein paar kleine Fischerhäfen - wenn sie diese Bezeichnung verdienten. Es schienen mehr Aufschleppen für offene Fischerboote zu sein. Gegen Südwest waren sie geschützt. Aber wenn der Wind auf Nordwest drehte, wurden alle diese Löcher zu Mausefallen. Und bei Nacht waren sie unbefeuert.

Es blieben nur zwei Möglichkeiten. Eine war, zurückzulaufen. Das hieß, all die schönen Meilen dem inneren Schweinehund zu opfern und anschließend nervendes Warten auf die nächste günstige Wettersituation.

Die andere Möglichkeit: Ria de Corme y Lage. Zwar war die Bucht nach Westen offen, aber der kleine Hafen Lage (»Lache« gesprochen) lag relativ sicher hinter einer Landzunge an der Südseite der Bucht. Laut Seehandbuch sollte die Reede dort guten Ankergund bieten und zusätzlich mit einer Mole nach Norden geschützt sein.

Allerdings war es bis dorthin noch weiter als zurück nach La Coruña. Aber wir mußten es versuchen!

Bei Sonnenuntergang glühte der ganze Himmel. Die Küstenberge leuchteten orange, das Meer, das Deck, die Segel, alles war in Rotlicht getaucht, selbst unsere staunenden Gesichter. Ich versuchte, nicht an Jack Londons Südseegeschichten zu denken und wie er die dramatischen Himmelsbilder vor Taifunen beschrieb.

Dann wurde es schnell Nacht. Die silberne Bahn des aufgehenden Mondes führte geradewegs zurück nach El Ferrol. Zum Zeichen der Warnung oder als Versuchung? Das Barometer war um weitere zwei Millibar gefallen. Die Bugwelle flüsterte, und eine schimmernde Schleppe von Meerleuchten markierte unser Kielwasser.

Gegen Mitternacht schlief der Wind wieder ein. Wir hatten die Islas Sisargas passiert, aber Lage war noch weit. Längst hatte ich den Treibstoff gecheckt: 30 Liter in Tank und Kanistern. Bei mittlerer Fahrt brauchte unser Zweitakter 2,5 Liter pro Stunde. Für die 15 Meilen nach Lage hatten wir also genug.

Unter heftiger innerer Abwehr startete ich den Motor. Solange wir abgewartet hatten, war er unsere Reserve gewesen. Jetzt machten wir uns von ihm abhängig.

In der steilen Dünung hatte das Boot zu schlingern begonnen. Unter Motor und Vollzeug mit dichtgeholten Schoten pendelte es jetzt nur noch langsam hin und her.

Christine reichte Erbsensuppe mit Weißbrot und Bier ins Cockpit. Abgesehen vom gleichmäßig brummenden, kühlwasserschlürfenden Motor, war es eine schöne Nacht. Nur der westliche Horizont wollte mir nicht gefallen. Einen Fingerbreit hoch schimmerte dort im Mondlicht eine Wand von Cumuluswolken. Schwer zu sagen, wieweit sie entfernt sein mochte - vielleicht 20 Meilen, vielleicht weiter? Die Sterne funkelten.

Nach Mitternacht kam auf 200 Kilohertz der nächste Wetterbericht. *Vigorous atlantic low Charly moving east rapidly.*

Kalt griff es ans Zwerchfell. Die Vorhersage für Finisterre ahnte ich schon. Als die Dame mit dem distinguierten Oxford-Akzent *southwesterly gale 9* verkündete, wußte ich Bescheid. *Charly* hieß das Tief. Demnach zog, wie nicht selten im Spätsommer, ein ehemaliger tropischer Hurrikan als Sturmtief weiter über den Atlantik bis an die europäischen Küsten.

Ohne der Gefährtin meine Vorstellungen genauer zu erläutern, schob ich dezent mehr Gas rein, bis der Motor fast Vollgas lief.

Wir kamen gut voran, doch auch die Wolkenbank rückte näher. Es war keine Täuschung. Sie war nun höher als mein Daumen. Trotz der Entfernung zeichneten sich die Quellwolken plastisch im Mondlicht ab.

Endlich passierten wir Punta del Roncudo nördlich der Ria de Corme y Lage und änderten Kurs auf 170 Grad. Bei Südweststurm hätten wir Lage nun anliegen können. Langsam wuchsen die dunklen Schatten der Berge höher. Die kleinen Leuchtfeuer der Bucht kamen durch, und auch das Echolot begann bei 70 Metern anzuzeigen.

Gegen 03.30 Uhr wurde es plötzlich dunkel. Der Mond war hinter der aufziehenden Cumuluswand verschwunden. Ich barg Toppsegel und Flieger. Während der Vire uns unermüdlich durch die Flaute weiterschob, steckte ich sorgfältig beide Reffs ins Großsegel. Sollten wir die Segel doch noch brauchen, dann sicherlich nicht bei Damenbrise.

Als das Groß wieder stand, blinkte voraus ein kleines grünes Licht - die Schutzmole von Lage!

Steuerbords an der dunklen Küste schimmerte in regelmäßigem Takt ein langgezogener, heller Schein. Zuerst dachte ich an den Widerschein eines Leuchtfeuers, aber in der Nähe gab es nichts dergleichen. Durch das Motorengeräusch hörten wir dann ein tiefes, rhythmisches Dröhnen, und da sahen wir, wie die riesige Dünung gespenstisch meerleuchtend gegen die Felsenküste brach.

Plötzlich ragte in der Dunkelheit schwarz und hoch die Schutzmole. Es war 05.00 Uhr morgens. Ein letzter Dünungskamm hob uns empor und am Molenkopf vorbei, dann tuckerten wir über die Ankerreede wie über einen stillen Dorfteich, in dem sich die Laternen des kleinen Küstenortes und die Ankerlichter einiger Yachten spiegelten. Der Himmel hatte sich nun ganz zugezogen.

»Sieh mal!« stieß mich Christine an.

Im Licht des Handscheinwerfers lag die PIMPERNELL. Anscheinend hatte Vim seine Ersatzteile bekommen, und sie waren noch am Morgen ausgelaufen.

Mit langsamer Fahrt loteten wir über den Ankerplatz. Bis dicht an den Strand war das Wasser tief und klar. Der Kegel des Scheinwerfers reflektierte auf dem weißen Sandgrund: Danforth-Anker. Das Umschäkeln war schnell gemacht. 100 Meter vom Strand ankerten wir mit 30 Metern Kette auf fünf Meter Wassertiefe. Mit Rückwärtsfahrt - erst langsam, dann immer mehr Gas - zogen wir den Anker fest in den Grund.

Tief erleichtert, sog ich die milde Nachtluft ein und blickte in die Runde. Nun mochte Charly kommen.

»Soll das hier so liegenbleiben?« deutete die Kameradin auf die Segel, die noch in großen Falten an Deck hingen.

Vor dem Schlafengehen warf ich einen letzten Blick aufs Barometer. Es fiel fast senkrecht. Doch bis auf ein fernes, anhaltendes Dröhnen war es draußen still. Über den Bergen graute der Morgen.

Lage

Eine Stunde später weckte uns FIRECREST, wie sie windharfend in die polternde Ankerkette einruckte und sich dann weit überlegte. Es hatte zu wehen begonnen. Im grauen Morgenlicht lagen Ortschaft, Strand und Reede unter niedrigen Fractuswolken, die mit großer Geschwindigkeit von Südwesten zogen. Als luvwärtigstes Boot zeigte FIRECREST mit der Kette zum nahen Strand und hatte von Driftern nichts zu fürchten.

Gegen 10.00 Uhr strahlte die Kajüte im Sonnenlicht. Dabei heulte das Rigg, Wasserstaub flog, und hinter uns schäumte die Reede weiß. Das Barometer hatte wieder zu steigen begonnen.

Unter knallblauem Himmel blendete der breite Stand weiß in der Morgensonne und glitzerte, als sei er mit Glasstaub bestreut. Dahinter erstreckte sich Lage - hinter der langgestreckten Uferstraße weißgetünchte Häuser, ein Café, an der Mole ein paar Lagerschuppen - ein verschlafener Küstenort in der Nachsaison.

In Lee arbeiteten die Boote schwer. Jeder Meter offenes Wasser vergrößerte die Windsee. Vim und Emmi winkten von der PIMPERNELL. Sie riefen etwas herüber, das aber sogleich verwehte. Eine knappe Meile hinter ihnen explodierten zyklopische Atlantikbrecher an den hohen Felsen der inneren Bucht. Dort hinzutreiben schien wenig ratsam.

Ich hängte die Jakobsleiter über die Seite und zog mich aus. Das Wasser nahm mir den Atem. 15 Grad zeigte das Badethermometer. Christine beobachtete mich, wie ich zur Ankerboje schnorchelte.

»Falls du einen Herzschlag kriegst!« rief sie.

Das Wasser war klar wie im Schwimmbad. Der Anker hatte sich so tief in den Sandgrund hineingezogen, daß er nicht mehr zu sehen war. Trotzdem - irgendwo ein Materialfehler...

Mit dem Dingi brachte ich an 15 Metern Kettenvorlauf und Nylontrosse zusätzlich den Stockanker aus.

Herrlich erfrischt, saß ich hinterher mit Pullover und Wollsocken in der sonnendurchfluteten Kajüte beim Frühstück. Die Ankerkette knackte in der Klüse und rumpelte über den Grund. Wenn FIRECREST über Stag schwoite, hielten wir das Geschirr fest, und meine Geliebte lächelte mich an. Es gibt nichts Schöneres als Sturm auf sicherem Ankerplatz.

Verlockend lag die Ortschaft im Licht des Südens. Es waren nur ein paar Schiffslängen bis zum Strand. Trotzdem zogen wir Öljacken an gegen die fliegende Gischt, und ich legte mich in die Riemen, damit wir gegen den Winddruck vorankamen.

Die Brandung in der Bucht reflektierte bis hierher. Wir krempelten die Hosenbeine hoch. Jedes Ufer verlangt seine eigene Landetechnik. An diesem steil ansteigenden Sandstrand paßten wir eine besonders hohe Welle ab und ließen uns von ihr möglichst weit hinauftragen. Ich sprang heraus, hielt das Dingi im zurückflutenden Wasser fest, Christine sprang über den Bug hinterher, und wir trugen das Boot aufs Trockene, ehe die nächste Welle kam.

Zwischen buntbemalten Fischerbooten setzten wir es auf den grellweißen Sand. Er glitzerte an unseren nassen Füßen wie zerstoßenes Glas. Massen feingemahlener Muschelschalen gleißten in der Sonne, so daß wir blinzeln mußten.

An der Uferpromenade zogen wir die Schuhe an und bummelten durch die sauberen, fast menschenleeren Gassen. In einem Lebensmittelgeschäft verkaufte uns eine freundliche Matrone Brot, Weintrauben, Pfirsiche, Tomaten und Artischocken - alles knackig frisch und sehr preiswert.

Als wir das Dingi wieder zum Wasser trugen, bemerkten wir drüben bei der Schutzmole hektische Bewegung.

Die 6-Meter-Slup eines schwedischen Einhandseglers war gegen die Steinschüttung getrieben worden. Der Anker des alten Herrn hatte nicht gehalten. Da war ein beherzter Bootsnachbar in sein Schlauchboot gesprungen und hatte es als Fender zwischen Mole und Segelboot gefahren. Gerade war eine weitere Crew mit Motordingi und Warpanker zu Hilfe gekommen und schleppte die Slup nun wieder in freies Wasser.

Diesmal warteten wir auf eine Serie kleinerer Wellen und stießen dann schnell vom Strand ab. Gleich packte der Wind das Dingi und trieb es vor sich her. Da drehte ich den Bug in den Wind, als wollte ich zurückrudern. So steuerte ich, Achtersteven voraus, mit den Riemen genau auf die FIRECREST zu. Keinesfalls durften wir uns am Boot vorbeitreiben lassen. Jeden Meter weiter draußen peitschte die Windsee höher, und am anderen Ende der Bucht donnerte das Inferno.

Am Nachmittag flaute es ein wenig ab, und wir wagten die Überfahrt zur PIMPERNELL.

Verschmitzt zeigte Vim seinen neuen Satelliten-Navigator. Wir lachten, denn er hatte das Gerät hinter einer hölzernen Abdeckung angebracht. Dort sollte dieses, in Vims Augen doch etwas unsportliche Hilfsmittel dem Besucher verborgen bleiben. Die beiden hatten sich das Gerät vor allem wegen der gefährlichen Passage durch die Tuamotu-Atolle im Südpazifik angeschafft.

Emmi drückte eine Kassette Polynesienmusik in den Recorder. Da sah die Gefährtin mich an, und wir dachten an die Besuche im Hamburger Völkerkundemuseum, wo wir von Palmenstränden und Südseedörfern geträumt hatten und von mystischen Trommelrhythmen aus dunklen Urwaldbergen.

Kap Finisterre

Am nächsten Morgen hatte der Wind über Nordwest auf Nord gedreht und wehte mit 4 Beaufort. BBC-4 meldete Tief Charly über den Britischen Inseln. Wo mochten Paul und Janette gerade sein?

Gern wären wir noch geblieben, und später dachte ich noch oft an Lage zurück. Ein kleiner Hafen von großartiger Einfachheit. Die Berge, der breite, grellweiße Strand, die Mole, der kleine Ort, der blaue Himmel, das klare, kalte Wasser. Aber Finisterre ist eine gefährliche Wetterecke, und wir wollten sie hinter uns haben.

»Wenn der Wind günstig steht, mußt du segeln!« hatte Erich gesagt.

Da wir ausreichend Platz hatten, gingen wir wieder unter Segeln ankerauf. Mit doppelt gerefftem Groß, Fock und Klüver querten wir das Feld der Ankerlieger. Überall winkten die Crews und wünschten gute Reise. An dieser Ecke Europas waren die meisten von ihnen Ozeansegler.

Hinter der Mole reffte ich aus und setzte das Toppsegel. Noch immer platzten mächtige Roller gegen die Felsenküste, doch FIRECREST schwang sich leicht wie ein Seevogel über die Dünungsrücken und kreuzte mühelos aus der Bucht.

Hinter Punta de Lage konnten wir abfallen, und es begann eine rauschende Fahrt nach Süden. Geschoben von blauen Wasserbergen, fraß der Kutter mit einem Schaumknochen im Maul Meile um Meile.

Kap nach Kap hakten wir ab. Nachmittags passierten wir Cabo Villano, abends Cabo Torinana. Der Wind frischte auf, und immer noch stand das Toppsegel. Keinesfalls wollten wir uns noch vor Kap Finisterre von einer plötzlichen Flaute erwischen lassen. Hier hätte sie uns vernichtet! Vier, fünf Meter hohe Seen brachen schäumend über weite Strecken. Im Wellental konnten wir die ragenden Felsenküsten nicht mehr sehen.

Nun banden wir uns fest und überlegten an Deck jeden Schritt und Handgriff. So mußte Passatsegeln sein. Als der Segelpreß langsam nervig wurde, barg ich das Toppsegel.

Massig lag Kap Finisterre an Backbord im Licht der untergehenden Sonne. Als sie verschwunden war, stach grell von hoher Klippe der erste Blitz des berühmten Leuchtfeuers. - *Finis Terra*, das Ende der Alten Welt. Als nächstes kam Amerika.

Als wir das Kap rundeten, verdunkelten die ragenden Felsen einen Teil des Nachthimmels. Um nicht in die Windabdeckung zu geraten, hielten wir gehörigen Abstand. Bleich schimmerten himmelhohe Gischtfontänen gegen die Schwärze der Felsen. So wie die einen langsam in sich zusammensanken, stiegen andere gemessen empor - in träge pulsierendem, gespenstischem Tanz vor einem gleichsam planetentiefen Grollen.

Vom Leuchtfeuer selbst sahen wir nur noch den huschenden Widerschein oben in den Felsen. Der Lichtkegel strahlte weit über uns hinweg zum Horizont.

Noch ein paar Dünungsausläufer, dann segelten wir über das ruhige schwarze Wasser der Bucht von Corcubion. Kein Mond, kein Stern. Nur am östlichen Fuße des Kapmassivs funzelten einige kleine Lichter des Fischerortes Finisterre.

Endlich entdeckten wir die beiden roten Leuchtfeuer auf den gefährlichen Riffen im hinteren Teil der Bucht - winzig waren sie.

Nun war alles einfach. Lotend und peilend kreuzten wir zum Nordufer der Bucht. Dort war in der Seekarte ein Stück Sandstrand verzeichnet. Das deutete auf guten Ankergrund. Bald sahen wir im Glas den hellen Schimmer des Strandes. Hier war es so ruhig wie auf einem Binnensee, und der milde Landwind roch nach Kiefern. Vorsichtig loteten wir uns näher ans Ufer. Auf fünf Meter Tiefe warfen wir den Anker.

Zeit für Griegs *Morgenstimmung*. Das mittlerweile namenlose Sturmtief stand nun über der Deutschen Bucht. Wir setzten die chinesische Ankerlampe und törnten gelassen ein.

Südkurs

Als ich aus der Luke in die Morgensonne blinzelte, bekam ich fast einen Schreck. Der Strand lag keine zehn Bootslängen entfernt. Der Grund stieg hier viel steiler an als eingezeichnet, denn nach Seekarte waren es bei fünf Meter Wassertiefe noch gute zwei Kabellängen zum Ufer.

Aber es war ein schöner Ankerplatz. Vor uns öffnete sich die weite Bucht von Corcubion, von Westen geschützt durch das massige Kap, und hinter dem Strand flüsterte der Wind in den Wipfeln eines bergansteigenden Kiefernwaldes.

Im klaren Wasser sah es aus, als schwebte das Boot über dem Grund. Als ich über Bord sprang, verschlug die Kälte mir wieder den Atem. Galizien wird nie ein Massenbad werden.

Aber nach dem Bad fühlte ich mich wie neugeboren. Das Gelbe vom Frühstücksei leuchtete in der Sonne, und es fehlte eigentlich nur die

Morgenzeitung - nein, eigentlich nicht! Die einzigen Neuigkeiten, die uns angingen, kamen von BBC Radio 4, und die berichteten von mäßigen Nordostwinden. Das langsam und stetig steigende Barometer schien dem recht zu geben.

Draußen tuckerte ein Bootsmotor, und Stimmen wehten heran. Zwei Fischer holten die Netze ein, deren Bojen wir beim Ankern heute nacht vorsichtig gemieden hatten.

Bis wir wieder seeklar machten, wurde es Mittag. Wir hatten keine Eile. Mit der Umrundung von Kap Finisterre hatten wir vor den näherrückenden Herbststürmen einen deutlichen Vorsprung herausgesegelt. Nun durften wir uns nach Süden treiben lassen, wie Wind und Laune es uns eingaben.

Der ablandige Nordost roch nach warmem Kiefernharz, doch draußen zeigten sich Schaumkronen. So ließen wir Flieger und Toppsegel zunächst unten. Außerhalb der Bucht hatten wir dann genau die richtige Segelfläche. Gemütlich zogen wir mit Backstagsbrise nach Süden.

Wir wollten sehen, daß wir zum Abend die Bucht von Muros erreichten, ein gemütlicher Tagestörn von knapp 20 Meilen.

Aries tat die ganze Arbeit. Ich aquarellierte die vorbeiziehende Küste, und als ich davon genug hatte, warf ich die Schleppangel aus. Kurz darauf hatten wir drei Makrelen und einen stattlichen Hornhecht gefangen.

Erst hinter Kap Punta Queixal mußten wir arbeiten, um ein paar Meilen aufzukreuzen. Wir schenkten uns das belebte Muros und blieben in der idyllisch gelegenen Bucht Ensenada de San Francisco.

Der Stockanker fiel zwischen Seegrasfeldern auf sieben Meter Sandgrund. Hinter dem Strand lag unter rotbraunen Granitfelsen ein kleiner Ort, ruhig, verschlafen, eine Handvoll Bungalows und Ferienhäuser zwischen Pinien und Kiefern.

Seit Lage hatten wir kein Segel mehr gesehen, und auch hier war FIRECREST das einzige Boot. An der Küste Galiziens segelten wir wie in vergangenen Jahrzehnten.

Wir ruderten an Land. Ein Dutzend spanischer Badegäste verteilte sich über den breiten Strand. Über ein dickes Polster aus Kiefernnadeln gingen wir zu dem kleinen Supermarkt, dessen Reklameschild wir von Bord aus gesehen hatten. Dort bekamen wir frisches Brot, Speck, Eier, Milch und Gemüse.

Auf dem Rückweg sahen wir, zwischen Kiefern und Pinien hindurch, die FIRECREST liegen. Ihr elfenbeinweißer Rumpf mit dem hellblauen Wasserpaß und dem dunkelroten Antifowlingstreifen schimmerte auf der tintenblauen Bucht in der Abendsonne. Auch für solche Anblicke lohnt es sich, aufzubrechen.

Als die Sonne hinter der westlichen Landzunge versank, brutzelten unsere selbstgefangenen Fische mit viel Olivenöl, Knoblauch und Speck in der Pfanne.

Der Morgen erinnerte Christine an Norwegen - die Frische der Luft über dem kalten Portugalstrom, die rotbraun in der Sonne leuchtenden Granitfelsen, der Himmel in klarem Blau.

Nur im langen Hemd ruderte die Freundin an Land. Langbeinig schritt sie den Strand hinauf zu der Dusche unter den Pinien - Quellwasser aus den Bergen.

Zum Frühstück drapierte sie einen frischgepflückten Strauß aus Liguster und Margeriten zwischen Kaffeekanne und Eierbechern.

Gegen Mittag zogen wir unter Vollzeug wieder hinaus. Leichter Ostwind trieb uns gemächlich weiter nach Süden. Am Nachmittag standen wir auf Höhe der Ria de Arosa. Die weite, inselzerklüftete Bucht sah verlockend aus, aber zu dem riffreichen Gewässer fehlte uns die Detailkarte.

So hielten wir fort von der Küste, um draußen schneller voranzukommen. Der dunkelgeriffelten Oberfläche nach schien es dort stärker zu wehen. Die Grenzlinie zwischen den Windsystemen war so scharf gezogen wie mit dem Lineal. Während an Deck noch leichter Ostwind blies, fingen Toppsegel und Gaffel bereits den Nordwest und drückten das Großsegel in die Halse. Dann aber preschten wir raumschots mit herrlicher Fahrt nach Süden.

Gegen Abend näherten wir uns den zerklüfteten Islas Cies. Bayona war nicht mehr weit. Als wir Isla del Norte passierten, öffnete sich an Steuerbord eine halbmondförmige Sandbucht. Landeinwärts fächerte die tiefstehende Sonne durch lichten Pinienwald. Da konnten wir nicht widerstehen. Spontan luvten wir an, segelten dicht ans Ufer und warfen den Anker auf sechs Meter Wassertiefe.

Doch wir hatten Pech.

Nach einem romantischen Spaziergang über die Insel hätten wir beinahe unser Dingi verloren. Die Gischtzungen der steigenden Flut hatten es schon erreicht. Zwar hatten wir das Boot den steilen Strand weit hinaufgezogen, den Tidenstieg aber weit unterschätzt.

Zudem drehte der Wind nun auflandig auf Nordost. Mit dem Heck zum Strand arbeitete FIRECREST bald heftig in zunehmendem Schwell. So gaben wir den jetzt gar nicht mehr idyllischen Ankerplatz auf und segelten hinaus in die Nacht.

Zwischen den zerklüfteten Felsenufern und Riffen der Bucht von Vigo kreuzten wir durch die Dunkelheit und loteten und peilten uns schließlich in die Bucht von Cangas. Dort ankerten wir nach Mitternacht müde und erleichtert dicht unter dem Strand.

Am Morgen hielten wir uns mit dem Frühstück nicht lange auf. Im Yachtclub von Bayona wartete unsere Post. So rutschten wir mit dem immer noch durchstehenden NE die Ria de Vigo wieder seewärts, rundeten die Inseln und Riffe der Las Serralleiras und segelten unter den Mauern der Zitadelle von Bayona in die von ankernden Yachten gesprenkelte Bucht.

Genau hier war im Jahre 1493 die PINTA als erstes Schiff der Columbus-Expedition gelandet und hatte die Kunde von der Neuen Welt gebracht.

Tags darauf merkten wir, wie gut es gewesen war, den Norder auszunutzen.

Bayona

Die Yachten, die vor Bayona auf Reede lagen, kannten wir nicht. Vermutlich waren BAYADERE, PIMPERNELL, SUNDAY und die anderen aus Falmouth längst auf dem Wege nach Lissabon.

Das Wasser der inneren Bucht war trübe, und am Bleilot klebte dünner Schlick. So wählten wir wieder den Stockanker und warfen ihn auf 8 Meter Tiefe. Hier lagen wir von allen Seiten geschützt durch die bergigen Ufer, das Felsenkap mit dem imposanten Kastell und eine Betonmole, die Reede und Yachthafen vor dem atlantischen Schwell schützte.

Festung und Stadt waren durch eine flache Landzunge, die Plaza, miteinander verbunden. Neben dem Tor zu den Festungsanlagen zweigte ein altes Hafenfort in die Bucht, hinter dessen Zinnenwehr unter Pinien und Platanen der *Monte Real Club de Yates* residierte.

Vom Yachtclub überblickte man die ganze Reede. In seinen kühlen, hohen Räumen flezten sich die nordländischen Yachties in abgeschabten Clubsesseln, während sie den weißlivrierten Barmännern beim viertelstundenlangen Zubereiten ausgezeichneter Cocktails zusahen.

Nebel

Ich sagte, daß wir gut daran getan hatten, den Norder auszunutzen. Tatsächlich schlief er am Abend nach unserer Ankunft ein. Am folgenden Tag brütete Bayona unter stehender Hitze, und abends kam der Nebel.

Mit dem Sinken der Sonne kroch er von See über die Landverbindung zwischen Zitadelle und Stadt, und bei Dunkelwerden lag die Reede in dichter Waschküche, die erst am nächsten Vormittag langsam wieder aufklarte.

Tagsüber lag die Bucht wieder in schönstem Sonnenschein. Als wir aber über die Wälle der Festung spazierten, um einen Blick hinaus auf

See zu werfen, sahen wir keinen Horizont. Keine Meile weit draußen waberte Seenebel wie Rauch. So blieb es tagelang.

Wenn wir dann abends an Land ruderten, um für einen oder zwei Drinks noch im königlichen Yachtclub herumzuhängen, nahmen wir den Peilkompaß mit. Denn nachher auf dem Heimweg war vom Ankerlicht der FIRECREST nichts mehr zu sehen.

Aber wir kannten ja die Peilung vom Steg zum Boot. So setzte Christine sich auf die hintere Ducht, nahm den selbstleuchtenden Kompaß vors Auge, und ich ruderte nach ihren Anweisungen - mehr Backbord, mehr Steuerbord - durch die ägyptische Finsternis. Nur senkrecht über uns schimmerten blaß einzelne Sterne, bis endlich voraus das Ankerlicht der FIRECREST auftauchte.

Die windstillen Nächte waren anscheinend nach dem Geschmack der Kalmare. Unter den Hafenlampen wimmelte das Wasser von bleistiftlangen, fingerdicken Tintenfischen, und auf der Yachtclub-Pier saßen Bayonas Väter und Söhne und angelten. Einen *Calamar* nach dem anderen zogen sie heraus mit spindelförmigen Ködern, an denen Kränze aus nadelspitzen Haken saßen.

Da ich aus meiner Matrosenzeit im Pazifik noch ähnliche Köder hatte, versuchten wir von Bord aus selbst unser Glück. Doch obwohl die Kajütenlampe voll aufgedreht dicht über der Wasserlinie hing, war sie den Kalmaren wohl nicht interessant genug.

So kauften wir anderntags Calamares auf dem Fischmarkt. Wir wuschen die Tinte aus und zogen die weichen, durchsichtigen Schulpe aus den Rücken. Klein geschnitten und in Öl gebraten, schmeckten die Tintenfische hervorragend zu geröstetem Weißbrot.

FRAUKEN

Eines sonnigen Vormittags spleißte ich gerade Knebelstroppen an die Köpfe der Vorsegel, weil ich das umständliche Schäkeln leid war, da schob sich ein uriger Einmaster gemächlich mit langsam laufendem Diesel über die Reede. Der Spitzgatter war ganz in Orange und Holzteer gehalten, und der niedrige Pfahlmast so üppig abgestagt wie bei einem Großsegler. Der Skipper schien einhand zu segeln, ein nußbraungebrannter, hagerer Bursche, der das Boot jetzt mit Rückwärts zum Stoppen brachte und dann nach vorn lief, um die Gästemooring aufzupicken.

Er schien hier bekannt, denn gleich schor ein Boot des Yachtclubs längsseit, und am Steg warteten bereits weißbemützte Honoratioren.

Als ich am Nachmittag mit dem Dingi über den Ankerplatz bummelte, lernte ich ihn kennen. FRAUKEN - Ochtum - stand auf dem Heck in Schablonenlettern, wie man sie zum Beschriften von Kisten verwendet. Der Klinkerrumpf war mit GFK überzogen. Deck und Aufbauten bestanden aus leinölbehandeltem Sperrholz, und der Bugspriet war nach Großseglermanier durch einen gelaschten Klüverbaum verlängert und mit Stampfstock, Wasser-, Bug- und Seitenstagen getakelt. Drei Vorsegel trug das Geschirr. Den Vollholzmast hielten dreifache Enterwanten, dazu Toppwanten, Pardunen und Backstagen, alles reich betakelt mit Tausendfüßlern und Webeleinen. Um das Deck lief eine hohe stabile Stahlrohrreling, und am Achtersteven prangte die unvermeidliche Aries.

Gerade hatte der Skipper die kurrbaumähnlichen Passatbäume niedergelegt und schlug, anscheinend selbstgenähte, Flachssegel an. Der Mann schien nur aus Haut, Sehnen und Knochen zu bestehen, braungegerbt von Sonne und Salzwasser wie eine Moorleiche - aber eine sehr lebendige. Er trug Ringelpulli und Wollmütze sowie Hosen aus braungelohtem Tuch, die ebenfalls selbstgeschneidert waren. Sie sahen so aus wie die »finalen Ur-Cowes«.

»Moin! Komm an Bord!« rief er formlos zu mir herunter. »Du bist von dem Kutter da drüben?«

»Moin!« erwiderte ich. »Von der FIRECREST, ja.« Diesen nördlichen Gruß erwartet man in Spanien weniger.

»Uts Müller-Treu«, stellte er sich vor.

Wache helle Augen glänzten erwartungsvoll zwischen Bündeln von Krähenfüßen. Aber ich hatte keinen Schimmer.

Erst nachdem ich ihn ein bißchen ausgefragt hatte, dämmerte mir: Er war »der« Uts Müller-Treu - und er genoß es. Zweimal, meist einhand, um die Welt gesegelt mit seiner FRAUKEN, selbstgebaut aus einem alten norwegischen Lachskutter, und nun zum dritten Mal unterwegs.

»Du kannst mir helfen«, bestimmte er, und schon hing ich an einem Fall, während er an Schoten und Achterholern zupfte. Er probierte, ob die neuen Passatsegel standen. Einige Änderungen mußten noch angebracht werden. Denn von hier aus wollte er direkt nach Westindien.

Ich sah, daß ich in Sachen Ozeansegeln ein Baby war, verglichen mit diesem Seemann. Und Uts war wirklich Seemann - echter Matrose, als der er zwischendurch immer mal wieder fuhr, um Geld für seine Segelreisen zu verdienen.

Trotzdem war er Gentleman. Er nahm mir meine Stellung in der Handelsschiffshierarchie nicht übel. Denn dies hier war seiner - und meiner - Meinung nach die *wahre* Seefahrt, und an Bord seiner Yacht war er Kapitän und beherrschte Seemannschaft und Schiffsführung bis hin zur astronomischen Navigation perfekt.

Nachher kochte er uns Kaffee - dickflüssig. Die niedrige Kajüte war weiß gestrichen, etwas verschlissen, aber behaglich. Eine Messinglampe, ein grünspaniges Barometer, ein Bücherbrett, ein Kanonenofen - klassisch einfach. Hier saßen wir wie vorzeiten in irgendeinem Marstalschoner, der Bayona nur angelaufen hatte, um Frischwasser und Gemüse zu bunkern auf seiner Ausreise in der Chinafahrt.

Zurück an Bord der FIRECREST, sah ich auch mein eigenes Boot mal wieder mit anderen Augen: die honigschimmernden Hölzer, den gefirnißten Mast mit den Trockenrissen, die weißen und hellblauen Schoten, die blaugestreiften Kattunbezüge, das polierte Messing der Lampen, der Gezeitenuhr, des Barometers - ebenfalls klassisch. Hier mochte man an frühes Yachtsegeln denken.

»Was grinst du?« blickte Christine von ihrer Lektüre auf.

»Ich liebe dieses Boot.«

»Ich weiß«, seufzte sie, legte ihr Buch aus der Hand und umfing mich mit langen Armen.

Wir genossen die Tage in Bayona mit seinen kleinen Lebensmittelgeschäften, dem alten Fischmarkt, den Weinhandlungen voll großer Fässer, den Restaurants mit meerestiergefüllten Becken, den Bäckern, wo die Brote im Freien abkühlten und dem Schlachter, wo die toten Rinder an einem Galgen über der Gasse hingen und dort auch zerlegt wurden.

Dennoch wären wir gern weitergesegelt. Wir hatten Wasser und Proviant ergänzt, notwenige Instandhaltungsarbeiten erledigt, waren wieder seeklar. Aber der Nebel...

Crewprobleme

»Nichts ist schwerer zu ertragen als eine Reihe von schönen Tagen.« Wir liebten uns, aber unsere Charaktere und Lebensansichten waren sehr unterschiedlich. So kam es periodisch immer wieder zu Reibereien.

Die waren auf den paar Quadratmetern Lebensraum unvermeidlich. Doch manchmal äußerten sie sich so heftig, daß wir kreuzunglücklich wurden.

Solange wir unterwegs waren, wenn es wehte, wenn uns fremde Küsten und schlechtes Wetter forderten, lebten und arbeiteten wir harmonisch zusammen. Aber sobald wir irgendwo eingelaufen waren und sich nach einigen Tagen Normalität und Gewöhnung einstellten, konnte man darauf warten, daß es zwischen uns krachte.

Heute hat der Abstand der Jahre die Erinnerung an die für uns so schrecklichen Szenen abgemildert, vielfach ganz vergessen gemacht. Wunderbarerweise gewinnen die schönen Erinnerungen umso mehr an Raum, je weiter sie zurückliegen.

Trotzdem will ich auch über die Schattenseiten berichten. Sonst wäre es keine »wahre« Geschichte. »Das Salz« möchte ich unsere Reibereien aber auch nicht nennen. Meine Gefährtin und ich empfanden sie eher als widerlichen Essig, der unsere Sinne für alles Schöne umher immer wieder betäubte.

An sonnigen Gestaden herrschte dann jedesmal nieselnder November, und ich beneidete Uts und die anderen Einhandsegler, die wir trafen, weil sie diese »Crewprobleme« nicht hatten - oder die Skipper, die brutal genug waren, ihrer Mitseglerin die Koffer einfach auf die Pier zu stellen.

Einmal war ich selbst soweit - damals in Bayona. Aber ich liebte meine Gefährtin, wenn es mir manchmal auch nicht bewußt war. So gab ich uns eine Chance - bis Lissabon. Dort flogen täglich Linienflugzeuge nach Deutschland. Dort würden wir entscheiden.

Unser »Gewitter« hatte seinen Höhepunkt erreicht, als wir eines Vormittags zum Fischmarkt unterwegs waren. Ein Wort hatte das andere, eine Geste die andere gegeben, ich kochte innerlich, und Christine war stehengeblieben, bleich vor Wut und Verzweiflung und zitterte. Da trat ein altes schwarzgekleidetes Weiblein auf sie zu. Wir verstanden ihre tröstenden Worte nicht, aber ich habe noch nie so viel Liebe und Mitleid aus so warmen Augen strahlen sehen, wie aus den hundert Falten der alten Frau.

Als sie der Gefährtin mit den Fingern über die tränennasse Wange strich, ging ein Strahlen von ihr aus. Jedenfalls Christine und ich - beide im Inneren zerrissen - empfanden es so. Gleichzeitig fühlten wir tiefe Scham über unseren Zwist. Inmitten des Markttreibens mochten wir uns nicht in die Arme nehmen, aber wir blickten uns an, und die Mauern zwischen uns waren fort. Dankbar sahen wir uns nach der Alten um, aber sie war im Gedränge verschwunden.

Noch manchmal krachte es zwischen uns - jedoch nie mehr so schlimm wie damals. Nie vergaßen wir die alte Frau, die in gewisser Weise unser »Friedensengel« geworden war, und langsam, langsam lernten wir besser miteinander umzugehen.

Wie gut wir vergleichsweise miteinander dran waren, sahen wir zuweilen auf anderen Booten. Im Laufe unserer Reise erlebten wir, wie viele Paare oder Familien sehr unglücklich miteinander segelten. Deshalb glaube ich auch nicht mehr, daß sich die See oder fremde Häfen - trotz vieler idealistischer Versuche - als Kinderstube oder als Umgebung für Hochzeitsreisende besonders eignen.

Zu den Seglern, die auf das Ende des Nebels warteten, gehörten auch die Eigner mehrerer deutscher Yachten vom Rhein, die an dieser Küste schon länger segelten.

Bald fanden sie sich reihum auf der FRAUKEN ein, wichtig, dröhnend - und freigebig. Wenn Uts dann Kaffee kochte, versäumte er nicht, auf sein »Schiffchen« hinzuweisen, jene bootsförmige Spardose, deren abgewandeltes Logo zur Förderung gewisser mittelloser Einhandsegler aufrief.

Doch der alte Weltumsegler nahm keine Almosen. Uts, die lebende Legende, gab göttliche Fabulierungen aus seinem Seemannsleben zum besten und vermittelte den Yachteignern und ihren Mitseglern das Gefühl dazuzugehören.

So trafen wir ihn abends in stets ähnlicher Gesellschaft im Monte Real Club de Yates, wo er sich von seinen Jüngern Kaffee-Cognac ausgeben ließ. Dann zwinkerte Uts zu uns herüber, und so fühlten auch wir uns erhoben und in unserer »gesellschaftlichen Stellung« bestätigt. Gehörten wir doch zu jener Handvoll Unerreichbarer, die ohne Urlaubslimit auf dem Weltmeer lebten.

FIDUCIA

Daß die Yachtszene keine klassenlose Gesellschaft ist, sahen wir in unserer nächsten Nachbarschaft.

Als ich mich bald nach unserer Ankunft mit dem Dingi neugierig an der FIDUCIA vorbeitreiben ließ, erschien der rotte, hölzerne Motorsegler aufgegeben - aber dann wäre er längst abgesoffen. Außerdem schwamm ein Dingi längsseit, also war jemand an Bord.

FIDUCIA - seltsamer Name - nach römischem Recht ein Treuepfand zur Sicherung einer Forderung.

Eine Flagge fehlte, aber der Bau des ehemaligen Seenotrettungsbootes war typisch englisch. Er ließ die Reste eines Ketschriggs erkennen. Rumpf und Aufbauten schienen einmal weiß gewesen zu sein. Jetzt aber war alles grau bis schwarz verwittert und bemoost, nur Decks und Dächer waren weißgefleckt von Möwendreck. In der Wasserlinie glich das Boot einem muschelbewachsenen Riff, auf dem Vorschiff wuchsen Grasbüschel, die Bulleyes waren grün von Algen, und eine verrottete Persenning hing zerrissen über dem offenen Steuerstand.

Auch das Dingi schien nur noch der Moder zusammenzuhalten. Aber da es schwamm, diente es offenbar noch seinem Herrn.

Zwischen den Wanten hing an Klammern ein dunkler Lappen, der Ähnlichkeit mit einem langärmligen Sweatshirt hatte. Er sah so aus, als hinge er dort seit Jahren, aber bald stellten wir fest, daß unser Nachbar dieses Hemd täglich wusch und mit einem gleichen anderen wechselte.

Der Eigner der FIDUCIA war Engländer, ein schlaksiger, junger Mann, über den wir bald absonderliche Gerüchte vernahmen. Er sollte der Sohn eines Lords oder reichen Mannes sein. Gegen das Versprechen, nie wieder nach England zu kommen, versoff er hier seine Leibrente - oder so ähnlich. Jedenfalls lag er hier seit mehreren Jahren und schüttete sich jeden Abend in den Bodegas zu. Trotzdem schienen die Einheimischen ihn zu mögen. Auch der freundliche Hafenkapitän, der uns am dritten Tag besuchte, hatte nur Worte des Mitgefühls für den *pobre Inglés*. Umgerechnet kassierte er fünf Mark für unsere Zeit des Ankerliegens hinter der städtischen Schutzmole.

Die wenigen Male, die der Eigner der FIDUCIA in der Nähe vorbeipullte und höflich herübernickte, machte er - bei aller Verwahrlosung - einen kultivierten Eindruck. Gern hätte ich ihn kennengelernt, um mehr über ihn zu erfahren. Aber kurz darauf fand ein Ereignis im Leben dieses Mannes statt, das ihn und sein Boot unseren Blicken entzog.

Eine englische Yacht war trotz des dichten Nebels hereingekommen, eine alte, gepflegte Yawl. Kaum hatte sie Anker geworfen, als das Dingi der FIDUCIA längsseit lag und der junge Mann drüben im Cockpit saß. Lange saß er dort im ernsten Gespräch mit einem grauhaarigen, älteren Herrn.

Als wir tags darauf an Land ruderten, lag die Barkasse des Hafenkapitäns längsseit der FIDUCIA und Marinematrosen halfen dem Eigner, ein tang- und muschelüberwuchertes Monstrum von Anker zu hieven. Als wir wiederkamen, war der Ankerplatz leer.

Oft, wenn wir später Menschen erlebten, die sich an den milderen Küsten der Welt gemächlich hatten stranden lassen, fühlten wir uns an den geheimnisvollen Engländer erinnert.

Ankermethoden

Es war jener Nachmittag, als der Seenebel plötzlich verschwand. Obwohl wir eigentlich nicht mehr daran glaubten, malten wir uns manchmal aus, wie es wäre, wenn plötzlich THUELLAs rotweißes Großsegel auftauchen würde. Stattdessen sahen wir BAJADERE und PIMPERNELL um die Schutzmole motoren.

Natürlich gab es wieder ein großes Hallo. Andreas, Sabina, Vim und Emmi erzählten von widrigen Winden und dichtem Nebel, und natürlich hätten sie sich wieder gefragt, wo FIRECREST steckte. Gegen Abend traf auch Dietmar mit der SUNDAY ein und - zu meiner großen Überraschung - Gerd mit der Betonyacht ATARGA aus Möltenort, dem Heimathafen der FIRECREST.

Nie hätte ich hier mit Gerd gerechnet. Schon acht Jahre hatte er an seinem Boot gebaut, als unsere Boote damals in Laboe nebeneinander im Winterlager standen. Nun hatte er ATARGA endlich vom Stapel gelassen.

Bald entwickelte sich reges geselliges Leben zwischen den Booten. Dazu stießen noch der Schwede Roger und seine Frau von der ALAMANDA und das nette englische Paar von der BRYARE, das seine hübsche 15jährige Tochter per Segelboot nach Gibraltar ins Internat brachte.

Und auch Hubert und Renate von der ALINE aus Schilksee lernten wir kennen. Gemeinsam im Schuldienst ergraut, erfüllten sie sich nun den Traum von der Weltumseglung. Andreas, unser gelernter Schiffbauer, half Hubert gleich bei bootstechnischen Problemen.

»Vollkommen unerheblich«, meinte Andreas später. »Das Boot ist perfekt. Aber er glaubt, sein Voreigner habe ihn übers Ohr gehauen.«

Andreas Bekanntschaft mit ALINE hatte einen Knacks bekommen, als Hubert sich über die »leider ziemlich verkommene« BAJADERE äußerte. Die Rosttränen des fünfzigjährigen Oldtimers hatten in den Augen des genauen Hubert keine Gnade gefunden.

Mit der Ankunft der Freunde änderte sich das Wetter schlagartig.

Südwind kam auf, der am folgenden Tag immer stärker wurde und abends zum Sturm anschwoll. Der Dingiverkehr zwischen den Booten kam zum Erliegen.

FIRECREST schwoite vor ihrem Anker nicht anders als in Lage oder Falmouth. Dabei begann der Stockanker zu schlieren. Nach jeder heftigen Bö nahm ich Ankerpeilung. Es war kaum zu merken, aber halb Grad zu halb Grad wanderte sie aus. Ich hatte den Danforth mit 15 Metern Kette und Nylontrosse als zweiten Anker klargemacht, als der Sturm etwas abflaute und die Peilung stehenblieb.

Aber ich schlief nicht, lag nur auf der Bank und horchte in die Nacht. Dann begannen die Güterzüge wieder über uns hinwegzubrausen. Als FIRECREST besonders weit überholte und gar nicht zurückschwoien wollte, war ich gleich an Deck. Noch zwei Bootslängen trennten uns von FRAUKEN. Ich erkannte Uts Schatten auf dem Vordeck und glaubte, ihn heftig winken zu sehen. Hören konnte ich ihn im Orgeln des Sturmes nicht.

Ich startete den Motor, und wir hievten den Anker. Brav schob der kleine Vire den neun Tonnen schweren Kutter gegen die Böen. Wegen ihrer besonders geringen Steigung biß sich die Schraube mit allen sieben vorhandenen PS im Wasser fest, und Dank des tiefen Vorfußes trieb das Boot trotz der geringen Fahrt nicht quer.

Langsam schoben wir uns nach Luv. Wo zuvor BAJADERE und PIMPERNELL gelegen hatten, war alles freigefegt. Weit in Lee entdeckten wir die Boote mit hektisch arbeitenden Gestalten unter heller Decksbeleuchtung.

Vor dem Badestrand warfen wir den Stockanker erneut und steckten

35 Meter Kette auf 7 Meter Tiefe. Nachdem er zu halten schien, motorten wir abermals nach Luv und warfen in einigem Abstand den Danforth. Trotz der Nähe des Ufers war das Wasser weiß von Gischt.

In der Kajüte zogen wir unsere nassen Sachen vom Leibe. Zitternd rieben wir uns gegenseitig trocken und krochen dann unter eine Decke. Mächtig holte FIRECREST über, das doppelte Ankergeschirr knackte und polterte, aber es rührte sich keinen Meter. Sonor orgelte der Sturm, und Regen prasselte an Deck. Die Trawlerlampe verbreitete ihr warmes Licht und schwankte gemessen, als seien wir unterwegs.

Christine war bald wieder eingeschlafen. Ich aber blieb wach und horchte auf Rasmus´ Lied. Ich hielt mein warmes Mädchen im Arm und fühlte Dankbarkeit für das vollkommene Vertrauen, das sie meinen Seemannskünsten entgegenbrachte. Gelegentlich peilte ich durch das Kartenraumfenster die Laterne am Ende der Fischermole, doch sie blieb unverändert.

Krachende Schläge rissen mich aus der Koje. Blaues Flackern erfüllte die Kajüte, dann hallte sie wider vom Donnerknall. Nackt wie ein Frosch sprang ich an Deck, des Schlimmsten gewärtig. Aber wir lagen noch am selben Platz. Regen und feiner Hagel umpeitschten meine Weichteile. Schnell kontrollierte ich die Schamfielings auf der Ankertrosse, fühlte nach der Spannung der Kette, dann war ich wieder unter Deck. Ich trocknete mich ab und kroch hundemüde in die Koje - diesmal in meine.

Als die Morgensonne die Kajüte in helles Licht tauchte, schäumte der Ankerplatz von Gischt. Das Dingi, das wir gestern aufs Dach gelascht hatten, schwappte halb voll Regenwasser. Daraufhin veranstaltete Christine Waschtag und schwelgte in Frischwasser, ohne zu sparen. Bald knatterte die nasse Wäsche, gut festgebändselt, an Wanten und Stagen.

Von gewisser Seite vernahmen wir später abschätzig, FIRECREST habe dabei »wie ein Zigeunerschiff« ausgesehen. Wir fragten uns, ob jene Leutchen ihre Wäsche seit den Holtenauer Schleusen am Leibe trugen, oder ob sie in jedem Hafen zur Wäscherei liefen.

Im Laufe des Tages blies der Sturm sich aus, und die Boote verteilten sich wieder gleichmäßig über die Reede.

Beim Kaffee im Cockpit - von besagter flatternder Wäsche umgeben - sahen wir auch FRAUKEN mit dem verhaltenen Wupp-Wupp ihres Sabb-Diesels aufkommen.

Einige Bootsbreiten neben uns brachte Uts den schweren Eimer zum Stehen und ging nach vorn. Interessiert beobachteten wir, wie er seinen mächtigen Anker - mit hölzernem Stock wie auf Nelsons VICTORY - zu Wasser ließ. Der Anker mochte den Grund gerade erreicht haben, als Uts das Spill stoppte. Uts wühlte, schweres Metall erklang, ein riesiger Plattenanker wurde an derselben Kette festgeschäkelt und über Bord gehievt. Uts steckte Kette, bis auch der zweite Anker gerade den Grund erreicht haben mochte, dann sicherte er das Spill, winkte kurz zu uns herüber und verschwand in der Kajüte.

War es das schon? Nach allem, was ich bisher gelernt hatte, lag Uts an viel zu kurzer Kette. Ich dachte an die vergangene Nacht und ruderte hinüber.

Uts saß im Niedergang und drehte sich eine Zigarette.

»Komm an Bord!«

»Dein Ankermanöver...«, begann ich vorsichtig.

Mehr brauchte ich nicht zu sagen. Ob ich noch nie von einem Reitgewicht gehört hätte...

»Aber war das nicht ein Anker, den du da mit runtergelassen hast?«

»Sicher! Hält die Kette zusätzlich am Grund. Deshalb brauche ich nur halb soviel Kettenlänge wie andere.«

»Ich stecke zur Sicherheit immer fünfmal Wassertiefe«, sagte ich.

Uts blickte mich an mit begrenzter Geduld.

»Wenn es nicht zu tief ist«, erklärte ich weiter. »Wir haben nur 60 Meter Kette. Aber ich ankere nach Möglichkeit nicht tiefer, als ich tauchen kann - so acht bis zehn Meter.«

»So hat jeder seine Methode«, beendete Uts das Thema. »Seid ihr heute nacht getrieben?«

»Ja.«

»Ich nicht!«

Nachdenklich ruderte ich zurück an Bord.

Auf dem Kartentisch machte ich eine Zeichnung. Auch ich hatte schon mit einem Reitgewicht experimentiert. Aber es brachte nicht mehr als ein paar Meter weniger gesteckte Kette, war umständlich auszubringen, noch umständlicher zu bergen, und es konnte unklar kommen - schlecht, wenn man schnell ankerauf gehen mußte.

Um wirklich Kettenlänge zu sparen, mußte ein Reitgewicht schon sehr schwer sein - zum Beispiel ein Anker wie bei Uts. Wenn der sich aber am Grunde verhakte, wirkte das Bootsgewicht fast senkrecht auf die Kette, und sie konnte brechen.

Nein, der Grund, warum Uts´ Theorie funktionierte: FRAUKENs Kette war im Verhältnis zur Bootsgröße sehr schwer, und beide Anker waren Mördergeräte - der Plattenanker hatte wohl über 30 Kilo, der Stockanker vielleicht einen Zentner. Damit ließ sich manche Theorie untermauern.

FIRECREST mit ihrem mehr yachtmäßigen Ankergeschirr verließ sich lieber weiter auf die klassische Methode.

In der folgenden Nacht wehte es noch stärker. FIRECREST krängte, daß auf dem Kajütentisch nichts stehenblieb. Da der Wind auf Südwest gedreht hatte, hingen wir nur noch am Plattenanker. Der hielt wie in Zement gegossen. Aber auch FRAUKEN lag neben uns wie ein Felsen.

Auch an den folgenden Tagen blieb es stürmisch. Unterbrochen von kurzen Flauten, kachelten heftige Böen aus dem südlichen Quadranten.

Da wir nun einmal eingeweht waren, pflegten wir das gesellige Leben. Wir hörten, daß die Segler vom Rhein ihre Boote hier regelmäßig überwintern ließen. Dafür wurden sie allerdings an Land gesetzt. Im Winter sollte es hier heftige Unwetter geben.

Wie heftig, sahen wir eines Tages im Schaufenster eines Fotogeschäftes. Neben Portraits von Hochzeitspaaren und gefirmten Kindern hing dort eine Abbildung des großen Platzes zwischen Stadt und Zitadelle.

Die Plaza war schwer von einem Unwetter mitgenommen. Umgebrochene Platanen lagen in tief ausgespülten Löchern, in denen das Wasser stand, dazwischen ausgestreckt - ein Pottwal! Verendet lag das Tier auf der Seite. Daneben standen Menschen in Regenkleidung mit Schirmen, grotesk winzig neben dem großen Kadaver.

Im vergangenen Winter war das bedauernswerte Tier am seeseitigen Ufer der Halbinsel gestrandet und von den atlantischen Brechern bis auf die Plaza gespült worden. Das Foto wurde von den Yachties sehr beachtet, und manche holten sich Abzüge. Wir zogen daraus unsere Schlüsse. Das Rennen gegen die Jahreszeiten lief weiter.

Junger Wein

In einer alten Bodega am Hafen holten wir unseren Wein.
Es war die Zeit der Weinlese. Von einer Lastwagenpritsche wurden alte, schwarze Eichenfässer abgeladen. Vorsichtig ließen die Männer sie auf ein dickes Lederkissen auf dem Pflaster plumpsen und rollten sie über Bohlen in die Bodega.

Der düstere Raum voller Alkoholnebel bekam sein Licht nur durch die Tür. An den Wänden standen Fässer und dazwischen auf den weinnassen Steinfliesen Stühle mit geflochtenen Sitzen um ein paar Holztische. An einem kistenartigen Tresen wurden die Flaschen der Kunden verkorkt und die dickwandigen Weingläser nachgeschenkt.

Es war der junge moussierende Wein, der jetzt abgeladen wurde, und die Gäste kamen zum Probieren. Ein Glas Wein kostete fast nichts, und ein Liter - die Flaschen mußte man mitbringen - umgerechnet 1,20 Mark. Dazu gab es Körbe voll dunklen Brotes und Käse, in Würfel geschnitten, und zwar kostenlos.

Mehrmals saß ich dort im weinfeuchten Gewölbe unter Fischern, Handwerkern und Rentnern, in deren rauhes Lachen ich einfiel zu Scherzen auf spanisch, das ich nicht immer verstand.

Auch meine Gefährtin mochte den jungen Wein, fühlte sich von der finsteren Spelunke jedoch weniger angezogen.

Wenn wir abends ausgingen, saßen wir lieber im Eiscafé an der Uferpromenade oder schlenderten durch die von Gaslaternen beleuchteten Gassen. Dort gab es mehrere ausgezeichnete Fischrestaurants, die abendlichen Treffs der besser betuchten Yachties. In die Fenster der Restaurants waren große Aquarien eingebaut, durch deren Scheiben die Gaststuben aussahen, wie auf den Meeresgrund versetzt. So konnten sich die Gäste schon vor dem Eintreten ihre Mahlzeit aussuchen.

Vor einem dieser Fischbecken blieben wir eines Abends ehrfürchtig stehen. Durch Aquarienscheiben sehen Wassertiere bekanntlich größer aus. Aber diese war wohl die Großmutter aller Langusten! Das Becken war ziemlich genau einen Meter lang - und zu kurz. Die Languste stieß mit dem Kopf an das eine Ende und drückte mit dem heraufgebogenen Schwanz gegen das andere Ende. Wenn es hier noch mehr davon gab, brauchte man zweifellos Fangkörbe von der Größe, wie wir sie unterwegs zwischen La Coruña und Lage gesehen hatten.

Wir begannen uns zu langweilen. Schon lange waren wir nun seeklar. Da der Portugiesische Passat wohl doch nicht die Regel war, wollten wir beim ersten halbwegs erträglichen Wetterbericht segeln. Doch ein Tag nach dem anderen verging, ohne daß die Böen aus dem südlichen Quadranten herausgedreht hätten.

An unserem 20. Tag in Bayona kam ich auf dem Rückweg vom Bäcker und Gemüsehändler wieder an der Bodega vorbei. Spontan kaufte ich soviel Flaschen jungen Wein, wie ich tragen konnte (ohne mitgebrachte Flasche zahlte man 50 Pfennig mehr). Auf dem Rückweg wollte ich alle Yachties einladen, die ich kannte.

Gerade hatte ich die Flaschen im Dingi verstaut und wollte einsteigen, als mich eine strenge Stimme hinter mir aufhielt.

»Sie müßten doch Auskunft über das Wetter geben können!«

Da standen Hubert und Renate, ebenfalls mit Einkäufen beladen. Lange ruhte Renates Blick auf den vielen Weinflaschen im Dingi.

»Sie müßten die Wetterlage doch beurteilen können«, wiederholte Hubert.

»Tag, Renate! Hallo, Hubert! Dann scheinen Sie auch bald loszuwollen?« versuchte ich, sein Anliegen zu erfassen.

»Allerdings! Wir sind schon zwei Tage im Rückstand.« Dabei sah Hubert richtig ungehalten aus, und Renate blickte kühl. Man müßte das alte Mädchen mal unter lustige Leute bringen.

»Mit welcher Wetterentwicklung können wir also rechnen?«

»Sie scheinen viel von meinen Fähigkeiten zu halten.«

»Nicht mehr als man bei Ihrer Ausbildung erwarten kann.«

In der nächsten Sekunde erwartete ich: »Sie haben sich nicht vorbereitet - setzen!«

Doch Hubert schwieg und wartete. Abschätzend blickte ich gen Himmel, als hoffte ich mehr daraus zu erkennen als in den letzten zehn Tagen.

»Langsam ziehende Altocumulus unter hohen Cirrus, dazu das gleichbleibende Luftdruckverhalten... irgendwann wird der Südwind sicher aufhören.« Tatsächlich hatten wir die Hoffnung fast aufgegeben.

Hubert blickte unzufrieden ob dieser ungenauen Antwort.

»Übrigens«, ich deutete auf die Weinflaschen, »wenn Sie Lust haben, kommen Sie doch heute abend zu einem kleinen Umtrunk auf die FIRECREST.«

Sie sagten, sie würden es sich überlegen.

Ausgelassen, als wäre ich noch einmal knapp an »Fünf minus« vorbeigeschrammt, ruderte ich von Boot zu Boot.

»Nach dem Wetterbericht bei uns an Bord!« lautete die Einladung.

»Wo sollen die denn alle sitzen?« lachte die Gefährtin, als ich ihr meine Aktivitäten beichtete.

»Die kommen ja doch nicht alle.«

»Wart´s ab!« meinte Christine. »Aber egal - Ölsardinen sitzen ja auch nicht.«

Fast alle kamen.

Zehn saßen auf den Kojen, dazu je einer an der Schmalseite, zwei Mädels in der Küche, Andreas und ich im Kartenraum. Da FIRECREST sehr klein ist, entstanden keine Verständigungsprobleme. Nur wenn jemand mal an Deck mußte - WC hatten wir ja nicht - gab es ein mächtiges Gewühl. Aber alle schienen es zu genießen.

Das Boot lag wie ein Fels im Wasser. Eine Gewichtstonne Verdrängung mehr drückte die ausfallenden Bordwände eine Handbreit tiefer ins Wasser. Dadurch hatte die Formstabilität um einen Hebel von einigen Zentimetern zugenommen. Als ich mich zwischendurch selbst auf die Verschanzung stellte und mein plätscherndes Feuerwerk von Meerleuchten betrachtete, machte der Kutter kein Grad Schlagseite. Erst als auch Andreas mit seinen hundert Kilo neben mich trat, krängte er spürbar.

»Dein Boot sieht aus wie ein alter Walkocher«, deutete der Kamerad auf die Rauchschwaden, die aus den erleuchteten Luken quollen.

Hubert und Renate fehlten allen. Besonders unser Schwede Roger war traurig. Während der letzten Sturmtage hatte der arme Roger zweimal das Pech, mit ALAMANDA ins Treiben zu geraten, und beide Male wäre er beinahe gegen ALINE getrieben.

»He was so angry! Ich habe noch nie einen so wütenden Mann gesehen - incredible! Er dachte wirklich, wir ließen uns treiben, nur um ihn zu ärgern.«

Weil Roger üblicherweise auch kein Blatt vor den Mund nahm, bedauerten viele, nicht Zeuge gewesen zu sein. Dazu erzählte Sabina, was sie an Bord der ALINE über die »verkommenen jungen Schweden« gehört hatte. Zum Glück verstand Roger kein Deutsch. Die liebe Emmi begütigte, indem sie sich für ihren gemeinsamen Berufsstand entschuldigte.

»So sind wir nun mal.« Da gröhlte alles einträchtig.

Und ich sehe noch Uts durch die Rauchschwaden, wie er den moderner eingestellten Roger auf norwegisch von den Vorzügen massiver Holzmasten überzeugen wollte und dabei zur Bekräftigung immer wieder dröhnend mit der flachen Pranke gegen unsere Lärche klatschte.

Doch die unruhigen Ankernächte der letzten Zeit forderten ihren Tribut. Gegen Mitternacht bekam unsere Runde Auflösungserscheinungen, und um 01.00 Uhr standen Christine und ich unter der Ankerlampe und blickten den verschlungenen Kielwassern der Dingis von BAYADERE, ALAMANDA und FRAUKEN hinterher.

Der volle Mond warf seine Bahn von den Bergen herab über die Bucht. Über der Zitadelle schwammen Schäfchenwolken wie Perlmutt. Seit Sonnenuntergang hatte Flaute geherrscht; jetzt wehte eine leichte Brise.

»Alle Vorsteven zeigen nach Norden«, meinte Christine in meinem Arm.

»Zum ersten Mal seit Wochen«, stellte ich fest. »Laß uns noch BBC hören!«

Eine halbe Stunde später hing der Anker triefend vor der Klüse. Die Boote der Freunde schliefen im Mondlicht. Morgen würde man unseren Ankerplatz leer finden.

Es war ein stilreiner Aufbruch - »Segele, wenn der Wind weht!« Manche Kameraden würden wir nie wiedersehen, andere viel später, Uts erst in Martinique.

Deutlich schimmerte die Brandung auf den Riffen. Wir hielten gut frei von ihnen.

Von Bayona bis Lissabon

Lusitania

Zwei Wochen später.

Durch die lockeren Wipfel der Platanen streuen Sonnenflecken über die Cafétische und die gepflasterten Ornamente des Trottoirs. Schuhputzer bauen ihre silberbeschlagenen Stände auf, Zeitungsverkäufer wedeln mit der neuesten Ausgabe. Gelassen pendeln Kellner zwischen dem Cafétresen und den Tischen. Das Klingeln der Gläser, das Scheppern der Kaffeetassen und Löffel mischt sich in das Rauschen des Verkehrs vor unserem »Stammcafé«.

Hier verbringen wir Vormittage und Nachmittage. Wir trinken Kaffee, richtige Limonade (frischgepreßt aus Limonen) aus Gläsern mit gezuckertem Rand, verzehren reichbelegte Sandwiches und die unvergleichlichen Kokostörtchen. Lissabon - hier sind wir also.

Vor einer Woche segelten wir bei strahlender Sonne mit der Morgentide den Tejo aufwärts. Der wie aus Elfenbein geschnitzte Torre de Belém, der schon die Entdecker verabschiedet hatte, zog an Backbord vorbei, und ich fühlte ganz intensiv, daß sich ein Jugendtraum verwirklichte. Dann passierten wir die himmelhohe Ponte 25 de Abril. In mehrfacher Masthöhe rollte der Verkehr über stählerne Roste, wie Spielzeugautos von unten. Und vor uns lag die große alte Stadt. Die Ziegeldächer zahlloser Häuserzeilen schoben sich die Hügel hinauf wie die Ränge eines Amphitheaters. Eine Weile überlegte ich, warum mir der Anblick fremd war und gleichzeitig so vertraut - wie eine lange zurückliegende Erinnerung. Dann erkannte ich: Kein einziges Hochhaus unterbrach die Kulisse.

Fernando Pessoa schwärmte von dem Anblick der Stadt, der sich dem Reisenden bietet, wenn er mit dem Schiff anreist: »... eine wunderbare Traumvision, scharf abgestochen vom lebenden Blau des Himmels.« So erschien auch uns Lissabon an diesem Tag.

Unterhalb der verwinkelten Alfama, des ältesten Viertels der alten

Weltstadt, liefen wir in das Doca do Terreiro do Trigo, den alten Getreidehafen. Dort machten wir zwischen Schleppern, Behördenfahrzeugen und ausländischen Yachten fest. PIMPERNELL und SUNDAY waren schon da.

Schnell und unbürokratisch erledigte der Sekretär des Lissaboner Yachtclubs die Einklarierung. Und schon schlenderten wir durch das gußeiserne Hafentor in das gemächliche Treiben der Metropole.

Als erstes bestiegen wir die Straßenbahn zum Praca do Comercio, dem Prachtplatz am Tejo. Dort lagerten in der Hauptpost unsere Briefe und Päckchen.

Im Waggon staunten wir über das lackschimmernde Holz sowie die chrom- und messingblitzenden Hebel und Bedienräder im Fahrstand. Dann sahen wir, daß alle Straßenbahnen, denen wir begegneten, solche Museumsstücke waren.

Und bald umfing mich ein Gefühl, wie heimgekehrt zu sein. Rührte es von der allgemeinen Gelassenheit trotz Verkehrsgewühls oder von dem Straßenbild, das nicht viel anders aussah als in meiner Kindheit, und das ich jetzt unverhofft wiederfand?

Lissabon hatte gerade begonnen, sich dem modernen Europa zu öffnen. Aber noch sah alles so aus wie zwischen den Weltkriegen: Busse und Straßenbahnen mit gediegenen hölzernen Aufbauten und schwarze Taxis mit türkisfarbenen Dächern, alles deutsche Ponton-Mercedesse der 50er Jahre, beherrschten das Straßenbild. Wir sahen die unzerstörten Fassaden und generationenalten Geschäfte einer Stadt, die von Kriegen verschont geblieben war, und zahllose Gaslaternen. Und überall in der Nähe seiner Besorgungen hätte man einen Parkplatz finden können.

Doch irgendwie erschien das Stadtbild unwirklich, wie etwas, das man greifen möchte und einem dabei zwischen den Fingern zerrinnt.

Nach Portugal

Die Nachtfahrt von Bayona war anstrengend gewesen.

Bei unsteten Böen und ekelhafter Kreuzsee segelten wir stundenlang durch eine Thunfischer-Flotte. Nur die Scheinwerfer der sonst kaum beleuchteten großen Fischkutter stachen hier, da und dort durch die

Nacht, huschten über weiße Gischt, faßten einander oder auch uns für Sekunden und hinterließen für einen Moment geblendete Finsternis.

Meine Kameradin litt in der Koje, und ich kotzte mir - einreffend, ausreffend, Leuchtfeuer peilend, Segel schiftend - die letzte Galle aus dem Leib. Zwischendurch leuchtete ich die schwarzen Schatten der Fischkutter an, die um uns herumjagten, eben noch jenseits der riesigen Wellenrücken, dann plötzlich hoch über uns in gischtender Fahrt, dieseldröhnende Fliegende Holländer.

Das Morgengrauen spuckte uns dann auf eine flautenschwappende See, auf der wir mit schlagenden Segeln umhertaumelten. Die Fischer waren verschwunden wie ein nächtlicher Spuk.

In wenigen Meilen Entfernung erhob sich die rotverbrannte Felsenküste Portugals. Dicht am Wasser, von Gischtfontänen umrahmt, lag ein verlassenes Fort aus dem 16. Jahrhundert. Weiter südlich im Dunst schimmerte auf den Hügeln hell und kubisch undefinierbare Besiedlung, und an der Küste lagerte etwas Langes, Dunkles, das sich in der Karte nicht identifizieren ließ.

Mit steigender Sonne erlöste uns eine leichte Brise. Mit 2 Knoten zogen wir über weitschwingende, gründurchstrahlte Dünung. Das Leben war wieder schön. Wir hatten Kurs auf jenes dunkle Etwas abgesetzt, dorthin, wo wir die Einfahrt nach Viana do Costelo vermuteten.

Quer über unseren Kurs schwang eine lange Reihe von Fischerkugeln. Durch diese Bezugsobjekte ließ sich die Höhe der Dünung schätzen - etwa drei Meter. Durch das flaschengrüne Wasser spannte sich ein straffes Tau, das die Kugeln miteinander verband. Wie ein Schlitten rutschte FIRECREST mit ihrem langen Kiel darüber hinweg.

Ein großes, buntbemaltes Boot dieselte näher, ohne Aufbauten, mit ungewöhnlich hochgeschwungenem Bug und Heck. Die braungebrannten Männer in Pullovern und lang herabhängenden, gestreiften Wollmützen winkten herzlich. War es Christines Mädchengestalt, die sie so erfreute?

Langsam wurden die hellen kleinen Quadrate an der Küste zu Häusern und Kirchen. Es war die Stadt Viana do Costelo, die sich die Hänge hinaufzog. Und jene dunkle Masse an der Küste trat nun als meilenlanger Wellenbrecher aus dem Dunst. Harmlos zerschäumten die Roller zwischen zahllosen Tetrapoden. In unserer neuen Karte war dieses Bauwerk noch nicht eingezeichnet. Aber dahinter mußte der Hafen liegen.

Zwergenhaft rundeten wir den Molenkopf.

Noch ein-, zweimal hob uns die Dünung, dann brummten wir gegen langsam ablaufenden Ebbstrom durch lehmbraunes, veröltes Wasser. Neben einer Flußmündung lag die Einfahrt zu einem altertümlichen Schleusenhafen. Dahinter erhoben sich die zerbröckelnden Fassaden einer einst wohlhabenden Hafenstadt.

Die Fluttore waren gerade geöffnet, und wir fuhren in das langgezogene Hafenbecken. Ein deutscher Frachter löschte Kisten und Röhren. Zu Füßen von Kohlenhalden und hölzernen Lagerschuppen hatten einige Yachten festgemacht.

Aus den geborstenen Spundwänden ragten rostverkrustete Bolzen und Eisenklammern. So gingen wir bei einer großen englischen Motoryacht längsseit.

Mit sonnenverbrannter Gesichtshaut, todmüde und mit meinem zwangsentleerten Magen hungrig wie ein Wolf, klarte ich das Deck auf, während Christine sich in der Kombüse zu schaffen machte. Der Bootsmann der Motoryacht sagte, daß das Hafenbüro erst wieder gegen 16.00 Uhr öffne.

Noch benommen vom Nachmittagsschlaf, stieg ich in frischem weißem Hemd, die Schiffspapiere unter dem Arm, die Freitreppe hinauf zur Hafenverwaltung.

In der hohen Halle hinter dem barocken Portal blätterte der Putz. Im Prunksaal des Hafenkapitäns residierte ein freundlicher Offizier hinter einem massiven Mahagonitisch. Ein paar Aktenschränke und Besucherstühle unterstrichen die Leere.

Ich sprach noch weniger Portugiesisch als der Hafenkapitän Englisch, aber durch gemeinsame Frachtschiffserfahrung verstanden wir uns trotzdem. Zusammen arbeiteten wir uns durch Formulare, in denen nach der letzten Entrattung, nach aufgetretenen Seuchen, nach der Tonnage, der Getreidevermessung, der Art und Menge der Ladung, nach dem vorderen und hinteren Tiefgang, nach Sommer- und Winterfreibord und einer vollständigen Crewliste gefragt wurde.

Es galt, die kleine FIRECREST möglichst plausibel in die kopierten Vordrucke für einen Tiefwassersegler einzubauen. Die Originale stammten noch aus der Zeit der PADUA. Auf die Blätter für Ladung schrieben wir »in Ballast«.

Während der Dreiviertelstunde Papierkrieg behielt der Offizier vollkommene Ruhe. Dann bezahlte ich lächerliche 200 Escudos für die Einklarierung.

Anschließend ging es zum Zoll. Die viele Meter hohe Tür führte in einen Raum von der Grundfläche eines Kinderzimmers. Die Wände waren mit Aktenregalen verstellt. Hinter einem von Papierstapeln zugeschütteten Schreibtisch hockte der Zollbeamte.

Doch das Fahrzeug lief ja in Ballast, die Vorräte an Wein hatten wir gestern nacht in Bayona restlos vernichtet, und Pfeifentabak sowie Zigaretten fielen nicht ins Gewicht. So waren wir nach fünf Minuten fertig.

Mit der Mappe voller gestempeltem Papier und dem befriedigten Gefühl eines Kapitäns, der gerade einen Tiefwassersegler einklariert hat, blinzelte ich von der Freitreppe in die grelle Nachmittagssonne. Zwischen Schuppen und Kränen ragte die zierliche Toppstenge der FIRECREST.

Vor den portugiesischen Behörden hatte man uns gewarnt. Aber vielleicht brauchte man nur Geduld, ein wenig Handelsschiffsmanieren und ein sauberes Hemd.

Die Freundin belohnte mich mit einem Omelette mit Käse und Oliven. Danach spazierten wir durch die abendschattigen Gassen.

In Viana do Costelo sahen wir zum ersten Mal Fassaden alter portugiesischer Kaufmannshäuser, die ganz bedeckt waren mit *Azulejos* - blauweißen Kacheln mit Darstellungen von Segelschiffen, tropischen Landschaften oder religiösen Motiven.

Davor parkten neue Autos neben Modellen aus den 50er Jahren. Die Kopfsteinpflaster waren streckenweise mit Asphalt übergossen, Schaufenster von neuen Bekleidungsgeschäften glänzten neben dunklen Ladengrotten, in denen Gebrauchsgegenstände eines vergangenen technischen Zeitalters lagerten.

Noch ein Augenblick lusitanischer Besinnlichkeit mochte den Bürgern bleiben. Doch in der Nähe des Hafens gab es schon ein neues Einkaufszentrum.

Die Liegegebühren bezahlten wir beim Ausschleusen am nächsten Vormittag. Der Betrag wurde nach Tonnage berechnet: 270 Escudos für neun Bruttoregistertonnen. Mit der 3500 BRT vermessenen PADUA wäre es teurer gekommen. Mit einsetzender Ebbe öffnete man uns das Gezeitentor.

Jenseits des Wellenbrechers wartete frischer Nordost. Frohgemut ließen wir uns weiter nach Süden schieben. Doch bald wehte es nur noch mit Stärke 2, drehte dabei einmal um die Windrose und hauchte zuletzt aus dem südlichen Quadranten. Aber die Dünung hatte nachgelassen, und so kreuzten wir schneckenhaft, aber komfortabel, die Küste hinab. Und der Portugalstrom schob.

Die Sonne ging unter, Sterne blinkten, und gegen Mitternacht trieben wir in der Flaute. Dann setzte der Wind wieder ein, die Sonne stieg fahl über schemenhafte Küstenberge, und voraus leuchteten Gasfackeln durch den Dunst. Dann erschienen riesige Tanklager und wieder ein zyklopischer Wellenbrecher: Leixoes, der neue Hafen von Porto.

Als wir den südlichen Molenkopf passierten, sahen wir einen riesigen Tankerbug auf den Uferklippen rosten. Herr Burmester erzählte später, wie der gestrandete Tanker ausbrannte, das Meer verölte und die schwarzen Rauchwolken Portugals Weinberge mit Teer bedeckten.

Auf der Innenseite der Mole lagen Containerschiffe und Massengutfrachter, und aus dem hinteren Teil des Hafenbeckens grüßten die Riggs von SUNDAY und BAJADERE.

Eigentlich wollten wir den Rio Douro hinauf nach Porto. Dort im Kontor der Firma Burmester wartete unsere Post. Doch die Tide stand ungünstig über der Mündungsbarre.

So fierten wir den Anker durch eine fingerdicke Schicht aus Rohöl und Unrat auf acht Meter Wassertiefe.

Erst tags darauf verholten wir mit unseren Freunden den Fluß hinauf.

Fado und Antonio

Auf der Zollpier unter den bröckelnden Fassaden von Porto warteten bereits goldbetreßte Beamte. Etwas »etepetete« hantierten wir mit den Festmachern, um sie nicht ins Wasser fallen zu lassen. Unübersehbar mündeten in der Nähe die Abwasserrohre der Stadt. Unter der Oberfläche des lehmgelben Flusses tummelten sich Schwärme dicker Meeräschen.

Von der Außenseite des Dreierpäckchens hatten wir einen unverstellten Blick ans gegenüberliegende Flußufer. Dort erhob sich eine Woge alter Ziegeldächer, und über den Dächern standen auf filigranen

Stahlgerüsten Namen wie *Sandeman, Delaforce, Graham's, Croft* und *Taylor's*. Darunter lagen die Portweinkellereien dieser Welt, und am Flußufer schwammen rahgetakelte Lastkähne, mit denen noch vor nicht allzu langer Zeit der Wein in Holzfässern vom oberen Douro herangesegelt worden war.

Abends trieben die Freundin und ich durch die engen Kopfsteingassen des Hafenviertels. Über uns schienen die alten Häuser fast zusammenzuwachsen. In dem schmalen Himmelsstreifen zwischen den Dächern blinkten die Sterne. Langsam strahlten die Mauern die Tageswärme in die milde Nacht.

Im Licht der Gaslampen weckten die säulenverzierten Balkone der verwitterten Patrizierhäuser die Illusion von geschnitztem Elfenbein, und die zwischen den Häusern bis hinauf zu den Dachtraufen gespannte Wäsche mutete im Zwielicht wie fremdartiger Festschmuck an.

Die Geräusche der Stadt bestanden nur aus dem Trappeln vieler Schuhe auf dem Pflaster und einem Gewirr halblauter Stimmen. Dazu schwamm eine mittelalterliche Geruchsmischung von Karnaubawachs, Restaurantküchen und Exkrementen durch die Häuserschluchten. Irgendwie war die Stimmung unwirklich, wie aus einer »unendlichen Geschichte«. Nur wenn ein Kleinwagen durch die Gassen ratterte, rückte sich das Zeitalter wieder zurecht.

Aus einem schmalen Restauranteingang drangen Saitenklänge und schwermütig-melodischer Gesang - das mußte *Fado* sein!

Wohlwollend ließ der Türsteher uns passieren. In dem unerwartet großen Lokal empfing uns brandender Beifall - das Stück hatte gerade geendet. Während Pianist und Gitarrenspieler das nächste Stück besprachen, erfrischten sich die Sänger mit Mineralwasser und Wein - eine üppige südliche Schönheit in schwarzem, engem Kleid und ein fülliger junger Mann im dunklen Anzug.

Ein Kellner wies uns einen Tisch, an dem schon ein älterer Herr und ein junges Mädchen saßen. Wir bestellten Wein, und die Sänger begannen erneut.

Nie wieder habe ich Fado so ergriffen zugehört wie bei diesem ersten Mal, auch nicht, als Antonio später meinte, uns »echten« Fado präsentieren zu müssen.

Nun begriff ich ein wenig mehr von *Saudade* und von Portugal. Fado brachte etwas in mir zum Klingen, das ich woanders nur äußerst selten gehört hatte - vielleicht bei bestimmten irischen Weisen.

War es Zufall, daß das junge Mädchen an unserem Tisch ausgesprochen irisch aussah? Von sehr heller Haut, sommersprossig, rothaarig und feingliedrig, hätte sie Christines Schwester sein können. Auch sie lauschte ergriffen. Ihr braungebrannter älterer Begleiter hingegen hatte unzweifelhaft etwas Deutsches - und Seglerisches. Nach dem Lied zahlten sie und gingen.

Wir blieben, tranken schweren Rotwein und hörten Fado, bis die Sänger die Bühne unter anhaltendem Beifall verließen.

Am nächsten Morgen holten wir unsere Post vom Kontor der alten deutsch-portugiesischen Schiffahrtsagentur Burmester. Das altertümliche Großraumbüro mit dunklen Holztäfelungen, hohen Aktenschränken und Fernschreiber wurde beherrscht vom Klappern museumsreifer Remington-Schreibmaschinen, obwohl auch Schreibcomputer schon auf einigen Tischen standen.

Eine freundliche Empfangsdame hob einen Telefonhörer aus der Kolonialzeit, eine lederbeschlagene Tür öffnete sich, und Rudolfo Burmester, ein wenig wie Bud Spencer im Börsenanzug, drückte uns höchstpersönlich mehrere dicke Umschläge in die Hand: die gesammelte Post für BAJADERE, SUNDAY und FIRECREST.

»Sind Sie morgen noch da? Dann komme ich mal vorbei«, versicherte er mit breitem Lächeln.

Als wir BAJADERE die Post vorbeibrachten, war Antonio schon da. Antonio war selbsternannter Hafenmeister und vielsprachiges Faktotum der besuchenden Yachten. Er dolmetschte mit flüssigem Seefahrerdeutsch und spielte den allwissenden Fremdenführer. Bald wurde der untersetzte Seemann mit undurchsichtiger Vergangenheit allgegenwärtig. Anfangs ließen wir uns das gern gefallen.

Der einzige, der mit Antonio von Anfang an nichts zu tun haben wollte, war jener ältere deutsche Skipper, den wir mit seiner jungen Mitseglerin in dem Lokal getroffen hatten. Sie lagen ein Päckchen weiter, und so sah ich Christines Pendant wieder. Sie war wirklich Irin, ein stilles, in sich gekehrtes Mädchen mit einem Lächeln wie Frühlingssonne über grünen Weiten.

Ihr Freund hatte sich Antonios Wohlwollen verscherzt, als er dessen Anweisungen beim Verholen einfach ignorierte. Antonios wildes

Geschrei hatte er trocken mit: »Ich lasse mir nur von einem echten Hafenmeister befehlen«, kommentiert, ruhig an seiner Pfeife gezogen und seine Leinen ausgebracht, wie er es für richtig hielt.

Um so intensiver widmete sich Antonio nun den übrigen deutschen Yachten.

Als erstes wollte Antonio ein Begrüßungsessen veranstalten, und unsere Frauen sollten mit ihm auf den Markt. Ihn würde man nicht übers Ohr hauen, betonte er. (Zur Ehre der Marktfrauen Portos sei gesagt, daß Christine später auch ohne Antonio freundlich bedient und nicht übervorteilt wurde.)

An Bord der SUNDAY setzte Antonio dann einen riesigen Eintopf an. Kartoffeln, Paprika, Karotten, Tomaten und zerschnittener Tintenfisch schwammen in einer dünnen Brühe mit Olivenöl der billigen, stark riechenden Sorte - ein zweifelhafter Genuß.

Dann nannte er den Betrag, den wir ihm schuldeten. Sabina nickte. Sie hatte die Ausgaben mitgezählt. »... pro Person«, fügte Antonio hinzu.

Da blieb Sabina vor Empörung der Mund offen stehen. Ich mußte lachen. Ich hatte ihn erkannt - nicht persönlich, aber als einen jener Schnorrer, die in den Häfen der Welt von der Großzügigkeit und Unerfahrenheit ausländischer Seeleute lebten.

Ich klopfte ihm auf die Schulter, und er lachte unsicher mit und entschloß sich, es ebenfalls als Scherz aufzufassen. Trotzdem rundeten wir seine Auslagen großzügig auf, und ich meine, er durfte zufrieden sein.

Man konnte es ihm nicht verübeln. Für ihn waren wir in Geld schwimmende Nichtstuer und er nahm nur, was ihm seiner Meinung nach gebührte. Und sicher zog er bei mancher wohlhabenden Yacht auch den Joker.

Um mich ein wenig zu entschuldigen, lud ich ihn nachher in die Kaffeekneipe gegenüber ein. Die großspurige Art, wie Antonio bestellte, und der verächtliche Blick, mit dem der Kellner im grauen Unterhemd mit der Kippe im Mundwinkel ihn bediente, erzählten genug.

Für den kommenden Tag hatte Antonio den Besuch einer Portweinkellerei angekündigt. Doch die Kameradin und ich wanderten nach dem Frühstück lieber allein los. Entlang der Wasserfront spazierten wir zur Brücke über den Douro. Die stählerne Ponte Dom Luis I stammt aus dem Ingenieurbüro Eiffel - wie der Turm in Paris - und verbindet in zwei Etagen die Unter- und die Oberstädte von Porto und Vila Nova de Gaia.

Wir entschieden uns für eine Führung bei *Sandeman*. Eine charmante junge Frau geleitete uns durch die ehrwürdigen Hallen. Hier wurde gefüllt, gezapft, gelagert, geblendet, versandt - 80.000 Flaschen am Tag! Wir sahen Fässer in der Größe von Silos, in denen die Ernte eines ganzen Jahrganges lagerte, und kleine Fässer bis zurück ins Jahr 1785, aus denen auch heute noch winzige Mengen gezogen wurden, um Sandemans Portwein immer gleich und unverwechselbar zu machen.

Am Nachmittag saßen wir mit Rudolfo Burmester an Bord der BAJADERE. Er erzählte von den wirtschaftlichen und sozialen Wandlungen, die Portugal gerade erlebte. Auch er werde das Kontor hier aufgeben und nach Leixoes umziehen. Nach Porto kämen kaum noch Frachtschiffe.

Regen prasselte aufs Kajütdach, und es polterte in den Wolken. Im Seehandbuch hatte ich über die Regenfluten des Douro gelesen, und Burmester erzählte, wie während des reißenden Hochwassers 1962 die Festmacher der Frachter brachen und die Dampfer sich, einer nach dem anderen, losrissen und mit schlierenden Ankern flußabwärts gespült wurden und über die Mündungsbarre hinweg, bis sie draußen - schwer verbeult, aber alle schwimmfähig - an ihren Ankern liegen blieben.

Tief stand die Sonne über Vila Nova und gleißte golden im Fluß. Antonio übernahm wieder das Programm. Er wollte uns in ein »richtiges« Fadolokal führen.

»Kein Touristennepp wie das Lokal, in dem ihr wart. Richtiger, echter Fado!«

Antonio schwelgte - er habe alles schon arrangiert.

»Wo warst du heute? Wir wollten doch in eine Portweinkellerei«, fragte Andreas.

»Geschäfte«, bedeutete Antonio wichtig. »Morgen!«

»Wir waren bei Sandeman«, sagte Christine .

»Ha, Sandeman«, tat Antonio verächtlich. »Das ist für Touristen - teuer - und alles sauber. Das muß billig und dreckig sein, nur dann ist es echt. - Aber jetzt zeige ich euch Fado!«

Also schön! - Aber bei den beiden Taxen wurde mir die Sache unheimlich. Steige niemals mit undurchsichtigen Leuten in ein Taxi, lautet eine Seemannsregel. Sie fahren dich sonstwohin - und wenn du zurückwillst, must du zahlen.

»Tut mir leid, Antonio«, sagte ich. »Aber wir können uns keine weiten Taxifahrten leisten.«

Da winselte Antonio, zerrte an meinem Ärmel und flehte, als habe er auf eigene Kosten eine große Veranstaltung arrangiert, bei der jetzt alle auf uns warteten. So ließen wir uns breitschlagen. Nach endloser Fahrt über regennasse Straßen mit Zwischenstopp in einer öden, aber - um mit Antonio zu reden - »echten« Weinkneipe im Arbeiterviertel, hielten wir in der Oberstadt und landeten in einem schummrigen Kellerlokal mit Striptease-Bildern im Eingang.

Doch hier möchte ich Antonio nun Abbitte leisten. Das Erlebnis war es wert. Deshalb erzähle ich die unerfreuliche Nebensache gleich:

Gegen Mitternacht erhob Antonio sich plötzlich, versicherte, er habe unseren Sonderpreis mit dem Wirt schon geregelt - und verschwand. Für den »Sonderpreis« hätten wir das Lokal für den Abend wahrscheinlich auch mieten können. Als wir wütend bezahlt hatten, servierte der hünenhafte Wirt mit dem herabhängenden Schnauzbart zur Versöhnung eine Lage Wein und zwei Schüsseln Käse und Paprika in Öl auf Kosten des Hauses. Ich denke, jetzt konnte er es sich leisten.

Aber nun zur Hauptsache:

Die Kellerwände waren mit dunklem Stoff bespannt, und Kerzen flackerten auf den Tischen, so daß man die Speisekarte kaum lesen konnte. Nur die Bühne war elektrisch beleuchtet. Daneben am Künstlertisch saßen elegische, einst wohl schön gewesene Frauen in schäbigen Roben, melancholische Männer in verschlissenen Anzügen und brutal aussehende Zuhältertypen, die die anderen sichtbar einschüchterten.

Die Vorstellung begann, als zwei Anzugtypen einen kleinen älteren Mann die steile Treppe herunterschubsten und mit schlecht überspielter Brutalität auf einen Stuhl am Künstlertisch stießen. Dort wischte er sich mehrmals Nase und Mund und spie in einen Spucknapf unter dem Tisch - den gab es hier.

Auf einen barschen Wink erhob er sich dann und begann zu singen. Brüchig die Stimme, weniger eingängig die Melodien als im Lokal am Hafen - aber der Ausdruck! Hoffnungslosigkeit, Sehnsucht und Lebensmüdigkeit sprachen aus dem Lied. Und sie schienen echt.

Während des folgenden Auftritts einer faszinierenden älteren Sängerin - oder schien sie nur so alt? - betraten zwei Unterboßtypen die Szene, die den kleinen Sänger leise, aber bedrohlich ins Gebet nahmen. Während seine Kollegin verzweifelt sang und die anderen verängstigt den Blickkontakt zu ihm mieden, fiel er förmlich in sich zusammen.

Sah ich das, weil mein Auge während meiner Matrosenzeit in den Hafenkaschemmen der Welt geschärft worden war? Das Publikum - durchweg gutbürgerliche Paare - schienen diese seltsamen Nebenszenen ebensowenig wahrzunehmen wie unsere Freunde. Sie hörten allein den Fado, zeigten Kennerschaft und applaudierten begeistert. Denn die graugesichtigen, schlecht überschminkten Männer und Frauen interpretierten Fado »echt«.

Tief sog ich die frische, milde Nachtluft ein. Das Pflaster spiegelte naß unter den zischenden Gaslaternen, doch der Regen hatte aufgehört. Zum Hafen war es ein weiter Weg, aber Taxi kam nicht mehr in Frage.

Trotz seiner Bauernfängermethoden waren Christine und ich Antonio nicht böse. Da aber unsere Freunde mehr zum Schimpfen aufgelegt waren und die Mädchen über wehe Füße klagten, hatten wir sie bald hinter uns gelassen. Eingehakt ließen wir uns im Gleichschritt vom Gefälle über die kunstvoll gepflasterten Trottoirs bergab ziehen. Als wir die Kameraden nicht mehr hinter uns sahen, hielten wir - noch voll der Eindrücke aus Portugals Unterwelt - inne und schmusten. Die Laternen der alten Stadt leuchteten nur für uns.

Allmählich wurden die Straßen schmaler, die Mosaikpflaster zu Katzenköpfen, die Häuser ärmlicher. Da spiegelten sich die Lichter Vila Novas im träge schlierenden Douro, und davor schwebten die Schatten der Riggs unserer Boote am Zollkai.

Am Hafen standen wir vor verschlossenen Eisengittern. Wir warteten auf die Freunde. Dann gingen wir die Sache auf Seemannsart an und umkletterten behende die auf den Strom hinausragenden Gußeisenlanzen.

Kurs Lissabon

Der nächste Morgen graute wolkenverhangen. Lehmigbraun schlierte der Strom, und im Hinterland donnerte es. Würde der Fluß durch Gewitterregen ansteigen? Außerdem hatte Antonios Gesellschaft die Crew der FIRECREST ermüdet. (Von PIMPERNELL hörten wir später, daß er sich nicht mehr hatte blicken lassen.)

Zur letzten Ebbstunde liefen wir aus, um die Barre bei Stauwasser zu erreichen. Falls die Brandung draußen gefährlich war, konnten wir mit der einsetzenden Flut wieder umkehren. Und wären wir irgendwo aufgelaufen, hätte uns die Flut bald wieder freigespült.

Aber die Dünung war gering, und wir passierten die Barre ohne Probleme.

Draußen vor der Küste riß der Himmel auf, und mit leichter westlicher Brise segelten wir in die Nachmittagssonne hinein. Wir waren froh, wieder auf See zu sein. Mit reichlich Seewasser schrubbten wir das Deck und schleppten die dourogetränkten Festmacher durchs Kielwasser, bis wir sie wieder anfassen mochten.

Noch 150 Meilen bis Lissabon.

Wir verzichten auf Prognosen und halten einfach nach draußen. Vielleicht finden wir dort mehr Wind. Doch es flaut ab. Langsam krebsen wir durch die Nacht und in den folgenden Tag.

Die Sonne scheint, die Dünung ist flach, und eigentlich ist es wie Ferien. Zum Abend dreht der Wind dann auf Nord und nimmt langsam zu. Um Mitternacht stehen wir querab Cabo Mondego und bergen Flieger und Toppsegel. Meile um Meile spult FIRECREST ab, Aries steuert, und wir machen es uns wachweise gemütlich.

Rostrot ragt die schroffe Felseninsel Berlenga, von Gischt umweht, im fahlen Morgenlicht. In gleicher Farbe wie die Felsen klebt ein verlassenes Fort unter den Klippen. Unter Sturmfock, Klüver und tiefgerefftem Groß laufen wir vor hohen, brechenden Seen.

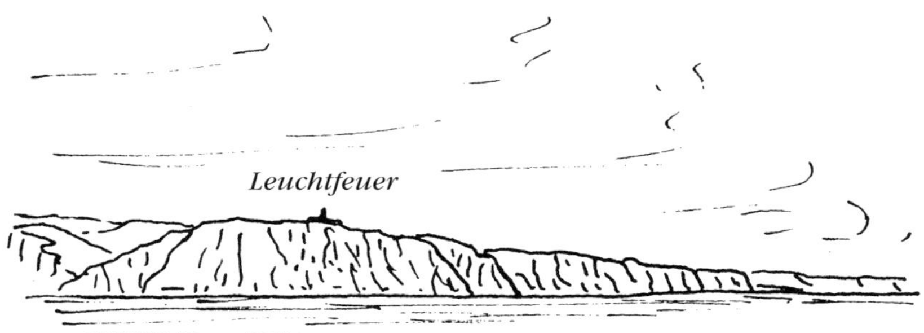

Cabo de Roca

Nach Mittag treten die senkrechten Felswände von Cabo da Roca aus dem Dunst. Ein Containerfrachter auf Gegenkurs verschwindet teil-

weise in Gischtwolken. Nur von der Höhe der Wellenkämme sehen wir Land.

Gegen Abend passieren wir Cabo Raso, die Böen nehmen ab, und bald laufen wir im ruhigen Lee einer Steilküste mit weißen, von üppigen Pflanzungen umgebenen Villen. Um 19.45 Uhr ankern wir vor dem eleganten Badeort Cascais auf sechs Meter Sandgrund - das Wasser ist schon trübe vom Tejo.

Während Abendbrotgerüche aus dem Vorluk steigen, tuche ich die Segel auf. Essen und dann schlafen. Morgen mit auflaufender Tide segeln wir nach - Lissabon!

Tags darauf bläst uns der Norder den Tejo flußauf. Als der Torre de Belem vorübergleitet, sitze ich still an Deck, versponnen in Jugenderinnerungen.

Wenn sich damals der Schulunterricht dahinschleppte und die Stimme des Lehrers sich mit dem Schaben der Kreide zu monoton quälendem Geräusch vereinte, hielt ich unter der Bank meinen zerlesenen Atlas auf den Knien und malte mir aus, wie ich Nordsee, Kanal und Biscaya überwinden würde, und wie es wohl wäre, wenn ich dann in Lissabon einliefe. Denn von dort aus läge das Weltmeer offen vor mir - und all die »Gestade, von denen sich die Schulweisheit nichts träumen läßt«.

Alte Herren

Christine und ich hatten zwei »Großvater-Erlebnisse« auf dieser Reise - ganz unterschiedlicher Art und doch mit ähnlichem Ausklang.

Mein Großvater hatte sich in hohem Alter aus Deutschland verabschiedet und war nach Teneriffa gezogen. Nun lebte er auf seiner eigenhändig aus Lavawüste geschaffenen Finca und residierte dort als Oberhaupt seines esoterischen Ordens. Ihn wollte ich noch einmal wiedersehen.

Christines Großvater hingegen war schon vor ihrer Geburt auf geheimnisvolle Weise verschwunden. Nach Jahrzehnten erfuhr die Familie durch Zufall, daß er in Lissabon ein neues Leben begonnen hatte. Aus verschiedenen Gründen verzichtete man damals auf weitere Nachforschungen.

Das einzige, was die Enkelin von ihrem Großvater besaß, war ein vergilbter Zettel mit einer Adresse. Und sie fragte sich, wie es ihm wohl gehen mochte - wenn er noch lebte. Vielleicht war er einsam und mittellos und brauchte Hilfe. Aber würde er sich freuen über diese Begegnung mit seinem früheren Leben?

Ich war allein an Land gegangen. Christine wollte Tagebuch schreiben, und ich ließ mich mit meinem Notizblock durch die Stadt treiben.

In dem offenen Straßengeschäft eines klassischen »Barbiers« mit Porzellanbecken, Rasiermessern und Silberschalen ließ ich mir die Haare schneiden. Dann fuhr ich in dem offenen Fahrstuhl, Gußeisenbarock, Baujahr 1901 von der Firma Eiffel, hinauf zum Bairro Alto, zur Oberstadt. Von dort blickte ich über die Dächer jenes Stadtviertels, das nicht viel später in einer Feuersbrunst untergehen sollte. Auf dem gegenüberliegenden Hügel erhoben sich die Zinnen des Castelo de Sao Jorge, und tief unten lagen die Pflasterornamente des Rossio.

In manchen Cafés dort hatten wir schon gesessen. Die Platzmitte war für Autos gesperrt - bis auf einen großen Oldtimer mit geschlossenem Stoffverdeck. Ich kannte den Wagen aus der Literatur. Schon in meiner Kindheit war er eine Legende gewesen - das älteste Taxi der Welt. Offenbar existierte es immer noch.

Fünf Minuten später saß ich auf gediegenem, verschlissenem Lederpolster im Schatten seines Verdecks.

»Doca do Trigo«, nannte ich das Fahrziel.

Der alte Herr im abgeschabten Tweedsakko hebelte ein vernickeltes Taxameter herunter. Schnurrend sprang der Wagen an - ein Oldsmobile von 1928 mit tiefen Verschleißspuren, aber in bestem Gebrauchszustand. Kein Maharadscha hätte angenehmer chauffiert werden können als ich durch das Geschiebe der Busse und Straßenbahnen Lissabons.

Natürlich war ich neugierig. In flüssigem Englisch erzählte mein Chauffeur, sicher zum tausendsten Mal, wie er den Wagen seinerzeit neu gekauft und dann Zeit seines Lebens als Taxifahrer bewegt hatte. Als Remarque »Die Nacht von Lissabon« schrieb, war das Auto schon uralt gewesen. Und ich dachte, wer wohl schon alles in diesen Polstern gesessen haben mochte.

Da kam mir ein Gedanke, und ich fragte, ob der Wagen die nächsten Stunden frei sei. Schnell wurden wir uns einig.

Der alte Herr hielt vor dem Hafentor und wartete, während ich meiner Gefährtin Bescheid sagte. Christine zögerte zuerst, doch dann verwandelte sie sich binnen Minuten in eine elegante Touristin.

Der Chauffeur erwartete unsere Wünsche, als meine Freundin einen abgegriffenen Zettel nach vorn reichte und leise fragte:

»Können wir dorthin fahren?«

Der alte Herr warf nur einen flüchtigen Blick darauf, nickte und reihte sich in den Verkehr ein.

Es wurde eine ausgedehnte Fahrt durch die hügeligen, teils eng bebauten, teils weitläufigen, grünen Stadtviertel von Lissabon. Nur die Spannung, was uns bei jener Adresse erwarten mochte, zehrte etwas an unserer lusitanischen Gelassenheit.

Zuletzt fuhren wir durch ein altes Villenviertel. Meterdicke Platanen säumten eine schmale Pflasterstraße. Es war die Straße auf der Adresse. Beiderseits zogen sich hohe Parkmauern oder teils zugewachsene Palisaden aus gußeisernen Lanzen hin. Gespannt zählten wir die Nummern an den Pfeilern.

Das Taxi hielt vor einer Toreinfahrt, hinter der gebaut wurde. Ein Lastwagen voller Schutt bog auf die Straße. Auf einem gemauerten Pfeiler stand die Nummer von der Adresse. Der andere Pfeiler war umgerissen worden, um Platz für Baufahrzeuge zu schaffen. Die Trümmer lagen in einem zerdrückten Rhododendron.

Wir waren ausgestiegen und blickten die lange Auffahrt zu einer Villa hinauf - oder besser zu ihrer Ruine. Das Dach fehlte bereits. Unter den Resten einer Terrasse lag eine umgesägte Königspalme. Orangerot leuchtete der mächtige Stumpf einer gefällten Konifere in der Sonne. Ein Bagger stieß gerade eine steinerne Balkonbrüstung herunter und schaufelte die Reste in einen Kipper. Dieseldröhnen und Mörtelstaub wehten die Auffahrt herab.

In den umgeworfenen Pfeiler war ein grünangelaufenes Bronzeschild eingelassen. Ich zog einen Rhododendronast zur Seite, und vorsichtig stieg Christine mit hohen Absätzen über den Mauerschutt. Jemand hatte versucht, die Bronzetafel gewaltsam zu entfernen, aber die Dübel waren tief einzementiert. Die Freundin las den Namen und nickte.

Langsam fuhren wir zurück in die Stadt. Schweigend lehnte die Gefährtin an meiner Schulter. Diskret vermied unser Chauffeur jede Anspielung.

In einem Lebensmittelgeschäft versorgten wir uns mit Trauben, Tomaten, Käsetörtchen, Fleischpastete, Wein und Mineralwasser. Dann ließen wir uns zu Gulbenkians Park und Kunstsammlung fahren. Zum Abschied gab uns der Chauffeur die Hand.

»At last everything will be all right«, sagte er mit weisem Lächeln.

Wir wandelten im Schatten von Palmen und exotischen Gehölzen. Auf den Wiesen lagerten Kunststudenten und zeichneten Blätter und Bäume. An einem Teich mit Seerosen ließen wir uns nieder und breiteten unser Picknick aus. Über uns wisperte Bambus und spaltete die Sonne in flirrende Lichtpfeile.

Nachher spazierten wir durch die kühlen Hallen der großen Kunstsammlung. In einem der Räume hingen Gemälde von Gainsborough und Reynolds. Da sah ich meine Gefährtin - oder vielmehr ihr Ebenbild in einer anderen Zeit. In seidenem Reitkleid, die Gerte lässig in der Rechten, lehnte *The Honorable Mrs. Fitzgerald* an einer zerbrochenen Säule. Die Abendsonne spann Gold in ihr Haar und warf warmes Licht auf ihre weißen Züge. Über herbstlichen Eichenwipfeln zogen dunkle Windwolken und türkisfarbene Himmelslöcher vorüber.

Christine trat neben mich. Gespielt gleichmütig fragte ich sie, wie sie das Bild fände. Sie meinte, die Landschaft erinnere sie an Cornwall.

Fast verspürte ich Abschiedsschmerz, als ich das Bild zurückließ. Gleichzeitig wurde mir bewußt, daß ich es mit meiner Gefährtin ja lebendig an meiner Seite hatte. Und ich nahm mir vor, ein wenig mehr als bisher auf ihr Wesen und ihre Sicht der Dinge einzugehen.

Als wir in den hellen Nachmittag hinaustraten, bog unser Oldsmobile samt Chauffeur gerade auf den Museumsparkplatz.

»Perhaps you wanted to go back«, begrüßte er uns.

Wir ließen uns zu unserem Stammcafé in der Nähe des Rossio fahren und verabschiedeten uns dann endgültig.

»Boa viagem!« wünschte er. Dann glitt der alte Wagen, verhalten schnurrend, mit ihm davon.

Hier saßen wir nun und planten bei Kaffee, Limonade und Kokostörtchen die Weiterreise.

Seit Auslaufen Bayona hatten wir das Thema nicht mehr berührt. Es war ja nicht selbstverständlich gewesen, daß wir gemeinsam weitersegelten. Nun ließen wir es auf sich beruhen. Der Atlantik wartete.

PIMPERNELL war gestern gesegelt, und heute mit der Morgentide war SUNDAY ausgelaufen. Obwohl wir ihn eine Woche lang nutzlos durch die Wipfel der Platanen hatten rauschen lassen, hofften wir, der Norder würde uns treu bleiben.

Zuvor wollten wir noch einmal ins *Grandes Armazens do Chiado*, das Kaufhaus, in dem die Zeit seit den 20er Jahren stehengeblieben schien (und in dem später der Stadtbrand ausbrach). Vielleicht fand Christine dort den Kleiderstoff, den sie suchte. Außerdem sollten noch Gemüse, Brot, Speck sowie eine größere Pfanne gekauft und Wasser gebunkert werden.

Aber morgen nachmittag mit der zweiten Ebbe würden wir segeln. Vor uns lagen 500 Meilen offener Ozean und darin eine kleine Insel, die ich mit Hilfe von Kompaß, Sextant und Tabellen finden wollte.

Von Lissabon bis Teneriffa

Blauer Atlantik

Seit zwei Tagen bläst uns der Nordwest mit gleichbleibenden 4 Windstärken vor sich her. Ist das bereits der Passat oder nur vorübergehende Wetterlage? Auch nachts bekommen wir BBC-4 jetzt nur noch als moduliertes Rauschen. Traurig verzichten wir von nun an auf unsere *Morgenstimmung*.

Aber hier im Süden kündigen sich Wetteränderungen meist schon Tage vorher am Wolkenbild und an der Entwicklung von Luftdruck und Luftfeuchte an. Außerdem müssen wir es hier draußen ohnehin nehmen, wie es kommt.

FIRECREST »läuft«: 107 Meilen heute Mittag, unser bestes Etmal bisher. Und auch meine astronomischen Standlinien liegen nun immer dicht beieinander.

Unermüdlich arbeitet das Windsteuer. Ölverschmiert von der guten Pflege, schenkt es uns geruhsame Nächte. Wir teilen sie in 3-Stunden-Wachen. Christines Seekrankheit macht ihr immer noch zu schaffen, aber sie tut ihre Pflicht.

Langsam wird das Wasser wärmer - 20 Grad schon - und dabei immer blauer. Trotzdem ist es nachts noch frisch. Dann tragen wir lange Hosen, Pullover und Jacken. Immerhin ist schon Oktober. Die Sonne hat bereits südliche Deklination, und die Nächte dauern länger als die Tage.

Dafür steigt der prachtvolle Wintersternhimmel nun Nacht für Nacht höher über den Horizont. Orion dehnt sich in seiner ganzen Schönheit und strahlt über dem Klüver wie ein Versprechen. Und auch das Meer leuchtet. Eines Nachts besucht uns eine Schule Delphine. Wie von innen beleuchtet, umspielen sie die FIRECREST und kreuzen und verschrauben ihre fluoreszierenden Bahnen.

Die Dämmerung ist schon sehr kurz. In den Minuten vor Sonnenaufgang sieht der Atlantik aus wie graue Nordsee. Doch dann strahlt alles in warmem Licht, die cremefarbenen Segel, die lackschimmernden Spieren, das tiefblaue Wasser, die weißen Cumuluswolken. Und eine halbe Stunde später ist auch das Deck vom Tau getrocknet und warm.

So segeln wir einen Tag um den anderen »wie im Jugendbuch«.

Der Bordalltag - gelassen Schritt nach Griff - füllt die Zeit ganz aus. Morgentoilette, Frühstück, Abwaschen, Morgenbeobachtung, bald schon die Mittagsbreite, vielleicht etwas Warmes zubereiten, nachher Kaffee, Kakao oder Tee, ein bißchen liebevolles Miteinander, dann Nachmittagsbeobachtung, verschiedene kleine Überholungsarbeiten nach der leidigen Liste. Dazwischen immer wieder lange, selbstvergessene Blicke über die See.

Schon wird es wieder dunkel. Sternenort, Abendbrot und wieder Nacht. Um ausgiebig zu lesen, zu zeichnen, zu schreiben, sind die Tage zu kurz.

Heute hat meine Gefährtin Geburtstag. In der Nacht scheinen wir die Schwelle zu den Subtropen übersegelt zu haben. Um uns dehnt sich tiefleuchtendes Kristallmeer. Christine hat sich nicht vorstellen können, daß es immer noch blauer würde.

»Das ist mein schönstes Geschenk«, sagt sie.

Bald nach dem Auslaufen hatten wir eine alte Bekannte wiederentdeckt, die Portugiesische Galeere. Und seitdem begleitet uns eine kleine Schule gestreifter Pilotenfische. Übereinandergestaffelt halten sie sich immer ein, zwei Handspannen vor dem auf- und abschwingenden Steven.

Dann sahen wir gestern die erste Goldmakrele. Sie schloß sich uns gleich an. Das war ihr Verderben. Wir brauchten einen Geburtstagsbraten, und so fand der herrliche Fisch heute morgen sein Ende an der Spitze meiner Harpune. Doch wenig später schnellte statt seiner eine ganze Schule grüngolden in der Sonne leuchtender *Dorados* über die Wellen.

Nach dem blutigen Geschäft des Filetierens gab es den Frühstückskaffee dort, wo wir am liebsten sitzen: auf dem Vordeck.

Weich wiegt uns FIRECREST im leichten Nordost. Sie hat alle Segel aufgespannt, die Bugwelle flüstert, gelegentlich knarrt die Gaffel. Schönes Wetter auf See ist Stille. An die Nagelbank gelehnt, schließe ich die Augen gegen die warme Sonne. Mein Kaffee wird kalt.

Dann ist irgendetwas anders. Plötzlich blicke ich hellwach Backbord voraus. Aus einer niedrigen, grauen Cumuluswolke hängt dort etwas wie ein langer, gebogener, halb durchsichtiger Rüssel. Als er die Meeresoberfläche erreicht, bildet sich eine Wolke aus Spritzwasser, und der Rüssel wird dunkler - wie ein Strohhalm, an dem gezogen wird. Bis zu uns dringt das Geräusch der Wasserhose - wie das verhaltene Fauchen eines großen gefährlichen Tieres.

Mit der Wolke zieht auch die Wasserhose in Lee vorbei. So schenken wir uns Kaffee nach und segeln eine faszinierende Minute auf gleicher Höhe mit ihr. Dann wird der Rüssel durchscheinend, verstummt, löst sich von der Wasserfläche und verweht.

Zu Mittag gibt es in Öl gebratene Doradofilets zu Salat aus Paprika, Tomaten, Mais und Porree. Statt Weißbrot tun es Biskuits. Dazu trinken wir Vino Verde aus Porto.

Christine sonnt sich als Eva und genießt die warmen, wiegenden Planken der FIRECREST wie eine große Hollywood-Schaukel.

Zum Geburtstagskaffee bekommt die Kameradin vom Skipper einen

blauen Zirkon in der Farbe ihrer Augen. Und der Atlantik schenkt ihr die Insel Porto Santo - eine Nachbarinsel von Madeira. Steuerbord voraus erscheinen ihre feingezeichneten Umrisse einen halben Finger breit über dem Horizont.

Wenn wir Hiscock glauben, daß hohe Inseln bei guter Sicht 40 Meilen weit zu sehen sind, stimmt der Landfall auf die Stunde genau.

Ungestört von Schiffsverkehr und Weltgeschehen, neigt sich der Tag. Die Umrisse der Insel verwischen im Abenddunst. Dafür schimmern die ersten Lichter auf.

Englischer Garten

Der Nordwind stand durch. In der zweiten Nachthälfte sichteten wir Madeiras Leuchtfeuer São Lourenço, und bei Sonnenaufgang segelten wir bereits unter der hohen Küste von Madeira. Immer wieder hing das Dröhnen von Flugzeugturbinen in der Luft. In steter Folge starteten und landeten Passagierjets auf einem Flugplatz, der hoch über dem Wasser wie an den Fels geklebt schien.

Bei meinem morgendlichen Rundgang sah ich auch nach den Lotsenfischen. Sie waren noch da. Ebenfalls eine große Goldmakrele. An derselben Stelle wie ihre unselige Vorgängerin hatte sie sich dicht neben die Bordwand gehängt, machte jede Bootsbewegung mit und schien dabei zu schlafen. Doch heute war Fischerei abgesagt. Ich suchte die Festmacher heraus.

Südlich der Insel wurde der Nordwind flau und unstet und drehte dann auf Südwest. So kreuzten wir langsam bis vor Funchal. Hinter der neuen Schutzmole drängte sich ein dichter Mastenwald.

Als wir um den Molenkopf motorten, sahen wir die Yachten in Siebenerpäckchen liegen und mittendrin SUNDAY und PIMPERNELL. Kaum waren die Leinen fest, turnten die Freunde zu uns herüber.

»Ihr wolltet doch noch ein paar Tage in Lissabon bleiben«, meinte Vim.

»Stimmt! Wir sind Freitag ausgelaufen - zwei Tage nach euch. Wieso?«

»Das ist nicht möglich!« meinte da der sonst so zurückhaltende Dietmar.

Dann erzählten sie, daß SUNDAY und PIMPERNELL erst heute morgen hier eingetroffen wären, kurz hintereinander, nachdem beide tagelang motort hätten. Und PIMPERNELL sei in der Flaute so umhergeworfen worden, daß der Baumbeschlag der Großschot gebrochen war. Emmi meinte, sie hätten Glück gehabt, daß ihnen nicht der Mast abgewippt sei.

Als wir ihnen von unserer traumhaften Überfahrt berichteten, wollten sie es zuerst nicht glauben.

Das erste, was beim Landgang auffiel, waren die zahllosen Malings auf der Schutzmauer. Fast jede Yachtbesatzung schien sich dort mit Pinsel und Farbe zu verewigen. Manche malten nur einfach den Schiffsnamen und das Datum, andere stellten richtige Gemälde her. Obwohl die Mole ganz neu war, gab es nur noch wenig Platz zwischen den Kunstwerken.

Vom ersten Moment an fühlte sich meine Gefährtin auf Madeira wohl. Um so enttäuschter war sie, daß der Skipper nur drei Tage bleiben wollte. Auf Teneriffa wartete sein Großvater

Dafür genossen wir die Zeit wie richtige Ferien. Die Arbeitsliste blieb im Schapp.

Die alte Touristenstadt Funchal stand bereits zu Beginn des 19. Jahrhunderts in den Fahrplänen von Cook´s Reisebüro. Die Briten waren so begeistert von der Insel, daß sie sie lange Zeit annektierten. So hatte Funchal entschieden Ähnlichkeit mit einem britischen Seebad: der kleine Park mit gußeisernem Zaun und Hundeverbot, die roten Telefonzellen, die Tea-Rooms, die Pubs und kleinen Hotels, die offenen englischen Roadster auf den gepflasterten Straßen zwischen gepflegten alten Häusern. Freilich war dieses Seebad von Blüten und tropischem Grün überwuchert wie ein botanischer Garten.

Auf der Suche nach frischem Obst und Gemüse fanden wir Markthallen voll überwältigender Üppigkeit. Auf den Marmortischen im Untergeschoß drängten sich Sardinen, Muscheln, Langusten und Tintenfische; Thunfische und riesige Schwertfische wurden zerlegt und bizarre Tiefseefische abgehäutet, die berühmten *Espadas*. In der Fleischhalle gab es alles von Würsten über Filetsteaks bis zu halben Rindern, Schweinen und Schafen, ein Stockwerk höher Gemüse, Kräuter, Früchte, Eier, und der Innenhof quoll über von der Pracht der Blumenstände und Blütenbäume.

Christine schwelgte. Sie prüfte, wählte, ließ abwiegen, bezahlte, und ich trug die Taschen.

Im Schatten einer Pergola erholten wir uns bei königlichen Eiskaffees. Sie kosteten soviel wie ein ganzer Vormittag in einem Lissaboner Café. Aber heute machten wir »Urlaub«. - Ebenso tags darauf.

Nach dem Frühstück schlenderten wir die Mole entlang, vorbei am weißgekalkten Hafenfort mit der Schildwache in schneeweißer Uniform mit weißem Stahlhelm und blankgezogenem Degen. Im Schatten der Palmen, Platanen und Bougainvilleas flanierten wir ins Zentrum. Dort tranken wir Orangensaft in einer Kunstgalerie und ergingen uns dann im winzigen botanischen Garten auf gepflasterten Wegen aus schwarzen Vulkankieseln. Meine Freundin zeichnete die Blüten und Bäume, ich filmte sie dabei, und als der Film zu Ende war, setzte ich mich neben sie auf die Bank und schloß die Augen gegen die Sonnenreflexe aus den grünflirrenden Baumkronen.

Ich dachte an meinen Großvater.

Die Beziehung zu ihm war in meiner Jugend besonders herzlich gewesen. Mich faszinierten seine Ideen von Reinkarnation und der Macht des Geistes, und er glaubte an meine Träume von Ozeanreisen mit kleinen Booten.

Ich war mal wieder bei den Großeltern an der Ostsee in den Ferien, und ich hatte Geburtstag. Meine Großmutter hatte den Tisch mit Frühlingsblumen geschmückt, und auf meinem Platz lag das Buch *Zu fernen Küsten* von Eric C. Hiscock.

»Ich weiß«, sagte Opa, und sein Ton ließ keinen Zweifel zu, »auch du wirst einmal mit einem Segelboot über die Ozeane segeln.«

Das hat mir damals viel bedeutet.

Dann starb meine Großmutter, und Opa wanderte mit über 80 nach Teneriffa aus. Dort kaufte er eine Finca, baute Häuser, legte Terrassen und Bewässerungen an und schuf inmitten der Kakteenwüste einen blühenden Garten - für sich und die Anhänger seines Ordens.

Einmal noch hörte ich seine ferne Stimme im Telefon: »Hier in Candelaria wird gerade eine Mole gebaut. Dahinter kannst du dein Boot verankern.« Er hatte es also nicht vergessen.

Und so wollte ich nun zu ihm segeln und sagen: »Sieh, Opa, hier komme ich über den Ozean mit meinem Segelboot, wie du es vorausgesagt hast.«

Am Morgen unserer Abreise enterte ich mit Pinseln, Verdünnung und Farbdosen auf die Mole. Es wurde die stilisierte Darstellung des Kutters unter vollen Segeln. Als ich »FIRECREST« daruntergeschrieben hatte und das Datum, rief die Gefährtin zum Frühstück.

Um die 250 Meilen jenseits der Hafeneinfahrt machten wir uns diesmal weniger Gedanken. Gezeiten spielten keine Rolle, nach allen Seiten war reichlich Seeraum, und weder mit Untiefen noch mit schwierigen Ansteuerungen hatten wir zu rechnen.

Wir mußten nur erstmal ablegen. Das Boot war von Festmachern geradezu eingesponnen. Seit unserer Ankunft war das Hafenbecken mit Yachten fast zugewachsen.

»Wie in Helgoland zu Pfingsten«, meinte Christine, in jeder Hand die Leine eines anderen Bootes. Sie mußte es wissen. Sie stammte aus einer Familie von Elbseglern.

Knockdown

Mit allen Lappen gesetzt, schieben wir uns in einem Hauch von Südwest langsam hinaus auf den Atlantik. Träge schwappt der Schwell, aber an der Kimm sieht es nach Wind aus. Deutlich blinken im Fernglas Schaumkronen. Sie ziehen von Norden her. Immer näher rückt die Trennlinie zwischen der grünlichen ölig-ruhigen Dünung in Insel-Lee, über die wir langsam dahingleiten, und dem dunklen, von Schaum gekrönten Königsblau. Sichtbar weht dort der Passat.

Unschlüssig stehe ich auf dem Vorschiff und warte auf die Reaktion des Bootes beim Eintreten in die Windzone. Schon beginnt es, sich im kurzen Schwell der Windsee zu wiegen. Keine Kabellänge entfernt, rauscht und plätschert das Wasser.

Plötzlich riecht es nach Algen und Meer. In derselben Sekunde schiften Baum und Segel krachend in die Patenthalse.

Mit Schwung legt FIRECREST sich über - und weiter und weiter. Christine am Ruder schreit auf und versucht sich am Schanzkleid festzuhalten, und mich überfällt ein scheußlich hilfloses Gefühl, als seien die dreieinhalb Tonnen Ballast plötzlich unten herausgefallen. Das Deck steht beinahe senkrecht, der Mast liegt fast waagerecht, und das Toppsegel verdeckt die Kimm. Ich stehe mittschiffs auf der luvwärtigen

Kajütseite wie auf einem Treppenabsatz, unter mir schäumt das Wasser, und ich frage mich ganz ruhig, ob es jetzt in die offene Niedergangsluke fluten wird.

Dabei höre ich mich »Anluven!« brüllen, sinnlos, denn Christine kann das Rad nicht erreichen. Ich lasse mich hinunter zur Nagelbank fallen, werfe die Fallen von Flieger und Toppsegel los. Aber schon wälzt sich FIRECREST wieder in die Senkrechte, und Hektoliter Wasser rauschen übers Schanzkleid zurück ins Meer. Ich springe nach achtern, wo Christine das Rad jetzt nach Luv wirbelt. Bis zu den Knien steht sie im wassergefüllten Cockpit, das sich durch die dicken Lenzrohre schnell leert.

Hastig schlage ich Zeisinge um die geborgenen Segel, dann schotenumpeitschter Kampf mit Backstagen und Vorsegeln, dann rast der Kutter mit Starkwind von backstags durch die schäumende See. Christine steuert, und noch immer wandern ihre aufgerissenen Augen zwischen den Segeln und mir hin und her, warten auf weitere Manöver. Aber es ist überstanden.

An der Grenzlinie zwischen nassem und trockenem Deck sehen wir, wie weit das Wasser an den Niedergang herangestiegen ist - eine Handbreit. Immerhin zeigte uns FIRECREST, daß sie bei einem Knockdown nicht gleich voll Wasser läuft.

Noch ein Reff, dann zog der Kutter vor stetigem Nordost seine Bahn. Gelassen hob er sich über die Wellenkämme wie ein segelnder Schwan. Aries bekam die Ruderwache. Mit einem verachtungsvollen Blick auf die Elemente verschwand die Gefährtin zum Hosenwechseln unter Deck.

Ich peilte Madeira und Deserta Grande. Als ich runter ging, um die Peilung einzutragen, hatte Christine bereits aufgeräumt, was in Pantry und Kajüte über Stag gegangen war. Von ihrem Bettzeug abgesehen, das von der Backbordkoje über den Kajüttisch hinweg auf die Steuerbordkoje geflogen war, war fast alles an seinem Platz geblieben.

So versöhnte mich unser seetüchtiges Staukonzept etwas mit meiner seemännischen Stümperei. Nun wußte ich mehr über Segelführung in Lee von hohen Inseln im Passat. Und ich stellte mir die gleiche Situation bei Nacht vor.

Seitdem haben für mich alte Berichte von Böen, die große Segelschiffe zum Kentern brachten, eine ganz andere Qualität. Als Steuermann hatte ich gelernt, daß ein Fahrzeug bei plötzlich einfallender Bö doppelt so weit krängt, wie es bei gleichbleibender Windstärke nachher liegenbleibt.

Unter Vollzeug und allen Beisegeln trieben die Segler dahin, um den leisesten Windhauch auszunutzen. Alle Niedergänge und alle Luken waren geöffnet, um das Schiff endlich einmal gründlich lüften und die Räume trocknen zu können. Dann kam die Bö. Wenn das Schiff dabei bis über die Lukensülle wegkrängte - keine Chance für Mann und Maus.

Doch auch für den Bau seegehender Yachten ergaben sich klare Schlußfolgerungen: Der Niedergang sollte auch dann noch über der Wasserlinie liegen, wenn das Boot nahezu platt aufs Wasser gedrückt wird. Seit Madeira wußte ich, daß FIRECREST diese Forderung erfüllte.

Gegen Abend flaute es ab, und um Mitternacht segelten wir bei leichter Brise unter Vollzeug mitten hinein in die silberne Bahn des Vollmondes.

Bei Morgengrauen frischte es wieder auf, und bald steckte das erste Reff im Groß. Schauerwolken kamen langsam von achtern auf. Aber mit frühzeitigen Kursänderungen konnten wir ihnen gut ausweichen.

Gerade trieb wieder eine solche Wolke etwa eine Meile an Steuerbord, da tauchte mitten aus der Schauerwand, dort, wo sie am dunkelsten war, eine hoher, breiter Wulstbug auf. Es folgten ein endlos langer Rumpf und endlich die Heckaufbauten eines riesigen, rostigen Tankers. Wir liefen klar, hatten seine Kurslinie schon passiert, doch den Passierabstand schätzte ich auf etwa eine Meile - ziemlich nah auf hoher See.

Nachmittags flaute der Wind wieder ab zu einem balsamischen Hauch, und in der Nacht segelten wir auf der schimmernden Mondbahn wie im Seglertraum.

In jeder klaren Nacht auf See sahen wir Sternschnuppen, doch in dieser regnete anscheinend eine ganze Wolke von Meteoriten auf die Erde. Einer davon zog eine gleißende Bahn über den halben Himmel, zerfiel grünleuchtend wie Feuerwerk in mehrere Teile und verglühte.

In prächtigen Farben ging die Sonne auf. »Sonne am Morgen bringt dem Seemann Sorgen«, heißt es in unseren nördlichen Breiten.

Doch der gute Segelwind blieb uns treu. Dabei pendelte er zwischen Nordwest und Damenbrise sowie Nordost und Starkwind hin und her, doch so langsam, daß reffen und ausreffen nicht in Arbeit ausarteten.

Auf der halben Strecke von Madeira liegen die Ilhas Selvagens. Mit weniger familiärem Stalldrang des Skippers hätten wir ihnen vielleicht einen Besuch abgestattet. Sagenhafte Schätze sollen dort vergraben liegen. So aber ließen wir ihre gefährlichen Riffe in gehörigem Abstand. Sorgfältig hielten wir Ausguck, aber sie blieben außer Sicht.

In der dritten Nacht kam auf Christines Wache voraus ein heller Schimmer durch. Im Glas sahen wir viele kleine Lichter ein ganzes Stück über der schwarzen Kimm - ein Ort hoch oben in den Bergen von Teneriffa. Eine Stunde vor Sonnenaufgang peilten wir das Leuchtfeuer Punta de Roque Bermejo recht voraus. Bei Anbruch der Dämmerung verschwanden alle Lichter, und der Horizont blieb leer.

Christine reichte den Eßkorb durchs Vorluk, und während das Boot für sich selbst sorgte, frühstückten wir unter den gewölbten Vorsegeln und genossen die wärmer werdende Morgensonne.

Da stand plötzlich fern im Dunst eine senkrechte Schattenlinie. Sie peilte genau dort, wo wir bei Tagesanbruch das Leuchtfeuer verloren hatten. Es war Kap Bermejo, das Nordkap der Insel, das Hunderte von Metern senkrecht aus dem Meer ragt. Etwa 30 Meilen waren es noch bis dorthin.

Milde wehte der NE, die Sonne stieg höher, und wir zogen die Pullover aus. Es war wie Sonntagssegeln. Allmählich ahnten wir erste Strukturen der Steilküste.

Als plötzlich wohlbekanntes Fiepen aus dem Boot erklang, hielten wir gleich Ausschau. Da schnitten auch schon zwei, nein drei schlanke schwarzbraune Rücken durchs Wasser - Zwergwale mit stumpfen Schnauzen und kleinen Rückenfinnen. So dicht kamen sie heran, daß ihr feiner Blas an Deck wehte. Dabei zwitscherte es aus der Luke, als hätten wir Kanarienvögel unter Deck.

Würdevoll glitten die Tiere neben FIRECREST einher, als schienen sie das Boot auf ernsthafte Weise zu untersuchen. Oder interessierten sie sich für unsere Lotsenfische?

Die hatten nämlich vor Funchal auf uns gewartet, um von da an wieder unsere Führung zu übernehmen. Etwas in Sorge blickten wir vom Bug herab. Dort schwammen unsere »Lotsen« vorsichtig neben dem Vorsteven in »Wal-Lee«. Als sich einer der Kleinwale dann dicht heranschob, flohen sie kielwärts.

Da schwamm das Tier nun direkt vor dem Steven. Bäuchlings legte ich mich auf den Klüverbaum und war ihm nun ganz nahe. Im Rhythmus der mitlaufenden Wellen tauchte es auf und ab, gemessen hob und senkte sich der Klüverbaum, und immer wieder kamen meine Fingerspitzen dem naßglänzenden dunklen Rücken um Zentimeter nahe. Das Tier hatte eine verkrüppelte Rückenflosse, die von Furchen umgeben war, wie die Narben großer Zähne oder einer Bootsschraube.

Giganten

Christines Schrei riß mich hoch. Es war mehr ein verblüffter Ruf, aber in einer einzigen Bewegung sprang ich an Deck. Da stand meine Gefährtin Gott sei Dank noch wohlbehalten im Cockpit und blickte starr über ihren ausgestreckten Arm nach Backbord.

Dort ragte riesig, schwarz und hoch wie das Rigg einer Segelyacht der Hinterleib eines Wales mit seiner Schwanzflosse senkrecht aus dem Wasser - sprang nicht, tauchte nicht, stand nur starr und unbewegt in den vorbeiziehenden Wellen.

Und wo eben noch Vogelzwitschern die Kajüte erfüllt hatte, klang nun laut und dramatisch ein dumpfes Knarren, wie ein Baum, der fällt und

fällt, und du wartest, daß es kracht, aber er hört nicht auf zu fallen.

Dicht beieinander standen wir, hielten uns am Dingi fest, während wir so vorbeisegelten, und warteten. Doch nichts geschah. Widersinnig schwerelos ragte der zigtonnen wiegende Hinterleib in die Luft. Das ganze Tier stand senkrecht auf dem Kopf, die ausgefranste Schwanzflosse dabei rechtwinklig abgeknickt nach Lee. Die Formen der Flossen und der knorpeligen Schwanzwurzel zeigten: Es war ein Pottwal.

»Er tauchte einfach auf - mit der Flosse zuerst«, flüsterte die Freundin.

Der Koloß nahm den Ausschnitt des Fernglases vollkommen ein. Nur ein langsames Auf und Ab, wie das einer gigantischen Boje, verriet, daß alles noch mit der hydrostatischen Physik zuging. Einzelne Partien der mit zahllosen Runzeln übersähten Haut begannen bereits matt zu trocknen. Und wieder dröhnte das Knarren aus der Kajüte.

Quasi ein Achselzucken dieses Meerestieres konnte FIRECREST zerschmettern wie eine Zigarrenkiste. Und doch hatten wir keine Furcht - eher das Gefühl, von freundlichen Riesen nur am Rande wahrgenommen zu werden. Mit Sicherheit verfolgte der Pottwal mit seiner ungewöhnlichen Übung eine Absicht, die mit der Versenkung von Sportbooten gar nichts zu tun hatte.

Als er etwa 100 Meter achteraus war, wurde das Knarren schlagartig leise - als ob wir den Schallkegel plötzlich verlassen hätten.

Und da war der Zweite. Etwa drei Kabellängen an Backbord hob sich erst die ausladende Flosse aus dem Wasser, dann die dünne Schwanzwurzel und dann der immer breiter werdende Hinterleib. Fast erwartete man die Brustflossen, aber dafür reichte der Auftrieb doch nicht.

»Das ist die Seeschlange!« stieß die Gefährtin hervor, und Faszination schwang in ihrer Stimme.

Und wirklich: Auf die Entfernung erschien der nach oben verjüngte Rumpf mit der Seitenansicht der entspannt eingeknickten Flosse verblüffend wie Leib, Hals und Kopf eines aufgetauchten Seeungeheuers.

Auch dieser Pottwal blieb einfach auf dem Kopfe im Wasser stehen. Dabei drehte er sich langsam, bis die abgewinkelte Fluke wie bei seinem Kollegen nach Lee auswehte. Fast schienen sie zu segeln.

Dann sahen wir in der Ferne den Dritten. Was taten sie?

Aus der Literatur wußte ich, daß Pottwale sich von Riesenkalmaren ernähren. Diese abenteuerlichen Wesen, die nur selten beobachtet werden, leben in den Tälern und Schründen der unterseeischen Gebirge und Inselsockel. Und über den Rand eines solchen Inselsockels segelten wir gerade.

Schwebten die Pottwale an der Meeresoberfläche wie Bussarde über einer Wiese mit Feldmäusen? Bestrichen sie mit ihrem Schallapparat, dem kantigen Walrat-Schädel, ihre in der Tiefe liegenden Jagdgründe und warteten, bis sich lohnende Beute zeigte?

Plötzlich schmetterte einer seine Fluke aufs Wasser, daß es donnerte. Aber noch tauchte er nicht, blies stattdessen immer wieder, als holte er tief Luft. Wieder hörten wir es laut knarren. Dann sahen wir auch die beiden anderen waagerecht schwimmen und blasen. Und dann waren alle verschwunden.

Eine halbe Stunde später sichteten wir Meilen hinter uns wieder die auf dem Kopf stehenden Wale. Auf die Entfernung sahen sie nun aus wie etwas verbogene, schwarze Tonnen.

Teneriffa - von Norden

Himmelhoch ragte mittlerweile die zerklüftete Nordostspitze Teneriffas aus dem Atlantik. Anthrazitfarbene Lavaströme schienen erst kürzlich erkaltet zu sein. Auf einigen Absätzen breitete sich ein grüner Schimmer Vegetation, und hier und da über dem Abgrund hielten sich kleine Höfe. Wie weit lebten die Menschen dort von dem Ozean entfernt, der sich vor ihnen aus schwindelnder Tiefe bis zum Horizont dehnte!

Dann öffnete sich die Bucht von Santa Cruz. Eine Skyline von Hochhäusern wucherte die Bergflanken hinauf, Ozeandampfer lagen vor den Alleen der Wasserfront, und dort der lange Wellenbrecher, das mußte die Darsena Pesquera sein, der große Fischereihafen. Hinter der Krone der Schutzmauer ragten Yachtmasten. Da wollten wir hin.

Vorbei an verwahrlosten Lagerschuppen und Fischhallen, hölzernen spanischen Fischkuttern und Trawlern aus Japan, Taiwan und Korea, die teilweise nur noch aus Rost zu bestehen schienen, kreuzten wir in den hinteren Teil des Hafens. Dort an der Betonpier lagen Yachten aller Flaggen und Größen.

Die weitläufige, schmutzige Darsena Pesquera hielt keinen Vergleich aus mit dem gepflegten Funchal. Aber es war hier der einzige Schutzhafen, in dem wir preiswert liegen konnten. Mich störte nur der Gedanke, das Boot hier längere Zeit allein zu lassen.

Als wir im Päckchen längsseit einer westeuropäischen Yacht festmachen wollten, wies uns die Bordfrau zornig ab. Unser Boot sei zu schwer, unsere Fender schmutzig, und hier lägen schon genug Boote nebeneinander.

Wir wollten unseren Aufenthalt nicht mit Streit beginnen und verholten längsseit des dicken dänischen Marstal-Schoners BENDE. Neben dem wirkten wir wie ein Dingi.

Eine Stunde später verholten wir noch einmal, um eine größere Yacht nach innen zu lassen. Es war BAJADERE!

Andreas und Sabina kamen gerade von Las Palmas, wo sie sich zum *ARC*, der großen Fahrtensegler-Regatta nach Barbados, gemeldet hatten.

Teneriffa

Pueblo Hermano

Warmer Fahrtwind toste durch die offenen Seitenscheiben. Die Reifen sangen auf dem heißen Asphalt, dazwischen helles Frauenlachen meiner Freundin Christine und meiner Tante Inge - ja, die uns in Heikendorf an der Kieler Förde verabschiedet hatte. Linker Hand stumpfblauer Atlantik, am Horizont die Umrisse von Gran Canaria, rechter Hand aufsteigende, ocker über grau bis violett zerklüftete Lavalandschaft. Verlassene Terrassenfelder huschten vorbei, spärliches Grün von Opuntien, Agaven und Dornensträuchern, dazwischen neue Hochhäuser, die Fassaden aus Beton und Ziegeln noch unverputzt.

Im Vorbeifahren ein kurzer Blick auf einen kleinen Fischerhafen, hell im Nachmittagslicht eine hohe Mole, bunte Boote auf schwarzem Kieselstrand, aufgespannte Fischernetze; dann zwischen hohen, alten Häusern eine schmale Straße bergauf.

»Candelaria!«

Der Ort blieb zurück, und es ging weiter auf steiler, geteerter Bergstraße.

»*Pueblo Hermano* nennen es die Einheimischen!« zeigte Tante Inge in die Berge und lachte.

Hermano - Opas Vorname auf Spanisch. Auf einer fernen Kuppe schachtelten sich zahlreiche weiße Gebäude mit flachen Dächern.

»Hermanns Dorf«, dachte ich.

Darüber stiegen die Berge in hohe Fernen, wo Nadelwaldpolster die schroffen Grate rundeten, verdeckt irgendwo dahinter der Vulkan *Teide*.

Zwischen kargen Bauernhöfen und Feldmauern, hinter denen Avocados, Wein, Papayas und Mais wuchsen, kletterte der Wagen eine Schotterstraße bergan. Neben der Fahrbahn verlief eine zementierte Wasserrinne. Dahinter fiel der Barranko ab, eine zerklüftete Schlucht voller Kakteen und Agaven.

Dann eine letzte Kehre über eine alte Steinbrücke und eine steile Auffahrt zu einem Vorplatz. Wir stiegen aus. Vor uns erhob sich ein Torii, ein japanisches Tor aus Kiefernbalken. Gespannt und etwas aufgeregt schritten wir hindurch.

»Opa ist mit Hans-Jürgen sicher auf dem Dach des neuen Hühnerhauses. Ihr werdet ihn schon finden«, deutete Tante Inge auf eine Tür in der Mauer. »Nachher gibt es Kaffee!« rief sie uns nach.

Wir traten in einen Innenhof. Blühende Bougainvillea und Aronstabgewächse überwucherten die Mauern. Ein Wasserstrahl plätscherte in ein steinernes Becken. An seinem Rand lagen Schöpfkellen.

Wir traten durch ein angelehntes Tor und standen am Fuße der Außenmauer. Weit schweifte der Blick über die Ostküste. Gehöfte und Sommerhäuser sprenkelten die Felsenwüste mit weißen Punkten. Bewässerte Felder bildeten grüne Karrees. An der Küste drängten sich die alten Ziegeldächer von Candelaria um einen Glockenturm - die berühmte Wallfahrtskirche.

Am linken Ortsrand sahen wir wieder den Hafen. Das mußte die neue Mole sein, die Opa damals am Telefon erwähnt hatte. L-förmig umfaßte sie das Hafenbecken und bot Schutz nach Norden und Osten. Nach Süden war die Einfahrt offen und nur durch eine Ausbuchtung der Küste etwas geschützt. Aber von Süden wehte es hier selten.

Viele der bunten Fischerboote waren auf den Strand gezogen, aber ein paar lagen auch an Moorings. Und deutlich sah man zwei Segelyachten an der Molenpier. Diesen Hafen mußten wir uns genauer ansehen!

Wir folgten dem Hallen von Hammerschlägen. Auf dem Dach eines hohen Rohbaus standen mein Onkel Hans-Jürgen und sein Vater - mein Opa.

»Hahaa!« rief Opa und

»Hello! Lord Murphy, old sailor!« lachte der Onkel und winkte mit einer Bügelsäge.

Da standen sie gegen den blauen Himmel, drahtig und braungebrannt, mit wehenden weißen Haaren, karierten Holzfällerhemden, Latzhosen und breiten Strohhüten.

»Wir kommen runter - gibt sowieso gleich Kaffee.«

Doch als ich meinen Großvater umarmte und ihm Christine vorstellte, blieben seine Augen kühl. Ich fand das Feuer nicht, das früher zwischen uns leuchtete.

Vor dem Wasserbecken im Innenhof murmelte Opa andächtige Worte. Dann nahm er eine Kelle und trank einen Schluck, bevor er sich das Sägemehl von Armen und Händen wusch. Auch wir machten uns frisch und genossen das kühle Bergwasser nach der heißen, staubigen Fahrt.

Dann stiegen wir hinauf zum Hauptgebäude. Dort betraten wir ein großes Speisezimmer, aus dessen hohen Fenstern der Blick hinaufstieg zu fernen Massiven, die sich scharf gegen den blauen Himmel abzeichneten.

Die neue Lebensgefährtin meines Großvaters wurde uns vorgestellt, auch die Haushälterin Rosalia und verschiedene freundliche Frauen und Männer, Teilnehmer des Seminares, das gerade stattfand.

Dann wurde aufgetragen: Platten mit Apfelkuchen, Pfirsichtorte, Rosinenkuchen und Schüsseln voller Schlagsahne, dazu Kaffeekannen und Milchtöpfe.

Die Gefährtin und ich sperrten die Augen auf vor diesen lange entbehrten Genüssen. Alle nahmen sich, dann sprach mein Opa den Tischsegen, und wir begannen zu schwelgen. Heiterkeit und Gelächter griffen um sich, darin die lange vermißte Stimme meines Großvaters. Am Kopfende des Tisches hielt er Hof, umgeben von Bildern und Gegenständen aus meinem Großelternhaus, und seine Augen schienen wieder den alten Glanz zu bekommen. Unter südlicher Sonne hatte ich ein Stück Heimat wiedergefunden.

Die Angst des Torwarts

Der Hafen strahlte von atlantischem Licht. Die Helligkeit ließ sich beinahe greifen, aber sie blendete nicht und war kühl vom tiefen Ozean.

Die Betonmole war von der Mächtigkeit einer Festung, wie alle Seemolen, die wir von Lage bis Funchal gesehen hatten - geschaffen, haushohen Brechern standzuhalten. Auf der Innenseite der Schutzmauer bildete sie eine breite Pier, und an der Außenseite brach eine Schüttung großer Felsblöcke die nordöstliche Dünung. Zuweilen wehten Salzwasserspritzer über die Mauer.

Auf der Anhöhe nördlich des Hafens standen eine Handvoll Hochhäuser, zumeist Ferienwohnungen von Festlandspaniern. Hier an der kargen Ostküste gab es kaum ausländische Touristen. Am Strand entlang - ein Stück südlich, begann die Altstadt von Candelaria, überragt vom Turm der Wallfahrtskirche.

Verglichen mit dem riesigen Molenbau, erschien der Hafenbetrieb klein und unbedeutend. Die meisten Fischerboote wurden mit Handwinden auf den steilen Geröllstrand gezogen. Einige Boote lagen an Moorings.

Nur zwei Fahrzeuge hatten an der langen Pier festgemacht. In der Nähe der Einfahrt dümpelte ein alter, vergammelter Kutter - den vielen Autoreifenfendern und verschlissenen Festmachern nach seit Monaten. Das andere war ein großes, offenes Fischerboot. Es glänzte in frischer roter Farbe. Gemächlich schwoite es im Schwell, der auch im Hafen spürbar war. Der Fischer hatte seine großen Fangkörbe auf die Pier gestellt und flickte schadhafte Maschen. Ein neuer Lieferwagen zeugte von bescheidenem Wohlstand.

Die Yachten, die wir gestern gesehen hatten, waren verschwunden.

Auf der Pier stand ein fahrbarer Kaffeetresen, davor Plastikstühle und -tische. Alte Männer tranken dort im Schatten verschlissener Sonnenschirme dickflüssigen Kaffee.

Am Ufer gab es einen einfachen Betonslip und im Lavafelsen dahinter eine Mariengrotte. Über ihrem Eingang hing ein verwitterter Rettungsring, und aus ihrem tiefen Schatten glänzte golden ein Marienbild zwischen Blumengestecken und einem roten ewigen Licht.

Ich fragte den Fischer, der seine Fangkörbe flickte, ob hier auch Segelboote liegen dürften.

»Naturalmente!«

Und Liegegebühren?

Er hob die Schultern. »Fragen Sie den Alcalden.«

»Und bei Südwind?«

»Kein Problem.«

»Und bei Südsturm?« Ich ließ nicht locker.

»Müssen Sie hier raus! Kommt aber nur selten vor.«

Ich schlenderte zum Ende der Mole. Polternd brach sich die Dünung in der Steinschüttung, lief quer über die Einfahrt und gischtete auf den schwarzen Lavastrand. Hier sollte der Motor ungern verrecken. Weißer Schaum schwamm auf dem Wasser, doch beim Molenkopf war es grün und tief. - Und schließlich fuhren hier ja auch die Fischer täglich ein und aus.

Also: mit reichlich Fahrt einlaufen, zur Sicherheit noch ein, zwei Segel gesetzt, Anker klar zum Fallen, Leinen klar, Fender draußen.

»Die Angst des Torwarts vorm Elfmeter...«, hörte ich hinter mir die Stimme von Onkel Hans-Jürgen. Der erfahrene Ostseesegler hatte es genau getroffen.

»Später besorge ich mir ein paar alte Autoreifen - als Fender für die rauhe Betonpier.«

Und die Festmacher würde ich doppelt nehmen und dicke Schamfielings um die Leinen wickeln, wo sie über der rauhen Pierkante scheuerten.

»Dann laß uns fahren, Murphy, unsere Frauen warten.«

In der Darsena Pequera lag FIRECREST friedlich, unverändert und von Festmachern eingesponnen unter dem gewaltigen Klüvergeschirr des Schoners BENDE.

Wir turnten an Deck, und ich öffnete die Luken.

»In der Kajüte ist es noch genauso sauber und aufgeräumt wie bei eurer Abreise«, lobte Tante Inge die Bordfrau.

Andreas und Sabina kamen von der BAJADERE und waren enttäuscht, daß wir sie gleich wieder verlassen wollten.

»Verholt doch auch nach Candelaria!«

»Wo ist denn das?«

Als Andreas von einer »gewissen Brandung« neben der Einfahrt hörte, nahm sein Interesse spürbar ab.

»Wir wollen sowieso bald zurück nach Las Palmas. Da sammeln sich jetzt die Yachten zum *ARC*.«

»Der Korb mit dem Proviant ist vorn in der Pantry«, rief Christine und stieg mit Inge wieder an Land. Sie wollte mal Ferien machen vom Boot und überließ die Überführung gern uns Männern.

In aller Ruhe machten Hans-Jürgen und ich seeklar. Nahtlos knüpften wir an so manchen gemeinsamen Törn durch die Dänische Südsee an. Dazu paßte die Nachbarschaft des Marstal-Schoners wie bestellt.

»Den alten Eimer habe ich doch schon in Faaborg gesehen«, meinte der Onkel. »Dieses Ofenrohr!« freute er sich über den dicken Glühkopf-Schornstein.

Mit Hilfe der Bootsnachbarn klarierten wir FIRECREST aus den vielen Festmachern. Der Motor schlürfte sein zweitaktöliges Kühlwasser ins noch öligere Hafenwasser. Andreas und Sabina winkten, und Hans-Jürgen steuerte zur Ausfahrt. Voll des Abenteuers schweiften seine Blicke über die rostigen, dieselrauchenden Trawler und die piratenhaften Gestalten auf ihren Decks. Beim Molenkopf dann sah er den blauen Atlantik.

Als FIRECREST die ersten Roller spürte, stiegen die Segel in den Nordostpassat, und der Kutter rauschte unter gespannter Leinwand nach Süden.

Zum ersten Mal segelte mein Patenonkel auf dem Ozean. Die hellen Augen unter dem weißen Haarschopf leuchteten voll jungenhafter Begeisterung über die hohe Dünung und das tintenblaue, kristallklare Wasser. Während der gesamten Überführung stand er am Rad. Auch ein kurzer Schauer beirrte ihn nicht, und als der vorbeigezogen war, spannte sich ein Regenbogen quer über unser Kielwasser.

In Ruhe verzehrten wir unser Picknick, tranken dazu englisches Lagerbier aus der kühlen Bilge und danach Kaffee aus der Thermoskanne.

Inzwischen zog Teneriffas verdorrte Ostseite langsam an uns vorüber. Von hier draußen sah ich hinter schroffen Höhenzügen erstmals den schneebedeckten Vulkan Pico de Teide. Würden Christine und ich ihn ersteigen wie einst Alexander von Humboldt?

Bei Candelaria näherten wir uns wieder der Küste. Auffällig ragten die Stockzähne der Appartementburgen empor. Darunter lag der Hafen, linker Hand die verschachtelte Altstadt mit der Plaza und der hohen Kirche. Und fern über runder Kuppe schimmerten die weißgekalkten Mauern von Hermannsdorf. Ob die Gefährtin FIRECREST jetzt durch das Fernglas sah?

Die Mole war bereits deutlich zu erkennen. Gischtfontänen stiegen aus den Steinpackungen des Wellenbrechers, und der Strand schien eine einzige schäumende Masse. Ich versuchte klar und systematisch zu denken. Der Wind hatte zum Nachmittag noch aufgefrischt. Wir trugen bereits das zweite Reff im Groß. Um bei dem kommenden Manöver handliche Segel zu führen, hatte ich die kleine Fock gegen die Sturmfock getauscht. Dabei liefen wir immer noch hohe Fahrt.

Die Angst des Torwarts... Aber es mußte gehen, die Einfahrt war breit und tief. Wir mußten nur Fahrt behalten, also unter Segeln hinein und zur Sicherheit die Maschine mitlaufen lassen. Bug- und Heckanker waren klar zum Fallen. Auch Fender hingen bereits außenbords; daran wollte ich nachher nicht mehr denken.

Die Gischtfontänen steigen höher als die Schutzmauer. Die Bewegungen des Bootes werden jetzt unruhiger, und ich spüre unter den Füßen die von der Mole reflektierte Brandung.

Nein, Hans-Jürgen, noch nicht anluven! Weiter vor dem Wind ablaufen, auf den Strand zu, bis wir gut in den Hafen hineinsehen können. Sonst schrammen wir mit Affenfahrt um die Mole herum und sehen erst im letzten Moment, was uns drinnen erwartet.

Ich stehe oben auf dem Großbaum, suche den Überblick, und langsam öffnet sich der Blick in die Einfahrt. Deutlich höre ich schon das Poltern der Brecher. Nerven! Und Druck auf der Blase - hätte ich früher erledigen sollen.

»Anluven!«

Mit Halbwind prescht der Kutter Richtung Einfahrt. Dahinter liegt der Hafen weit und leer. Auch der Motor läuft schon mit - puckert sauber vor sich hin. Die Gesichter der Menschen am Ufer sind nun deutlich zu erkennen. In den Zügen der alten Männer leuchtet Interesse.

Jetzt die Fock runter, das Vorschiff muß gleich frei sein, der Klüver reicht als Hebel.

Schwappkawumm-zischschhh! Wenige Wellenlängen an Backbord brodeln die Brecher den steilen Strand hinauf. Da könnten wir vom Wrack der FIRECREST direkt an Land springen. An Steuerbord kracht die Brandung in die Steinpackungen am Molenkopf, Gischt weht herüber. Mit Braßfahrt rauschen wir durch die querlaufenden Wellen in den Hafen. Dröhnen wie von endlos vorbeirollenden Güterzügen erfüllt die Luft.

»Anluven - bei dem Fischkutter da längsseit!«

Zum Glück liegt das vergammelte, alte Boot noch unverändert. Schon killen die Segel im Windschatten der Mauer, ich werfe die Fallen los, zerre das Groß in die Faulenzer.

Ein alter Daddy auf der Pier erkennt die Lage mit einem Blick und kommt am Stock angehumpelt, um eine Leine wahrzunehmen. Doch da sind wir schon längsseit des Bootes, und eine Vorleine ist fest. Lustig winkt der Alte mit dem Krückstock.

Nun können wir in aller Ruhe festmachen.

Sicher vertäut liegt FIRECREST neben dem alten Schlorren und wiegt sich im Schwell. Der Onkel und ich stehen mit Bierdosen an Deck und prosten uns über das lose aufgetuchte Großsegel hinweg zu. Erleichtert grinsen wir und gucken respektvoll achteraus. Dort laufen die Roller quer über die Einfahrt, und der Sprühdunst der Brandung verhüllt die Kirche Nuestra Senora de Candelaria wie Nebel.

ARC

Wenn Christine und ich jetzt aus dem Fenster unserer *Casita* auf den fernen Hafen blickten, sahen wir auch den winzigen weißen Rumpf der FIRECREST mit ihrem gedrungenen Mast und der weißen Toppstenge.

Es war nun Mitte Oktober, und wir hatten einen beträchtlichen Vorsprung gegen die Jahreszeiten herausgesegelt. Erst Ende Dezember würde es in Westindien wirklich hurrikansicher sein.

So lange hatten wir Zeit - Zeit, um uns mental und das Boot technisch auf die Überquerung vorzubereiten - und um vielleicht hier im geistigen Zentrum meines Großvaters neue Bewußtseinserfahrungen zu sammeln.

Wir hatten uns bald in Hermannsdorf eingelebt. Dafür, daß wir in einer recht geräumigen »Klosterzelle« wohnen und uns an der vegetarischen Tafel mit verköstigen durften, wollten wir uns der Gemeinschaft auch nützlich erweisen. So besetzte meine Gefährtin kurzerhand das Nähzimmer, und mir als »Bootsbauer« wurde die Tischlerei anvertraut.

In der folgenden Zeit machten wir uns über neue Vorhänge und zerrissene Arbeitskleidung beziehungsweise Türen, Balkonbrüstungen und Fensterläden her. Nebenbei tippte ich an einem neuen Buchmanuskript und baute aus dem Holz der zähen Esperanzakiefer einen Heckausleger, Decksbeschläge für Wasserfässer und einen Kranbalken für den zweiten Anker.

Am liebsten aber erledigten wir Besorgungsfahrten. Denn wenn wir den alten Toyota anschließend wieder volltankten, durften wir ihn auch für Ausflüge nutzen.

Bei der ersten Gelegenheit fuhren wir zur Darsena Pesquera. BAJADERE lag noch da, und Sabina und Andreas waren an Bord. 20 Minuten später brausten wir zu viert hinauf ins Bergland.

Durch schattige Esperanza-Wälder klomm die Straße immer höher, und von den Kehren aus blickten wir weit über die Insel.

Auf einem Aussichtsparkplatz öffneten wir den Picknickkorb: In der kühlen, aromatischen Bergluft genossen wir würzige Pamplonica (eine Art Salami), frisches Weißbrot, Käse und Weintrauben. Nie wieder habe ich so köstliche Trauben gegessen wie auf Teneriffa. Dazu tranken wir mit kaltem Bergwasser verdünnten Acentejo-Wein von der Nordküste der Insel.

Von hier oben sahen wir den Teide ganz nahe. Der schneebedeckte Vulkankegel schien bis in den Himmel zu wachsen - 3700 Meter stand in der Karte. Daß wir die Aussicht gleichzeitig mit einer Busladung Touristen bewunderten, durfte uns auf Teneriffa nicht stören.

Anschließend fuhren wir hinab an die grüne Westküste. Sie erinnerte an Madeira: Palmen, Plantagen, Villen in üppigen Gärten, blütenwuchernder Kontrast zur trockenen Ostküste, wo Opas Finca eine Oase war und jeder Liter Wasser kostbar.

Über der Steilküste von Punta del Hidalgo tranken wir im *Café Melita* deutschen Bohnenkaffee und aßen deutsche Apfeltorte mit Schlagsahne.

300 Meter tiefer schäumten die atlantischen Roller über die Riffe. Weit im Westen verschwamm der Horizont mit dem Himmel. Dort würden auch wir bald sein, ein unsichtbares Molekül im unendlichen Blau. Ganz von selbst sprachen wir über unsere Weiterreise.

Für Andreas und Sabina war die Sache einfach. Mit PIMPERNELL und über 200 anderen Seglern wollten sie in diesem Jahr am *ARC*, dem *Atlantic Race for Cruisers*, von Las Palmas nach Barbados teilnehmen. Diese Fahrtensegler-Regatta wurde von dem bekannten Segelbuchautor Jimmy Cornell organisiert.

Neben viel Spaß versprachen sich unsere Freunde davon ein Maximum an Sicherheit. Alle Boote hatten eine vorgeschriebene Sicherheitsausrüstung an Bord und wurden während der gesamten Veranstaltung überwacht und betreut. Die Teilnahme stand jeder Fahrtenyacht offen, und das Startgeld war erschwinglich.

»Wollt Ihr denn nicht auch dabeisein?« drängte Sabina und blickte Christine, die nicht viel jünger war als sie, weich und mütterlich an. Meine Kameradin schüttelte langsam den Kopf und sah mich an.

»Es geht nicht, Sabina«, sagte ich. »Wir haben kein richtiges Funkgerät und können uns jetzt weder eine *Epirb* (automatische Seenotfunkboje) noch eine Rettungsinsel kaufen. Und beide sind vorgeschrieben. Für das Geld könnten wir ein Jahr lang an Bord leben.«

Aber das war nur die halbe Wahrheit. Niemals hätten wir den Atlantik in einer Flotte von mehreren hundert Booten überqueren wollen.

»Dann segelt doch einfach inoffiziell mit! - Ihr startet, wenn wir starten, und wir segeln gemeinsam.«

»BAJADERE läuft viel schneller als FIRECREST. Wir würden uns bald aus den Augen verlieren«, wendete Andreas ein. »Aber sicherer wäre es schon.«

Ich schüttelte den Kopf.

»Ihr wollt doch hinterher auch nach Martinique. Dort werden wir uns bestimmt treffen.«

Erst in Falmouth hatten wir von der Regatta erfahren, denn Yachtzeitschriften lasen wir schon lange nicht mehr. Doch selbst wenn wir die geforderte Ausrüstung gehabt hätten - mir genügte schon die Vorstellung, daß sich eine Organisation ständig über unsere Position und unsere Befindlichkeit Gedanken machte. Deshalb waren wir nicht losgesegelt.

Außerdem lag Barbados nun mal nicht auf unserem Kurs.

Als wir einige Tage später wieder in der Darsena Pesquera vorbeischauten, war BAJADERE gerade ausgelaufen. Auch die meisten anderen Yachten waren verschwunden. Nur Schoner BENDE lag immer noch an seinem Liegeplatz.

Wir tranken Kaffee mit dem knorrigen Skipper Sven. Er sagte, er sei alt und hätte in seinem Leben schon genug gesegelt. Außerdem schiene die Sonne warm, die Liegegebühren seien niedrig, und er lese gerade *Treasure Island* von Stevenson. Es sei das erste Buch, das er seit seiner Schulzeit lese, und es sei hervorragend. Jeden Tag gönne er sich ein Kapitel. Wenn er das Buch durch habe, wollten sie auslaufen - nach Westindien.

»Nicht wahr, Luisa?«

Dabei tätschelte er gleichzeitig seine junge schwedische Freundin und seine mürrische alte Schäferhündin. Wer war nun Luisa? Wir verabschiedeten uns von dem Lebenskünstler. In Pueblo Hermano wartete Arbeit.

Klosterleben

Alle paar Tage schnürte ich mein Bündel, nahm Abschied von der Freundin, die das weniger freute, und wanderte hinunter zum Boot. Dort sah ich nach dem Rechten, sägte, schraubte und malte und übernachtete auch dort.

Eine knappe Stunde ging ich jedesmal; aber ich machte den Weg gerne. Es war ein romantischer Weg durch passatumwehtes, sonnenriechendes Lavaland voller Eidechsen, Kakteen und Agaven. Und nach Monaten der Zweisamkeit genoß ich diese Nachmittage und Abende allein auf der FIRECREST.

Als erstes sprang ich ins klare Wasser. Zuerst nahm es mir den Atem. Wärmer als 20 Grad wurde das Wasser des kalten Kanarenstromes auch im sonnendurchfluteten Hafenbecken nie. Doch nach wenigen Augenblicken spürte ich die Kälte nicht mehr und erkundete mit Schnorchel und Brille das Hafenbecken.

Zwischen verrosteten Farbeimern, Resten von Netzen und Autoreifen weideten schwarze langstachelige Seeigel. Von Muscheln und Seegras überkrustet, liefen alte Ketten und Kabel kreuz und quer über den Grund. Schwere Betonplatten mit Eisenringen lagen eingesunken im Mudd. Einige trugen die Moorings kleiner Fischerboote, andere lagen vergessen und unbenutzt. An einer hatte ich die Kette unseres Warpankers geschäkelt, um das Boot im Schwell von der Pier abzuhalten.

Hinterher wusch ich mich mit Frischwasser, trank in der Kajüte Kaffee und horchte auf das ewige Knuspern und Knacken der weidenden Seeigel unter dem Boot.

Den Rest des Tages arbeitete ich als Schiffszimmermann, bis die Dämmerung das Augenmaß verwischte. Dann streckte ich mich im heimeligen Zwielicht der Kajüte auf die Bank und blickte dem Pfeifenrauch hinterher, wie er durch die Luke stieg und im Abendlicht verwehte.

Am nächsten Vormittag war ich dann wieder auf dem Weg nach oben. Wenn ich die Brücke über den Barranco passierte, winkte ich hinauf zu meinem Opa, wenn er, wie meist um diese Tageszeit, auf den Gemüseterrassen arbeitete.

Nach dem Rhythmus meines Großvaters lebte das ganze »Kloster«. Wenn die Sonne über Gran Canaria aufging, schlug ein tiefer Gong, und die Brüder und Schwestern versammelten sich im Allerheiligsten um den Hohenpriester, meinen Opa, und begrüßten den Tag.

Christine und ich nutzten die Einstimmung zur Morgenandacht auf unsere Weise.

Schon lange vor unserer Reise hatte ich das Buch des Arztes Hannes Lindemann gelesen, in dem er beschreibt, wie er mit einem Faltboot über den Atlantik segelt, um im Selbstversuch die Leistungsfähigkeit des Autogenen Trainings zu untersuchen. Das hatte mich sehr beeindruckt, und ich hatte mir das Autogene Training zu eigen gemacht - mit großem Nutzen, wie ich fand. Und ich weiß nicht, wie ich ohne diesen »mentalen Vorrat« den Törn über die Biscaya bewältigt hätte.

Auch meine Gefährtin hatte das Autogene Training für sich entdeckt, und die Atmosphäre hier war unseren Morgenübungen durchaus förderlich: der Gong, der Klang der bronzenen Windglocken, die mein Großvater aus Nepal mitgebracht hatte, das ewige Flüstern der Palmwedel und Blütenranken im Passat. So gingen wir motiviert in den Tag, nicht anders als Opa und seine Adepten im »verbotenen Bezirk«.

Außerhalb der Mahlzeiten begegneten wir meinem Großvater selten. Entweder hielt er für die Seminaristen Übungen oder Unterricht ab, oder er war in den Gärten oder bei handwerklicher Tätigkeit zu finden. Wenn ich dann sah, wie in sich gekehrt er arbeitete, hatte ich Scheu, seine Gedanken zu stören.

Von sich aus kam Opa nie zu mir. Vom Bootsbau und der großen Segelreise, die er ja einst moralisch unterstützt hatte, war niemals mehr die Rede. Trotzdem suchte ich seine Nähe. Dann wartete ich auf einen günstigen Moment und stellte ihm Fragen - über die Welt und ihre inneren Zusammenhänge. Dabei ging es mir weniger um die Antworten als um den Versuch, ihn noch einmal zu erreichen.

Eines Nachmittags endlich glaubte ich zu spüren, wie er die Existenz seines Enkels einmal wahrnahm. Er hatte beim Graben zwischen den Avocadobäumen innegehalten und sprach: Meine geistige Suche sei nur ein Vorwand. Mit dieser Segelfahrt würde ich nach banaler Wunscherfüllung streben. Doch persönliche Wünsche hätten vor der Suche nach Erkenntnis keinen Bestand.

Dann wendete er sich wieder seinen Pflanzen zu und grub schweigend weiter.

Tief enttäuscht stand ich da und wußte keine Antwort.

Natürlich strebte ich nach der Erfüllung eines tiefen Wunsches: mit einem kleinen Boot über den Ozean segeln! Aber was sollte daran schlecht sein? Ich war überzeugt, daß ich damit etwas Gutes und Richtiges tat, und daß auch in der physischen Bewährung ein Sinn liegt: die Erfahrung, wie die Kraft der inneren Vorstellung die Trägheit der Materie überwindet.

Das hast auch du erlebt, Opa, hätte ich antworten können. Als Zimmermann und Architekt in besonderem Maße. Und nach diesen Erfahrungen konntest du dich der nächsten Stufe widmen. Dort ist der Geist nicht nur Beherrscher der Materie, sondern gestaltet auch sich selbst. Dort bist du nun.

Doch ich kann meinen Weg nicht abkürzen und weitermachen, wo du schon bist. Das wäre nicht mein Weg - es zu versuchen ein Irrweg.

Damals fand ich die Worte nicht. In sich gekehrt, grub Opa unter seinem breiten Hut, und da merkte ich, daß wir uns schon lange verloren hatten.

Als ich meiner Gefährtin vorschlug, wieder an Bord zu ziehen, war sie erleichtert. Nur meinetwegen hatte sie die, seit dem Heimflug von Onkel und Tante immer offenkundigere Ablehnung ihrer angeblich »animalischen Schwingungen« durch die Glaubensgemeinschaft ertragen.

Als wir uns verabschiedeten, nahm es mein Großvater gleichmütig. Hölzern umarmte er uns. Aber dann winkte er uns doch hinterher, bis wir hinter dem japanischen Tor verschwunden waren, und da, ein letztes Mal, glaubte ich wieder den Glanz in seinen Augen zu sehen.

Die ersten Meter des langen, sonnenflimmernden Weges hinab nach Candelaria verschwammen vor meinem Blick.

Doch der Passat wehte uns an und trocknete den Schweiß. Abwechselnd ließen wir den zweirädrigen Wagen mit unserem Gepäck vor uns herrollen oder uns von ihm schieben. Die spanische Haushälterin hatte ihn uns geliehen.

»Wollen Sie das den ganzen Weg tragen?« hatte Rosalia fragend auf unser Gepäck und den Karton voller Bordwerkzeug und bearbeitetes Holz gedeutet.

»Nehmen Sie den Anhänger!« bestimmte sie und koppelte ihn von ihrem Mofa los. »Si, si! Heute abend hole ihn mir bei Ihrem Boot wieder ab.«

Von jeder Wegkehre aus erschienen der Hafen und FIRECREST ein Stück größer. Als wir den Anhänger über die Uferstraße schoben und den Kutter hellblau, weiß und in frischem Firnis glänzend gegenüber an der Mole liegen sahen, war es wie eine Heimkehr.

Die Endgültigkeit des Abschieds von meinem Großvater wurde mir erst später ganz bewußt. Zunächst überwog die Enttäuschung. Doch tat ich ihm Unrecht. Ich hatte hartnäckig etwas in ihm sehen wollen, dem er nicht entsprach. Das war nicht seine Schuld.

Camerones

Bald nach unserer Heimkehr an Bord kamen unsere Eltern eingeflogen. Sie wollten ihre Kinder vor der Ozeanüberquerung wohl noch einmal sehen.

So erlebten wir unvermittelt noch einmal Familienferien.

Gemeinsam fuhren wir nach Puerto de la Cruz und sahen dort Brandungswellen, die höher waren als der Mast der FIRECREST.

Ein anderes Mal lud uns mein Vater in ein gediegenes altspanisches Gasthaus und hinterher zu Kaffee und Kuchen ins unvermeidliche Melita, oder wir fuhren hinauf ins Hochland und picknickten bei den Felstürmen Los Roques am Fuße des Teide.

Eines Tages ließen die Eltern wieder bei uns die Beine von der Pier baumeln, aßen mitgebrachtes Obst und planten den nächsten Ausflug. Da kam unser Nachbar, der Fangkorb-Fischer mit dem roten Boot, dem ich neulich beim Schnorcheln ein Tau aus der Schraube geschnitten hatte, mit einer großen Plastiktüte vorbei. Sie war prall gefüllt mit frischen *camerones* (Garnelen), Taschenkrebsen und Seespinnen. Wir konnten nicht glauben, daß alles für uns bestimmt war.

»Muchas gracias!«

»De nada!« winkte der füllige Seemann ab, ein breites Grinsen im schwarzen Stoppelbart.

Wir strichen den Restaurantbesuch, und Christine setzte den großen Drucktopf auf. Darin schmorte sie Zwiebeln und Speck, löschte mit Weißwein und Seewasser ab und schüttete die Krebse dann allesamt in den kochenden Sud. Der Topf war bis oben gefüllt. Nach fünf Minuten waren die Krebse auf zwei Drittel zusammengekocht und schwammen in einer köstlichen Suppe aus eigenem Saft.

Erstaunlicherweise schafften wir die Riesenmahlzeit ohne Probleme. Dabei hatte wohl auch der süffige Acentejo-Wein von der Nordküste geholfen. Zum anschließenden Kaffee in der Altstadt halfen wir unseren animierten Erzeugern dann über Wanten und Lampenbretter wieder auf die während der Ebbe beträchtlich gestiegene Pier.

Einige Tage später begleiteten wir die Eltern zum Flughafen. Als der Clipper nur noch ein kleiner silberner Fisch im Blau war, fühlten wir uns für einen Moment sehr allein. Zwischen uns und einem Wiedersehen lag zumindest das Weltmeer.

Mit der Zunge bohrte ich in dem kantigen Krater meiner kürzlich verlorenen Plombe. Auch diese Sache mußte vor unserer Abreise noch erledigt werden.

Pater Santiago

Ganz zuoberst auf der Arbeitsliste stand Aufslippen. Immer wieder hatte ich mir den rudimentären Slip angesehen. Die schiefe Ebene reichte bei Flut knapp zwei Meter unter die Wasserlinie. Unser Tiefgang betrug 1,8 Meter, es war also möglich.

Das System war simpel. In die geneigte Slipbahn waren Eisenbahnschienen einbetoniert. Darauf rollte ein Rahmen aus Stahlträgern, auf dem man aus schenkeldicken Pallhölzern einen Bock bauen konnte, wo dann das Boot sicher stand.

Mit Hilfe einer alten Ankerwinde wurde die Plattform zu Wasser gelassen und mit dem Boot wieder an Land gezogen. Ob man auch uns aus dem Wasser ziehen würde?

Selbstverständlich, meinte Pater Santiago, der Pfarrer von Candelaria, er würde den Fischern Bescheid sagen.

»Was kann das kosten?«

»Ein paar Flaschen Wein vielleicht?« schmunzelte der Priester.

In Deutschland nennt man so etwas eine »Getränkefrage«.

Ja - Pater Santiago. Eines Tages, ich kniete an Deck und sägte und schmirgelte, da stand ein Priester auf der Pier.

Freundlich grüßte er zu mir herunter.

Ich müsse entschuldigen - er sehe das Boot hier schon seit einiger Zeit liegen, aber nun endlich sei einmal jemand an Bord. Nun würde er gerne fragen, ob das kleine Segelboot den ganzen Weg von Deutschland bis hierher gesegelt sei.

»Si!« nickte ich, und der Priester staunte.

Um die Entfernung zwischen uns zu verkürzen, raffte er die Soutane und setzte sich auf die Pierkante, denn es herrschte gerade Ebbe, und FIRECREST lag tief. Ich legte das Werkzeug beiseite und lud ihn an Bord.

Freudig und mit unerwarteter Behendigkeit stieg der geistliche Herr über die Wanten hinunter an Deck. Dann saßen wir in der Kajüte, tranken mit Mineralwasser verdünnten Wein, und ich erzählte ihm von unserer Reise. Begeistert wollte er alles wissen über unser Leben an Bord, wie wir unterwegs kochten und schliefen, von den fernen Ländern zwischen Santa Cruz und Hamburg - und von meiner Gefährtin.

Ein zartes Mädchen auf dem Ozean! Wir seien sicher verheiratet...?

Verlegen verneinte ich.

So begann unsere Bekanntschaft. Als Christine vom Einkaufen kam, mochten sich die beiden sofort. Wenn es seine Pflichten als Pfarrer der Wallfahrtskirche erlaubten, kam er nun zweimal in der Woche zum Kaffee. Zu diesen Gelegenheiten hatte Christine immer Kuchen gebacken, und Pater Santiago langte tüchtig zu.

Einmal gestand er uns, daß seine Haushälterin schon ganz eifersüchtig auf unsere Kaffeestunden sei. Er habe sie nur besänftigen können, indem er ihr versprach, das Rezept des Kuchens zu besorgen, von dem er immer so schwärmte. Außerdem würden wir ja bald weitersegeln - nach Amerika... wie Cristobal Colon!

Dabei bekreuzigte er sich und blickte Christine voller Mitgefühl an. Ich glaube, er hätte uns zu gerne vorher getraut.

Bald war Pater Santiago wie ein guter Freund. Als ich einmal etwas geschweißt haben wollte, kam er gleich am nächsten Tag mit einem einheimischen Schlosser samt Schweißbrenner vorgefahren.

Und nun sorgte er dafür, daß FIRECREST auf den Slip kam. Am nächsten Nachmittag bei Flut, als der ewige Schwell ausnahmsweise nur sanft auf den Kiesstrand plätscherte, verholten wir FIRECREST zum Slip. Zwei Stunden später stand sie hoch und trocken auf dem betonierten Platz vor der Mariengrotte.

Mit Pater Santiago und unseren Helfern saßen wir auf der Hafenmauer, tranken Wein und brachen Weißbrot. Diskrete, doch intensive Blicke folgten Christine, wenn sie über die Leiter an Bord stieg, um mehr Weinflaschen herunterzureichen.

Während wir so saßen mit den freundlichen Fischern, unserem holprigen Spanisch und dem schönen Gefühl, ein bißchen dazuzugehören, hatte es begonnen, leicht aus SE zu wehen. Da hatte ein alter Mann zum Himmel geguckt und etwas Ernstes gesagt. Plötzlich stellten alle ihre Gläser, Becher und Tassen beiseite, und es begann eine hektische Aktion.

Während der Schwell von Minute zu Minute höher ans Ufer brach, wurden alle kleinen Boote auf den Strand gezogen, und das große rote Boot sowie der vergammelte Fischkutter an Moorings verholt. Nun erkannte ich den Sinn der riesigen Betonplatten am Grund des Hafens.

Am Abend glich das Hafenbecken einem Hexenkessel. Meterhoch lief der Schwell um die Molenecke, gischtete die Slipbahn hinauf, prallte zurück gegen die Pier und verursachte eine höllische Kreuzsee. Die beiden großen Boote rollten und bockten. Mit schwerstem Geschirr hätte sich vielleicht auch FIRECREST halten können - vielleicht.

Als wir in dieser Nacht zur Koje gingen, brummte der Südost im Rigg, die Brandung dröhnte, und Gischt sprühte über die Mauer bis herüber zu uns.

Zwei Tage blies es. Gleichzeitig zog ein gelber Nebel auf und verhüllte alle fernen Strukturen. Bald war alles mit hellbraunem Staub bedeckt: Sand aus der Sahara.

Als der SE sich ausgeweht hatte und die salzigen Gischtfahnen nicht mehr über die Schutzmauer trieben, wuschen und schrubbten wir das Boot von Topp bis Kiel mit Frischwasser. Eine dicke Brühe aus Lehmschlamm, Seegras und Seepocken rann ins Hafenbecken. Dann wurde FIRECREST von der Kielsohle aufwärts frisch gestrichen. Dabei bekamen wir Gesellschaft.

Ein Fischkutter aus Los Cristianos wurde aufgeslipt. Die verwegen aussehende Gang sägte, hämmerte, malte und schweißte. Das Boot bekam Zusatztanks für Wasser und Diesel - für die Fischerei unter der afrikanischen Küste.

Als die Fischer mich mit Handbohrer und Säge den neuen Heckausleger zimmern sahen, reichten sie ohne viel Umstände Verlängerungskabel und Elektromaschinen herüber. Als Gegenleistung machten wir sie mit dem Rest unserer Bierlast glücklich. Wir tranken zur Zeit nur noch kanarischen Wein.

Derweil versorgte die Schiffsküche die Männer weiter und hüllte den Hafen zu den Mahlzeiten in Duftwolken von gebratenem Fisch in Knoblauch und Öl. Oft wurden wir eingeladen mitzuhalten, und ich fragte mich, ob ich so viel Gastfreundschaft auch ohne meine attraktive Begleitung erfahren hätte.

Trotzdem blieben wir in unserem Bordleben taktvoll unbehelligt. Wenn es Abend wurde im Hafen, blieben nur wir und die Hafenkatzen, das ewige Rauschen der Brandung, der Mond und die Sterne.

Dann schwamm FIRECREST wieder im Atlantik - glänzend in weißem und hellblauem Lack, honigschimmerndem Holzöl und hoch angesetztem, dunkelrotem Antifowling.

Wenn uns Pater Santiago jetzt besuchte, holten wir ihn mit dem Dingi ab. Denn nun lagen wir wirklich »verankert«, wie Opa es am Telefon einst bezeichnet hatte. Vor dem Abslippen hatte ich die Trosse unseres zweiten Ankers an eine der unbenutzten Mooringplatten geschäkelt. Dorthin hatten wir uns dann verholt. Hier störten wir niemanden, blieben selbst ungestört und brauchten uns weder um Fender, Leinen noch um Schamfielings zu kümmern.

Technisch war FIRECREST nun reiseklar. Aber bis zum Ende der Hurrikansaison blieb noch Zeit.

Inzwischen aßen und tranken wir wie »Gott auf Teneriffa«. Auf dem Markt von Candelaria gab es Früchte, Gemüse und landwirtschaftliche Produkte in verschwenderischer Auswahl. Die Avocados, Tomaten, Weintrauben und Artischocken schmeckten so gut, wie wir sie nie zuvor gekostet hatten. Auch Eier, Milch und Käse gab es preiswert und gut, sogar Honig und Speck. Mein zweitliebstes Gericht - nach Christines berühmtem Quiche - wurde Käsetoast mit Avocado und Spiegelei.

Nicht immer lebten wir so reibungslos zusammen, aber das kannten wir schon und entwickelten Strategien, wie wir miteinander umgehen konnten, auch wenn der Himmel nicht voller Geigen hing.

Dann gesellte ich mich zu den alten Fischern in die Kaffeekneipe auf der Pier, bestellte das hiesige dickflüssige Konzentrat in dickwandiger kleiner Tasse, eine Flasche Mineralwasser und eine einheimische Zigarre, legte die Beine auf den Nachbarhocker und ließ den Blick schweifen über den Hafen, die Boote, meine - ja in diesem Moment »meine« - FIRECREST und die ewige Brandung hinter der Einfahrt. Und bald schon kehrte Gelassenheit zurück unter diesem Licht, in dem es so schwer war, unglücklich zu sein - außer man wäre es wirklich gewesen.

Weggefährten

Oft lagen wir nicht allein im Hafen. Yachten kamen und gingen, wenn es auch nie mehr als ein, zwei Boote waren. Die Schutzmole von Candelaria wurde in den Seehandbüchern nicht erwähnt. Zudem hatte es nur geringe Versorgungsmöglichkeiten, und schon bei mittlerem Schwell sah die Brandung vor der Einfahrt kaum einladend aus.

Ein Boot, das mir sofort auffiel, war FACE AU SOLEIL. Eines Nachmittags legte sich der elegante Gaffelkutter an unseren alten Liegeplatz. Am Morgen darauf hatte der Skipper bereits die Slipmannschaft mobilisiert, und das Boot stand hoch und trocken vor der Mariengrotte.

Da sahen wir, daß seine Unterwasserlinien einem modernen Eintonner entsprachen. Die Sohle des Flügelkieles aus Edelstahl war so breit, daß das Boot darauf stehen konnte.

Der bretonische Bootsbauer Christian hatte den hölzernen Kutter selbst gebaut. Mit dem himmelhohen Mast, dem langen Klüverbaum und den modernen Linien mußte er segeln wie die Hölle. Mit seiner marrokkanischen Freundin Francine segelte Christian die FACE AU SOLEIL nun zum zweiten Mal rund um den Atlantik.

Als die beiden uns an Bord luden, fiel mein erster Blick auf das alte Reisepiano, das mitten in den großen, unaufgeteilten Innenraum gebaut war. Christian brachte sich gerade das Klavierspielen bei.

Erinnerungen an mein Leben in Mürwik stiegen auf, als ich Christian in den nächsten Tagen öfter besuchte und ihm *My Way* beibrachte.

Dann kam die Alu-Slup NADJA mit André und Blondine - auch aus Frankreich. Als wir an Bord der NADJA beim unvermeidlichen Rotwein saßen, kamen wir auch auf die Reisen der historischen FIRECREST zu reden. Alain Gerbault war dem Franzosen André natürlich ein Begriff. Er langte ins Bücherschapp und zog eine Biographie des legendären Seglers heraus. Fasziniert hielt ich das Buch in Händen.

»Keep it!« sagte da André.

Ich glaubte, nicht verstanden zu haben, aber Blondine nickte eifrig. Sie hatten mir das Buch einfach geschenkt.

Zuletzt lernten wir MICROMEGAS kennen und seine heitere Crew. Auf einem winzigen, offenen, roten Katamaran - kaum größer als ein *Tornado* - segelte die Deutsche Carolyn zusammen mit ihren französischen Freunden, den Zwillingen Maximilian und Emmanuel. Die Brüder sahen aus wie die Söhne von Jonny Weißmüller - zwei blonde Tarzane mit ihrer blonden, langbeinigen Jane.

Als sie eines Tages neben uns ankerten, müde, aber bester Dinge, konnten wir nicht anders, als ihnen von Christines reichlich gekochtem Chili-Eintopf anzubieten. Dankbar nahmen sie an. Während sie den Eintopf restlos vertilgten, berichteten sie von ihrer Fahrt von der französischen Atlantikküste bis nach Teneriffa. Zu der unglaublichen Leistung hatte ihnen vor allem auch Joga verholfen, das sie als ihre wichtigste »Ausrüstung« betrachteten. Unwillkürlich dachte ich an den Faltbootfahrer Lindemann und das Autogene Training.

Auf unsere vorsichtige Frage, ob sie denn jetzt weiter über den Atlantik wollten, verneinten sie. Sie hätten es zunächst vorgehabt, aber jetzt wollten sie doch zurück nach Frankreich, um sich stattdessen ein größeres Boot zu bauen - einen Meter länger sollte es sein!

Einige Posten auf unserer Liste wurden langsam dringend.

Ich mußte zum Zahnarzt, doch der nächste Zahnarzt wohnte in Guimar. Dann brauchten wir Wasserfässer. In der Molkerei von Santa Cruz gab es gegen Erstattung der Pfandgebühr große PVC-Behälter mit 50 Litern Fassungsvermögen. Die Schweinsrücken, um sie an Deck zu laschen, waren bereits eingebaut.

Außerdem war in der Apotheke von Santa Cruz der bestellte Vorrat Resochintabletten gegen Malaria eingetroffen, und auf der Hauptpost lag das Paket mit der *Wheeldrum* für die Aries.

Wir hatten uns nun doch zu diesem Zubehör entschlossen, um die Steuerleinen nicht bei jedem Segeltrimm neu an den Radspeichen festbinden zu müssen. So hatte ich Mr. Franklin angerufen, und er hatte den Trommelbeschlag für das Ruderrad sofort eingepackt.

»Wenn das Paket eingetroffen ist, schicken Sie mir einen Euroscheck.« So war Mr. Franklin.

Wir hatten uns schon auf ermüdende Busreisen gefaßt gemacht, als wieder einmal Pater Santiago die Lösung unseres Problems aus dem Ärmel seiner Soutane schüttelte.

Senorita Fernandez

Es war Mittwoch, Kaffeezeit, und der Pater wartete schon am Ufer.

»Clemente - verstehst du etwas von Autotechnik?« fragte er, als er zu mir ins Dingi stieg.

»Kommt darauf an...«, bemerkte ich vorsichtig und dachte an die Erfahrungen mit meinen früheren Rostlauben.

»Nach dem Kaffee möchte ich euch mit einer lieben Freundin bekannt machen«, bedeutete der Kirchenmann geheimnisvoll.

Auf einem weitläufigen Hinterhof zwischen hohen alten Häusern stand ein alter *Seat 500*. Wie alles, was auf Teneriffa längere Zeit im Freien steht, war er ganz mit gelbem Staub bedeckt.

»Der Wagen gehört Senorita Fernandez«, erklärte Pater Santiago. »Er läuft nicht mehr. Die Senorita ist Organistin in unserer Kirche - und Klavierlehrerin. Aber hier gibt es nicht viele Klavierschüler; deshalb fehlt der Senorita das Geld für eine Reparatur. Aber wenn du den Wagen reparieren kannst, Clemente, dürft ihr ihn benutzen, solange ihr da seid.«

Hoffnungsvoll blickte die Kameradin mich an.

Wir betraten ein dunkles Treppenhaus. Zwei Stockwerke höher klingelte der Pater. Eine sehr schlanke, ältere Dame öffnete, ganz in schwarz. Der Pater stellte uns vor. Es war Senorita Fernandez.

Das ältliche Fräulein sah noch sehr gut aus - schöne Augen und große feingeschnittene Nase in einem sehr schmalen, schneeweißen Gesicht - wahrscheinlich ging sie nie in die Sonne.

Nun, ich wäre zwar kein Mechaniker, aber ich wollte es versuchen.

Da bedankte sie sich sehr und holte gleich die Autoschlüssel.

Zurück an Bord, warf ich mich in den Overall, packte Werkzeug zusammen und verabschiedete mich von meiner Gefährtin.

»Laß dir nicht den Kopf verdrehen!«

»Wieso?« fragte ich ahnungslos.

Von Selbstzweifeln geplagt, begann ich, den Wagen zu untersuchen. Dabei fand ich keinen besonderen Schaden, beseitigte auf meiner Suche aber eine lange Reihe kleiner Defekte, wie korrodierte Kontakte, lockere Schrauben, verrußte Zündkerzen, durchgebrannte Sicherungen und eine entladene Batterie.

Weil ich im Grunde schimmerlos war, brauchte ich dafür zwei Tage. Aber ich wurde motiviert.

Während ich mit ölschwarzen Händen in den Eingeweiden des Kleinwagens herumwürgte, perlten von der Klavierlehrerin Balkon Tonleitern, Akkorde und Melodien. Dazwischen verging keine Stunde, ohne daß Senorita Fernandez nicht mit einer Erfrischung auftauchte. Mal war es Kaffee mit Gebäck, mal kalter Tee mit Zitrone. Dann wusch ich mir die Hände unter dem Wasserhahn an der Mauer, wedelte mit einem Putzlappen den Staub von der Bank unter der Platane und wartete höflich, bis das Fräulein schüchtern lächelnd Platz genommen hatte.

Endlich bruttelte der luftgekühlte Zweizylinder lustig vor sich hin.

Als Senorita Fernandez mir das Zulassungspapier aushändigte, berührten ihre Finger die meinen zwei lange Sekunden, und tiefe Röte färbte ihre Wangen.

»Besuchen Sie mich doch in den nächsten Tagen einmal zum Kaffee«, hauchte sie, » - mit Ihrer Frau.«

Als erstes fuhren wir nach Guimar zum Zahnarzt. Es war mehr der Besuch eines zahntechnischen Museums, aber der Arzt machte seine Sache gut und ließ mich nicht sehr leiden.

Dann besorgten wir uns die PVC-Fässer von der Molkerei, kauften das bestellte Resochin und holten Mr. Franklins Paket von der Post.

»Hier ist noch ein Brief für Sie«, sagte die Dame am Schalter.

»Von Paul und Janette!« staunte die Freundin.

Wir setzten uns in ein Café und öffneten den Umschlag.

»Sie haben es in diesem Jahr nicht mehr geschafft«, las Christine. »Aber nächstes Jahr wollen sie sich langsam die französische Küste hinunterhangeln - bis Spanien und vielleicht bis Gibraltar. Janette schreibt, sie vermissen uns immer noch.«

Christines Stimme klang rauh. Ich nahm mein Mädchen in den Arm. Weltreisen unter Segeln fühlen sich manchmal einsam an.

Zurück an Bord, setzten wir den Abfahrtstermin fest: In der zweiten Dezemberwoche wollten wir segeln.

An der FIRECREST waren die notwendigen Arbeiten getan, und so verbrachte ich viel Zeit mit Malen, Zeichnen und Aquarellieren.

Wenn ich an Candelaria denke, sehe ich immer noch das kompakte Licht und die scharfen Schatten mit einem Stich ins Königsblau - vielleicht vom vieltausend Meter tiefen, kühlen Atlantik.

Calamares

Eine Mooring weiter lag ein kleines, offenes Fischerboot. Es war etwa fünf Meter lang, motorisiert, und von einem schwenkbaren Galgen im Vorschiff hing eine monströse Acetylenlampe.

Das Boot gehörte einem lustigen, kleinen, jokeyhaften Burschen - José. Sein wüstes Englisch, das er als Matrose auf britischen Frachtern aufgeschnappt hatte, war gespickt mit Flüchen, die aber aus seinem Munde wie kindliche Unschuld klangen.

Josés Boot war einmal weiß und türkis bemalt gewesen, aber es sah aus, als könnte es dringend wieder Farbe gebrauchen. Erst bei genauerem Hinsehen zeigten sich die breiten Schmutzstreifen an der Außenhaut als reine Sepia. Denn José fischte *calamares* - Tintenfische. Entsprechend sah das Innere seines Bootes aus: Planken, Duchten, Bodenbretter, Fischkasten, Motor - alles schwarz wie geteert.

José fischte nachts. Wenn wir nach dem Abendessen an Deck saßen, rauchten, im letzten Licht lasen oder einfach nur da waren, zog er sein Boot an einem Klappläufer von der Mooring zum Ufer und stieg an Bord. Vor dem Auslaufen hatte er immer ein paar nachbarschaftliche Worte für uns - besonders für meine Gefährtin. Bei Sonnenaufgang lag Josés TE 14452 dann wieder an der Boje.

Als er eines Abends mal wieder zu einem Schwatz und auf ein Glas Wein längsseit ging - unsere Fender hingen für diesen Fall schon standby -, vermachte ich ihm ein Aquarell seines Bootes.

Ehrfürchtig hielt José das mit Klarsichthülle geschützte Bild in den sepiaimprägnierten Fingern. Wohin damit?

»Hol' es dir nachher ab.«

»Dann seid ihr schon lange aufeinander eingeschlafen.«

Die Freundin blickte zur Seite und unterdrückte ein Kichern. Wir waren mit Josés lebensnahen Bemerkungen bereits vertraut.

»Oder ihr kommt mit raus! Ja, ich zeige euch Calamaresfischen bei Nacht! Die englischen *touristas* sind ganz verrückt danach. Wollen immer, daß ich sie mitnehme. Aber ihr bekommt es umsonst - zahlt keine verfickte Pesete - weil ihr meine Freunde seid. Und wenn wir zurückkommen, nehme ich das Bild mit!«

Die Gefährtin schien nicht abgeneigt. »Ich muß mich aber umziehen. - Brauchen wir Jacken?«

José blickte abschätzend zum Himmel, deutete auf seinen Pullover und die Ölhose und schüttelte den Kopf.

»Das genügt.«

Seit einigen Tagen war der Wind eingeschlafen. Nur eine lange Dünung brach sich träge am Strand und ließ das Hafenbecken sanft atmen.

Zehn Minuten später stiegen wir in Ölhosen und Seestiefeln, angetan mit unseren ältesten Pullovern, zu José ins Boot. Er öffnete den Kasten über einem rostigen Monstrum, das einmal ein neuer Volvo-Einzylinder gewesen war, drehte an einer Starterkurbel, und schon knatterten wir aus dem Hafen.

Nach etwa 20 Minuten Fahrt auf die offene See schaltete José den Motor aus. Schwarz und massig verdeckte Teneriffa das letzte verglimmende Rot des nachtwerdenden Westhimmels. Sterne glitzerten. Leise schmatzte das treibende Boot in der Dünung.

José hantierte an der großen Lampe, ein Feuerzeug blitzte in seiner Hand - erst zur ewig neuen Zigarette, dann zum Glühstrumpf. Fauchend blendete die Lampe auf und tauchte das Boot in grelles Weiß. José schwenkte sie über Bord, und im selben Moment erstrahlte der Ozean in smaragdgrünem Licht, so klar, daß das Boot darin zu schweben schien.

José machte die Angeln klar. Es waren die gleichen Spindeln mit spitzen Hakenkränzen, die wir schon kannten.

Dann saßen wir, jeder mit seiner Angelschnur, und warteten. Wir erzählten von unserer Reise, und José erzählte von seinen Fahrten auf den Fischdampfern und Frachtschiffen der Welt. Als seine Eltern starben, kehrte er zurück nach Candelaria und übernahm sein Erbe: das Fischerboot und jenen kleinen Hof auf halber Höhe zu meinem Großvater, an dem ich oft vorbeigewandert war. Er heiratete, und seitdem bewirtschaftete seine Frau die kleine Finca, und er ging fischen.

Vorsichtig fragte ich, ob er meinen Großvater kenne. Da klang etwas von Bewunderung, als er von *el loco hermano* sprach, dem »verrückten Hermann«. In dem Alter so etwas aufzubauen und dann noch eine so junge Frau zu heiraten - das imponierte José.

Fröstelnd lehnte Christine mit dem Rücken gegen den Galgen der wärmestrahlenden Lampe und zog rhythmisch an ihrer Angelschnur. Dann kam aus der Tiefe der See ein Knarren! Wir kannten es. Es war so tief, daß wir es zuerst mit den Fußsohlen spürten. Mit einem Satz hatte José einen Glasbodenkasten ergriffen, hielt ihn ins Wasser und starrte gebannt hinein.

An Josés Kopf vorbei sah ich in der gründurchleuchteten Tiefe eine dunkle Masse, die deutlich größer wurde.

»Nuestra senora!« murmelte José und bekreuzigte sich. Da hatte er den Glaskasten bereits scheppernd ins Boot geworfen und sprang zum Motor. Im selben Moment durchstieß mit einem Knall wie ein platzender Badeofen der blasende Schädel eines mittelgroßen Pottwales die Wasseroberfläche. Sprühdunst wehte uns an mit dem gleichen intensiven »Mundgeruch«, wie damals auf Christines Nachtwache.

Da knatterte der Volvo los, und José jagte sein Boot mit Vollgas aus der unheimlichen Nachbarschaft. Wie verfolgt, blickte er immer wieder zurück ins Dunkel.

Erst dicht unter der Küste stellte er den Motor wieder ab. Die Lampe brannte noch, und die Leinen waren noch draußen - aber alle Köder abgerissen.

»Los bonitos perdidos!« schimpfte José auf die mutmaßlichen Täter, als er neue Köder an die Leinen knotete. Und »Ballena loco!« fügte er hinzu.

Die Flucht hatte uns mehr aufgeregt als die Begegnung mit dem »verrückten Wal«. Viel lieber wäre ich in seiner Nähe geblieben.

»Er hätte uns versenkt. Außerdem hätten wir keine Calamares mehr gesehen.«

Das erste hätte das zweite wohl eingeschlossen, dachte ich. Da schrie Christine auf und zog an ihrer Leine. Gleichzeitig hatte auch ich einen Haker, und José, der helfend hinzuspringen wollte, mußte erst seinen eigenen Tintenfisch ins Boot ziehen. Makrelengroße Calamares zuckten zu unseren Füßen und besudelten uns mit schwarzer Tinte. Nun brauchten wir die Köder nur noch hineinwerfen und mit Tintenfischen wieder rausziehen. Bald wateten wir mit sepiatriefenden Ölhosen in toten und sterbenden Kalmaren.

»Genug!« sagte José. »Und Dank unserer mildtätigen heiligen Mutter Gottes von Candelaria. Wir haben genug.«

Und er warf den letzten Tintenfisch wieder ins Meer.

Am nächsten Tag gab es auf FIRECREST in Knoblauch und Öl frittierte »calamares ala José«.

Countdown

Auf einer Bananenplantage, die uns Pater Santiago empfohlen hatte, kauften wir zwei grasgrüne halbe Stauden in unterschiedlichen Reifestadien. Als wir die Kartons auf dem Rücksitz verstauten, bemerkte Christine: »Nun läuft der Countdown.«

Ich verstand: Die Bananen wurden jetzt von Tag zu Tag reifer. Es wurde Zeit für uns.

Mit nach Seemannsart ausgebesserten Roststellen, Ölwechsel, neuen Zündkerzen und Kontakten sowie einer Schachtel Konfekt brachte ich den frisch gewaschenen Wagen Fräulein Fernandez zurück.

Dankbar drückte sie Schlüssel und Autopapier an sich. Zum Kaffee würde ich aber doch noch bleiben?!

Später wurden wir oft gefragt, wie man sich denn kurz vor dem Start zu einer Atlantiküberquerung fühlt.

Sicherlich hatten wir Angst. Aber Christine merkte man nichts an, und mir war sie nur unterschwellig bewußt. Natürlich hatte ich Respekt vor der Tatsache, daß wir mindestens einen Monat auf See verbringen würden. Aber es war freier Ozean ohne Untiefen und navigatorische Probleme, unser Boot war so gut wie irgendeines, und wir hatten uns vorbereitet, so gut wir es vermochten.

Vor allem war ich froh, daß es endlich losgehen würde. Seit FIRECREST wieder seeklar war, beherrschte mich ganz der Gedanke, daß ich jetzt antrat zu dem, wovon ich immer geträumt hatte: mit einem Segelboot den Ozean zu überqueren.

Daß ich dabei auch Verantwortung für meine Gefährtin trug, war mir klar. Aber ich war der Überzeugung, daß ich alles getan hatte, was ich mit meinen Mitteln für Sicherheit und Wohlergehen der Crew tun konnte. Die Entscheidung mitzusegeln, konnte meine Kameradin nur selbst treffen.

Doch all diese Erwägungen spielten an jenem Dezembermorgen nur eine geringe Rolle. Wie üblich hatten wir das Dingi zwischen den

Fischerbooten auf den Hafenstrand gezogen und waren in den Ort gegangen, um letzte Vorräte zu ergänzen: Zwiebeln, Gemüse, Butter.

Jetzt saßen wir mit unserer Einkaufstasche auf der Terrasse des kleinen Altstadtcafés und blickten am Strand entlang in die Hafeneinfahrt. Dort schwamm FIRECREST seeklar mit angeschlagenen und aufgetuchten Segeln und wartete. Kein Windhauch kräuselte die träge Dünung, die sich wenig aufregend auf dem schwarzen Vulkansand brach.

Wir löffelten Eisbecher mit Schlagsahne und frischen Erdbeeren. Die gab es hier das ganze Jahr über. Während mir das Eis am Gaumen schmolz, sah ich an den Hochhäusern vorbei eine ferne, dünne Rauchsäule in den Himmel steigen. Dort schwelte der Müll der umliegenden Gemeinden. Solange der Rauch senkrecht aufstieg, war Auslaufen sinnlos.

Eine halbe Stunde später saßen wir im Dingi und pullten mit zügigen Schlägen zur FIRECREST. In 100 Meter Höhe knickte die Rauchsäule der Müllkippe nach Südwesten ab, und zwei Meilen weiter draußen blinkten kleine Schaumköpfe. Der Nordostpassat hatte wieder eingesetzt.

Ein Handgriff folgte auf den anderen. Dingi aufs Dach laschen, Einkäufe verstauen, Segel losmachen, Motor warmlaufen lassen. Um die

Trosse vom Ring des Mooringsteins zu schäkeln, mußte ich noch einmal tauchen. Damit wir inzwischen nicht abtrieben, hielt uns eine zweite Leine auf Slip.

Frisch gebadet und mit reinem Hemd trat ich die Überquerung an. Gleich hinter dem Molenkopf setzten wir Segel.

Bald waren Candelaria mit seiner Plaza, der Kirche, dem Hafen und den Hochhäusern, und das ansteigende Gebirge mit der weißverschachtelten Hügelkuppe von Pueblo Hermano auf einen Blick zu überschauen.

Da wurde die Erinnerung an Opa plötzlich ganz stark. Würde er vielleicht doch einmal einen Blick hinaus auf See tun - vielleicht gerade jetzt?

Dann kamen andere Bilder: die Eltern, die neuen Segelfreunde - und Pater Santiago.

Gestern zum Kaffee hatte Christine seinen Platz mit Bougainvillea und Muscheln geschmückt. Dazu hatte sie ihm einen ganzen selbstgebackenen Kuchen eingepackt. Er wußte gar nicht, was er sagen sollte; dabei waren wir es, die in seiner Schuld standen.

»Sobald Wind aufkommt, wollen wir auslaufen. Deshalb möchten wir uns heute in aller Ruhe von Ihnen verabschieden.«

Und sachte rückte noch einmal Fräulein Fernandez ins Bild. Irgendeines dieser verwitterten Ziegeldächer dort drüben über dem Strand behütete Zeit ihres Lebens ihre dämmrigen hohen Zimmer mit den stets gegen die Sonne geschlossenen Läden.

Dann verschwamm ihr Bild in einem meergrünen Smaragd, aus dessen Tiefe ein schwarzer Wal emportauchte.

Ein Stück konnten wir noch in den Hafen hineinsehen. Dann wurde der winzige Punkt, der das Boot T 14452 sein mußte, langsam vom Wellenbrecher verdeckt.

Am Nachmittag waren die Umrisse Teneriffas achteraus verschwunden. Nur die Schneekappe des Teide grüßte seltsam abgelöst 3700 Meter hoch im Blau wie eine dreieckig geformte weiße Wolke.

Sanft bauschte der Passat die Segel. Aries steuerte. Zweieinhalbtausend Meilen würden wir segeln, ehe wir wieder auf Land stießen. Das war ein ganzes Segment unseres Planeten. Die Strecke unseres Kurses würde man theoretisch sogar vom Mond aus mit bloßem Auge verfolgen können.

Doch der Horizont war nicht weiter entfernt als sonst auch.

Über den Atlantik

Die Bunkerbestände:
- 300 Liter Frischwasser
- 45 Liter Petroleum
- 35 Liter Benzin/Ölgemisch (20-Liter-Tank und 3 Kanister)
- für ungefähr 30 Tage Gemüse, Obst, Eier, H-Milch und Nährmittel;
- Dauerproviant und Konserven für ungefähr 70 Tage

Vor uns der Ozean

Erster Tag

Wir sind gestartet!

Vor uns liegt der Ozean. Einen Monat oder länger werden wir auf See sein.

Unter allen Segeln ziehen wir gemächlich in den Abend. Nach Sonnenuntergang flaut es ab, bis der Wind kaum noch spürbar ist. Aries produziert mehrere Patenthalsen, so daß wir schließlich Ruderwache gehen. Die Dünung nimmt zu, und bald liegt mein armes Mädchen seekrank in der Koje. Nun fängt das Leiden wieder an.

Teneriffa ist verschwunden, doch der verschneite Gipfel des Teide schimmert im Licht des Vollmondes wie eine ferne Wolke. Dunkel liegt an Steuerbord der Schatten von Gomera.

Zweiter Tag

Am frühen Morgen ruft mich Zwitschern, Schnauben und lautes Platschen an Deck. Eine Schule Delphine tobt ums Boot. Wie vom Katapult geschossen, schnellen die Tiere bis über Masthöhe. Ich habe nicht gewußt, daß sie so hoch springen können. Für den Moment vergesse ich meine Übelkeit. Dann treiben mehrere Portugiesische Galeeren vorbei, und die Gesellschaft verabschiedet sich.

Wir lavieren durch umlaufende Böen, Flauten und eine eklige Kreuzsee. Arbeit wie in der Biscaya, aber ich bin ausgeruht, und der Passat muß ja kommen.

Gegen Mittag stehen wir 20 Seemeilen südöstlich der Insel Hierro. Fein zeichnen ihre Umrisse im Dunst - zu weit, um ernsthaft zu überlegen, ob wir dort in irgendeiner Felsenbucht den Passat abwarten sollen.

Wie es scheint, habe ich meine Seekrankheit ausgekotzt. In einer Manöverpause sitze ich in der Sonne auf dem Vorschiff, wo der Rauch die Freundin nicht erreichen kann, und genieße eine kanarische »Havanna« - leicht und würzig.

Zum Abendbrot gibt es Pellkartoffeln, gut für die empfindlich gewordenen Mägen. Zwischendurch muß ich an Deck, reffen - Nordost 6 - der Passat ist da!

Mit Rumpfgeschwindigkeit preschen wir in die Nacht. Dampferlichter tauchen aus der hochlaufenden See, aber der Querläufer passiert gut achteraus.

Angepaßt an unsere ungleichen Kraftreserven probieren wir folgende Wacheinteilung: Von 20.00 bis 02.00 Uhr Christine, in der übrigen Zeit ich. Auf den ersten Blick scheint das unausgeglichen, aber ich kann tagsüber ohnehin kaum schlafen und muß auch zwischendurch immer an Deck zum Segeltrimmen. Auf meiner Freiwache - dann habe ich oft vorher ein Extrareff eingebunden - kann ich dafür richtig durchschlafen. Denn ich weiß: Die Kameradin geht ihre Wache noch gewissenhafter als ich. Die meiste Zeit sitzt sie auf einer zusammengerollten Decke in der Luke und hält Ausschau. Ich dagegen bin immer mit allem möglichen beschäftigt und gucke nur alle 10 bis 15 Minuten in die Runde.

Ich greife vor, aber mit dieser Wacheinteilung bestritten wir von nun an die Überfahrten und waren sehr zufrieden damit. Je nachdem, wie fit der eine oder andere gerade war, haben wir es mit den Ablösezeiten aber nie so genau genommen. Als Christine langsam seefester wurde, hat sie mir auch tagsüber manches geruhsame Nickerchen gegönnt.

Stürmischer Passat

Dritter Tag

Leuchtend wie ein Diadem aus Gold und Smaragden, springt unsere erste Goldmakrele in die Morgensonne. Dichtauf folgt ihr ein ganzer Schwarm.

Der Passat scheint wie in Böen zu atmen. Wenn er zwischendurch aufbrist, geht FIRECREST in steiler achterlicher See schwer »auf die Geige«. Anstatt immer wieder zu reffen, gehe ich dazu über, das Groß während der Böen einfach ein Stück lose in die Faulenzer zu fieren, denn vor dem Wind ist der Stand des Segels ziemlich egal. Gleich läuft das Boot ruhiger.

Nachts kommt es dann heftig, und ich streiche alle Segel. Vor Topp und Takel rennt der Kutter mit hoher Fahrt durch die brechenden Seen - auch dies für Aries kein Thema. Aber ist das wirklich Passat?

Vierter Tag

Der Nordoststurm läßt etwas nach, gerade genug für das tief gereffte Groß und die kleine Fock.

Kochen und Seewasserduschen kommen bei diesem Wetter natürlich zu kurz. Trotzdem machen wir immer heißes Wasser für Suppen, Kaffee, Tee und zum Rasieren.

Eine der halben Bananenstauden reift programmwidrig früh - ebenso die Avocados - also Vitamine satt!

Bei der Morgenhöhe sehe ich die ersten Fliegenden Fische auf dieser Reise. Wie sie plötzlich in Lee dicht über dem Wasser schweben, langsamer werden und wieder »einfallen«, erinnern sie an eine Kette Rebhühner. Da - noch ein Schwarm, verfolgt von einer springenden Dorade!

Die ungenaue Mittagsbreite zeigt mir, daß ich erst wieder »Beobachterbeine« entwickeln muß.

Plötzlicher Schmerz im rechten Unterbauch - Blinddarmgegend! Im Gegensatz zu meiner Gefährtin habe ich meinen Wurmfortsatz noch. Panik kriecht ins Gedärm.

Was würde ich jetzt tun, hätten wir ein weittragendes Funkgerät an Bord? Aber nun - was es auch ist, ich muß es nehmen. Hier hilft uns niemand. Seltsamerweise beruhigt dieser Gedanke. Sorgen nützen gar nichts. Das Zwicken verschwindet.

Doch nun spüre ich die verdrängte Angst. So mache ich von nun an häufiger Autogenes Training - zwar meist nur flüchtig, zwischendurch an Deck oder beim Ausruhen auf der Koje. Doch langsam werde ich trotz der Anspannung wieder ganz von positiven Vorstellungen und Erwartungen beherrscht. Bewußt nehme ich mir Hannes Lindemann zum Vorbild, lese wieder in seinem Buch *Allein über den Ozean.*

Obwohl erfahrener Hochseesegler, benutzte der junge Arzt ein Klepper-Faltboot, um zu untersuchen, welche Kraftreserven durch das Autogene Training erschlossen werden können. Selbst eine Sturmnacht auf dem gekenterten Faltboot hatte ihn nicht entmutigen können.

Heute segeln wir auf der gleichen Route wie er, doch verglichen mit seiner Fahrt, ist unser Törn Schleisegeln.

Unter schnelljagenden Wolken gischtet der Lotsenkutter über die im Mondlicht glänzenden Seen.

Fünfter Tag

Gelblich blaß geht die Sonne zwischen dichten Cirrusschleiern auf. FIRECREST läuft vor Sturmbeseglung, aber unter Deck ist es fast gemütlich. Ich puste die Trawlerlampe aus. In der Kajüte ist alles trocken, und das Morgenlicht schimmert warm auf den weiß-, hellblau- und naturlackierten Hölzern. Unsere Bücher stehen anheimelnd hinter ihren Schlingerbrettern, und Christine schlummert friedlich zwischen den Wolldecken.

Wenn sie nur nicht seekrank wäre. Sie hat großes Heimweh, aber es nützt nichts, daß sie mich damit angesteckt hat. Im Norden toben die Winterstürme. Die kürzeste Heimreise führt über Westindien.

In der folgenden Nacht setze ich erstmals das Trysegel. Ein wunderbares Segel! Ruhig und gemessen nimmt der Kutter die achterlichen Brecher und macht prächtige Fahrt.

Aber unter Passat habe ich mir etwas anderes vorgestellt.

Saharastaub

Sechster Tag

Nach Mitternacht sichtet Christine Dampferlichter auf Nahbereichskurs. Auf Kanal 16 meldet sich der freundliche Wachoffizier eines arabischen Frachters auf der Reise nach Brasilien. Höflich hält der WO seinen Dampfer auf Distanz, und wir brauchen nicht zu halsen.

Bald ist sein Hecklicht wieder verschwunden. Nur blaß schimmern einzelne Sterne, und die Kimm ist in der Dunkelheit kaum erkennbar. Die Sicht muß sehr schlecht geworden sein.

Bei Morgengrauen sehen wir, warum: Millionen Tonnen afrikanische Lößerde verwehen über dem Atlantik. Deck, Spieren, Segel, alles ist von ockergelbem Puder bedeckt, das nun mit Tau und Spritzwasser zu einer schlammigen Soße verschmiert. Nur als fahler Fleck dringt die Sonne durch den bräunlichen Nebel. So bleibt es den ganzen Tag.

Da die diffuse Kimm keine Meile entfernt ist, verzichte ich auf astronomische Beobachtungen. Die Logge zeigt ein Etmal von 98 Meilen. Mit mehr Segelfläche könnten wir gut darüber liegen. Doch gelassenes Arbeiten an den Segeln und angenehme Bewegungen im Seegang sind mir lieber als ein oder zwei Tage weniger auf See.

Überhaupt »Geschwindigkeit« - was für ein Unsinn! Schnell, schnell - warum? Schnell wohin? Sind wir nicht dort, wo wir sein wollten? Wenn ich allerdings die graue See unter dem fahlgelben Himmel sehe, bin ich mir im Moment nicht mehr so sicher.

Anstatt die vielen Vorsegel immer wieder neu zu kombinieren, tausche ich heute all die Lappen gegen die große Raumfock. Die ist zwar riesig, aber sie besitzt ein tiefes Bindereff mit griffigen Bänseln, das sich auch ausgebaumt leicht einbinden läßt.

Siebter Tag

Auch an diesem Morgen scheint die Sonne nur als milchig-weiße Scheibe ohne Strahlkraft. Immerhin ist die Kimm schärfer.

Zusammen mit der Morgenbeobachtung bekommen wir ein ordentliches Mittagsbesteck: Wir haben den nördlichen Wendekreis passiert und sind in den Tropen! Wenn man rausguckt, denkt man: Nordsee!

Erstmals seit Tagen steht wieder das ausgereffte Groß. Es sieht aus wie mit Schlammbrühe übergossen - und so ist es ja auch. Die Schmutzstreifen aus Saharastaub wurden die Segel auch später nie mehr ganz los.

Noch immer liegt meine Liebste seekrank darnieder. Es scheint abgemacht, daß sie von Westindien nicht weiter mitsegelt. Dann also einhand, so wie einst geplant.

Nieselnder November ist in meine Seele eingezogen. Sehnsucht nach allem, was ich zurückließ, dabei als Perspektive der endlose Heimweg über den Nordatlantik. Und voraus diese unendliche Wasserfläche - Segeln müssen ohne Pause, keine Wache ohne Segelmanöver, Segel bergen, setzen, reffen, ausreffen, Aries trimmen. Oder halsen: Fockbaum abtakeln, Bullentaljen abtakeln, Strecktaue abtakeln, Kurs ändern, Vorschoten rüber, neues Backstag festsetzen, altes Backstag losnehmen, Aries neu trimmen, Bullentalje neu takeln, Fock ausbaumen, Aries nachtrimmen, neue Strecktaue takeln.

Nun sind wir immer angebunden, selbst wenn wir nur aus der Luke schauen. Im Kielwasser hättest du keine Chance. Der Schwimmer wäre lange außer Sicht, ehe der Übriggebliebene das Boot soweit hätte, um einhand am Wind zurückzukreuzen.

Für den Fall haben wir nur ein Rezept: Restcrew birgt alle Segel und wirft den Treibanker über Bord. Nun hat der Schwimmer eine Chance, denn vielleicht sieht er das Boot noch. Freilich - lange wird er nicht schwimmen können. Das Wasser ist noch kühl, 20 Grad - so wie die Luft. Pullover und lange Hosen sind angesagt - in den Tropen!

Fantasien überkommen mich von FIRECREST als riesigem Katamaran, aufrecht mit 20 Knoten über die Wellen dahinfliegend. Nach zehn Tagen luxuriösem Leben im Decksstuhl dann relaxte Ankunft in Martinique. Oder ich erfinde einen Riesenkutter mit Schwerkraftgenerator im Kiel, der sich unter aufgespreizter Segelwolke über die Wellenkämme hebt und mit Passatgeschwindigkeit durch die Lüfte nach Westindien schwebt.

In surrealen Skizzen und Zeichnungen von solchen halb schwimmenden, halb fliegenden Traumschiffen, alle FIRECREST ähnlich, fantasiere ich mich ans Ziel. An ein Boot mit ein oder zwei Knoten mehr Fahrt allerdings verschwende ich keinen Gedanken.

Achter Tag

Als ich heute nacht die Wache übernehme, zieht unter dem Mond eine silberleuchtende Schicht hoher Schäfchenwolken nach Nordosten - genau gegen den Passat. Mit ungutem Gefühl wälze ich das unschätzbare »Segelhandbuch für den Atlantischen Ozean« von 1910, herausgegeben für die Kaiserliche Marine von der Deutschen Seewarte. Erleichtert lese ich, daß in unserem Gebiet sogenannter Gegenpassat im Bereich der hohen Cirruswolken nichts Ungewöhnliches ist.

Ich hatte schon Passatstörung vermutet. Im Sommerhalbjahr entstehen daraus die Hurrikane.

Bei Tagesanbruch bleibt die Sonne wieder lange hinter gelben Staubschleiern verborgen. Erst gegen Mittag reicht ihr matter Umriß für eine Breitenbeobachtung.

Das Tageslicht sieht trübe und krank aus, doch in den Nächten stiebt der Kutter durch meerleuchtende Seen. In weitem Umkreis blinken die unterseeischen Lampen wie der Widerschein eines Feuerwerks über Neptuns Schloß.

Neunter Tag

Hohe Fahrt vor stürmischem NE durch ungewöhnlich steile Seen. Der Kutter macht Bewegungen wie eine Jahrmarktsschaukel. Dabei holt er weit über und schöpft grünes Wasser ins Cockpit.

Oft während dieser windigen Tage stehe ich im Niedergang oder vorn im Vorluk und beobachte selbstvergessen das Heben und Senken des Bootes in den Wellen, sein gischtendes Voranschießen mit den brechenden Vorderseiten, sein Zurückbleiben auf den Rückseiten - und alles, ohne daß Aries einen Meter vom Kurs abweicht. Mr. Franklin ist ein genialer Konstrukteur.

Solange Christine liegt, geht es ihr gut. Aber ihre Nerven werden dünn. Oft setze ich mich zu ihr und tröste sie. Dankbar lächelt sie, wenn das Boot eine Zeitlang ruhiger läuft.

Zum Schreiben, Malen und Lesen komme ich kaum. Der Moment fordert alles, und alles dauert. Selbst die Zubereitung von heißem Tee ist eine durchdachte Turnübung. Und die Bedienung des einflammigen Optimus-Kochers erfordert Gefühl der Fingerspitzen. Dabei verbrennen sie manchmal, denn der Brenner hat ein Leck. Die eingebaute Lötlampe scheint den Brenner zu zerstören; deshalb heize ich nur noch mit

Spiritus vor. Da aber das Schälchen zu klein ist, muß man mehrmals nachkippen. So fließen immer wieder blaue Flammen schaurig-malerisch durch die Pantry. An eine Reparatur des Kochers ist erst in ruhigeren Gewässern zu denken.

Gelegentlich zeigt sich die Sonne, gerade daß es für Navigation ausreicht. Der Versetzung nach schiebt uns der Äquatorialstrom mit bis zu anderthalb Meilen pro Stunde. In drei Tagen wird uns dadurch ein Tagesetmal geschenkt - immerhin.

Abends heult der Passat wieder eine Tonlage höher, und ich wechsele Groß gegen Trysegel - ohne erkennbaren Fahrtverlust.

Zehnter Tag

Morgens liegt ein Fliegender Fisch an Deck. Zwölf Zentimeter mißt er über Alles. Um die Nase meiner angeschlagenen Gefährtin nicht zu strapazieren, werfe ich ihn wieder über Bord. Gebraten soll er hervorragend schmecken - später mal.

Der Passat orgelt, und die See ist weiß. »Passat« - ha!

Zuweilen wird FIRECREST von den Wellenkämmen so schnell nach vorn gerissen, daß der Logpropeller aus dem Wasser schnellt.

19.30 Uhr: Heckeinsteiger bis in den Kartenraum! - An Backbord ist alles naß. Aber der Kartentisch ist an Steuerbord, also kein Problem. Ich feudele alles auf und wische sorgfältig mit Frischwasser nach. Salzige Schotten werden nie wieder richtig trocken.

Von nun an lassen wir das Steckschott drinnen.

Christine löst mich zu ihrer Wache ab. Bräunlich schimmert die Sichel des abnehmenden Mondes durch den staubschlierenden Himmel.

Heiligabend auf See

Elfter Tag

Als die Freundin mich weckt, glänzt das Licht der Kartenraumlampe auf ihren feuchten Wangen.

»Heute ist Weihnachten«, schnieft sie.

Zwei Zentimeter außerhalb der Kajüte poltern die Brecher.

Morgens sind Boot und See in gelbes Zwielicht getaucht. Mit den Knien suche ich Halt am Beiboot und versuche, die fahle Sonnenscheibe auf die Kimm zu setzen.

Das Boot ist wie aus dem Dreck gezogen. Auch drinnen hat das feine braune Mehl seinen Weg in die hintersten Ecken gefunden.

Wieder verdeckt ein Staubschleier die Sonne. Resigniert blicke ich achteraus. Von Zeit zu Zeit taucht im Kielwasser der weiße Baumwollköder auf, den wir seit Tagesanbruch hinterherschleppen - Hoffnung auf Goldmakrele als Weihnachtsbraten.

Die Sonne! Behutsam setze ich sie auf den diffusen Horizont - da tönt ein feines Zischen: Die Angelschnur läuft aus! Und ich halte gerade den Sextanten, das zerbrechliche, lebenswichtige Instrument. Da kommt die Schnur stramm - und hängt abgerissen hinterher.

Tapfer versucht sich die Kameradin an einer Art Christstollen im Drucktopf, doch bleich und zerschlagen kehrt sie bald zurück in die Koje. - Fröhliche Weihnachten!

Während mein Mädchen erschöpft in den Heiligabend hineinschläft, male ich auf einem Stück Wellpappe mit Acrylfarbe einen knallgrünen Weihnachtsbaum mit roten Äpfeln, gelben Sternen, Kerzen und Kugeln. Aus Schokoladenpapier klebe ich »Schnee« auf die Zweige. Mit einer

Schere schneide ich die Konturen nach. Dann hefte ich den Pappbaum mit Tape an den Mast. Vor ihn lasche ich mit Segelgarn eine dicke rote Kerze auf die Tischplatte.

Es harft lauter im Rigg, grünes Wasser poltert übers Schanzkleid und schäumt längsdeck - FIRECREST ruft mich.

Eine halbe Stunde später bin ich zurück und trockne mir das Seewasser aus den Haaren. Unter bretthartem Try und gereffter Fock läuft das Boot nun ruhiger. Hier unten ist es fast friedlich.

Aber mir ist überhaupt nicht weihnachtlich. Die Kameradin schläft. Soll ich doch mal Deutsche Welle versuchen? - Kurzwelle kommt tagsüber nur gestört.

Ich drehe an den Knöpfen des alten Transistorgerätes - und höre ein deutsches Weihnachtslied - hell und klar! Und dann liest Heinz Rühmann aus dem Michel in Hamburg die Weihnachtsgeschichte!

Christine ist aufgewacht. Durch das Rauschen der See, eine Handspanne von ihrem Ohr entfernt, hört sie Rühmanns väterliche Stimme, sieht im Kerzenschein den gemalten Baum, auf dem das Stanniolpapier glitzert, darüber die schwingende Kajütlampe. Ich nehme meine Gefährtin in den Arm, und wir flennen beide.

Dann wird es doch noch gemütlich. Wir kochen Fliedergrog - noch aus Mürwik. Der tut richtig gut. Dann machen wir Bescherung, schenken uns die Kleinigkeiten, die wir heimlich besorgt oder gebastelt haben und öffnen die Pakete der Eltern. Zuoberst liegen knochentrockene Tannenzweige. Beim Aufheben rieseln die Nadeln. Wir essen Spekulatius und Marzipankartoffeln. Während Christine aus einem Bändchen Weihnachtsgeschichten aus dem alten Deutschland vorliest, halte ich Tannennadeln in die Kerzenflamme. Es riecht wie Weihnachten.

Das Blau

Zwölfter Tag

Als ich nach Mitternacht zur Ablösung an Deck komme, wölbt sich über den Schatten der Segel zehntausendfach glitzernd die Heilige Nacht. Rundherum klare, schwarze Kimm. Der Wind hat abgenommen, und die Luft atmet sich rein und frisch.

Bei Tagesanbruch strahlt die Sonne kraftvoll vom blauen Himmel. Mit prallgespannten Segeln voller Schmutzstreifen surft der Kutter über tiefblaue See.

Heimweh und Heimkehrstrategien sind wie fortgeblasen. Unter uns dreht sich die Weltkugel, und voraus liegt Westindien!

Die Morgenbeobachtung mit klarer, scharfer Kimm, dann die gestochene Mittagsbreite - Navigation macht Spaß!

Nach einem farbenprallen Sonnenuntergang in Orange, Türkis und Coelinblau nehme ich den ersten Sternenort dieser Überfahrt - mehr zur Übung, denn hier draußen ist die Genauigkeit der Position nebensächlich.

Als ich den Ort eingezeichnet habe, glitzert Sternenstaub auf dunkelblauem Nachthimmel. Über dem Heck stehen Orion, Stier und Plejaden in senkrecht aufsteigender Linie.

13. Tag

In dieser Nacht erlebe ich im Boot ein eigenartig intensives Raumgefühl. Die Kajütlampe ist erloschen, Christine schläft. Durch die schmalen Fenster und die Luke dringt blaues Sternenlicht wie feinste Flüssigkeit.

Ganz bewußt empfinde ich mich da inmitten des schwimmenden Hohlkörpers, spüre mit den Füßen die Schwere der dreieinhalb Tonnen Ballast und taste mit den Händen den Mast und die energiegeladene Segelmaschine aus Holzspieren, Tauwerk und gespannter Leinwand.

Die fingerdicke Schale des Bootes spüre ich wie eine zweite Haut, an der entlang es in immer gleicher Melodie schäumt und gurgelt, mal leise und feinperlend, dann wieder laut brodelnd, polternd, wenn Brecher überkippen, eine Bö einfällt. Dann knarrt und knackt es in Mast und Gebälk, und wenn das Boot vor einer Welle beschleunigt, fühle ich das Vibrieren des Ruderblattes.

Ostsüdost 4 - Cumulusketten über weiter blauer See und, wo man hinsieht, Schwärme Fliegender Fische. Das Groß steht ausgerefft, die große Fock ausgebaumt, der große Klüver gegenüber ebenfalls ausgebaumt und über allem das Toppsegel! Segeln, wie ich es als Junge in meinen Büchern gelesen hatte!

Beim Aufklaren der Nagelbank rauscht das Fliegerfall nach oben. So klettere ich eben hinauf zum Topp und hole es wieder an Deck - einfach so. Reichlich Vitamine, die ständige Bewegung, und der regelmäßige, tiefe Schlaf während Christines Wachen haben mir die Fitness eines Großseglermatrosen verliehen.

Auch der Gefährtin geht es viel besser. Nun zeigt sie sich selbst außerhalb ihrer Wache an Deck und macht schon kurze Abstecher in die Kombüse. Mit zärtlicher Geste reicht sie mir eine Hälfte unserer letzten

Avocado, scheint wie neu verliebt nach meiner Pflege in den trüben Tagen. Ich genieße das sehr.

In entspannter Routine fließt der Tag zum Abend. Jetzt, im Nordwinter, ist der Tag auch in den niedrigen Breiten deutlich kürzer als die Nacht. Doch auch die Nacht ist schön - mild und voller Frieden. Noch tragen wir lange Hosen und Pullis, aber es wird fühlbar wärmer: 23 Grad Celsius.

14. Tag

Bei Sonnenaufgang sind die Dünenkämme so hoch, daß die Segel im Wellental bekalmen.

Der Wind hat nördlich gedreht. Wir müssen mal wieder halsen. Mein nächstes Boot wird weniger umständlich getakelt sein.

15. Tag

Zur Mittagsbreite loggen wir seit Teneriffa 1397 Meilen - die Hälfte der Strecke liegt hinter uns.

Außerdem passieren wir heute den Großkreis-Dampferweg New York - Kap der Guten Hoffnung. Doch die Kimm bleibt leer. Seit der Begegnung mit dem arabischen Frachter vor neun Tagen haben wir kein Fahrzeug mehr gesehen.

Wie üblich frischt der Wind nach Sonnenuntergang auf, und ich muß die Berechnung der Sternhöhen unterbrechen, um zu reffen. Ich sollte mich daran gewöhnen, vor dem Sterneschießen zu reffen.

Wantenbruch

16. Tag

Nachts Schauerböen, dabei intensives Meerleuchten. Ich versuche, Regenwasser aufzufangen, doch dafür reichen die Niederschlagsmengen nicht. Zum Glück haben wir noch genug Frischwasser: 220 Liter. Demnach haben wir täglich gemeinsam etwa fünf Liter verbraucht, einschließlich waschen.

16.30 Uhr: Das vordere Backbord-Unterwant ist gebrochen - gleich oben hinter der Preßhülse, wo das Auge über den Mast gestreift ist - wahrscheinlich Ermüdung.

Sofort Halse, um die Backbordseite zu entlasten, dann eine Stunde konzentrierte Arbeit: Passendes Drahtgut haben wir nicht, dafür aber unsere schwere Manila, das ehemalige Strecktau von unserem Boxenplatz in Fahrensodde. Ich entere mit der Trosse auf und schlage das Ende mehrmals über der Saling um den Untermast. Zurück an Deck, spleiße ich eine große Jungferntalje zwischen die Manila und die Rüsteisen und setze das überdimensionale Notwant durch, so fest es geht.

Erneute Halse - das Notwant trägt und hält. Weiter auf dem alten Kurs.

Nun haben wir einen Punkt mehr auf der Arbeitsliste - und Stoff zum Grübeln. Wie gut sind die übrigen Wanten noch? Von außen scheinen die Drähte unversehrt, doch wenn der Bruch durch Ermüdung kam... Wenn FIRECREST sich nun vor einer Bö verneigt, huscht mein Blick stets fragend in den Mast.

Wir erholen uns von dem Abenteuer bei einem großen Omelette aus Eiern, Mehl, Speck, Zwiebeln und Dosenpilzen.

Da gellt von draußen ein schriller Schrei: Ein weißer Tropikvogel umkreist das Boot. Er ist wunderschön - strahlendweiß, mit orangefarbenem, kräftigem Schnabel und langen, seidigen Schwanzfedern - ein ferner Bote der Neuen Welt. Und doch sind es noch über tausend Meilen bis Westindien.

17. Tag

Nachts liege ich auf der Koje und denke an die unvollkommene Verstagung. Die schweren Niro-Wanten waren ein Fehler. Das 1x19er Gut mit den dicken Drähten eignet sich nicht für ein weiches Gaffelrigg, bei dem die Wanten auf der Leeseite jedesmal lose kommen. Irgendwann ist der Stahl ermüdet und bricht. Statt Wantengut hätte ich Fallengut verwenden sollen, das aus vielen dünnen Drähten geschlagen ist. Es ist viel elastischer und ermüdet deshalb wesentlich langsamer.

Plötzlich ein hölzerner Schlag und dann heftiges Spaddeln auf dem Kajütboden. Erschrocken springe ich nach der Taschenlampe. Ein Fliegender Fisch ist durch die Luke gesegelt und zwischen unseren Kojen gelandet. Schnell greife ich ihn und werfe ihn über Bord. Wir lachen. Alles ist voller kleiner, blauglänzender Schuppen, und es riecht stark nach Fisch.

Bei Tagesanbruch nur noch leichter Ostwind. Groß, Topp, Fock, Klüver, Flieger - Vollzeug. Unter einer »Wolke von Segeln« gleiten wir in den Morgen. Wann hatten wir das zuletzt?

Vom Vortag bleibt noch unruhige Restdünung. Wenn von achtern eine Serie kurzer Wellen durchläuft, schlagen die Segel, und zuweilen fährt Aries halbe Patenthalsen: Da jedoch der Großbaum mit einer Bullentalje gesichert ist, will nur die Gaffel mit dem Toppsegel rüber, wird am Achterliek aber festgehalten und schlägt wieder zurück. Unbeeindruckt steuert Aries weiter.

Cumuluswölkchen ziehen, die Luft ist trocken und milde: 25 Grad Celsius, Wasser 24. Christine ist bester Dinge und läßt sich nicht aus der Pantry vertreiben. Zwischendurch erholt sie sich in kurzen Liegepausen auf der Koje - tapferer Smutje!

Es gibt gekochte Süßkartoffeln aus Candelaria mit Bratfisch von Aldi aus Mürwik. Meine schmale Gefährtin haut rein, daß ich mich frage, wo sie alles läßt.

Die Dünung flacht ab, und ruhig zieht FIRECREST in den Abend. Trotzdem berge ich nach Sonnenuntergang den Flieger. Seit Madeira lasse ich nachts nur noch selten Vollzeug stehen. Böen sieht man in der Dunkelheit nicht kommen.

Jugendtraum

18. Tag - Silvester

Der letzte Tag im alten Jahr. Ein wunderbarer Sonnentag bei leichter Damenbrise; 77 Meilen seit dem letzten Mittagsort - wenig im Vergleich zu den vergangenen Tagen, deren Etmal meist um die 100 lag. Aber was sind hier draußen ein paar Meilen?

Die See hat jetzt wohl ihre volle Kobaltbläue erreicht - wie ein feuriger Edelstein.

Ein Bein unseglerisch über dem Schanzkleid, sitze ich mit dem nackten Hintern auf den warmen Holzplanken und ziehe die Bilanz des vergangenen Jahres - positiv: An Neujahr hatte ich mir vorgenommen, dem Traum der Segelreise über den Ozean einen wesentlichen Schritt näherzukommen.

Nackte Füße tappen über Deck. Christine läßt sich neben mir nieder - im gleichen Outfit wie ich. Sie hat eine Hand Bananen mitgebracht. Die Bananen werden jetzt schneller reif, als wir sie essen können. Sie schält zwei - und gibt sie mir beide. Eine dritte schält sie sich selber.

Ruhig segelt uns FIRECREST durch die balsamische Silvesternacht. Für eine Feuerzangenbowle fehlt der Rum, doch hier in den Tropen hat auch Glühwein eine kolossale Wirkung. Trotzdem blicken wir alle halbe Stunde gewissenhaft in die Runde. Dabei fühlen wir uns viel sicherer als noch vor wenigen Tagen. Scharf und schwarz steht die Kimm unter dem nachtblauen Himmel. Die Sicht reicht viel weiter als die Tragweite von Positionslampen.

Neben unseren Köpfen plätschern die Wellen gegen die Bordwand, und zuweilen schnaubt das Kielwasser unter der Gillung wie ein Tümmler.

19. Tag

Am Neujahrsmorgen strecken sich lange Cumulusbänke von Horizont zu Horizont. Ihre Unterseiten sind scharf abgeweht und sehen nach Wind aus.

Trotzdem lassen wir alle Segel stehen, und wirklich - am Vormittag gibt es ein paar kleine Böen mit 4 Beaufort, und das war´s schon.

Gemächlich zieht FIRECREST durch einen Schwarm springender *Bonitos* (kleine Thunfischart). Dabei flattert wieder ein schöner Tropikvogel um das Toppsegel. Er kreischt und schimpft, weil er nicht wagt, sich auf der schwankenden Saling niederzulassen. Es ist der dritte, der uns besucht - oder ist es immer derselbe?

20. Tag

Trockene Luft, blauer Himmel, milder Passat.

Tag um Tag, Nacht um Nacht segeln wir nun, wie wir es uns erträumt hatten. Alle paar Stunden ein bißchen Trimm an den Segeln, ein Zug an der Steuerleine der Aries - aber gelassen, man nimmt sich Zeit.

Und wir können uns nicht daran gewöhnen: Immer wieder Staunen über die Farbe des Meeres - es leuchtet blau aus der Tiefe. Das Wasser hat mittlerweile 26 Grad Celsius. Nur nachts tragen wir noch Pullis.

Heute teilen wir die letzte unserer noch grün gekauften Orangen. Jetzt ist sie rot und reif und ein Wunder voll köstlichem Saft! Außerdem haben wir noch zwei Hände vollreifer Bananen und reichlich Porree, Knoblauch und Zwiebeln.

Wie jede Woche zwinge ich mich dazu, den Motor fünf Minuten laufen zu lassen, damit er sich nicht kaputtsteht. Dabei habe ich immer das Gefühl, das Rattern störe die Harmonie all jener Kräfte, die FIRECREST unversehrt mit sich tragen.

Kleine Teerklumpen schwimmen im Wasser. Von außen sind sie gelb, aber wenn man sie auffischt und zerbröselt, glänzen sie innen schwarz. Da wieder einer - aber nein! Ein kleines gelbes Plastikfigürchen treibt an der Bordwand vorbei, ein Mann in altspanischer Tracht - ein kleiner Conquistador! Er treibt auf dem Rücken und sieht mich an. Ehe ich mit dem Ketscher reagiere, ist er im Kielwasser verschwunden.

Gerade vorhin hatte ich an Columbus und seine Flotte gedacht. Wer sagt denn, daß das nächste Schiff, das wir sichten werden, keine Karavelle ist oder eine spanische Galeone? Hier draußen hat sich seit Urzeiten nichts verändert - derselbe Himmel, dasselbe endlos blaue Meer unter wattigen Passatwolken.

Zur Kaffeezeit erreicht uns lange, hohe Dünung aus N. Sie läuft quer zu der Passatdünung, und FIRECREST beginnt, zeitweilig unruhig zu schlingern. Nicht, daß es mich stören würde. Ich werde zu einem Meermenschen. Die Gefährtin allerdings hält sich dann lieber in der Horizontalen auf.

Zum Sonnenuntergang bereite ich einen Ort aus fünf Sternen vor. Astronomische Navigation bedeutet mir mehr als Notwendigkeit. Immer wieder freue ich mich auf die Minuten, wenn die ersten Sterne sichtbar werden. Undenkbar, mir diese Befriedigung von einer Elektronik nehmen zu lassen.

Nachdem ich den letzten Stern »heruntergeholt« habe, steigt eine Spitze der aufgehenden Mondsichel über den östlichen Horizont. Für einen Moment sieht sie aus wie ein riesiger, leuchtender Spinnaker.

Alle Standlinien schneiden sich heute in einem Punkt. Als ich das Kar-

tenbesteck weglege, wölbt sich der Himmel wie eine dunkelblaue Kristallkuppel. Die Sterne funkeln klar bis zum Horizont, und mancher von ihnen läßt zunächst an ein Dampferlicht denken. Strahlend umfaßt die Mondsichel den schattigen Teil, in dem man jeden Krater erkennt - wie ein von einer Silberfassung umschlossener Opal.

Um Mitternacht Heulen und Regenprasseln - FIRECREST rast in der Bö. Splitternackt springe ich nach oben und zerre das Toppsegel an Deck. Gespenstisch steht ein fahler Mondregenbogen über der aufgewühlten See.

21. Tag

Bei Sonnenaufgang staffeln sich Schauerwolken bis hinter die Erdkrümmung, wo sie, scharf und plastisch umrissen wie kleine Watte-bälle, von der Kimm halbiert werden. Da wir ihre Zugbahnen schon von weitem abschätzen können, setzen wir wieder Vollzeug.

Mittags bereitet die Bordfrau Omelette mit Dosenwürstchen. Die mit Vaseline eingeriebenen Eier von Josés Hühnern sind noch ausgezeichnet.

Wieder fließt ein Tag in die Nacht.

Im tiefen Schlagschatten des Mondes reflektiert das pulsierende Meerleuchten hell gegen Bordwand und Segel.

22. Tag

Seit Tagen schon weht der Nordostpassat mit 3 bis 4, dazu Cumulus-Staffeln, stechende Sonne und tiefe blaue Schatten. - Selbst in den dunklen Ecken der Segellast schwebt ein bläulicher Schimmer.

Zieht eine der Wolken über uns hinweg, gibt es eine kurze Bö, doch das Vollzeug bleibt stehen. Dann ächzt und knackt die Segelmaschine, und das Ruder dröhnt bei der Schußfahrt in den Lagern, bis sich alles wieder beruhigt zu friedlichem Urlaub auf See.

23. Tag

Bei Wachablösung nach Mitternacht zeige ich meiner Geliebten das Kreuz des Südens. Hell strahlt es wenige Grad über der südlichen Kimm.

Wenn sich der gleißende Rand der Morgensonne dann wieder über den Horizont schiebt, leuchten die Ränder der Cumuluswolken erst indischgelb, und dann bald in strahlendem Persilweiß. Grundstimmung Blau.

Am Vormittag kreuzt ein brasilianischer Bulkcarrier unseren Kurs in einer halben Meile Abstand. Während das Schiff sich langsam nach Süden entfernt, berichtet der WO über Sprechfunk, wie lange er unser Echo noch auf dem Radarschirm sehen kann. In 3,5 Meilen Entfernung ist der Rumpf des Frachters schon teilweise hinter der Kimm, aber der Steuermann kann unseren Reflektor immer noch gut orten. - Hätte ich nicht gedacht.

Goldmakrelen! Angel raus und - Biß!

Das Cockpit trieft von Blut. Was von dem meterlangen Tier nicht in die Pfanne paßt, wird eingesalzen. Frisch gebratener Fisch - ein Genuß!

Beim Abwasch geht die schöne neue Salatschüssel über Bord. Unwillkürlicher Schreck krampft die Brust zusammen, als das vertraute, türkisfarbene Teil schnell kleiner wird und dann versinkt.

»Wenn Rasmus sie nun mal haben will...«, meint lakonisch die Freundin, aber ihr Blick kontrolliert nervös den Knoten meiner Sicherheitsleine.

Langsam dreht der Passat über Ost auf Südost. - Also mal wieder Halsen!

24. Tag

Südost 4 bis 5 - genau von Backstags. Die große Fock wird vom Großsegel abgedeckt und schlägt. Und noch weiter dreht der Wind auf SSE und frischt auf - seltsam! Wind mit dieser Richtung und Stärke kommt in den Monatskarten gar nicht vor. Mit halbem Wind und 20 Grad Lage läuft der Kutter seine Rumpfgeschwindigkeit.

Passatstörung

25. Tag

Nach Mitternacht flaut es ab. Da das Boot ruhig liegt, auch Segel und Spieren nicht schlagen, warte ich mit dem Ausreffen erstmal ab. Und siehe da: Bald brist es wieder auf.

Bei Sonnenaufgang das gleiche Spielchen. Von Starkwind auf leichte Brise, dann wieder Starkwind - gleichbleibend aus Südsüdost. Viel zu südlich für die Jahreszeit. Etwas stimmt nicht mit dem Wetter.

Während ich die Morgenhöhe nehme, landet ein großer Fliegender Fisch im Cockpit und schlägt wild um sich. Diesmal brutzelt er eine halbe Stunde später in der Pfanne. Mit Rührei und Knäckebrot gibt es ihn zum zweiten Frühstück.

Nach 24 Tagen auf See liegen in der Gemüselast noch ein Sack Zwiebeln, eine letzte Porreestange und ein Zopf Knoblauch.

Bei Sonnenuntergang weht es aus Süd. Dabei ist es schwül geworden, und der ganze Himmel prangt in Blau, Türkis, Gold und Kupferrot.

»Typischer Zyklonhimmel«, denke ich an meine Frachterreisen im Südpazifik. Dieses seltsame Pulsieren des Windes aus südlicher Richtung... zweifellos eine Passatstörung. Aber wir haben doch schon Januar!

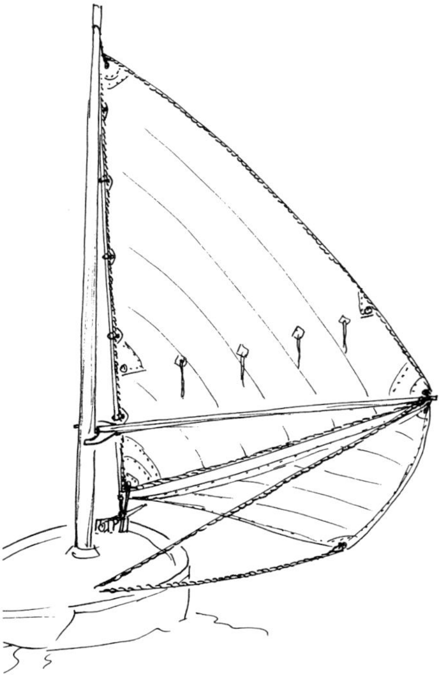

26. Tag

Bei Sonnenaufgang ist der Himmel mit hohen, rosa Schäfchenwolken überzogen, die schnell aus Südwesten ziehen. Bang klopfe ich gegen das Barometer, aber es stagniert.

Dann flaut es soweit ab, daß Aries zum ersten Mal seit Wochen ihren Dienst versagt. Ich setze jeden Lappen, sogar die Wassersegel, und wir müssen Ruder gehen.

Dünungen aus drei verschiedenen Richtungen laufen unter uns hindurch.

Eine aus Osten, eine andere aus Südosten und sehr lange, ausgeprägte aus Norden. Zuweilen schaukelt sich FIRECREST nervös auf; dann treibt sie wieder längere Zeit ruhig dahin, und Aries beginnt erneut zu arbeiten.

Eine richtige weiße Möve - kein Sturmvogel - setzt sich in unserer Nähe aufs Wasser. Was tut sie hier draußen? Möven sind Küstenvögel.

Mittagsbesteck: keine 350 Meilen mehr bis Martinique.

Es ist »karibisch« schwül - 28 Grad Celsius bei hoher Luftfeuchte. Cirrusschleier bedecken den Himmel. Die Sonne ist eine gleißende Scheibe. Der Kutter schlingert, die Segel schlagen.

Und wieder ein wüster Sonnenuntergang. Der Himmel glüht. Die schwarzen Wolkenbänke sehen aus wie auf Lava schwimmende Schlackenbänder. Doch das Barometer bleibt unauffällig. Seit Wochen »atmet« es zwischen 1014 und 1018 Millibar - Mittags und gegen Mitternacht jeweils zwei Millibar höher als morgens und abends. Nach Sunset frischt der Südwind auf, beginnt FIRECREST wieder zu marschieren.

Schwüle Nacht. Zwischendurch benetze ich immer wieder Hals, Gesicht und Arme mit Frischwasser, doch nach wenigen Minuten kehrt die Klebrigkeit zurück.

In unseren schweißigsalzigen Bettüchern finden wir wenig Ruhe. Aber nun, kurz vor Martinique, werden wir sie nicht mehr wechseln. Unsere erste »Bauernnacht« wollen wir in frischer Bettwäsche verbringen. Im Moment kann ich es mir kaum vorstellen.

27. Tag

Die Mittagsbreite nehme ich von einer fahlen, glanzlosen Sonnenscheibe. Der Horizont ist im Dunst kaum zu ahnen.

Noch 240 Meilen! - Ohne der Gefährtin meine Beweggründe genauer zu erläutern, studiere ich sorgfältig die Karte von Martinique. Richtige Hurrikanlöcher hat die Insel kaum zu bieten. Eine der verschlungenen Buchten an der Südwestküste vielleicht, solange der Wind nicht ungünstig dreht.

Wenn etwas kommt, sind wir hoffentlich schon da - oder es sollte gleich losgehen! Fatal, wenn uns ein außerplanmäßiger Zyklon in Sturmluv der Inseln erwischte. Mit gemischten Gefühlen steige ich an Deck.

Da scheinen sich im Osten die milchigen Stratuswolken vom Horizont abzulösen. Schon klafft über der Kimm ein schmaler Spalt blauer Himmel, in dem weiße Wolken sichtbar werden.

Deutlich wächst der Spalt nun immer höher. Tatsächlich sieht es aus wie der östliche Rand des dunstigen Wolkenschleiers, der nun nach Westen davonzieht. Dann gibt er den Zenit über uns frei. Dahinter spannt sich blauer Himmel mit Cumulus-Straßen von einem Horizont zum anderen. Schlagartig läßt die Schwüle nach. Frische, würzige Luft füllt unsere Lungen, und im gleichen Moment fällt Ostwind in die Segel! Wieder müssen wir halsen, aber diesmal tun wir es gerne.

Inmitten einer riesigen, aufgewühlten Wasserscheibe mit scharfgezackter Kimm schäumt FIRECREST westwärts. Nordost 5 - der Bilderbuchpassat - wir haben ihn wieder! - Und im Radio kommen die ersten Antillensender rein - Calypso satt! Wir drehen die Lautstärke voll auf.

28. Tag

Mächtige Seen, hoch wie die Saling, laufen von achtern gleich blaukristallenen Bergen.

Ich trage die letzte Mittagsposition in unseren alten Übersegler von 1926. Von den Kanarischen Inseln reicht quer über die riesige Wasserfläche des mittleren Atlantiks eine lange Kette kleiner Positionskreise bis kurz vor die Insel Martinique. Noch 135 Meilen bis Fort de France - ein Katzensprung!

Ich ziehe die Karte der Windward Islands aus dem Fach. Wir sind schon auf dem Rand der Karte - betreiben gewissermaßen Küstensegeln!

Ein brauner Tölpel taucht auf, verfolgt von einem schwarzen Fregattvogel. Wie ein Geschoß stößt der Tölpel in die Flanken der Wellenberge, taucht mit einem Fisch wieder auf, den der Fregattvogel ihm in kurzem Luftkampf entwendet. Das gleiche Spiel immer wieder. Aber viel wichtiger: Beide Vögel - das haben wir gelesen - übernachten an Land!

Am Nachmittag nehme ich die Höhe des Mondoberrandes und nach Sonnenuntergang Jupiter sowie die Fixsterne Capella, Rigel und Achernar. Das Fehlerdreieck ist kleiner als eine Meile. Trotzdem: Einen sichtbaren Beweis für die Genauigkeit meiner Arbeit habe ich nicht. Vor 27 Tagen haben wir die letzte Landmarke gepeilt.

Die Nacht vergeht in unruhiger Erwartung. Könnte durch irgendeinen Fehler in der Navigation Martinique anstatt nördlich der Kurslinie direkt voraus liegen? Und würde uns der Passat dann möglicherweise in die weit vorgelagerten Riffe schieben, bevor wir das - vielleicht von Dunst verhüllte - Land sichten würden?

Immer wieder stehe ich auf dem Großbaum und starre nach Westen. Doch vom Gipfel der Dünungsrücken schimmert die Bahn des Vollmondes ungebrochen bis zur Kimm.

Landfall

29. Tag

Nach Mitternacht frischt es weiter auf. Nur unter gerefftem Groß liegt der Kutter platt vor dem Wind, schießt auf der Vorderseite der brechenden Seen zu Tal und schaufelt beim Rollen Hektoliter Wasser übers Schanzkleid.

Doch diesmal werden wir den unbequemen Kurs beibehalten. Wir halten genau auf die St. Lucia-Passage zu, die Meerenge zwischen St. Lucia und Martinique - jedenfalls hoffe ich das.

In der zweiten Nachthälfte sichte ich Positionslichter an Steuerbord - ein Querläufer. Die Peilung des roten Backbordlichtes steht. Ich wecke Christine und lasse Aries anluven, bis die Peilung deutlich einwandert. Wohl zwei Meilen voraus passiert das Fahrzeug die Kurslinie. Die Dampferlichter liegen weit auseinander. Demnach muß es ein großes Schiff sein.

Stolz und Sicherheitsbedürfnis widerstreiten. Schließlich greife ich zum Sprechfunkgerät und schalte Kanal 16 ein. Gleichzeitig entschließe ich mich, im Zweifelsfall meiner eigenen Navigation zu vertrauen. Lieber Schiffbruch durch eigenes Verschulden, weil ich leichtfertig den Angaben eines Fremden getraut habe.

»Motorvessel with southerly course, this is sailing boat FIRECREST, two miles on your port side. Do you listen to me?«

»Sailing boat, this is Liberian tanker CENTIS, what can I do for you?«

Wir wechseln auf Kanal 6 und der Wachoffizier gibt mir seine Satellitenposition: 14°21′ N, 60°26′ W.

Beschämt bedanke ich mich, weil er uns Segler nun für typisch unfähig halten wird. Dann gehe ich mit den Angaben in die Karte.

CENTIS′ Position liegt genau auf unserer Kurslinie, wenn auch acht Meilen westlich des Koppelortes. Aber unser Abstand zum Tanker beträgt etwa zwei Meilen, und die übrigen sechs Meilen können leicht durch Stromversetzung entstehen. Der Einfachheit halber koppele ich zur Zeit mit einem Knoten Weststrom.

Mit ruhigem Gewissen verschiebe ich deshalb unseren Koppelort um sechs Meilen in Kursrichtung. Dabei kann ich nichts falsch machen.

Noch kojenwarm schiebt sich die Freundin neben mich an den Kartentisch. Während sie die neueste Entfernung nach Fort de France herauszirkelt, wärme ich mir die Nase in ihrer Halsbeuge.

Über salinghoch daherzischenden Wasserbergen graut der Morgen. Nach wenigen Minuten tritt die Sonne strahlend über die Kimm. Da stehen feingezeichnet im Nordwesten die Umrisse hoher Berge - Martinique!

Jetzt müßten wir uns umarmen, jauchzen oder sonstwas Dummes tun. Aber wir stehen nur einfach aneinandergelehnt am Mast und schauen. Ich bin stolz.

Nach 2700 Meilen offener See liegt voraus die St. Lucia-Passage.

Unsere restlichen Bunkerbestände:

145 Liter Frischwasser
40 Liter Petroleum
32 Liter Benzin/Ölgemisch
noch H-Milch, reichlich Zwiebeln, Knoblauch und Nährmittel, dazu Dauerproviant und Konserven für ungefähr 50 Tage.

Martinique

Einklarieren

Träge flappt das Sonnensegel im ablandigen Passat.

Begleitet vom Sound seiner unermüdlichen Steelband, schiebt sich der Ausflugsponton KON-TIKI an FIRECREST vorbei wieder an seine Mooring auf der Flamingoreede unter der Wasserfront von Fort de France. Mit seinen Bambuswänden und dem Blätterdach sieht KON-TIKI aus wie Tarzans Dschungelfloß. Bezecht von Planters Punch wird die hawaiihemdbunte Hundertschaft Kreuzfahrttouristen wieder ausgebootet und zurückgebracht zur VIKING PRINCESS, die drüben im Handelshafen an der Pier liegt.

Als die Launch an uns vorbeifährt, winken die Leutchen fröhlich-neidvoll herüber. Huldvoll erwidern wir den Gruß. An Bord der BRITANNIA hätten wir uns kaum exclusiver gefühlt: Wir haben den Atlantik mit einem Segelboot überquert!

Daß diese Tat freilich nicht einmalig ist, beweisen unsere Nachbarn: An Backbord liegt die BAJADERE, daneben PIMPERNELL, etwas weiter hinten FRAUKEN, und im Pulk der Franzosen ankern FACE AU SOLEIL und NADJA.

Die Einklarierung am frühen Nachmittag war problemlos gewesen. Martinique ist französisches Überseedepartement. Verwaltungstechnisch waren wir in Europa. Für uns bedeutete es das gleiche, als hätten wir Cannes oder Saint-Tropez angelaufen.

Mit frischen Stempeln in Pässen und Schiffspapieren strebten wir als erstes zum Telegraphenamt und gaben ein Telegramm an unsere Eltern auf: »Herzliche Grüße aus Martinique«.

Fort de France ist ein typischer alter Kolonialhafen der »Neuen Welt«. Und doch erschien uns vieles wie in Südfrankreich - von den französischen Autos, Nummernschildern und Polizisten bis hin zu eleganten Boutiquen, Supermärkten und dem großen, alten Postamt. Man hatte den Eindruck: Cote d'Azur mit Kokospalmen und Kreolen.

Vor Jahren war ich schon einmal hier gewesen - mit dem Frachter, einen Nachmittag lang, dessen Eindrücke nun wie gestern wirkten. Die Stadt gab sich verschlissen elegant wie ehedem. Vielleicht ragte da das eine oder andere neue Gebäude in Glas und Beton, aber sonst beherrschte noch die malerische alte Kolonialarchitektur das Bild. Zwar waren die Farben der Holzhäuser abgeblättert, die Mörtelfassaden grau verspakt, doch überall rankten Blütenkaskaden von Bougainvillea und in den Vorgärten wucherten Bananenstauden. Die Schwarzen und die hellerhäutigen Kreolen begegneten uns mit gelassener Freundlichkeit, und über allem lag die Lethargie der Tropen.

An der Rue de la Liberté, der schönen Allee aus Tropenbäumen und Königspalmen, fanden wir nicht nur das Postamt, sondern auch ein richtiges französisches Bäckerei-Café. *Malmaison* stand in goldenen Lettern über dem Eingang.

Im Schatten seiner Pergola streckten wir die Beine unter einen der Blechtische und bestellten *Café au lait* und Kuchenstücke, gebacken mit Mandeln und frischen Kokosraspeln.

Angenehm abgespannt, blinzelte ich in die Sonnenreflexe aus den Alleekronen. Die Freundin umfaßte ihre Tasse mit beiden Händen und hielt die Augen geschlossen. Der schwere Geruch der tropischen Vegetation mischte sich in den Duft des Kaffees und den Geruch nach Dieselabgasen. Dahinein das vielfache Stimmengewirr der Touristen und Einheimischen, das Rollen, Dröhnen, Hupen der Autos und Omnibusse und in den Wipfeln der Königspalmen das Rauschen des Passats.

Hellgrünes Wasser voraus!

Heute morgen noch segelte FIRECREST inmitten riesiger, blauer Wasserberge, steuerbord voraus der dunstige Schattenriß von Martinique. Tölpel stießen nach Fliegenden Fischen, verfolgt von schwarzen Fregattvögeln, die ihnen im Kunstflug die Beute abjagten.

Der Landfall war perfekt. Voraus lag die Straße von St. Lucia. - Oder etwa nicht?

Noch spürte ich einen Rest Unsicherheit. Doch der steigende Morgen enthob mich aller Sorgen. Immer deutlicher schälten sich die Konturen von Martinique aus dem Dunst, und dann erschien schemenhaft hellgrau an Backbord der Umriß von St. Lucia - kein Zweifel mehr möglich!

Inzwischen blies der Passat mit Sturmstärke. Anscheinend herrschte in der St. Lucia-Passage ein Düseneffekt. Das Groß stand tief gerefft, gegenüber ausgebaumt die gereffte große Fock. FIRECREST surfte vor den schaumgekrönten Rollern, daß der Ruderschaft in seinen Lagern dröhnte. In der Saling knatterte die französische Gastflagge wie eine Siegesstandarte.

Und dann plötzlich, keine Meile voraus, ein breiter Streifen türkis leuchtenden Wassers! Mit dem Fernglas vor Augen stand ich auf dem Großbaum und starrte auf das, was genauso aussah wie seichtes Wasser. Wenn es das war, blieb mir eine Entscheidungsfrist von drei Minuten, um den Kutter an den Wind zu legen, und gegen den Passat und diese Wahnsinnswellen Luv zu machen - eine Horrorvorstellung.

Unter Deck, Griff nach dem Peilkompaß, wieder rauf, Peilung der Berge von Martinique rechts, der Schemen von St. Lucia links - wieder runter an die Karte: kein Riff möglich! An dieser Position fiel der Inselsockel auf über 1000 Meter Tiefe.

Unsicher musterte ich wieder die verdächtige Trennlinie von Tintenblau zu Türkisgrün, auf die wir ohne Zweifel zujagten. Aber über einer Untiefe hätten die Brecher gewaltig sein müssen, und dort schien das Wasser eher noch ruhiger. Dann waren wir heran und segelten durch einen mehrere Kabel breiten Streifen lagunengrün leuchtenden Wassers. Quer zum Wind erstreckte er sich soweit nach Norden, wie wir sehen konnten. Es mußte wohl das noch mit feinsten Luftblasen durchsetzte Brandungswasser von der Luvküste Martiniques sein, das der Südstrom quer über die St. Lucia-Straße mit sich trug.

Hinter der Südspitze von Martinique endete der Düseneffekt, denn der Passat flaute deutlich ab. An Steuerbord kam jetzt nicht weit von der Küste ein seltsamer Felsen in Sicht. *Rocher du Diamant* - Diamantenfelsen hieß der senkrecht aus dem Wasser ragende Klotz, der aber vielmehr einem bis zum Oberkiefer eingetauchten Totenschädel ähnelte -

das passende Entrée in die Gewässer der *Schatzinsel*.

Im Handbuch stand, daß der Rocher du Diamant einst von einer britischen Marinebesatzung gekapert und mit Kanonen bestückt worden sei und noch bis vor kurzer Zeit als HMS DIAMOND ROCK in der Schiffsliste der Admiralität gestanden habe.

Hinter dem »Totenkopf-Felsen« luvten wir an und hielten hinüber zur Südwestecke von Martinique. Noch ein paar Böen, dann ließen wir die Passatroller hinter uns und segelten im ruhigen Wasser der Leeküste. Hier wehte der Passat sanft und milde von Land und duftete nach Holzfeuer und Vanille. Eine nach der anderen öffneten sich an Steuerbord malerische Buchten mit weißen Yachten vor Palmenkulissen. Unwirklich erschienen uns diese Ankerplätze nach einem Monat Atlantik.

Dann segelte FIRECREST in die weite Bucht von Fort de France. Ich erkannte sie gleich von meiner Zeit auf der CANTERBURY. Und nun erlebte ich die Ansteuerung von Deck des eigenen Segelbootes!

Da war immer noch der rote Containerkran, der die Schuppen und Piers überragte, und da auf der Landzunge zwischen Handelshafen und Stadt lag trutzig *Fort Saint Louis*, die Festung der Fremdenlegion. Im Kontrast zu ihrer düsteren Wucht spreizten sich über den Mauern die Wipfel von Kokospalmen.

Links der Festung lag die *Moillage des Flamands* - die Flamingoreede - mit einem Wald von Yachtmasten. Dahinter lag die Wasserfront von Fort de France vor üppig grünen Hügeln und aquarellartig in den Dunst hineingestaffelten Urwaldbergen.

Wir waren angekommen!

Flamingoreede

Unbeeindruckt von seiner langen Arbeitspause, schob der kleine Vire den Kutter über die Reede. Wie dicht ankerten hier die Boote!

Und da lag ja PIMPERNELL! Und da BAJADERE und unübersehbar orange-pittoresk FRAUKEN! Und dort hinten FACE AU SOLEIL und NADJA fast Bordwand an Bordwand in französischer Unbekümmertheit. Winkende Kameraden auf allen Booten. Und ich sah meine Freundin, die heftig zurückwinkte, sich die Augenwinkel wischte und schlucken mußte.

Kaum war der Anker im Grund, schoren Vim und Emmi mit ihrem Schlauchboot längsseit. Dahinter näherte sich bereits ein wohlbekanntes Banana-Boat, an der Ducht, von der Andreas ruderte, tief durchgebogen.

Wir bezahlten unseren Kaffee und verließen das Malmaison. In einem Supermarkt beluden wir uns dann mit Butter, Milch, Frischkäse und all den anderen Genüssen, die uns seit langem ausgegangen waren, vor allem aber kauften wir französischen Rotwein - für die Wiedersehens-Féte heute abend.

Beim Dingianleger hörten wir jemanden rufen. Auf der Veranda der blechgedeckten Seglerkneipe saß heftig winkend - Uts Müller-Treu.

Begeistert schüttelte er uns die Hände, und obwohl es noch heißer Tag war, bestellte er eine Lage *Rhum Punsch* - einheimischen Rum mit dem Saft tropischer Früchte, meist Orangen, das überall variierte Standardgetränk der tropischen Küste.

Wir stießen an. - Da wären wir also!

Uts für seinen Teil war damals von Bayona aus via Madeira direkt in die Karibik gesegelt und trieb sich nun schon eine ganze Weile hier herum. Warum wir denn erst jetzt gekommen seien, er habe schon überall Ausschau gehalten und nach uns gefragt.

»Wollte gerade einen Zettel ans Schwarze Brett hängen!« meinte er und warf einen zerknüllten Wisch auf das verschlissene Wachstuch. Meine Gefährtin schenkte ihm ein warmes Lächeln.

Als wir im Dingi gegen die tiefstehende Nachmittagssonne zurück an Bord ruderten, spürte ich ein Gefühl von Unwirklichkeit. Nur teilweise trug der aromatische Rhum Punsch daran die Schuld.

Mit dieser Überfahrt hatte ich mir ein Stück Traumwelt in die sogenannte Wirklichkeit hinübergezogen, aber irgendwie schien der Prozeß noch nicht abgeschlossen zu sein, die Gegenstände um mich herum noch nicht ganz real. Da war noch dieses angespannte Bewußtsein, das keinen tiefen Schlaf mehr kannte, kein unaufmerksames Ausruhen, und das ich nun nicht einfach abschalten konnte. Noch immer war ich ganz konzentriert auf das gerade Anliegende, nahm aber die übrige Welt nur am Rande wahr.

Bei Sonnenuntergang kamen die Freunde. Bald hing ein Pulk von Beibooten an unserem Heck, und FIRECREST lag wieder tief und stabil im Wasser wie schon einmal. Übergangslos brach die Nacht herein. Aus den erleuchteten Luken stiegen Tabakschwaden und Stimmengewirr.

»Wie in Bayona!« fand Sabina. »Ihr wart ja damals ganz plötzlich verschwunden.«

Aber das große Thema war die Fahrtenseglerregatta von Las Palmas nach Barbados.

Die Kameradin und ich beschränkten uns meist auf das Zuhören. Was wir zu erzählen gehabt hätten, war von einer anderen Welt als die witzigen und aufregenden Anekdoten um die Typen und Ereignisse während einer Regatta mit mehr als 200 Yachten.

Auch unterwegs hatten die Boote, soweit möglich, Funkkontakt gehalten. So blieben sie nicht allein mit ihren Sorgen und Problemen, ihren Überlegungen und Entscheidungen. In Barbados traf sich dann alles wieder. Das spannende Finale zog sich über viele Tage hin und war ein andauerndes Happening mit Partys, Siegerehrungen und Remmidemmi.

Doch wenn ich über den Rand meines Glases hinweg den abwesenden Blick meiner Gefährtin auffing, spürte ich, daß auch sie noch die gleichen Bilder vor Augen hatte wie ich.

Als ich am nächsten Morgen aus der Luke blickte, war nichts mehr übrig von »müden Stellen im Gesicht«. Der überwache Tunnelblick war verschwunden. Alle Poren öffneten sich für den jungen Tropentag.

Wir gingen auf den Markt.

Die alten Markthallen von damals fand ich nicht wieder. An ihrer Stelle klaffte inmitten der Altstadt eine riesige Baugrube. Der tägliche Morgenmarkt fand inzwischen unter dem Wellblechdach einer hohen Stahlkonstruktion in der Nähe des Hafens statt. Auf umgelegten hölzernen Kabelrollen stapelten sich zentnerweise Früchte und Gemüse.

Fasziniert ließ die Freundin sich durch die lautstarke, grelle Buntheit des Marktes treiben. Das Lächeln und die unaufdringliche Hilfsbereitschaft einer fülligen, jungen Negerin überwanden schließlich Christines Zurückhaltung. Die beiden Frauen strahlten sich an und waren sich auf Anhieb sympathisch.

Orangen, Papayas, Avocados, Süßkartoffeln und Mangos kauften wir - und Kokosnüsse. Wieder den köstlichen frischen Saft grüner Kokosnüsse zu trinken...!

In einem Getränkestore erstanden wir dann auch eine Flasche *Rhum Blanc Agricole*, den man uns dringend empfohlen hatte.

Schweißüberströmt konnte ich endlich die schweren Taschen und Netze ins Dingi laden. Ein paar Ruderschläge weiter draußen umfächelte uns eine frische Brise. Abgespannt blickte die Gefährtin hinaus auf Reede, wo, weißschimmernd und in kühlem Luxus, die Milliardärsyachten lagen.

An Bord entledigten wir uns als erstes der verschwitzten Landgangskleidung, verhängten das Cockpit mit Segeln und gönnten uns eine ausgiebige Frischwasserdusche. Nun brauchten wir nicht mehr zu sparen.

Dann öffnete ich unsere erste Kokosnuß in Westindien. Der köstliche frische Saft ließ sich mit nichts vergleichen. Kaum bekleidet, saßen wir auf dem Kajütdach, reichten die Nuß hin und her und ließen den Blick schweifen über die Flamingobucht, die Stadt, die Zitadelle, die grünen Villenhügel und die fernen Dschungelberge.

Mit dem Küchenmesser spaltete ich die leergetrunkene Kokosnuß in zwei Teile und zeigte meiner Gefährtin, wie sie mit einem abgeschnittenen Stück der grünen Basthülle das geleeartige Fleisch herausschaben konnte. Mit geschlossenen Augen ließ ich die Köstlichkeit auf der Zunge zergehen.

Haie gibt es hier nicht

Während Christine für die Wäscherei ein großes Bündel schnürte und schon wieder Abendbrot vorbereitete, lungerte ich an Deck herum.

Vom gebrochenen Want einmal abgesehen, hatte die Überreise ihre Spuren hinterlassen. Lack und Holzöl waren rissig geworden, das Holz darunter von Sonne und Seewasser grau verwittert. Die Reihleinen der Segel hatten tiefe Rillen in Mast und Spieren gescheuert, und das laufende Gut zeigte deutliche Schamfielstellen. Mit Bleistift und Arbeitsbuch wanderte ich über Deck und füllte die Zeilen.

Da kam vernehmliches Dieseltuckern von achtern auf. FRAUKEN hatte ihren Liegeplatz verlassen und schob sich durch den Pulk der Yachten näher. Dicht über der Wasserfläche hing ausgehievt ihr Monstrum von Stockanker. Gleichmütig winkte Uts herüber.

»Ankern mir alle zu dicht da hinten!« rief er.

»Vielleicht hat er auch gerochen, daß es Quiche zu Abend gibt«, grinste die Freundin und winkte zurück.

Uts gab Rückwärts. Als FRAUKEN langsam Fahrt über den Achtersteven aufnahm, ging er nach vorn, und Anker und Kette polterten auf den Grund des Hafenbeckens.

Zwei Bootslängen an Backbord lag nun FRAUKEN zwischen uns und BAJADERE. Sollte der Wind südlicher drehen, würden wir in ihre Nähe kommen. Dann sollte unser Anker gerne halten.

Bislang hatte das trübe Hafenwasser mich davon abgehalten, aber nun entschloß ich mich doch zu tauchen. 25 Meter Kette hatten wir auf sieben Meter Wassertiefe gesteckt.

Mit Maske, Schnorchel und Flossen lasse ich mich ins lauwarme Wasser gleiten. Haie gibt es nicht in der Bucht von Fort de France, so haben mir karibikerfahrene Segler versichert.

Als ich untertauche, erkenne ich gerade das Ruderblatt. Zwei Meter mag die Sichtweite betragen. Beherzt schwimme ich zu unserer Ankerboje, hole tief Luft und taste mich die Bojenleine hinab ins Dunkel. Man glaubt gar nicht, wie tief sieben Meter sind, wenn man nichts sehen kann. An irgendwelche größeren Lebewesen, die sich irgendwo um mich herum befinden mögen, versuche ich nicht zu denken. Endlich erscheint im diffusen Grau etwas Bizarres, Kompaktes - der Anker. Tief und haltbar steckt sein unterer Flunken in einer Mischung aus Sand und

Schlamm. Erleichtert lasse ich mich von Atemnot und Auftrieb wieder nach oben ziehen.

Als ich auftauche, steht Uts auf seinem Vorschiff und scheint mein Treiben interessiert zu betrachten.

»Soll ich auch nach deinem Anker sehen?« rufe ich ihm zu und habe es schon bereut.

Zustimmend nickt er. Da hilft also nichts.

Uts hat keine Ankerboje, also muß ich seinen Anker anders finden. Ich schwimme zur FRAUKEN. Einen Moment lang halte ich mich an ihrem Wasserstag fest und ruhe mich aus. Dann tauche ich mit gleichmäßigen Flossenschlägen an ihrer Kette entlang in die Tiefe. Es ist ein langer Weg. Ohrendruck und Atemnot werden stark, aber ich will es nicht nochmal versuchen. Da liegt der Anker - eingegraben, wie es sich gehört. Nun nach oben!

Da werde ich ganz starr. Für Sekunden sind Ohrendruck und Atemnot vergessen. Ein großer Schatten schiebt sich durch das lichtere Wasser über mir. Zuerst denke ich an das Unterwasserschiff eines vorbeifahrenden Bootes, aber der Schatten ist viel näher - er ist hier unten bei mir! Ich kann die Konturen nicht genau erkennen, sehe nur, wie der Schatten plötzlich da ist, breit und dunkel, und jetzt lang und schmal wird und dann mit einem Schlenker seiner dünnen Spitze verschwindet.

Trotz meiner Atemnot lasse ich mich nur langsam nach oben tragen. Seit meiner Jugend habe ich Taucherfilme über Haie gesehen. Und das war ein ganz großer! Nichts anderes hätte diese Art von Schatten erzeugen können, diese gemessene, träge Bewegung des dünnen Schwanzendes, ehe er verschwand.

Zurück an der Oberfläche, wage ich kaum, das Wasser aus dem Schnorchel zu stoßen. Jetzt bloß keine aufgeregten Bewegungen! Verhalten würge ich nach Sauerstoff. Friedvoll liegen FRAUKEN und FIRECREST in der heiteren Sonne von Martinique - viel zu weit!

Endlich bekomme ich die Badeleiter zu fassen. Als auch meine Füße mit den Flossen aus dem Wasser sind, keuche ich tief nach Luft.

Frisch geduscht und »mutig gewesen«, sitze ich mit der Gefährtin im Schatten des Sonnensegels und nippe in kleinen Schlucken von dem köstlichen Drink, den sie uns gemixt hat - Saft von schattenkühlen Orangen, Saft von einer Kokosnuß, Mangostücke und Rhum Agricole. Derweil weht appetitlicher Duft vom Vorluk, wo Christines Quiche langsam zur Vollkommenheit gart.

Gerade faucht ein großer Passagierjet über die Bucht hinweg. Das muß die Privatmaschine des Libanesen sein, dem die weiße Luxusyacht mit den ovalen schwarzen Scheiben gehört. Die Bemalung des Leitwerks gleicht dem Emblem an den Seiten ihrer Aufbauten. Ihr Kajütbeiboot ist größer als FIRECREST und ebenfalls mit schwarzverspiegelten Scheiben versehen. Als wir heute morgen an Land ruderten, war es unangenehm nahe an uns vorbeigebraust. Mit steinernen Mienen starrte die Crew von weißgekleideten Muskelmännern über uns hinweg.

Unter den Yachties wird gemunkelt, die Yacht sei schwer bewaffnet. Den Eigner sieht man nur, wenn er, von Leibwächtern abgeschirmt, von seiner gepanzerten Limousine zur Barkasse strebt.

Das Fauchen wird leiser, und der Jet verschwindet zwischen weißen Passatwolken. Christine sieht hinauf zu den dschungelgrün ansteigenden Hügeln, die sich in mehreren Wellen staffeln zu den fernen, blaugrün dunstigen Urwaldbergen.

»Da möchte ich hin«, meint sie und blickt mir aus wenigen Zentimetern Entfernung in die Augen.

In den Duft ihres Haares mischt sich blütenschwer der Geruch der Tropen.

Pünktlich erschien Uts zum Abendessen. Vorher nahmen wir schon mal einen Schluck trockenen Roten aus dem Pappcontainer und ließen die Sonne farbenprächtig unter dem westlichen Horizont verschwinden.

»Auf dieser Seite der Bucht würde ich jedenfalls nicht mehr tauchen«, meinte Uts trocken. Er glaubt mir meine Geschichte. Seeleute glauben Seeleuten.

Tags darauf stießen dann, auch für alle anderen sichtbar, Rücken- und Schwanzflosse eines großen Haifisches durch den Wasserspiegel der Moillage des Flamands. In den darauffolgenden Wochen wurde das Tier öfter gesehen. Sehr ungewöhnlich, so hörten wir von Yachties, die hier schon länger lebten; vielleicht ein alter Hai, der sich von den Abfällen ernährte, die der Fluß vom Fleisch- und Fischmarkt hinaus in die Bucht spülte.

Tropenmorgen

Kühle schwebte über dem Wasser. Frischrasiert stieg ich ins Dingi, wischte den Tau von den Duchten und stieß ab. Dieser Geruch eines stillen Tropenmorgens auf dem Wasser... Panama, Makassar, Surabaja - Bilder schwammen heran von großen, stählernen Kästen, auf denen ich einst über die Meere gefahren war und davon geträumt hatte, diese Kurse mit einem Segelboot zu segeln. Jetzt genoß ich meinen Traum in tiefen Zügen und der angenehmen Gewißheit, nicht so bald daraus erwachen zu müssen.

Wann war ich das letzte Mal frühmorgens zum Brötchenholen an Land gerudert? Irgendwo zwischen den Inseln südlich Fünen.

Ich machte an der Brücke gegenüber der Rue de la Liberté fest, wo schon andere Dingis lagen. Die Souvenirstände hatten noch geschlossen, aber der Autoverkehr nötigte schon einige Vorsicht ab. Auf Langfahrten ist heutzutage die Gefahr größer, unter Palmen wandelnd überfahren, als von Haien gefressen zu werden.

Mit laszivem Lächeln schob mir die kreolische Verkäuferin des Malmaison ein ofenwarmes Meterbrot in die Tüte. Außerdem kaufte ich duftendes Kokosgebäck mit Zuckerguß und für Christine zwei beinahe hamburgische »Rundstücke«.

Malmaison

Am Nachmittag ruderten wir gemeinsam an Land. Die Souvenirstände waren jetzt umlagert von den neu eingetroffenen Kreuzfahrtpassagieren. Die Auswahl für Muschelsammler war beeindruckend. Die prachtvollen Muscheln und Seeschnecken stammten nicht nur aus der Karibik, sondern auch von den Korallenriffen des Pazifiks und des Indischen Ozeans.

»Da fehlen sie jetzt«, brachte die Gefährtin die Sache auf den Punkt.

Wir schlenderten weiter Richtung Malmaison. Im Schatten der alten Allee schimmerte eine weiße Marmorstatue. Die schlanke weibliche Figur trug die fließenden Gewänder des Empire und stellte Josephine Beauharnais dar, die erste Frau Napoleon Bonapartes und Kaiserin von Frankreich, die hier von der Insel stammte.

Vor dem Denkmal schob Christine ihren Strohhut in den Nacken und blinzelte hinauf. Da erschienen mir die Gestalten der anmutigen Skulptur und ihrer Betrachterin sehr ähnlich.

Bei Milchkaffee im Malmaison blätterte die Gefährtin in unserem Reiseführer.

»Das Landgut, wo Josephine aufgewachsen ist, liegt drüben auf der anderen Seite der Bucht«, meinte sie. »Es ist jetzt ein Museum.«

Da fühlte ich plötzlich meine Füße angehoben und den Stuhl unter ihnen weggezogen. Unwillig blickte ich in das bärtige Grinsen von Andreas.

»Hier seid ihr also!« schalt Sabina und setzte sich neben Christine.

»Wir suchten euch zum Frühschoppen«, hörte ich Vims Stimme hinter mir.

»Aber jetzt ist es zu spät«, lachte Emmi.

»Gott sei Dank!« stieß ich leise hervor.

Alle zogen sich Stühle heran und bestellten Kaffee.

»Hallo, Wolfgang!« rief Sabina und winkte einem jungen Mann auf der anderen Straßenseite.

»Der Skipper der SEAWOLFE«, grummelte Andreas, und ich erinnerte mich an den original deutschen Seenotrettungskreuzer auf Reede, der uns gestern gleich aufgefallen war.

»Andreas ist eifersüchtig«, stichelte Sabina. »Wolfgang ist sehr nett und hilfsbereit.«

»Wir sind letzte Nacht gegen FRAUKEN geschwoit«, wechselte Andreas das Thema. »Uts war sauer.«

»Er war ja auch zuerst da«, bemerkte Sabina schnippisch.

»Die Yachten ankern hier alle ziemlich dicht«, lenkte ich ab. »Wenn es mal auflandig weht...«

»Zum Glück weht es nie auflandig«, meinte Emmi.

»Manchmal schon!« widersprach Andreas.

»Beinahe wären wir gestrandet«, bestätigte Sabina.

Wir blickten überrascht.

»Haben wir das gestern nicht erzählt?«

Und Andreas berichtete von BAJADEREs Erlebnis auf Reede vor St. Vincent.

Im Radio hatte man vor einer *tropical depression* gewarnt, zu anderer Jahreszeit die Vorstufe zum Hurrikan. Zuerst hatte es von Land gekachelt, aus Osten, wie immer. Doch dann hatte der Wind nach einer plötzlichen Flaute auf Südwest gedreht und nun mit sieben Beaufort aus der offenen Karibik gestanden.

In kürzester Zeit hatte sich hohe See aufgebaut, und die Brecher rollten quer über den Ankerplatz. An Ankerhieven war nicht mehr zu denken. Andreas mußte den Anker slippen - der zweite, den er auf dieser Reise verlor. Unter viel zu großen Segeln - zum Reffen war keine Zeit mehr geblieben - und mit voller Maschinenkraft konnten sie sich gerade noch freisegeln.

»Mehrere Boote sind in dieser Nacht gestrandet«, bestätigte Vim. »Zum Glück lagen wir von allen Seiten geschützt in der Marigot Bay.«

Interessiert fragte ich nach dem Datum.

»So um den 8. oder 9. Januar«, erinnerte sich Sabina.

Also doch! dachte ich, und die Gefährtin nickte.

»Damals standen wir 300 Meilen vor Martinique«, erzählte ich. »Der Wind wurde immer schwächer und drehte zuletzt auf Süd. Prachtvolle Sonnenuntergänge hatten wir, und es war unangenehm schwül. Aber ein Hurrikan im Januar...? Zum Glück setzte der Passat bald wieder ein.«

»Auch im Januar gab es schon Hurrikane«, gab Vim zu bedenken.

»Ich bin dafür, das Thema zu wechseln!« meinte Emmi resolut.

»Auf welches Thema möchtest du denn wechseln?« fragte eine fremde Stimme.

»Hallo, Claus! Setz dich!« lud Andreas den hageren, braungebrannten Deutschen ein.

»Der Skipper der AFRICAN QUEEN«, stellte Sabina vor.

Hatte er mit dem Namen seines Bootes auf den berühmten Film anspielen wollen? Ich fragte ihn.

Allerdings, bestätigte er, aber das Beste sei, daß der Bootsname bei den schwarzen Inselbewohnern so gut ankäme. Die stellten sich keinen Hollywoodfilm vor, sondern eine schwarze Königin und fanden es cool, daß ein Weißer sein Segelboot nach ihr benannte.

»Und wie war Eure Überfahrt?« fragte Claus zu Christine gewandt.

»Ohne besondere Vorkommnisse«, lächelte die Gefährtin. »Wenn man von einem gebrochenen Want absieht.«

Das gab neuen Gesprächsstoff, aber es erinnerte mich auch an unsere Besorgungen.

Beim Schiffsausrüster kauften wir Draht für die Wantenreparatur. Außerdem sah ich dort eine wunderschöne Gummizugharpune für die Unterwasserjagd. Zur Bordbibliothek gehörte das Buch von Hans Hass »Unter Korallen und Haien«, das ich seit meiner Jugend besaß. So kaufte ich die Waffe. An *Ciguatera* dachte ich dabei nicht.

Am folgenden Tag flickte ich das gebrochene Want mit 7x19er-Fallengut aus Niro. Das hatte zwar eine geringere Bruchlast als der alte 1x19er-Draht, war dafür aber wesentlich lehniger und unempfindlicher gegen dauerndes Arbeiten. Anschließend kletterte ich durchs Rigg und untersuchte das Stehende Gut auf verborgene Schäden. Aber überall sahen die Drähte aus wie neu. Die Sache blieb mysteriös.

Und wieder neigte sich der Tag dem Ende zu. Hatten wir eben das Frühstück abgeräumt, so saßen wir schon wieder beim Sundowner und ließen die Sonne unter der Kimm versinken. Es war, als würde die Sonne hier schneller über den Himmel wandern.

Auch FACE AU SOLEIL gehörte nun zu unserer kleinen Gemeinde. Im April wollten Christian und Francine mit ihrem schnellen Gaffelkutter weiter durch den Panamakanal und dann Kurs Tahiti. Martinique oder Polynesien - die französischen Überseedepartements waren für sie quasi Heimatgewässer.

An Bord der FACE AU SOLEIL genoß ich nicht nur Christians seemännisch-unkomplizierte Gesellschaft, sondern auch die Möglichkeit, auf seinem Klavier herumzuspielen.

Inzwischen hatten wir auch unsere Post abgeholt. Mit dem alten Fährboot, Marke »Alsterdampfer«, waren wir hinüber zur *Anse Mitan* gefahren, auf die andere Seite der Bucht. Dort residierte oberhalb des Palmenstrandes der Stützpunktleiter des Trans-Ocean Clubs.

Mit kühlen Getränken hieß er uns willkommen und drückte uns einen Packen Briefe und Päckchen in die Hände. Von seiner Veranda aus blickten wir über Palmwedel auf eine malerische Yachtreede. Die Boote ankerten weiter auseinander als in der Flamingobucht, von ein paar Dingiaußenbordern abgesehen, gab es keinen Lärm, und der Passat wehte hier frischer und kühler.

So setzten wir tags darauf nach dem Frühstück einfach Segel und ließen uns mit der Morgenbrise die drei Meilen hinübertreiben zur Anse Mitan.

Domaine de la Pagerie

Hier überschatteten Kokospalmen den Sandstrand und gaben endlich das unerläßliche, doch - wie wir später feststellten - in der Karibik gar nicht so häufige Ambiente. Am Strand standen ein paar einfache Restaurants auf Pfählen, und zwischen dem Grün der Palmen und Tropenbäume lugten die roten Dächer von Hotels und Landhäusern hervor.

Auf fünf Meter Tiefe ließen wir Anker fallen. Voll Vergnügen sprang ich in das türkisfarbene, klare Wasser. Der Anker lag auf hartem Korallenkies und hatte sich kaum eingegraben. Ich trug ihn ein Stück weiter zu einer flachen Sandkuhle und drückte ihn dort tief in den Grund. Beim nächsten Ankern würden wir den Stockanker wieder gegen den Danforth tauschen.

Goldene Sonnenreflexe spielten auf feingeripptem, weißem Sand und dem Geröll abgestorbener Korallen. Außer Seeigeln, Seegurken und ein paar Korallenfischchen gab es hier kaum Meeresleben.

Zum ersten Mal seit Candelaria sah ich den Rumpf der FIRECREST wieder in ganzer Länge über mir schweben. Ein dichter Rasen von Seegras war auf dem Unterwasserschiff gewachsen und schwang mit den Bewegungen des Bootes hin und her. - Das billige Antifowling aus Teneriffa hatte versagt. An vielen Stellen war der alte Anstrich bereits wieder durchgekommen. Christine reichte mir den Schrubber, und ich begann zum ersten Mal, das Seegras abzuscheuern.

Unterwasserschiff schrubben wurde bald zur gewohnten Übung. In der Ostsee hatte ich es einmal eine Saison lang ohne Antifowling versucht. Wenn ich damals alle 14 Tage tauchen mußte, so durfte ich hier nach spätestens drei Tagen wieder ran, wenn der Rumpf einigermaßen glatt bleiben sollte.

Im Laufe unserer Karibikzeit wurde ich dann gelassener. War der »Bart« erstmal dran, schien er bald langsamer zu wachsen. Jedenfalls fiel der Zuwachs nicht mehr so auf, so daß ich zuletzt nur noch gelegentlich schrubbte. Sicher mögen die Am-Wind-Eigenschaften der FIRECREST dabei nicht besser geworden sein, doch gegen Luvziele aufzuknüppeln gehörte ohnehin nicht zu unserem Programm. Die Dame hatte eben andere Qualitäten, erforderte mehr strategisches Segeln.

Doch nun wollte meine Gefährtin unbedingt zum Landsitz der Josephine. Die *Domaine de la Pagerie*, die Pflanzung, wo das Geburtshaus der Kaiserin stehen sollte, lag nicht weit von unserem Ankerplatz entfernt.

An diesem Morgen wehte es so stark, daß ich einen zweiten Anker ausbrachte, ehe wir an Land ruderten. Während unseres Ausfluges wollte ich mir nicht die ganze Zeit vorstellen, wie FIRECREST inzwischen auf die Karibik hinaustrieb.

Die schmale Fährbrücke war als Dingianleger praktisch. Trotzdem landeten wir direkt am Strand. Kieloben unter den Palmen glaubten wir das Dingi besser verwahrt, als im gedrängten Pulk der Beiboote. Mehrmals auf unserer Reise fanden wir unsere Dingileine nach der Rückkehr verschiftet und nachlässig wieder irgendwo belegt. Und mehrmals in Westindien haben wir Dingis eingefangen, die sich irgendwo selbständig gemacht hatten.

Nachdem wir an einer Bushaltestelle versuchsweise eine Stunde gewartet hatten, wanderten wir schließlich zu Fuß los. Freilich waren wir für einen tropischen Fußmarsch untypisch ausgerüstet. Die Freundin trug helle Bluse und einen weiten Sommerrock zu flachen Slippers, dazu ihren breiten Strohhut. Ich hatte Jeans an, ein weißes Hemd und leichte Bootsschuhe.

So marschierten wir tapfer auf schmaler Teerstraße, vorbei an ganz unter Bananenstauden und Bougainvilleas versteckten Pflanzungen, wo uns kleine, hellbraune Hunde hinterherkläfften. Wir passierten ein kleines Dschungeltal und gerieten dann auf einen weiten Golfplatz, von dessen Hügeln wir über die Bucht von Trois Ilets bis nach Fort de France blickten. Am Ende des Platzes führte die Straße eine Anhöhe hinab und verschwand im Schatten hoher Urwaldriesen.

Dort umgab uns grüne Dämmerung. Gedämpftes Krächzen, Schnäbelklappen, Schwingenschlagen und andere seltsame Geräusche drangen aus dem Blätterdach. Welke Blätter und morsche Zweige moderten auf dem feuchten Asphalt. Die hellen Fesseln meiner Kameradin leuchteten über diesem zweifelhaften Untergrund, und sie zögerte weiterzugehen. Mit dem Taschenmesser schnitt ich einen handlichen Stock aus dem Gebüsch und ging voraus, den Blick aufmerksam auf dem Boden.

Hatten wir doch gelesen, daß die französischen Pflanzer einst eine tödlich giftige Schlange auf Martinique ausgesetzt hatten, die den Sklaven das Entlaufen in den Busch verleiden sollte. Doch leider hatte man damals versäumt, den Reptilien den Unterschied zwischen schwarzen und weißen Beinen beizubringen, wie auch, sie später von der Abschaffung der Sklaverei zu unterrichten.

Doch die umherliegenden gewundenen Zweige blieben Zweige, am Ende der Straße lichteten sich die Bäume, und da lag hinter einem langen Zaun die Pflanzung.

Bei einer hübschen schwarzen Türhüterin bezahlten wir Eintritt und betraten einen tropischen Park mitten im Urwald.

Unter Brettwurzelriesen gruppierten sich zwergenhaft ein Verwaltungsgebäude, eine palmblattgedeckte Erfrischungsbar und ein paar Grundmauern, die einst Zuckerrohrmühlen gewesen waren. Auf einer sonnigen Lichtung stand ein romantisches kleines Haus ganz aus Feldsteinen - das Geburtshaus der Kaiserin Josephine.

Anscheinend waren wir die einzigen Gäste.

Im Haus begrüßte uns ein ganzer Stab schwarzer junger Frauen und präsentierte uns liebevoll die Ausstattung der winzigen Räume. Die Einrichtung bestand aus Möbeln und alten Gebrauchsgegenständen aus dem Besitz der Familie Beauharnais. Verschiedene weibliche Accessoires hatten Josephine selbst gehört. An den Wänden hingen Landschaftsbilder der Insel und Portraits aus der Zeit des Empire.

Dabei schien Christine - mit blauem Seidentuch am Strohhut - selbst einer der Miniaturen entstiegen zu sein. Den faszinierten Blicken der schwarzen Damen nach, teilten diese meinen Eindruck.

Unter dem Palmendach der Barhütte tranken wir dann zum ersten Mal *Pina Colada*. Wir genossen die Kühle der wohlschmeckenden Flüssigkeit, horchten auf die kinohaften Urwaldstimmen in den Wipfeln und sammelten Energie für den Rückweg.

Wir liefen wieder durch den Urwald, als ein Auto aufkam und neben uns sein Tempo verlangsamte. Zwei der netten Museumsdamen boten an, uns ein Stück mitzunehmen. Hinter den Hügeln des Golfplatzes schimmerte blau die Karibik. Blinkende Schaumkronen zeigten, daß es immer noch kräftig wehte.

Am nächsten Tag blies der Passat mit Sturmstärke. Fallböen rissen Gischt vom Wasser, und ich mußte an das Erlebnis der BAJADERE denken.

Einige Yachten gerieten ins Treiben, aber unsere handeingegrabenen Anker hielten. Doch Dingiverkehr fiel heute aus. Ein Mißgeschick, und man wäre mit seiner Nußschale auf die schäumende Karibik hinausgetrieben.

FIRECREST schwoite und krängte wie unter Segeln. Nachts sah ich häufiger an Deck, aber die Wolken zogen stetig von Ost nach West, das Barometer blieb unauffällig, und zum Morgen hin wurde es ruhiger. Bei Sonnenaufgang wehte nur noch ein lindes Lüftchen, die Zikaden schrillten, und es duftete nach Holzrauch und Vanille.

Es war schön in der Anse Mitan. Es gab einen Bäcker, einen Gemüsehändler, und abends lockten die Pfahlrestaurants mit französischer Küche ein interessantes Publikum. Aber als wir eines Morgens über 200 ankernde Yachten zählten, trieb es uns weiter.

Eine der traumhaft anmutenden Buchten, die wir bei unserer Ankunft an Steuerbord hatten liegen sehen, war die *Grande Anse d´Arlet* gewesen, an der äußersten Südwestecke von Martinique.

Am Ende einer hufeisenförmigen Bucht schachtelten sich kleine bunte Holzhäuser unter hohen Kokospalmen, und ebenso bunt bemalte Fischerboote lagen auf dem Strand aus schwarzem Lavasand.

Unter den ankernden Yachten entdeckten wir gleich FACE AU SOLEIL. Ich würde wieder auf dem Klavier üben können.

Grande Anse d´Arlet

Friedlich brütete die Bucht in der Nachmittagshitze, doch in unserer, tief im Wasser liegenden Kajüte blieb es kühl. Wir tranken gerade Kaffee, als durch die Bordwand das typische Unterwassergeräusch einer mahlenden Schiffsschraube drang. Zugleich hörten wir Stimmen von draußen, ziemlich nah. Ich stieg an Deck - und blickte gegen die ragende Bordwand eines unglaublich vergammelten Großseglers. Ich hätte die rissigen Planken mit dem Bootshaken erreichen können.

Im selben Moment klatschte ein Anker ins Wasser, und eine schwere Kette polterte unter Schwaden von Roststaub hinterher. Dieser Kapitän hatte wenige Meter neben uns geankert! Jeder Narr sah, daß sein Schiff uns beim ersten Schwoien einfach zur Seite fegen würde.

Derweil schweiften träge die düsteren Blicke junger Leute herunter, die noch verwahrloster erschienen als das Schiff selbst. Vom Achterdeck zwischen dem Steuerrad und einem Schmutzlappen von Trikolore grinste eine bärtige Gestalt, zuckte entschuldigend mit den Achseln und widmete sich weiter dem Ankermanöver. BEL ESPOIR stand verwittert auf dem Heck des Dreimastschoners.

Christine blickte interessiert aus dem Niedergang und wartete, wie ihr Skipper reagieren würde. Da sah ich, keine Kabellänge hinter uns, einen zweiten Segler gleichen Typs auf uns zuhalten.

Eine Minute später hatte ich unseren Anker an Deck, Christine gab Maschine voraus, und wir verließen die rücksichtslosen neuen Nachbarn.

Nicht weit entfernt, ankerten wir auf einer niedrigen Barre, wo wir uns vor weiteren Manövern der tiefgehenden Großsegler sicher fühlten.

Tatsächlich lag das zweite Schiff nun genau dort, wo wir zuvor geankert hatten. RARA AVIS las ich in roten Lettern an seinem Achterschiff. Offenbar war man nun damit beschäftigt, die beiden großen Fahrzeuge längsseit aneinander zu vertäuen.

Dem Nichtseemann mußten die beiden Riggs wie eine einzige unentwirrbare Masse von Spieren, Drähten, nachlässig aufgetuchten Segeln und herunterhängendem Tauwerk erscheinen. Beide Schiffe waren als Dreimast-Rahschoner getakelt, und allem Anschein nach hatten beide seit langem keine Werft mehr gesehen. Alles war Rost, verwittertes Holz, abgeplatzte Farbe, Schmutzstreifen, zerfasertes Tauwerk, grauverspakte Segel. Und der in der Mitte stark hochgewölbte Deckssprung der BEL ESPOIR zeigte, wie sehr sich ihre Verbände schon weichgearbeitet hatten. Schiffe und Mannschaften boten einen abenteuerlichen Anblick vor der Kulisse des Palmenstrandes, der an alte Piratengeschichten denken ließ.

Da drangen von Bord der Schiffe Streitworte herüber, dann Gepolter und heftiges Geschrei, das plötzlich abbrach. Das klang nicht nach Harmonie. Zwei große Ruderboote wurden zu Wasser gelassen und bemannt, legten ab und strebten dem Strand zu.

Eine junge, braungebrannte Frau saß sichtbar wütend auf dem Schanzkleid der BEL ESPOIR. Sie entkleidete sich bis auf die Unterwäsche, sprang ins türkisgrüne Wasser und schwamm zur Jakobsleiter. Dort reichte ihr eine andere Frau das Kleiderbündel herunter. Mit einer Hand die Kleider auf dem Kopf festhaltend, schwamm sie den Booten hinterher.

Als ich nachher zur FACE AU SOLEIL ruderte, kam Christian gerade von der BEL ESPOIR.

Der Skipper dort sei ein Freund, erzählte er, ebenfalls Bretone.

Und ich erfuhr, daß die Trainees straffällige Jugendliche waren. Ihnen sollten hier beim Segeln zwischen den Antillen neue Perspektiven vermittelt werden.

Auch in der Grande Anse d´Arlet brauchten wir nichts zu entbehren. Es gab einen Bäcker und einen kleinen Gemischtwarenladen mit Tresenbedienung. Sprachkenntnisse waren angesagt. Aber »Tante Emma«, die rundliche Kreolin, war Yachties aller Länder gewöhnt und hatte eine schnelle Auffassungsgabe, auch für originelle Lautmalereien und Gesten.

Nach unserem ersten Einkauf verließen wir einen Laden voller fröhlicher Kunden. Weil wir nicht wußten, was Spülbürste auf Französisch heißt, hatte Christine Pantomime zu Hilfe nehmen müssen.

»Ich bin nur froh, daß wir noch genug Toilettenpapier hatten!« lachte die Kameradin.

Rüpel und Legionäre

Die Häuser und Hütten am Ufer standen auf Pfählen, die zweimal täglich von der Flut umspült wurden. So auch »das« Lokal des Ortes, ein langgestreckter Bretterbau, wo man reichlich und preiswert dreierlei bekam: Meeresfrüchte, quasi direkt aus dem Wasser gezogen, Rotwein aus dem europäischen Mutterland und frisch destillierten, unvergleichlichen Rhum Agricole.

Als die Sonne rot und dramatisch aus goldumrandeten, schwarzen Wolken fiel und in der Karibik versank, saßen wir dort zu sechst auf der morschen Veranda. - Am Nachmittag war auch NADJA eingelaufen mit André und Blondine.

Nun bog sich der wachstuchbezogene Holztisch unter dampfenden Blechen, auf denen sich gebackene und gegrillte Fische, Langusten, Kalmare und Muscheln türmten. Den Raum dazwischen füllten mehrere Meter zerbrochenes Weißbrot und eine voluminöse, im Plastikkorb eingeschweißte Rotweinflasche.

Den akustischen Hintergrund zu unserem anglofranzösischen Babylonisch bildete gedämpfter Rap aus dem Kneipenrekorder, unter unseren Füßen plätscherte sanft die Karibik, über uns flüsterten die Palmwedel, und von überallher tüteten und schrillten die Baumfrösche und Zikaden. Dazu becherte am anderen Ende der Veranda eine junge Schar von den Erziehungsschiffen.

Zuweilen wurde es lauter, Stühle kippten, Jungen gröhlten und Mädchen keiften, dann kehrte wieder Ruhe ein. Unsere Damen schienen wenig begeistert, aber der lange Christian und der bärenhafte André blieben cool.

Auf den Ölbohrinseln im Persischen Golf hatte André ganz andere Typen erlebt, und Christian war selbst einmal Bootsmann auf der BEL ESPOIR gewesen.

»Zu viel Streß«, gibt er zu, »und wenig Geld. Die Besatzung fährt teilweise Hand für Koje - reine Segelfreaks.«

»Für diese Typen wüßte ich eine bessere Erziehungsanstalt«, stellt André fest, ohne seine Stimme zu senken.

Christian grinst zustimmend.

»Die Fremdenlegion?« frage ich.

André nickt bestätigend. Ein Weinglas wird drüben vom Tisch gefegt und rollt bis vor unsere Füße. Christine sieht mich alarmiert an. Eine hübsche Brünette kriecht wortlos mit wildem Blick unter unseren Tisch und holt sich das Glas zurück. Ich erkenne die junge Frau, die an Land schwamm.

»Schlampe!« knurrt Blondine.

Der schwarze Wirt im Unterhemd mit fettiger Küchenschürze um den Bauch blickt unglücklich in unsere Richtung.

»Wußtest du, daß es in der Legion mehr Deutsche als Franzosen gibt?« fragt André, und ich muß an unsere Bekanntschaft in der Anse Mitan denken.

An jenem Nachmittag hatte Christine sich erstmalig an Kokoskuchen versucht. Die Köstlichkeiten aus dem Malmaison hatten sie zu einem eigenen Rezept inspiriert. Das Ergebnis war großartig - wenn das erste »Blech« - beziehungsweise der Einsatz des Drucktopfes - auch schneller leer wurde, als mir lieb war. Denn wir bekamen Besuch von drei Fremdenlegionären.

Die kahlgeschorenen, muskulösen Jungkerle mit den frischen Sonnenbränden waren uns schon am Strand aufgefallen - als sie plötzlich zu uns herüberschwammen.

Während sie neben der Bordwand Wasser traten, stellten sie sich vor mit einer altmodischen Höflichkeit, die sie bestimmt nicht zu Hause gelernt hatten. Sie fragten sogar, ob sie sich während des Gesprächs am Boot festhalten durften.

Die drei waren Deutsche, zumindest von Geburt. Interessiert fragten sie nach unserem Woher und Wohin. Die Begeisterung über die Möglichkeit, mit einem kleinen Boot durch die Welt zu segeln, war so deutlich auf ihre jungen, einfachen Gesichter geschrieben, daß wir sie an Bord luden. Noch ehe ich die Badeleiter klargemacht hatte, zogen sie sich in blitzschnellen Klimmzügen über das Schanzkleid an Deck. Dort saßen sie dann sittsam auf den Holzplanken und aßen Kuchen.

Nachdem wir ein bißchen von FIRECREST und unserer Reise berichtet hatten, ließen wir sie selber erzählen. Alle drei kamen aus sehr beschränkten Verhältnissen, zwei aus Westdeutschland, der eine aus der DDR. Unbekümmert sprachen sie von ihrer kriminellen Vergangenheit, aber offensichtlich hatten alle bewußt damit gebrochen und betrachteten die Legion als Chance, in die Gesellschaft zurückzukehren - wenn sie nach ihrer Dienstzeit entlassen würden, mit Staatspension, neuem Namen und dem dazugehörenden französischen Paß.

»... wenn wir das erleben«, schränkte der Jüngste ein. Der wache, noch so kindlich wirkende Bursche war gerade erst 19, und doch hatte er bereits einen Kameraden sterben sehen - an einem Schlangenbiß im

Dschungel von Guayana.

Ob er später einmal zurück zu seinen Angehörigen wollte? Nein, mit denen wollte er nichts mehr zu tun haben. Grimmig nickend, pflichteten die anderen ihm bei.

Wie wär´s mit einem Schluck Rum nach dem Kaffee?

Nein, vielen Dank! Rotwein zum Essen wären sie gewohnt, aber härtere Sachen... Sie müßten jetzt auch aufbrechen. Nachher hätten sie wieder Ausbildung: Überleben im Dschungel und anschließend... Ungläubig lächelnd fragte Christine, ob sie richtig gehört hätte, aber sie versicherten: Unterricht im Fach Gesellschaftliche Umgangsformen. Die Legion legte anscheinend Wert darauf, mit ihren Zöglingen ein gutes Bild abzugeben.

Die drei bedankten sich für Kaffee und Kuchen, das Wasser schäumte dreimal auf, der Kutter schwankte, und drei rasierte Köpfe kraulten zügig zum Strand.

Während ich von unserer Bekanntschaft berichtete, brach die Korona der Rehabilitanden lautstark auf. Sichtlich erleichtert, wischte der Wirt die Rotweinlachen von ihrem Tisch. Auch unsere Mädchen wirkten nun entspannter und widmeten sich mit mehr Appetit den köstlichen Platten. Trotzdem hielten Christine und ich uns bei den Fischen zurück und nahmen vorwiegend von den Kalmaren und Krustentieren.

»Mögt Ihr keinen Fisch?« fragte Blondine.

»Wir haben zuviel von der Krankheit *Ciguatera* gehört.«

»Das Fischgift?« fragte Christian.

»Es soll das Gift einer Alge sein, die sich dort verbreitet, wo die Korallenriffe durch Verschmutzung absterben«, dozierte ich. »Es reichert sich in der Nahrungskette an.«

»Ich glaube nicht an Ciguatera«, meinte André. »Wir angeln und harpunieren, was wir bekommen können. Und...« - der beleibte Riese blickte seiner kleinen schlanken Frau tief in die Augen - »... Blondine macht die beste Bouillabaisse zwischen Martinique und Marseille. Außerdem müßten dann sämtliche Fischer hier schon eingegangen sein.«

Mit diesen Worten hievte er sich ein besonders saftiges Stück Muräne auf den Teller.

»Jean von der NINA hatte Ciguatera«, gab Christian zu bedenken.

»Und? Abgekratzt?« fragte André gleichmütig und spülte einen

Bissen Muräne mit reichlich Rotwein nach.

»Er war zeitweise gelähmt und konnte monatelang nicht zwischen heiß und kalt unterscheiden.«

»Wißt Ihr kein interessanteres Thema?« schalt Francine mit rauher Stimme und warf ihre Miesmuschel plitschend zurück auf die Platte.

Vorübergehend überließen wir die Konversation den Zikaden und Baumfröschen. Träge schlürfte die Brandung. Auf Reede funzelten die Ankerlampen jener wenigen Yachten, auf denen solche für nötig gehalten wurden. Ich stemmte den Demijohn, der schon um einiges leichter geworden war, über die Gläser der Freunde.

Wie eine rosa Alabasterlampe war der Halbmond im Meer versunken, als wir aufbrachen. Voll des Roten und leckerer toter Meerestiere bestiegen wir unsere Dingis.

Die zierliche Blondine hatte Andrés 120 weinmüde Kilo auf der hinteren Sitzbank verstaut und ruderte selbst. Francine lag quer über eine Ducht gestreckt wie auf einem marokkanischen Diwan, rauchte die letzte *Gitane* einer bei Sonnenuntergang angebrochenen Schachtel und blickte elegisch in die blausamtene Tropennacht. Meine Christine saß diszipliniert, aber voll verschwiegener Ambitionen, auf ihrem Platz im Dingiheck, bis wir FIRECREST erreichten. Die Trimmlage unseres winzigen Beibootes erlaubte keine unvorschriftsmäßigen Sitzpositionen.

Don´t worry, be happy

Bei Sonnenaufgang haben wir Anker gelichtet, Vollzeug in die Morgenbrise gesetzt und relativ zügig die sechs Meilen nach Fort de France verholt. Als wir zwischen BAJADERE und AFRICAN QUEEN Anker werfen, schlafen die Freunde noch. Wir wollen zeitig auf den Markt, denn im Laufe des Vormittags wird die Auswahl schnell geringer.

Der Verkehr braust über den Boulevard Alfassa. Vor der Markthalle schiebt sich eine buntgekleidete Menge um ausgedehnte Pfützen vom nächtlichen Zenitalregen, darin Reste von Gemüse und Früchten vom Vortag. Kleine Hunde stöbern im Unrat. Die heiße Morgensonne treibt Dampfschwaden vom trocknenden Asphalt.

Von irgendwo drückt ein Ghettoblaster Bobby McFerrins *Don´t worry, be happy!* zwischen die Marktstände. Die Marktfrauen schwingen ihre breiten Hüften, und muskulöse Schwarze tragen Körbe und Kisten pfeifend zur Melodie.

Selbstsicher schlendert die Gefährtin zwischen den Ständen hindurch. Martinique ist ihr vertraut geworden. Unbewußt schwingt auch der Saum ihres luftigen Leinenrockes mit dem Rhythmus. Blicke aus dunklen Augen folgen ihr, von denen sie nichts weiß.

Die Bordfrau schaut hier, prüft dort, fragt nach Preisen in freundlich fletschende Gesichter. Diskret begleite ich sie mit der Schmalfilmkamera.

Es riecht nach Zitrusfrüchten, Ananas, Bananen, frisch geschnittenen Stauden und Kardamom, über allem ein Hauch von alkoholischer Gärung. Sind es die faulenden Früchte auf der Uferböschung oder die Dämpfe der nahen Brennerei, wo aus Zuckerrohr der unvergleichliche Rhum Blanc Agricole destilliert wird? Wir müssen uns dringend noch ein, zwei Flaschen besorgen.

Christines Rundgang ist mehr Ritual, Annäherung. Sie weiß schon, daß sie wieder bei ihrer Freundin, der jungen Negerin, kaufen wird. So wie diese, die - breit grinsend - meine Gefährtin schon von weitem wahrgenommen hat. Aber die tüchtige Frau hat auch wirklich die schönsten und frischesten Früchte. Und sie hatte von ihrer weißen Kundin auch beim ersten Mal keine Fantasiepreise verlangt, wie manch andere der bauernschlauen Marktfrauen.

Auch diesmal fragt Christine wieder nach *bananes des pommes*, einer Spezialität der jungen Schwarzen. Es sind kleine, dicke Bananen mit an Äpfel erinnerndem Wohlgeschmack. Leider sind sie nicht immer zu haben. Die beiden Frauen lachen, weil Christine diesmal Glück hat.

Als ich die früchteschweren Einkaufstaschen aufnehme, wird mir wieder bewußt, wie wenig Nordeuropäer für körperliche Anstrengungen in den Tropen geschaffen sind. Aber die Einkaufsliste der Freundin ist noch nicht abgehakt - auch den Rhum dürfen wir nicht vergessen.

Endlich sitzen wir wieder im Dingi, der Boden bedeckt mit Taschen und Tüten. Staub und Straßenlärm bleiben zurück, nur noch das Knarren der Riemen und nach Seegras riechende Kühle. Zuweilen deutet Christine eine leichte Kurskorrektur an, damit ich nicht rücklings in eine der Yachten hineinrudere.

Mittlerweile ist es an Deck der Boote belebter geworden. Man frühstückt im Schatten der Sonnensegel, und Morgengrüße fliegen zu uns her.

»Vorsicht, GOLEM!« warnt die Freundin.

Knapp schere ich an einem dunkelgrünen Stahlrumpf vorbei.

»Morgen, Ihr beiden! So früh unterwegs?« begrüßt uns Christa aus dem Cockpit.

»Stopfbuchse wieder in Ordnung?« winkt Holger mit einem Brötchen.

Neulich beim Sundowner auf der BAJADERE hatten wir Holger und Christa kennengelernt. Mit ihrer Stahlketsch GOLEM waren die beiden schmalen Blonden gerade auf Heimreise von einer ausgedehnten Weltumsegelung.

Da Holger sich als Motorenspezialist auswies und ich ein Problem mit der Stopfbuchse hatte, waren wir gleich beim Thema. Nach seinen Erläuterungen hatte ich mich überwunden und tags darauf selbst die Reparatur gewagt.

»Ist dicht und läßt sich wieder gut nachstellen, besten Dank!«

Diebe und Seeräuber

Auch diesmal blieben wir nicht allzulange unter den Mauern von Fort St. Louis. Ich konnte die Yachties nicht verstehen, die wochenlang auf der Moillage des Flamands lagen, bis ihre Ankerketten Seegras ansetzten. Sie lebten auf dem Wasser wie Dauercamper, mit Post, Frischwasser, Schiffsausrüster, Supermarkt und Bäcker vor der Haustür. Manche kauften sich sogar die Morgenzeitung.

Wir erkundeten lieber die Buchten und Ankerplätze, probierten neue Ankermethoden und machten uns einen Sport daraus, auf den Hilfsmotor zu verzichten. Oft segelten wir nur unter Klüver und doppelt gerefftem Großsegel über die dichtgepackten Reeden und suchten in Ruhe nach einem schönen Ankerplatz: guter Sandgrund, nicht zu weit draußen, nicht zu dicht am Ufer, nicht »zugeparkt«, immer mit dem Hintergedanken, bei plötzlich auflandigem Unwetter unbehindert wegkommen zu können.

Wenn wir den Motor doch mal benutzten, ließ ich ihn meist länger laufen. Denn laufen muß ein Motor, sonst wird er auf einem Segelboot nicht alt.

Erst wenn unsere Vorräte zur Neige gingen, verholten wir wieder für einige Tage nach Fort de France.

Dann trafen wir meist auch Wolfgang wieder, den Eigner der SEAWOLFE, jenes ausgemusterten deutschen Seenotkreuzers, der die Flamingobucht optisch beherrschte. Bald nach unserer Ankunft hatte Wolfgang sein wuchtiges Tochterboot vorsichtig längsseit manövriert, um die Neuankömmlinge aus der Heimat genauer in Augenschein zu nehmen.

Schnell entwickelte sich zwischen uns eine nette Nachbarschaft. Wolfgang und mich verband die Welt der Berufsschiffahrt, freilich aus verschiedenen Blickwinkeln. Für Wolfgang war Seefahrt vor allem ein maschinentechnischer Vorgang, den er auch voll beherrschte. Er schätzte große Schiffe mit großen Maschinen und viel Komfort. Bei dem Gedanken an den langen Segeltörn der spartanischen FIRECREST erging Wolfgang sich in amüsiertem Grausen.

Vor SEAWOLFE hatte er einen ehemaligen Hamburger Hafenschlepper besessen, mit dem er zwischen den Inseln einige Berühmheit erlangt hatte. Und wie zuvor seinen Schlepper, so hielt er auch den Rettungskreuzer in Schuß wie eine Luxusyacht.

Nun saß Wolfgang öfter an Bord der FIRECREST, ließ sich Christines Quiche schmecken und revanchierte sich mit fantastischen Geschichten aus der Karibik. Daß an seinen abenteuerlichen Erzählungen auch etwas daran war, erlebten wir eines Nachts auf Reede.

Es war schon spät. Wir wollten gerade schlafen gehen, als ungewöhnliche Geräusche uns an Deck lockten. Einige Bootslängen hinter uns ging etwas vor. Ärgerliche Männerstimmen, dumpfe Stöße und unruhiges Motorenbrummen drangen aus dem Dunkel. Dann erkannten wir das Tochterboot der SEAWOLFE, das sich dieseldröhnend in engen Kreisen um mehrere Schlauchboote bewegte. Von einer Nachbaryacht - es war die TAVOY - tauchte plötzlich ein großer Scheinwerfer die Szene in grelles Licht. Drei Schwarze saßen in einem Schlauchboot, das von Wolfgangs Tochterboot schwer bedrängt wurde. Gleich daneben trieben mehrere aneinandergebundene Dingis.

Offensichtlich hatten Diebe einen Beutezug über den Ankerplatz unternommen und waren von Wolfgang gestellt worden. Mit verzweifelten Manövern versuchten sie, dem Tochterboot zu entkommen, doch immer wieder schnitt Wolfgang ihnen den Weg ab, rammte das Schlauchboot und drückte es halb unter Wasser. Geduckt hinter der Windschutzscheibe, fuhr Wolfgang seine Attacken.

»Behalt´ sie im Scheinwerfer, Ludwig!« hörten wir ihn zur TAVOY rufen.

Mit breiter Bugwelle schob das Tochterboot das Schlauchboot der Diebe jetzt quer vor sich her. Da erschien ein langer, blinkender Gegenstand in der Hand einer der Männer, Wolfgang gab Vollgas, das Schlauchboot bäumte sich auf und schlug um.

Schnell ließ Wolfgang den Mann namens Ludwig zur Verstärkung übersteigen und umkreiste mit dem Tochterboot die Schwimmer, bis sie erschöpft flehten, an Bord genommen zu werden. Dann brachten sie die Diebe an Land.

»Einer ist entkommen«, meinte Wolfgang, als er auf dem Rückweg nochmal längsseit kam, »weggetaucht.« Und ich dachte an mein Tauchabenteuer - an dieser Stelle.

»Habt ihr die Burschen der Polizei übergeben?«.

»Wozu?« meinte Wolfgang, »Auf der Wache werden sie verprügelt und dann doch wieder laufen gelassen. Wichtiger ist, daß sie eine Zeitlang Respekt vor den Yachties haben.«

Daß in der Karibik andere Maßstäbe herrschen, hatten wir bald mitbekommen. Fast jede Woche hörten wir, daß irgendwo zwischen den Antillen eine Yacht oder ein anderes kleines Schiff verschwand - meist spurlos. Dann gab es im Radio eine *Pan-Pan*-Meldung, und das war´s -

keine Suchaktion, nichts. Man sorgt hier nur für sich selbst. Wenn von der Küste aus Seenotsignale gesichtet werden - wenige kümmert es.

Als wir einmal wieder auf der Moillage des Flamands lagen, meldeten Yachten wiederholt, daß eine Leiche beim Diamond Rock triebe. Es hieß später, ein verrückter Tourist habe zum Felsen hinausschwimmen wollen und sei dabei ertrunken. Die Bergung seiner Reste überließ man den großen Fischen.

Eine andere Geschichte hörten wir eines Tages im Malmaison, als wir mit einem Segler zusammensaßen, dessen Namen ich auf seine Bitte hin »vergessen« habe.

Eines sonnigen Tages segelte er mit Freunden vor der Küste einer Nachbarinsel, als sich plötzlich ein Motorboot näherte und zwei Männer das Feuer aus einer Maschinenpistole eröffneten.

»Ich griff meinen Karabiner, der immer im Niedergang steht, und erschoß den einen. Den anderen verletzte ich schwer«, erzählte der Segler lakonisch. »Wir nahmen das Speedboot in Schlepp und segelten nach Xxx. - Ihr könnt Euch den Aufstand vorstellen. Sechs Stunden lang haben sie mich verhört. Man ließ uns dann laufen unter der Bedingung, daß wir alles für uns behielten. Man fürchtete um den Ruf der Insel als Ferienparadies.«

Da trotzdem schon die ganze Küste Bescheid wußte und wir die frisch verspachtelten Einschußlöcher in der Außenhaut gesehen hatten, sahen wir keinen Grund, den Bericht anzuzweifeln.

Nach dem Erlebnis mit den Schlauchbootdieben lernten wir Ludwig und Christa von der TAVOY kennen. Christa war immer noch aufgeregt. Sie erzählte, wie sie nachts gerade an Deck gekommen war, als die Diebe ihr Dingi abschleppten. Da hätte Ludwig sich sofort ans Funkgerät gesetzt und Wolfgang zu Hilfe gerufen.

Während der Kaffee durch den Filter lief, zeigte Ludwig uns das Boot. TAVOY war aus schweren Stahlplatten geschweißt wie ein Panzerkreuzer. Wie ein Fels lag sie im Wasser. Das geschlossene Deckshaus schien für Kap Horn konstruiert zu sein. Zwei mannsdicke Masten trugen ein modernes Dschunkenrigg, das mit Elektrowinschen gesetzt wurde.

Mit dem Kauf der TAVOY hatte Ludwig sich einen lebenslangen Traum erfüllt. Lange hatte er nach dem passenden Schiff gesucht, denn maximale Sicherheit, Komfort und technische Perfektion waren für ihn Voraussetzung. Der Voreigner der TAVOY hatte nun beides im Übermaß verwirklicht.

Obwohl das Boot doppelt so groß war wie die FIRECREST, gab es unter Deck weniger freien Platz als bei uns. Hauptmaschine, Hilfsdiesel, Dynamos, Batterien, Kühlwasser-, Frischwasser- und Abwassersysteme samt Filter, Pumpen und einem Gewirr von Leitungen und Kabelbäumen beanspruchte den ganzen Raum, dazu Herd mit Backofen, Kühlschrank, Kühltruhe und Heißwasserspüle, eine Sanitärzelle, die alle Wünsche erfüllte, außerdem alle erdenkliche nautische Elektrik und Elektonik - das technische Konzept der TAVOY entsprach einem großen Berufsfahrzeug.

Ludwig, der eigentlich nur mit seiner Frau hatte segeln wollen, lebte nun das Leben eines vollbeschäftigten Schiffsingenieurs und -elektrikers - allerdings ohne Hilfskräfte.

Während wir Christas hervorragender Sahnetorte(!) zusprachen, berichtete Ludwig von einer Kette technischer Pannen, die TAVOY zur Zeit immer wieder lahmlegten.

Da erinnerte ich mich an eine Bemerkung unseres Nachbarn Jan Andersen, als ich neulich bei ihm unterm Sonnensegel gesessen hatte. Der alte dänische Schiffszimmermann und Einhandsegler ankerte mit seinem sieben Meter langen, hölzernen Spitzgatter MORILD gleich neben uns. Wenn jemand kompromißlos einfaches Segeln betrieb, so war es Jan. Er verzichtete sogar auf einen Hilfsmotor.

»Die beiden tun mir leid«, meinte er und blickte hinüber zur TAVOY. »Weil sie gerne Milch trinken, haben sie sich eine Molkerei gekauft.«

Freilich hatte Jan mit seiner lebenslangen Segelerfahrung leicht reden. Und er war immer arm gewesen. Die Versuchung, sich das perfekte Boot zu kaufen, war nie an ihn herangetreten.

Mit dem Dingi voll leerer Kanister ruderte ich Richtung Bunkerstation. Wir brauchten nur noch Wasser, dann waren wir wieder für einige Zeit unabhängig.

Voraus lag die TORTUGA. Gerd saß lesend im Cockpit. Viktoria lag auf dem Vorschiff und bräunte - so weit weg von Gerd, wie es auf TORTUGA möglich war. Sie segelten im Unfrieden, aber da beide in das Boot investiert hatten, konnten sie sich nicht trennen.

»Hab´s gleich durch!« rief Gerd mir zu und winkte mit dem Buch von Rollo Gebhardt, das ich ihm geliehen hatte.

Am Bunkersteg brauchte ich für meine 60 Liter Frischwasser nichts zu bezahlen. Offensichtlich kassierte der Tankwart nach Sympathie. Die großen Yachten mußten oftmals schwer bluten.

Auf dem Rückweg ging ich bei TORTUGA längsseit.

»Hallo, Viktoria!«

Gerds Gefährtin räkelte sich auf den Bauch und blickte schläfrig unter ihrem Blondschopf hervor. »Wo hast du deine Rothaarige gelassen?«

»Hier ist dein Buch. - Danke!« Gerd reichte es mir herunter. »Kannst du mir noch eins leihen? Wenn du mir sagst, wo ihr hinsegelt, kann ich es dir ja...«

Viktoria blickte ihn so kalt an, daß er verstummte.

»Was ich fragen wollte ...«, lenkte ich ab. »Da hängen zwei alte Seagull-Außenborder an deiner Reling, aber dein Dingi hat gar keine Halterung.«

»Willst du mir einen abkaufen?« fragte Gerd eifrig. »Laufen prima alle beide.«

Ich betrachtete die Museumsstücke aus korrodiertem Aluminium und grünspaniger Bronze.

»Einen vielleicht... wenn er läuft. - Bleibt ihr noch länger?«

»Leider!« schmollte Viktoria.

»Ich mache dir beide Motoren zurecht!« rief Gerd mir nach. »Du kannst dann aussuchen.«

Die richtige Welle

»Brauchen wir einen Dingimotor?« fragte meine Gefährtin, als ich zurück war.

»Wir werden später Ankerplätze finden, wo die Versorgungsmöglichkeiten weit entfernt sind.«

Aber mehr noch dachte ich an Tauchausflüge zu Korallenriffen, die wir mit einem Außenborder leichter erreichen konnten.

»Wir können es uns ja überlegen. Jetzt laß uns lieber segeln - damit wir noch einen Tisch bekommen.«

Wir hatten einen Brief von unseren Freunden Jürgen und Rosemarie erhalten, in dem sie uns mit einem Dollarscheck zu unserer Überfahrt gratulierten und zum Essen einluden.

Eine Stunde später fiel der Danforth in der Anse Mitan auf vier Meter Sandgrund. Wir wußten nun, wo die guthaltenden Stellen waren.

Als wir landfein an Deck kamen, berührte die Sonne gerade den Horizont. Ich trug meinen grauen Tropenanzug, Christine ihr weites Leinenkleid.

Ehe die Freundin ins Dingi stieg, wischte ich die Duchten ab, damit ihr Kleid nicht verschmutzte. Vorsichtig raffte sie es über den Knien zusammen, damit der Saum nicht auf den nassen Boden hing. So ruderten wir durch die sinkende Dunkelheit zum Strand, wo weiße Lampions die Veranda eines eleganten Restaurants erleuchteten.

Träge polterten die Dünungswellen an den Strand. Von der Reede aus hatten sie nicht höher ausgesehen als sonst, aber als ich das Boot etwa eine Wellenlänge außerhalb der Brandung anhielt, beeindruckten sie mich doch. Sollten wir lieber an den Bootssteg gehen, wo man außerhalb der Brandung anlegen konnte? Oder lag es nur an der Dunkelheit, die die Wellen höher erscheinen ließ?

Was soll´s - ich hatte uns schon durch ganz andere Brandungen gebracht. Mit den Augen verfolgte ich die Wellen, wie sie unter dem Boot hindurchliefen, ein paar Bootslängen weiter mit leichtem »wupp« vornüber kippten und auf den Strand zischten.

Diese eben zum Beispiel hätten wir gut nehmen können. Und die Ausläufer der nachfolgenden hätten das Dingi dann gemütlich weiter auf den Strand geschoben. Es kam nur darauf an, zwei aufeinander folgende Wellen abzupassen, die weniger hoch waren als die anderen.

Um es kurz zu machen: Nach einer Serie ziemlicher Brecher erschienen mir die nächsten passabel. Ich ruderte los. Da schob sich hinter Christines Rücken etwas Großes, Dunkles immer höher.

»Halt dich fest!« rief ich noch, da gingen wir bereits schäumend baden.

In Bühnenentfernung vor der Restaurantterrasse tauchten wir wieder auf. Ich wälzte das kieloben treibende Dingi herum und zog es in flacheres Wasser. Inzwischen jagte Christine die in der Brandung treibenden Riemen. Dabei wickelte sich das lange nasse Kleid immer wieder um ihre Beine, bis sie es entschlossen hochraffte, auswrang und es sich malerisch auf den Hüften zusammenknotete. Die Restaurantgäste hatten einen Anblick wie im Freilichttheater. Stolz vermieden wir jeden Blick hinauf.

Wir drehten das vollgeschlagene Boot hochkant und hoben es langsam an, so daß Wasser und Sand herausliefen.

Schließlich konnte meine Gefährtin nicht mehr an sich halten und begann furchtbar zu lachen.

»Wollen wir jetzt so einfach aufgeben?« fragte ich, als wir triefend zurückruderten.

»Eigentlich ist der Abend noch gar nicht angebrochen«, meinte sie und prustete wieder los.

Frischwassergeduscht und in frischen, trockenen Sachen legten wir eine halbe Stunde später erneut von der FIRECREST ab, diesmal legerer: beide in Jeans mit weißem Hemd beziehungsweise weißer Bluse.

»Sollten wir diesmal nicht lieber am Steg anlegen und die hundert Meter zu Fuß gehen?« fragte vorsichtig die Freundin, ein Kichern unterdrückend.

»Nein!« stieß der Skipper hervor und krempelte die Hosenbeine hoch.

Sanft hob uns eine passende Welle durch die Brandung, und die nächste schob uns so weit ins flache Wasser, daß die Gefährtin trockenen Fußes über den Bug an Land steigen konnte.

Würdig schritten wir die Stufen zum Restaurant empor. Keiner der Gäste schien von uns Notiz zu nehmen. Der Maître präsentierte uns einen Tisch direkt an der Brüstung, von wo wir auf dem dunklen Wasser die Silhouette der FIRECREST ahnen konnten. Wir tranken auf Jürgen und Rosemarie. Küche und Bedienung sorgten dafür, daß ihr Scheck angemessen »verbraten« wurde.

SANNE

Zwei Tage später lagen wir wieder in der Flamingobucht. Christine hatte Zahnschmerzen. Für solche Fälle empfahlen die alteingesessenen Yachties »den« Zahnarzt - einen jungen schwarzen Dentisten.

»Es hat gar nicht wehgetan«, berichtete die Freundin begeistert, als sie mit dem Dingi wieder aufkreuzte. »Sieht aus wie Harry Belafonte, und seeehr charmant. Er konnte sogar etwas deutsch.«

Der Nachbehandlung schien sie freudig entgegenzusehen.

»Sei vorsichtig! Wir Neger haben bei weißen Frauen das gewisse Etwas«, warnte Freund Achmed verschmitzt.

Achmed war Eigner der dänischen Slup SANNE, selbst Däne und dabei schwarz wie die Nacht. Er sprach dänisch, deutsch, englisch, französisch und arabisch. Und er sagte »Neger«. Das sei das latinisierte Wort für »Schwarzer« und hätte mit Diskriminierung nichts zu tun, hatte er uns beim Sundowner auf der SANNE belehrt.

Er hatte Humor und Größe. Es amüsierte ihn, wenn Neuankömmlinge oder Behördenvertreter ihn für den schwarzen Bootsmann des dänischen Eigners hielten. Eines Nachts, erzählte er, hätte man ihn sogar beinahe als Einbrecher auf seiner eigenen Yacht verhaftet.

Zu ihrem nächsten Zahnarzttermin brachte ich Christine mit dem Dingi an Land. Bis ins Wartezimmer wollte sich die Freundin allerdings nicht begleiten lassen. Also wartete ich in der Schoelcher-Bibliothek.

Das Gebäude war ein zerlegbarer Stahlbau aus dem letzten Jahrhundert, natürlich von der Firma Eiffel, und sah aus wie ein orientalischer Palast. Nach der Hitze und dem Straßenlärm fand ich hier schattige Kühle, Ruhe und den typischen Geruch nach Tausenden von Büchern. Heftig bedauerte ich meine mangelhaften Französischkenntnisse.

Heute fand in der Bibliothek eine Ausstellung über Bahia statt, die berühmte Hafenstadt in Brasilien. Ich betrachtete die Fotoplakate und die Vitrinen voller Volkskunst und aufwendig gearbeiteter weißer Spitzenkleider, jener berühmten Frauentracht von Bahia. Dorthin sollten wir segeln - und dann mit FIRECREST den Rio Paraguaya hinauf in den Urwald!

Doch von Martinique aus war Bahia gegen den vorherrschenden Passat und durch die Kalmenzone kaum mehr zu erreichen. Der »logische Weg« nach Brasilien führte über Pazifik und Indischen Ozean via Kapstadt.

»So ein Kleid könnte auch mir stehen«, hörte ich da hinter mir.

Bester Laune betrachtete Christine den Inhalt der Vitrinen.

»Wollen wir ins Malmaison«?

Während wir dort Fort de France an uns vorbeiflanieren ließen, drängte die Freundin auf den lange geplanten Ausflug ins Innere der Insel.

»Wenn wir noch lange warten, wird sowieso nichts mehr daraus«, stellte sie fest.

»Dann sollten wir ein paar Busverbindungen ausfindig machen«, schlug ich vor.

»Und wenn ich einen Mietwagen spendiere?«

Mont Pelée

Die Reifen des Wagens surren über den warmen Asphalt. Durch beschauliche Küstenorte, vorbei an Bambushainen, Palmenstränden und tropischen Gehölzen fahren wir nach Norden. Immer wieder weitet sich der Blick aufs Meer. Die schmale, oft von einer niedrigen Mauer gesäumte Uferstraße mutet an wie die Corniche an der Cote d´Azur vor 50 Jahren.

Als ich den holzgeschnitzten Wegweiser *Gauguin-Museum* lese, biege ich kurzentschlossen zwischen hohen Baumpfeilern in eine schattige Auffahrt. Auf einer Lichtung steht ein avantgardistisches Landhaus. Während wir in den kühlen Räumen Reproduktionen von Bildern des berühmten Malers aus seiner Zeit auf Martinique betrachten, klingen durch die offenen Fenster und Türen die Geräusche des tropischen Waldes. Bald zieht es uns weiter.

Hinter einer Kurve beginnt St. Pierre. Die in hellen Pastellfarben gestrichenen Häuser sind auf massiven, dunklen Lavafundamenten

errichtet, die manchmal zu groß erscheinen. In den Gärten und über den Mauern ranken Blüten, überall üppiges Grün. Doch die wenigen Menschen wandeln elegisch, wie abwesend, durch verschlafene Kopfsteingassen. Seit jenem furchtbaren Tag im Mai 1902 scheint die Stadt wie in einem düsteren Traum befangen. Die Berghänge hinauf suchen wir den Vulkangipfel des Mont Pelée, doch der hüllt sich in weiße Wolken.

Im kleinen Vulkanmuseum sehen wir Pakete voller Nägel, die in der brennenden Gaswolke damals von der Hitze aneinandergeschweißt wurden, Flaschen, die zu Fladen geronnen sind, und Fotos vom Tag danach: auf der Reede halbgesunkene verbrannte Wracks, zwischen den hitzeglasierten Wänden der ausgebrannten Häuser Menschenspreu wie verkohlte Äste.

Auf einer Mauer oberhalb der Kirchenruine verzehren wir unser Picknick. Weit schweift der Blick über die Küste und ins Blau unserer künftigen Kurse.

Von St. Pierre geht es in Serpentinen die Flanke des Mont Pelée hinauf in die Berge. Auf der Paßhöhe hängt Nebel - die Wolken, die wir von unten gesehen haben. Wir frösteln in unserer Sommerkleidung und steuern wieder hinab auf abschüssiger Teerstraße, bis uns die Tropenwärme aufs neue umfängt und üppiger Regenwald.

Immer wieder halten wir an Lichtungen mit weiten Ausblicken über das Bergland, auf Pflanzungen, feudalen Anwesen und in kleinen sauberen Ortschaften. Der Autoverkehr ist gering, und nach einer Abzweigung hört er ganz auf. Dann eine Furt. Langsam fahren wir durch das klare Flußwasser. Auf der anderen Seite endet die Straße mitten im Wald. Blutrot leuchten die tischgroßen Teller frischer Baumstümpfe im Zwielicht. Wir wenden in rotem Sägemehl und kehren zurück auf die Hauptstraße.

Immer wieder halten wir an und botanisieren. *Blüten aus Tropenfernen* heißt ein Buch meiner Großmutter, das die Reise mitmacht. Wir spielen Orchideenjäger. Aber wir lassen die herrlichen Exemplare in Astgabeln, im Unterholz und an Steilhängen unberührt. Oder nein: Vorsichtig berühren wir einige Blüten, die wir erreichen können, mit den Fingern. Glatt und fleischig, fast nicht mehr pflanzenhaft fühlen sie sich an. Das genügt uns und die eine oder andere Einstellung mit der Kamera.

Als gehörte es zum Programm, finden wir inmitten der Urwaldberge einen Botanischen Garten. Hier wandeln wir auf gepflegten Wegen, die Bäume und Pflanzen sind mit Schildern bezeichnet, und wir dürfen uns sicherer fühlen vor jener Giftschlange, die keinen Unterschied macht zwischen Schwarz und Weiß. Und hier sehen wir endlich Kolibris ganz aus der Nähe. Wie große metallisch leuchtende Hummeln fliegen sie von Blüte zu Blüte.

Martinique ist schön, aber wir wollen weiter.

Wir haben ausklariert, Gemüse, H-Milch und Brot gekauft und füllen die Kanister noch einmal mit Frischwasser.

An der Bunkerstation liegt die Luxusketsch CAROLA und nimmt ebenfalls Wasser und Diesel. In den weißen Lederpolstern unterm Sonnensegel liegt Heinrich, der Eigner. Unter der eleganten Leinenhose ist sein Kunstbein kaum zu ahnen. Er nippt an einem Drink und telefoniert. In der Saling wölbt sich die Kuppel der Satelliten-Antenne.

Er sieht besser aus als neulich, als ihn Fieberanfälle plagten und zu allem Unglück noch die Klimaanlage ausgefallen war. Sein Prokurist kam selbst aus Deutschland geflogen, um das fehlende Ersatzteil zu bringen.

»Hallo, Heinrich!«

Er sieht uns und winkt.

»Wir wollen weiter. Alles Gute und Mast und Schotbruch.«

»Euch auch!« ruft er und hält für einen Moment die Sprechmuschel zu. »Wenn Ihr mal in Cannes seid, kommt vorbei!«

Weitere Abschiedsszenen entfallen.

BAJADERE ist nach Norden gesegelt, ebenso GOLEM und AFRICAN QUEEN. Auch TORTUGA ist verschwunden samt ihren Seagull-Motoren. PIMPERNELL hat Kurs Panama genommen, und NADJA muß jetzt irgendwo bei Guadeloupe sein. TAVOY hat in die Marina von Castries, St. Lucia, verholt, weil Ludwig sich in Deutschland um sein Geschäft kümmern muß, und SEAWOLFE ist in Venezuela, Diesel bunkern.

Auch Uts ist seit einiger Zeit nicht mehr da - wollte mit FRAUKEN in die *Grenadines*, wo wir auch Jan Andersens MORILD vermuten.

Vielleicht werden wir die beiden bald wiedersehen, denn auch wir wollen einen Abstecher nach Süden machen, zu den *Windward Islands*.

Als letzte hatte FACE AU SOLEIL vor einigen Tagen Anker gelichtet - ohne große Erklärungen, wie es Christians Art war.

»Irgendwo sehen wir uns wieder!« rief er und zog den Klüver hoch, als sie dicht an uns vorbeisegelten.

Nur SANNE liegt noch da. Aber Achmed ist mit Familienbesuch in die Berge gefahren.

Schlag nach Süden

Bei Einbruch der Dunkelheit lichten wir Anker und setzen Kurs auf Marigot Bay, St. Lucia. Der milde Nachtwind trägt das Lied der Grillen und Baumfrösche von der dunklen Küste herüber. Leise gurgelt das meerleuchtende Kielwasser unter dem Heck.

Doch als wir gegen Mitternacht hinter Kap Diamond Hill in die Straße von St. Lucia hinaushalten, bleibt FIRECREST förmlich stehen im Schwell. Ich setze alles, was das Boot tragen kann, aber der Kutter stampft sich fest. Zudem schralt der Wind auf Südost - genau gegenan.

Bald zeigt die Peilung der Küstensilhouette, daß der Strom uns zurücksetzt. Unter diesen Umständen bräuchten wir Tage bis Marigot Bay.

Christine brauche ich nicht zu fragen. Sie ist die heftigen Bewegungen nicht mehr gewohnt, liegt flach und hofft, daß alles bald vorbei sein wird.

»Kommst du raus? Wir wenden!«

Minuten später liegt FIRECREST auf dem anderen Bug, Kurs auf die schwarzen Umrisse von Martinique. Mit halbem Wind und geschrickten Schoten wiegt sich der Kutter sanft im Schwell. Verhalten rauscht die Bugsee, die milde Luft riecht schwer nach Vanille, und der aufgehende Mond wirft eine silberne Bahn über die Straße von St. Lucia.

Aries steuert auf die dunkle Masse des Vorgebirges zu, dorthin, wo ich die Anse d´Arlet vermute, die Bucht, die uns am nächsten liegt. Leuchtfeuer gibt es an diesem Küstenabschnitt nicht, doch im Mondlicht erkenne ich bald die Bergformationen des Morne Bigot und des Morne la Plaine. Der Kurs stimmt.

Die Ansteuerung ist problemlos. Der Meeresboden steigt hier steil empor, und vorgelagerte Riffe gibt es nicht. Man könnte mitten in die Bucht hineinsegeln und erst am Strand auf Grund laufen.

Trotzdem schalte ich das Echolot ein. Als es bei 90 Metern erstmalig anzeigt, scheinen die Felsen von Kap Bourgos fast über uns zu hängen. Bucht und Ortschaft schlafen im weißen Mondlicht; nirgends ein Licht oder eine Ankerlaterne. Durch das Glas sieht man die hellen Schemen von Yachten, aber es sind nur wenige.

Der Anker ist klar zum Fallen. Lautlos treiben wir unter Großsegel über die Reede. Baumfrösche und Zikaden singen. Irgendwo flattert ein aufgeschreckter Vogel. »Unser« Ankerplatz ist noch frei.

Am Vormittag versuchen wir es noch einmal: Kurs Marigot Bay - um der Ehre willen. Nach zwei Stunden sind wir mit salzigen Decks wieder da. Mit 6 Beaufort und türkisgrün brechenden Wellenkämmen kachelt der Passat aus Südost. Nun bleiben wir.

Schweigende Welt

Am Nachmittag rudern wir mit dem Dingi zum Kap Bourgos, das die Bucht nach Süden schützt. Hier ist das Wasser so klar wie im Freibad. Als ich mit Flossen, Maske und Schnorchel über die Seite gleite, stelle ich fest, daß es auch genauso kalt ist. Christine reicht mir Harpunenschleuder und Muschelnetz. Sie zieht es vor, sich die Unterwasserwelt mit dem Glasbodeneimer zu betrachten.

»Ich werde auf Rückenflossen achten«, bemerkt sie lakonisch, was ich sehr überflüssig finde.

Ich tauche und bin in einer anderen Welt. In zerklüfteten Formationen fällt die Lavaküste hier in die Tiefe. An den Steilwänden, auf Graten und Plateaus siedeln blaue Korallenbäume zwischen Blöcken von blauen Hirnkorallen, grünen Becherkorallen und gelben Hirschhornkorallen. Lila Venusfächer wiegen sich in der Strömung. Unter Überhängen und Vorsprüngen kleben bunte Schwämme und Seeanemonen.

Die Harpune im Griff, pirsche ich entlang der Felswände. Dabei taste ich mit den Augen immer wieder den blaugrünen Nebel ab, hinter dem sich alle Haifische der Karibik verbergen - zumindest jener aus der Flamingobucht. Doch hier im aquarienklaren Wasser fühle ich mich sicherer.

Wenn man die Filme von Hans Hass gesehen hat, erscheint die Unterwasserfauna zunächst recht dürftig. Hinter jener Hirnkoralle huschten ein paar kleine Lippfische, dort zwischen den Geweihkorallen stehen zwei Hornfische - aber sonst?

Da verharre ich und lasse mich vom Auftrieb nach oben tragen. Wie kleine Aale winden sich zwei dunkelgeringelte Seeschlangen über ein Sandfeld voller Hirschhornkorallen. Giftig wie Kobras, aber zum Glück friedfertig. Direkt unter ihnen kriecht eine schöne Strombus-Schnecke. Ich lasse die Schlangen weiterziehen und sammele die Schnecke in mein Netz.

Als ich zwischendurch zum tiefen Wasser sichere, blinkern dort silberne Reflexe, und für einen Moment taucht ein Schwarm Makrelen aus dem türkisfarbenen Nebel auf.

Hinter einem Felsen weidet ein Schwarm handgroßer, grün und gelb gestreifter Brassen gemächlich über ein Algenfeld. Dann staubt neben einer Seegurke eine Sandwolke. Als sie sich legt, ist ein rhombusförmiger Umriß entstanden - ein Rochen hat sich im Sand eingegraben. Und unter einer überhängenden Tischkoralle entdecke ich eine kleine Languste. - Man muß also nur genauer hinsehen!

Die beiden Barrakudas sehe ich dann überdeutlich. Schräg über mir ziehen sie, aus dem tiefen Wasser kommend, in die Bucht. Während ich langsam mit den Blasen meiner ausgeatmeten Luft aufsteige, behalte ich sie im Auge. Sie sollen Menschen nur äußerst selten angreifen. Und diese hier sind nicht größer als Hechte.

Trotzdem ziehe ich es nun vor, mehr buchteinwärts zu pirschen, dorthin, wo sich auch Christine mit Dingi und Glasbodeneimer herumtreibt. Da sehe ich sie eifrig winken und vor sich ins Wasser zeigen.

Als ich heran bin, liegt in etwa sechs Metern Tiefe zwischen Korallenblöcken ein großer, mit Hühnerdraht bespannter Stahlrohrkäfig - eine Fischfalle ähnlich denen, die wir aus Spanien kennen. Ganz verrostet, voller Löcher und mit Seepocken überkrustet, scheint sie schon länger verloren oder vergessen worden zu sein. Aber sie funktioniert noch: Eine große Languste und zwei prächtige schwarze Muränen haben sich zwischen die Maschen verirrt.

»Was meinst du?« frage ich die Freundin und halte mich dabei am Dollbord fest.

»Mußt du wissen.«

»Unseren französischen Freunden sind die Muränen prächtig bekommen«, stelle ich fest. »Nichts von Ciguatera.«

Ich reiche das Muschelnetz ins Dingi. Damit möchte ich jetzt lieber nicht behindert sein.

»Diese sind ganz schön riesig, nicht?« gibt Christine zu bedenken.

»Wollen mal sehen«, antworte ich, hole tief Luft und tauche.

Aus der Nähe wirken die Muränen furchterregend. Sie mustern mich tückisch und schwingen mit ihren oberarmdicken Hälsen zeitlupenartig hin und her. In ihren halbgeöffneten Mäulern stehen Zähne wie Dachdeckernägel. Jedenfalls sollen sie nicht in den Käfigen bleiben, denke ich und lasse mich wieder nach oben treiben. Während ich einige Male tief Luft hole, komme ich zu einem Entschluß.

Mit der Säge auf der Rückseite des Tauchermessers trenne ich den durchgerosteten Hühnerdraht der Fischfalle an einer Seite ganz auf. Wachsam beobachte ich die Muränen, daß sie mir dabei nicht zu nahe kommen. Aber auch sie scheinen sich auf der gegenüberliegenden Seite der Fischfalle wohler zu fühlen.

Mehrmals muß ich tauchen, dann kann ich die eine Drahtseite ganz zurückbiegen. Nach Atem ringend schieße ich hinauf. Als ich zurückblicke, sehe ich nur noch die Languste im Korb. Nun - besonders Langusten sind eine Delikatesse.

Auf der Wasseroberfläche schnorchelnd, beobachte ich dann, wie das Tier sich langsam auf den Weg ins tiefere Wasser macht.

»Vielleicht müssen zwei von ihnen mal die ganze Art erhalten«, meint die Kameradin, als ich zu ihr ins Dingi klettere.

Aber ich denke doch noch eine Zeitlang an Languste mit Avocado-Mayonnaise.

Zum Abendbrot brät mir der Smutje Käsetoast mit Avocado und Spiegelei. Satt und zufrieden, zünde ich mir eine Pfeife an. Und auch die Languste lebt noch.

Unter dem Boot knackt und knistert das Meeresleben, und unter der Kajütenlampe glänzen perlmuttschimmernd die ausgekochten toten Gehäuse der heutigen Muschelausbeute. Jene schöne Strombus, zwei Bivalvia, eine kleine Nabelschnecke und eine kapitale Murex.

»Wunderschön«, meint Christine nachdenklich.

Ihr Ton trifft genau das Bild, das ich gerade vor Augen habe. Die schrecklich schönen Auslagen der Muschelstände am Hafen von Fort de France.

Von da an haben wir nur noch verlassene Gehäuse gesammelt - bis auf eine Ausnahme, doch davon später.

Als wir nach dem Abendbrot an Deck stehen, schweben FIRECREST und ihr Dingi hoch über dem mondlichtschimmernden Sandgrund. In der Ferne spielt ein Segler auf einer Klarinette eine elegische Melodie. Christine raucht eine ihrer seltenen Zigaretten, und ich zünde meine Pfeife nach.

»Was meinst du? - Wir verzichten auf die Inseln über dem Winde und gehen nach Norden.«

»Zu den Virgin Islands?« klingt es hoffnungsvoll.

»Von dort sind es nur noch 800 Meilen zu den Bermudainseln. - Wenn es in Westindien wieder unsicher wird.«

»Und dann zurück über den Nordatlantik«, stellt die Segelkameradin sachlich fest.

»Zurück über den Nordatlantik.«

»Gut.«

Ich lege den Arm um die schmale Taille meiner Gefährtin. Bis zu den Jungferninseln dürfen wir uns nun Zeit lassen. Wir haben immer noch Februar, und die Hurrikan-Saison beginnt frühestens im Mai. Solange können wir segeln, wohin wir wollen.

Südsee

Innerhalb von Minuten weicht die Nacht dem Tag. Die Hähne im Dorf krähen, Hunde bellen. Von Land weht kühler Wind - 24 Grad. Noch versteckt die Sonne sich hinter den Bergen. Verschlafen schiebt sich die Freundin neben mir aus der Luke.

»Vorgestern haben wir ausklariert. Eigentlich sollten wir gar nicht mehr in Frankreich sein«, gibt sie zu bedenken.

Doch nach dem Frühstück herrscht Totenflaute. Auch weiter draußen ist die See spiegelblank. Der Passat legt eine seiner seltenen Ruhepausen ein.

»Wollen wir noch einmal in die kleine Bucht?« frage ich.

»Kokosnüsse kaufen?«

Es sind nur drei Meilen, aber der Vire freut sich. Für einen Bootsmotor hat er entschieden zu wenig zu tun. Wir spulen das Handlog ab, aber mehr als vier Knoten werden es auch nicht bei Vollgas. Zu Hause in der Flensburger Förde waren es noch fünf Knoten - mit einer Tonne weniger Ausrüstung und ohne Bewuchs.

In der Felsenküste öffnet sich ein enger Einschnitt, ein kleiner tropischer Fjord, kaum breit genug, um vor Anker zu schwoien. Die Bucht ist eine Mausefalle - aber ein Südseeparadies: beiderseits steile Felsufer und am Ende hoher, schwarzer Sandstrand mit einer Handvoll Hütten in einem dichten Kokoshain. Zwischen Strand und Felsen mündet ein klarer Kieselbach neben den Resten einer zerstörten Anlegebrücke.

Genau in der Mitte der Bucht werfen wir den Danforth auf fünf Meter Sandgrund mit 25 Metern Kette.

Wir klaren auf und spannen das Sonnensegel. Dann rudere ich an Land. Ein paar buntbemalte Boote liegen im Schatten der Uferpalmen. Axtschläge hallen aus dem Wäldchen. Ich warte auf eine passende Welle und lasse mich von ihr auf den Strand tragen.

Wie vor einer Woche hackt der alte Fischer mit dem Querbeil am Rohbau eines neuen Bootes. Den unteren Teil arbeitet er als Einbaum heraus, die Seiten werden später aufgeplankt.

»Wieder Kokosnüsse?« fragt der Alte, grinst und deutet in die Palmwipfel.

»Ja, Kokosnüsse!«

»Wie viele?«

»Beaucoup, beaucoup!« versichere ich und spreize mehrmals die Finger.

Ein junger Schwarzer klettert mit Steigeisen auf eine Palme und hackt umständlich ein Dutzend grüner Nüsse ab. Vorsichtig wirft er sie herunter, damit sie nicht platzen.

Am Nachmittag weht wieder leichter Passat, gerade genug, um ein wenig zu kühlen. Wie üblich sitzen wir typisch deutsch bei Kaffee und selbstgebackenem Kuchen, da langt Christine nach dem Fernglas und blickt unter dem Sonnensegel hinaus nach See.

»Den kennen wir«, sagt sie und grinst.

Da zieht die elegante Silhouette der ASHANTI OF SABA durchs Gegenlicht. Der bekannte Stagsegelschoner gehört Christines einstigem Hamburger Segellehrer. Er hatte die heruntergekommene Millionenyacht, ehemals Burmesters ASCHANTI IV, günstig am Mittelmeer aufgetan und ganz für Luxuscharter umbauen lassen - mit Ebenholzfurnieren, goldenen Wasserhähnen und einem in den Salontisch eingebauten Lift, mit dem Uli seinen Gästen nun eisgekühlten Champagner servieren konnte.

Ich vertrat ihn damals aushilfsweise auf seiner Schulyacht, der berühmten YLVA. Dort machte gerade eine hübsche junge Hamburgerin ihren BR-Schein - Christine. Und ich erinnere mich, wie wir in Faaborg längsseit von Ulis neuer ASHANTI lagen und mit ihm die Vor- und Nachteile großer Yachten diskutierten. Ich sagte, ich würde meine kleine FIRECREST vorziehen, denn ich würde nicht gerne dienen - weder verwöhnten Chartergästen noch einer Kreditbank.

Als nun ASHANTI OF SABA trotz schönem Segelwind eilig unter Maschine Kurs Fort de France dampft, fragen wir uns, ob der rauhbeinige Ex-Handelsschiffsseemann Uli sich in der Rolle des Gastgebers und Entertainers amerikanischer Millionäre besonders wohl fühlt.

Die Sonne ist untergegangen. Die Sterne funkeln wie Diamantstaub auf dunkelblauem Samt. Im Nachtschatten der Felsen und Palmwipfel liegt der Spiegel der Bucht in schwarzer Dunkelheit. Brandung poltert, Zikaden schrillen. Ein milder Hauch weht von Land und duftet nach Vanille.

Oft saß ich zu Hause im Licht warmer Sommerabende, raschelndes Cyperngras neben dem offenen Fenster, und träumte mich in mein Ölbild einer Südseebucht. Nun bin ich angekommen.

Am nächsten Morgen schwoit FIRECREST in ablandigen Fallböen. Draußen blinken Schaumkronen auf Dunkelblau. Der Passat weht. Noch vor dem Frühstück stehen die Segel - Kurs Dominica.

Dominica

Vielleicht war es ein Fehler, das geruhsame Frühstück einfach ausfallen zu lassen. Aber wir wollten ja weiter, und der Wind wehte günstig. Gedankenlos hatte ich seeklar gemacht, ohne meine Gefährtin groß zu fragen.

Als ich sie nun, da FIRECREST herrlich unter Vollzeug nach Norden stürmte, lachend ansah, konnten meine Augen ihren Blick nicht finden.

Ich hätte Christine nicht so übergehen dürfen, das war mir jetzt klar. Und da ich aus Erfahrung wußte, daß es kein Mittel gab, die nächsten Stunden wieder aufzuhellen, versank auch ich in schmerzliche Grübeleien.

So segelten wir mit wunderbarer Backstagsbrise entlang der lieblichen Westküste von Martinique, und doch wirkte alles wie durch eine dicke Fensterscheibe.

Langsam zog vor dem mit weißen Wolken getupften Passathimmel das Panorama der Insel vorbei, mit ihren von hellgrüner Savanne und dunkelgrünem Regenwald überzogenen Bergen. Gegen Mittag standen wir auf Höhe des Mont Pelée und sahen ihn zum ersten Mal in ganzer Gestalt. Dicke Haufenwolken quollen über dem bedrohlichen Gipfel, darunter an der Küste döste unscheinbar St. Pierre.

Dann nahmen uns die Passatroller auf ihre breiten Rücken, und wir segelten hinaus in die Dominica-Straße. Draußen legte der Wind noch etwas zu. Auch ohne Toppsegel und Flieger preschte FIRECREST dahin, als wüßte sie nichts von der Seegraswiese unter ihrer Wasserlinie.

Aries steuerte, die Freundin ruhte, und ich hatte mir in der Kombüse ein paar Biskuits genehmigt. Durch die schrägliegende Kajüte schob ich mich an Christines Koje vorbei zurück nach achtern, als sich plötzlich ein weißer Arm um mich schlang.

Minutenlang hielten wir uns umfangen, bis ich zum Ausguck wieder an Deck mußte. Wie da die tintenblauen Seen mit ihren schäumenden, türkis leuchtenden Kämmen unter dem Boot hindurchliefen! Und kaum ein Spritzer stahl sich an Bord! Ich genoß die Wärme der Planken unter meinem Hosenboden und öffnete eine Kokosnuß. Über dem auf- und abschwingenden Klüverbaum stand jetzt ein feiner grauer Schattenriß: die Insel Dominica.

Gegen Abend hatten wir das südliche Kap passiert und schoben uns in das Lee der gebirgigen Urwaldinsel. Der Schwell ließ nach, und bald ging auch der Wind schlafen. Umrahmt von Regenschauern zog ein Stückgutfrachter wie ein schwarzer Scherenschnitt vor dem Rotgold des Sonnenunterganges nach Süden.

Sachte schob uns der Wind die Küste hinauf und zuletzt in ein Flautenloch, wo wir bis Mitternacht umherdümpelten. Mit gestoppten Maschinen trieb ein großer Kreuzfahrer dicht vorbei. An den Relings der erleuchteten Decks standen festlich gekleidete Nachtschwärmer und blickten über uns hinweg. Über Dominicas dunklen Bergen flackerte dramatisch Wetterleuchten.

Gegen unsteten Nordwind kreuzten wir im Schneckentempo weiter die Küste entlang.

Other than steamship

Bei Tagesanbruch stehen wir südlich des Morne Espagnol. Dahinter weitet sich regenverhangen die Prince Rupert Bay mit dem kleinen Hafen Portsmouth - dort wollen wir hin.

Ostwind kommt auf. Böig, nach Moder und Blüten riechend, fällt er die Urwaldhänge herab. Hoch am Wind rennt FIRECREST auf die *Cabrits* zu, die beiden markanten Spitzkegel im Norden der Bucht.

Dominica – nördlicher Teil

Abweisend liegt Prince Rupert Bay unter dunklen Wolken, mutet ganz anders an als die lieblichen Gestade von Martinique. Hinter schwarzem Strand mit hohen Kokospalmen ducken sich einige Handvoll roter Dächer und ein Kirchturm. Darüber erheben sich dschungelbedeckte Berge. Mit langen Schlägen kreuzen wir langsam in die Bucht.

Zum ersten Mal seit Monaten taucht FIRECREST in einen dichten Regenschauer. Unser Ölzeug steht in seltsamem Kontrast zu den Palmen hinter den Wasserschleiern.

Dann tritt die Sonne über die Berge. Schlagartig hört der Regen auf, und die Bucht strahlt in goldenem Morgen. Dampfschwaden hängen über dem Ort, und ein Regenbogen spannt sich leuchtend wie zum Anfassen im Kielwasser. Wo eben noch Böen übers Wasser stoben, kräuseln sich nun Katzenpfoten zwischen spiegelnden Flautenfeldern. Wir tuchen auf und starten den Motor.

Aus der Nähe erweisen sich viele der roten Ziegeldächer als verrostetes Wellblech. Die Fassaden der einst schmucken Kolonialhäuser sind grau verspakt. Schief und zerborsten ragen die Reste einer Verladepier in die Bucht. Gleich daneben, wenige Meter vor einem offiziell aussehenden Gebäude, liegt ein gestrandeter Frachter. Dem Verhältnis von Rost und Farbe nach liegt er noch nicht lange. Da entdecken wir an den Ufern der Bay noch mehr Wracks - teils hoch am Strand, teils halb versunken, einige alt und nur noch Spantengerippe, andere neu, teils zerbrochen, teils scheinbar unversehrt - Küstenfrachter, Trawler, Segelyachten.

Im Schatten eines Kokoswaldes stehen Fischerhütten. Davor ankern ein paar Yachten. Am Nordufer der Bucht schimmern weiße Bungalows. Das muß *Sunshine Village* sein, die deutsche Hotelanlage.

Hundert Meter vor der kaputten Pier warfen wir Anker. Noch steif von frischer Farbe, hing an der Steuerbord-Saling die Gastflagge von Dominica. Erst in Martinique hatten wir herausgefunden, wie sie aussah und mit Acrylfarben auf eine unserer »Blankoflaggen« gemalt - ein anspruchsvolles Motiv mit einem Papagei in einem Kreis von grünen Sternen auf rotem Grund.

Ich ruderte mit den Schiffspapieren an Land. Eine Gruppe junger Schwarzer blickte mir düster entgegen. Mit gemischten Gefühlen band ich das Dingi an einen rostverkrusteten Eisenbolzen und kletterte auf die Pier.

»Können Sie mir sagen, wo das Hafenbüro ist?« fragte ich den Nächsten.

»I will show you!« krähte da eine junge Stimme, und ein halbwüchsiger Negerjunge drängelte sich nach vorn.

»I am Raimond!« Er griff meine Hand und schüttelte sie. »I will show you the office! Come on!«

»Du solltest jetzt in der Schule sein!« polterte einer der Älteren.

»Laß ihn doch! Seine Mutter braucht das Geld«, beschwichtigte ein anderer.

Trotz ihres finsteren Aussehens schienen die Männer bürgerlichen Wertvorstellungen anzuhängen.

»Ich werde auf Ihr Boot aufpassen«, erbot sich der, der Raimond lieber in der Schule gesehen hätte.

Ich folgte Raimond zur Mainstreet. Die gepflasterte Straße war in der Mitte hochgewölbt wie ein Segelschiffsdeck. In den tiefen Rinnsteinen lag Unrat zusammengespült. Die Bürgersteige entlang der Häuser liefen im Schatten von Arkaden. Die Bewohner schienen den kleinen Hafenort mit Gelassenheit sauber zu halten und seine Einrichtungen hier und da auszubessern, während sie ihn im übrigen gemächlich dem Verfall überließen.

Ich sah nur Schwarze - keine Weißen, kaum Mulatten. Und kaum ein lächelndes Gesicht. Ich vermißte die heiteren, gut geschnittenen Gesichter der Menschen von Martinique.

Es gab wenig Verkehr. Hier stand ein Lastwagen mit grotesk verbogenem Chassis im Rinnstein, dort dröhnte mit blauer Abgasfahne ein musealer PKW.

Raimond blieb vor dem Gebäude stehen, auf dessen Wasserseite der gestrandete Frachter lag - Port Captain, Customs and Immigration stand auf der Fassade.

»Ich warte auf Sie«, erklärte Raimond.

»Vielen Dank, aber ich finde schon allein zurück.«

»Sicher brauchen Sie irgendwas. Ich warte auf Sie.«

Ein bewaffneter Posten in Khaki führte mich durch einen Gang, der zuletzt wohl am Tage der Unabhängigkeit gestrichen worden war. Es roch wie bei allen Behörden rund um den Äquator: nach feuchtem Mauerwerk, Naphtalin, alten Aktenordnern und Waffenöl.

Langsam und sorgfältig füllte der Polizeibeamte die verschiedenen Formblätter aus. Auch hier wurden für Handelsschiffe und besuchende Yachten die gleichen Vordrucke verwendet, ausgestellt im Amtsenglisch des 19. Jahrhunderts:

Das Einklarierungs-Formular sah so aus:

CLEARANCE FOR OTHER THAN STEAMSHIP
DOMINICA
PORT OF *Portsmouth*
THIS is to certify to all whom it doth concern,
that *Clemens Richter*
Master or Commander of the *Fire Crest*
burden 7 tons, navigated with *two (2)* men,
wooden built and bound for *Guadelupe*
having on board *NIL*
hath here entered and cleared his vessel according to law,
GIVEN under my hand at the Treasury Office, at the Port of *Portsmouth*
in the State of Dominica, this *24* day of *February*
One thousandnine hundred and *eighty seven*

(Unterschrift und drei Stempel)
Financial Secretary

In einem anderen Formular wurde ausdrücklich nach Waffen gefragt.

»We have a gun. I hope, that is no problem«, bemerkte ich mit gemischten Gefühlen.

»No!« antwortete der Beamte lakonisch.

Erleichtert unterschrieb ich und bezahlte die bescheidene Gebühr.

Über dem Pflaster flimmerte die Hitze. Unverdrossen wartete Raimond im Schatten der Kolonnaden.

Die Bank war gleich gegenüber. Am vergitterten Schalter tauschte ich einige US-Dollar gegen ein dickes Bündel der landesüblichen Währung - ebenfalls Dollar, jedoch mit dem Jugendbildnis der Königin Elizabeth auf der einen und einer romantischen Palmenbucht auf der anderen Seite.

Damit kaufte ich in einem kleinen Lebensmittelgeschäft Brot - jene typische Pappsorte angelsächsischer Länder, frischgebacken. Die übrigen Auslagen verlockten weniger - ein paar Dosen und Gläser, kein Obst, kein Gemüse.

Zurück auf der Pier, gab ich meinem Wachmann einen Inseldollar. Der Anflug eines Lächelns zeigte, daß das richtig war. Dann bedankte ich mich bei Raimond und gab auch ihm einen Dollar. Als nächstes bot einer der Männer mir einen Karton mit grasgrünen Bananen an - für sieben Dollar.

Kein Lüftchen regte sich. Das grelle Licht stach in die Augen, und mein weißes Einklarierungshemd klebte wie ein nasser Lappen. Ein Kabel entfernt, schwamm FIRECREST wie auf einer stumpfglänzenden Plastikfolie, um sie herum mehrere Ruderboote mit schwarzen Jugendlichen. Die Kameradin schien sich mit ihnen zu unterhalten.

Weiter draußen lief ein Bananendampfer in die Bucht - den Schornsteinfarben nach ein Norweger. Die Maschine gab Rückwärts, und man sah den Anker schäumend ins Wasser fallen. Ein paar Sekunden später klang das Poltern der auslaufenden Kette.

»All right, man«, willigte ich in den Bananenkauf ein. »But it´s a lot of money.«

Als ich FIRECREST erreichte, gingen die Ruderboote mehr auf Abstand. Erleichtert blickte Christine mir entgegen.

»Sie wollen uns einen Urwaldfluß hinaufrudern«, erzählte sie. »Und sie verkaufen Gemüse.«

Hurrikanhimmel

Unter Maschine verholten wir in den Norden der Bucht. Am Ufer bogen sich himmelhohe Kokospalmen. Zwischen den Stämmen ragte das schlanke Heck eines Segelschiffes hervor. War es gestrandet und wurde wieder flott gemacht?

Abgesehen von einem kleinen Kümo, lagen wir hier ganz allein. SEEADLER - Helgoland lasen wir an seinem Heck. Darüber wehten die zerfaserten Reste einer deutschen Flagge.

Am Ende des Kokoswaldes standen die weißen Bungalows der Hotelsiedlung. An einem Signalmast baumelten die Flaggen von Dominica, Österreich und Deutschland und der überdimensionale, wohl selbstgenähte Stander des Trans-Ocean Clubs. Hoch auf dem Ufer vor dem Anwesen verrostete langsam eine gestrandete Segelyacht.

Wie in Trance spannte ich das Sonnensegel. Plötzlich war ich todmüde.

Als ich erwachte, fielen die Sonnenstrahlen schon schräg durch die Kajütfenster. Von Deck hörte ich meine Gefährtin im Gespräch mit jungen Negern.

Der kleine Raimond war mit einem Ruderboot da und hatte einen Gehilfen mitgebracht. Als Gott die Gehirne verteilt hatte, schien der große, ungeschlachte Bertrand in der hinteren Reihe gestanden zu haben. Dafür war er die Freundlichkeit selber.

Es ging um unsere Belieferung mit *fruit* und *vegetable*. Und immer wieder erwähnten die Jungen *Indian River*. So hieß der Urwaldfluß, der in die Bucht mündete - offenbar ein »Muß« im hiesigen Touristenprogramm.

Warum nicht? dachte ich ausgeschlafen und wieder gutwillig. Und Kokosnüsse können wir gar nicht genug haben.

Nach einigem Hin und Her brachte Raimond tatsächlich einen Strunk schöner *jelly nuts*, wie hier die noch grünen Nüsse mit geleeartigem Fleisch hießen - für einen Inseldollar pro Stück. Zufrieden zogen die beiden ab, und wir hatten unseren Frieden.

Nach dem Abendbrot hängten wir ausnahmsweise die Ankerlampe ins Rigg, zogen uns zivilisiert an und ruderten hinüber zu den Bungalows. Durch einen schmalen Stichkanal gelangten wir in ein zementiertes Bassin - Dingihafen und Schwimmbecken gleichermaßen. Wir machten das Dingi an einem Mauerring fest und stiegen an Land.

In einiger Entfernung wühlte ein alter Bagger ein breites Loch in den Strand. Als wir näherkamen, verharrte die Maschine und verstummte. Ein grauhaariger, braungebrannter Weißer in Shorts stieg aus und ging uns über den kurzen, hartstengeligen Rasen entgegen.

Es war Herr Eckard, der Hotelier.

»Ich baggere gerade das Becken für die künftige Marina. Kommen Sie, wir nehmen einen Drink.«

Unter dem Blechdach der zum Wasser offenen Restaurantbar mixte Herr Eckard drei milchfarbene Cocktails.

»*Sunshine Village Spezial*. Der erste Drink geht auf Kosten des Hauses.«

Wir probierten - hervorragend! Den Hauptbestandteil machte der weiße Saft einer süß-säuerlichen hiesigen Frucht aus - leider habe ich den Namen vergessen - und natürlich Rhum.

Der Sonnenuntergang malte den Himmel rot, orange und türkis. Die Ränder der schwarzen Wolken gleißten golden. Der Innenraum der Bar glühte.

Zwei Gästepaare traten ein.

»Toller Sonnenuntergang!« dröhnte ein jovialer Rheinländer. »Sowat jibbet nich zu Hause.«

»Typischer Hurrikanhimmel«, meinte Herr Eckard trocken und lächelte leise.

Alarmiert blickten ihn Christine und ich an.

»Wir hoffen ja immer noch mal auf einen richtigen Hurrikan, Herr Eckard«, plapperte eine vollschlanke Dame.

»Zu dieser Jahreszeit werden Sie wenig Glück haben, fürchte ich«, klang ihr Gastgeber bedauernd, »obwohl man nie sicher sein kann. - Sie haben die Wracks gesehen?«

Die Leutchen nickten hoffnungsfroh.

»Die Hurrikanernte der letzten Jahre. Das Boot gleich hier vorne war meines. Ich hoffe, daß ich irgendwann Zeit finde, es wieder flott zu machen.«

»Ach ja, das wär schön! Dann könnten wir das nächste Mal bootfahren.«

Eine schwarze Kellnerin führte die beiden Paare zu einem Tisch. Ein Kollege fuhr einen Servierwagen herein, auf dem Fleischspieße brutzelten.

»Es wäre unklug, meinen Gästen zu erzählen, daß bei dem letzten schweren Hurrikan die Landzunge, auf der ihr Bungalow steht, von meterhohen Brechern überspült wurde«, erklärte Herr Eckard halblaut.

»Aber warum bauen Sie dann gerade hier ein Hotel?«

»Das einzige Land, das ich als Ausländer bekommen konnte. Und wenn man damit rechnet, daß die Insel nur alle 30 Jahre so verwüstet wird, habe ich noch 20 Jahre, um mich zu etablieren - und an Hilton zu verkaufen.«

Dabei sah er uns verschmitzt aus blauen Augen an.

»Den SEEADLER habe ich selbst von Bremerhaven hergefahren - voll mit Zement, Mischer, dem Bagger und so weiter. - Hab´ mir damals in Italien ein Offshore-Patent gekauft. Mußte nur meinen C-Schein hinlegen und genügend Lire.

Bin früher Autohändler gewesen, große Vertretung in München. Bis ich gemerkt habe, worauf es ankommt. So wie Ihr wohl auch.«

Es wurde ein interessanter Abend.

Das Seegespenst

Bevor wir aufbrachen, kamen wir noch auf die Jungen in den Ruderbooten zu sprechen.

»Bestellt eine Fahrt zum Indian River. Dann habt ihr Ruhe. Außerdem ist die Tour sehenswert.«

Als wir hinaustraten, war der Nachthimmel in zwei Hälften geteilt. Aus der oberen Hälfte funkelte diamantener Sternenstaub; die untere war eine dunkle, kompakte Masse aus Wolken und Bergen, aus der es immer wieder flackerte.

Auf der anderen Seite der Bucht lag der Bananendampfer in Licht getaucht. Und ich sah, daß die Nachtwächter Sonnenbrenner auch über die Seiten und über die Ankerkette gehängt hatten. Aus der Fahrt wußte ich, daß man damit heimliche Enterversuche verhindern wollte. Hatte Portsmouth einen so schlechten Ruf?

Draußen brannte unsere Ankerlampe als winziger Lichtpunkt. Meerleuchtende Strudel wirbelten achteraus, als ich zügig darauf zupullte. Ein paar Bootslängen vor dem Kutter hielt ich inne und ließ das Dingi leise auslaufen. Schweigend sicherten wir zur FIRECREST. Gegen die fernen Lichter des Bananendampfers lag der Schattenriß des Kutters still und reglos mit seiner üblichen leichten Schlagseite nach Steuerbord auf dem schwarzen Wasserspiegel. Ein fremdes Boot längsseit hätten wir gesehen.

Ich wollte gerade wieder anrudern, als ich zusammenfuhr und regungslos verharrte. Träge schob sich der meerleuchtende Schemen eines großen Haies unter dem Dingi hindurch. Er schien so breit wie das Boot zu sein. Starr saß Christine auf der Kante ihrer Ducht und hielt meine Knie mit harten Fingern. Kaum atmeten wir, bis sich die Erscheinung verflüchtigt hatte.

Deutlich erinnerte ich mich an meinen Tauchgang auf der Moillage des Flamands. Mir war, als hätten wir eben Besuch bekommen. Bedächtig, ja höflich, zog ich die Riemenblätter durchs Wasser, bis wir den Kutter erreicht hatten.

Die Luken beim Schlafen wegen der Sicherheit zu verschließen, daran war bei dem Klima nicht zu denken. Deshalb schlief ich leichter als vor Martinique und war schon wach, als die erste Bö noch durch die Uferpalmen fetzte. Es rauschte im Geäst, dumpf trommelten reife Kokosnüsse auf die Erde, und in derselben Sekunde dachte ich an Herrn Eckards Bemerkung über den »typischen Hurrikanhimmel«. Dann legte sich FIRECREST unter Wantenheulen über. Ein erschrockener Ruf kam aus der Koje meiner Gefährtin, die Ankerkette knackte und rumpelte, und der Kutter schwoite in den Wind. Regen prasselte.

Erleichtert sah ich, daß der Wind von Land kam. Und das Barometer stand auf 1018 Millibar, steigend, wie es dem Tagesrhythmus der Tropen entsprach. Ich wartete ein paar Schwois ab, spürte, daß der Anker gut hielt und kroch beruhigt wieder unter die Decke.

Frühmorgens hingen die Wolken tief und regengrau über der Bucht. Böen huschten über das Wasser. Ich drehte den lokalen Sender herein, doch auch *Radio Antilles* wußte nichts von einer Passatstörung.

Das trübe Wetter animierte zum Arbeiten. Nach dem Frühstück setzte ich mich an die Schreibmaschine, während Christine sich in der Küche mit Mehl bestäubte. Das hiesige Weißbrot hatte sie derart schockiert, daß sie jetzt Ernst machte mit ihrer lange gehegten Absicht, selber Brot zu backen.

Da brach die Sonne durch und füllte die Kajüte mit goldenem Licht. Schnell wurde es warm, und wir rissen alle Luken auf. Hähne krähten, Kinderstimmen schallten vom Strand, und kleine Windwellen plätscherten gegen den Rumpf. In den goldgrün strahlenden Palmwipfeln rauschte der Passat, und sahnige Cumuluswolken quollen über sattgrünen Dschungelbergen. Es roch nach feinem Holzrauch, feuchter, warmer Erde und Vanille.

Natürlich kreuzten bald wieder ausgeruhte Boatboys auf. Neue Yachten waren eingelaufen, und es gab zu tun. Auch Raimond erschien mit einem Ruderboot.

Also gut, übermorgen Indian River. Ja, nur mit dir und Bertrand, keine Sorge. Und sonst brauchen wir nichts, vielen Dank. So, jetzt müssen wir arbeiten, good bye!

Wirklich wurden wir nun in Ruhe gelassen. Nach den hiesigen Spielregeln hatte Raimond die Ausbeutungsrechte an uns erworben. Zwar fanden noch gelegentlich kleine Abwerbungsversuche statt: »Hey, Skipper, hey, Ma´am! ...« Aber die jungen Männer in den grob gezimmerten Booten gaben sich gleich zufrieden, wenn wir sagten, daß schon Raimond in unseren Diensten stünde und wir bei ihm auch die Flußfahrt bestellt hätten.

»No problem, skipper! No problem, man!« antworteten sie dann mit zähnefletschendem Grinsen. »Have a nice day, Skipper! Have a nice day, Ma´am!«

Anstatt herumzulungern, verkauften die Boys, was die Gärten ihrer Verwandten hervorbrachten und trugen zu deren Unterhalt bei. Vermutlich erzogen sie sich dabei gegenseitig zur Ehrlichkeit. Andernfalls wäre der Ankerplatz schnell in Verruf geraten. Daher deutete ich Raimonds Frage, ob wir auch immer alle Luken abschließen würden, weniger als List, sondern als natürliche Sorge um die Quelle seiner Einnahmen.

Give me jelly!

Es hält mich nicht mehr an der Schreibmaschine.

Ich stehe an Deck und atme die würzige Treibhausluft. Das Licht hier ist kompakter, die Farben sind satter, die Schatten dunkler als in Martinique.

Bei den neu eingetroffenen Yachten dümpeln geschäftig die Ruderboote. Am schwarzsandigen Strand haben sich Familien und Gruppen junger Leute niedergelassen, baden und verbreiten mit Gelächter, Kindergeschrei und dudelnden Ghettoblastern Wochenendstimmung. Richtig - es ist ja Sonnabend.

Auf der anderen Seite der Bucht schiebt ein Qualmwolken puffender, kleiner Schlepper Bananenbarguen zu dem norwegischen Dampfer.

Nachmittags kommt eine Gruppe junger Mädchen herausgeschwommen. Lachend und spritzend halten sie sich an der Aries fest und fragen neugierig nach Woher und Wohin. Ich sehe die jungen Körper in den strammen Badeanzügen und denke an unsere nächtliche Begegnung.

»Habt ihr keine Angst vor Haifischen?«

Juchzen und Gelächter.

»Heute Nacht war einer hier - ein großer!«

Eine taucht und zieht eine andere am Bein. - Großes Gekreische.

»Hier gibt es keine Haifische!« lachen sie.

»Give me jelly!« bettelt eine und deutet auf unsere Kokosnüsse auf dem Kajütsdach.

»What kind of jelly do you mean?«

Die Mädchen gehen fast unter vor Lachen.

Sie fragen, ob sie an Bord kommen dürfen. Da sitzen sie dann an Deck und sind plötzlich ganz schüchtern. Einige sind hübsch mit langen Beinen und Körpern wie Eieruhren.

Christine verteilt Kekse und Biskuits. Neugierig lugen die Mädchen den Niedergang hinab. Als sie etwas abgetropft sind, dürfen sie sich unter Deck umsehen. Am meisten scheinen sie von den vielen Büchern beeindruckt zu sein und von der winzigen Küche mit dem Holzofen aus Edelstahl.

Als sie uns wieder verlassen, springen die einen mit großem Klatschen ins Wasser, die anderen steigen vorsichtig und sehr weiblich über die Badeleiter. Dabei überkommt mich wieder ein ungutes Gefühl. Erst als ich alle sicher ans Ufer waten sehe, bin ich beruhigt.

In der Ferne lichtet der Bananendampfer Anker. Anhaltend dröhnt das Typhon, beantwortet vom kurzen, heiseren Pfeifen des kleinen Schleppers. Schwarz und geheimnisvoll stehen die Doppelkegel der Cabrits im Abendrot.

Vergessene Welt

Am nächsten Vormittag lassen wir das Dingi beim Hotel und wandern unter einem grünen Baldachin am Ufer entlang zu den Cabrits. Der Pfad endet in einer Bucht. Von hier führt ein ausgeschwemmter Hohlweg in das Tal zwischen den beiden Bergkegeln.

Über unseren Köpfen verflechten sich Äste, Blattstauden und Palmwedel zu einem grünen Gewölbe. Die feuchte Luft riecht wie Treibhaus. Seltsame Geräusche begleiten uns - klopfend, knackend, kreischend, zwitschernd, nie aus der Nähe, doch aus gleichbleibender mittlerer Entfernung. Immer wieder huschen Schatten durch die Augenwinkel. Doch wenn wir hinsehen, ist dort nichts. Da verharren wir: Im Sand zwischen den Kieseln ist ein Abdruck wie von magerer Kinderhand - eine Kinderhand mit zentimeterlangen Fingerkrallen.

Hand in Hand wie Hänsel und Gretel gehen wir weiter durch den grünen Tunnel. Dann stehen wir vor einem Tor zwischen moosgrünen, von Dschungel überwachsenen Festungsmauern. Sie gehören zu dem alten Fort Shirley, das im Reiseführer erwähnt wird. Hier hatte einst Lord Nelson als Kapitän der HMS BOREA Station gemacht.

Eine offenbar kürzlich von Vegetation befreite Kopfsteinstraße führte steil nach oben auf die Wälle. Zum Teil war die Anlage gut erhalten. An anderen Stellen waren Mauerabschnitte - vielleicht bei Erdbeben - zu Tal gerutscht. Mächtige eiserne Kanonenrohre lagen umher. Einige standen noch, oder wieder, in ihren gußeisernen Lafetten - 36- oder 40-Pfünder, wenn ich meinen *Hornblower* richtig gelesen hatte. Überall flitzten grüne Eidechsen.

Auf der Mauer im Schatten eines wilden Gummibaumes packten wir unser zweites Frühstück aus. Unter uns breitete sich die ganze Prince Rupert Bay.

Da wieder eine Bewegung im Augenwinkel! Ich wende mich um und schrecke zusammen. Mitten auf dem sonnengrellen Exerzierplatz steht auf krummen, muskulösen Beinen ein - ja, ein kleiner Saurier!

Schwarzgrün, den breiten, krötenflachen Kopf uns zugewandt, starrt er aus gelben Augen. Noch zuckend, hängen aus seinem geschlossenen Rachen Füße und Schwanz einer großen Eidechse. Hinter mir spüre ich, wie auch Christine die Luft anhält.

Noch einige Sekunden sichert der Waran zu uns herüber, dann macht er sich mit elastischen Schritten davon und poltert über die Trümmer des abgerutschten Walles hinab ins Unterholz. Und da unten steht noch eine Echse - etwas heller und schlanker, aber von gleicher Art - und blickt uns unverwandt an. Als gäbe es keine Menschen mehr, und die Zeit würde sich langsam zurückdrehen.

Von der Festung führt ein steiler Serpentinenpfad weiter hinauf zum Gipfel des West Cabrit. 190 Meter über dem Meer betreten wir eine befestigte Plattform. Über rostige alte Geschütze hinweg schweift der Blick bis zu den französischen Iles des Saintes und weiter zu den fernen Umrissen von Guadeloupe.

Zurück an Bord, sprang ich als erstes ins Wasser. Dabei dachte ich wohl noch an das Seegespenst, aber mehr noch an die unbekümmert badenden schwarzen Mädchen.

Ich sah mir den Anker an, der sich tief in den Sand gegraben hatte und schnorchelte dann zum Strand. Dort zog ich die Schwimmflossen aus und wanderte unter den Palmen Richtung Portsmouth.

Zwei junge Männer begegnen mir, ich grüße. Schweigend blicken sie an mir vorbei.

Ich komme zu dem zwischen den Palmen herausragenden Segelschiffsheck. Jetzt sehe ich, daß das Fahrzeug noch nie im Wasser war: ein Neubau in knöchelhoher Streu von Hobelspänen.

Bedächtig hackt ein alter Mann mit einem Breitbeil an einem mahagonifarbenen Vierkant. Ich grüße, und sehr höflich wünscht er einen guten Tag. Bald sind wir in einem respektvollen Gespräch über Bootsbau und die Güte von Hölzern.

»Have a nice Sunday, Sir!« verabschiede ich mich mit dem Respekt, den man einem alten Bootsbaumeister schuldet.

Ich gehe weiter. Unter Palmen die ersten Hütten und Häuser von Portsmouth - ärmlich, verwahrlost. Es riecht nach Kacke. Auf dem Strand verkommen Boote. Ein paar Stunden Arbeit, und sie wären wieder in Ordnung. So aber werden sie bald auseinanderfallen.

Ein Fischer zupft Algen und Unrat aus einem Netz. Ich grüße. Starr blickt er durch mich hindurch.

Eine Frau trägt einen Korb voller Muscheln. Sie ignoriert mich, als müsse sie mir etwas übelnehmen.

Ich wate ins Wasser, ziehe die Schwimmflossen an und schnorchele hinaus aufs Wasser, zurück zur FIRECREST.

»Hey, Skipper! Happy Sunday, man!« preit mich ein junger Mann aus einem Ruderboot an. »Like some fruit? Very cheap, man!«

Indian River

Nach dem Frühstück erscheinen Raimond und Bertrand mit einem großen Ruderboot. Neugierig steigen wir ein, Christine vorn, ich hinten.

Obwohl Bertrand viel größer und stärker ist, macht Raimond den Schlagmann und gibt die Kommandos. Zügig gleiten wir die Wasserfront von Portsmouth entlang. Hoch ragt das Wrack vor der Hafenverwaltung, dann kommen die Trümmer, die im Seehandbuch noch als Anleger und Bunkerpier beschrieben werden. Dahinter mündet der Fluß.

Buntbemalte Frachtschoner liegen hier im Päckchen, und gegenüber am Flußufer hängen wieder zwei bis auf die Außenhaut ausgeschlachtete Wracks.

Von einer stählernen Hängebrücke blickt eine Gruppe junger Männer und Frauen düster auf uns herab. Dahinter beginnt die Wildnis. Tennisplatzbreit windet sich der Indian River durch eine mit Schilf, Mangroven und Bambus bewachsene Niederung. Jenseits der Schilfufer steht junger Urwald, hohe dünne Stämme mit dichten Kronen, von Lianen verfilzt.

Der Fluß wird schmaler, und die Waldränder rücken zusammen. Bald rudern die Jungen zwischen mangrovenverstrickten Ufern gegen die Strömung. Hier und da deuten Stromwirbel Unterwasserhindernisse an, die Raimond geschickt umsteuert. Konzentriert ist er bei der Sache.

An einer Stelle wird der Fluß von umgesunkenen Betonquadern eingeengt. Den eisernen Trägern nach waren es einmal Brückenpfeiler. Wenn ich Raimond richtig verstehe, hat hier einst Hurrikan *Harry* seine Spuren hinterlassen.

Im Kampf ums Licht ranken Philodendren an den Stämmen schlanker Brettwurzelbäume empor. Sonnenstrahlen fallen durch die Wipfel wie durch Kirchenfenster. Christine blickt nach oben, gleichsam in Trance. Im Gewirr der Epiphyten und Lianen hängt eine Kolonie von weißlila Blüten mit stark kontrastierenden roten Lippen - Orchideen! Schweigend sehen wir uns über die Bootslänge hinweg an, blicken wieder hinauf.

Eingeengt zwischen Brettwurzeln, beginnt der Fluß schneller zu strömen. Zuweilen rutscht der Boden des Bootes dumpf über Wurzelarme.

Dann endet der befahrbare Teil des Indian River in einer Art Bassin. Eine querliegende Baumleiche verhindert die Weiterfahrt. Die Jungen baden zur Erfrischung. Das Wasser erscheint sauber und verlockt, aber wir Weißen haben zu viel Angst vor Erregern und Gewürm.

Nach kurzer Rast machen wir uns auf den Heimweg. Als der Fluß das dichte Blätterdach verläßt, quellen mächtige Cumuluswolken am Himmel mit tiefblauen Schatten.

Nach der Rückkehr zur FIRECREST gab es unter den Boatboys ein kleines Drama. Raimond hatte sich das Ruderboot offenbar ausgeliehen, ohne den Eigner zu fragen. Der muskulöse junge Mann paßte Raimond am Strande ab, ein kurzes Handgemenge, und die 30 Inseldollar Lohn hatten ihren Besitzer gewechselt.

Mir blieb nur, dem brutalen Burschen später die Meinung zu sagen: Es gäbe auch andere Möglichkeiten, zu seinem Recht zu kommen. Er blickte mich, den ahnungslosen Weißen, der von seiner Welt nichts verstand, nur abwesend an.

Gewitterbö

Am Nachmittag läuft ein kleiner Frachtsegler ein, eine Gaffelslup, deren grobe hölzerne Bauart in seltsamem Kontrast zu ihren eleganten Linien einer amerikanischen Yacht der Jahrhundertwende steht. Mit dem Klipperbug, dem schlanken Heck, dem schräg nach achtern fallenden Mast und dem langen Klüverbaum scheint es derselbe Bootstyp zu sein, der gerade gegenüber unter den Palmen gebaut wird - vielleicht 15 Meter lang, vier Meter breit, klares Deck, Frachtluke, hinten eine kleine Kajüte, kräftige Pinne, ganz in Weiß.

Motorlos kreuzt der Segler in langen Schlägen in die Bucht. Eine Flagge ist nicht zu sehen.

Ganz in unserer Nähe geht das Fahrzeug in den Wind. Während das große Gaffelsegel sich an Deck faltet und das Fahrzeug noch Fahrt voraus macht, fällt ein monströser Stockanker, zusammen mit einem Wuling von Kette und Tauwerk. Von der Sekunde an sorgt die Slup für sich selbst.

Die kleine Behördenbarkasse kommt, später ein großer Prahm mit Außenborder. Kisten und Kartons werden in den Prahm gelöscht. Woher kommt der Segler? Antigua, Guadelupe, Trinidad? Daß es so kleine Frachtsegler ohne Motor noch gibt - und sogar Neubauten!

Inzwischen sind die Cumuluswolken zu schwefelgelben Türmen angeschwollen. Mit blauschwarzen Unterseiten hängen sie über den Bergen und versperren dem Passat den Weg. Träge schwappt die Bucht in der Flaute, es ist schwül. Papageien zetern in einem rotblühenden Flamboyandbaum, dann ist es wieder still. Umso deutlicher poltert es aus den Bergen. Als die Sonne hinter den Wolken verschwindet, sinkt die Bucht in gelbes Zwielicht.

Wir haben das Sonnensegel abgetakelt und das Dingi an Deck gelascht. Aus seiner täglichen Standardkurve ist das Barometer plötzlich um ein Millibar nach unten gesprungen. Da hat der Skipper sturm- und seeklar befohlen.

Für den Fall, daß wir hier wegmüssen, sind die Segel tief gerefft, aber noch eng aufgetucht. Zusätzliche Kettenlänge ist gesteckt. Alles ist klar, um jederzeit ankerauf zu gehen oder den Anker zu slippen.

Dann ist ein Teil von Portsmouth plötzlich hinter einer grauen Wand verschwunden. Die Wand zieht näher. An ihrem Fuße scheinen sich die Häuser, die Bäume und der Strand geheimnisvoll aufzulösen, werden durchscheinend und sind dann fort.

Nun erreicht die Regenwand die Reede. Eine Yacht nach der anderen verschwimmt hinter einer schäumenden Linie, zuletzt der kleine Frachtsegler - alles ohne einen Hauch. Plötzlich steht ein breiter Blitz im Wasser, gefolgt von einem Krachen wie der Breitseite eines Linienschiffes.

Die ersten talergroßen Tropfen fallen, und wir flüchten unter Deck. Dann ist alles dröhnendes Rauschen und Gurgeln, und nun mischt sich ein Heulen hinein, die Kajüte neigt sich, daß wir gegeneinander stolpern, es gibt einen Ruck, und wir spüren, wie FIRECREST sich in den Wind dreht. - Wir atmen auf: Wieder kommt die Bö von Land!

Die Kajüte ist in bläuliches Flackern getaucht, dazu peitschendes Knallen, Krachen und Gepolter. Unter der Sprayhood heraus sehen wir den Regen waagerecht durch die Luft fliegen, abgerissene Blätter - und da ein kleiner grüner Papagei, den es wohl aus seinem Unterschlupf gefegt hat. Heftig flatternd, verschwindet er achteraus in Richtung der verwaschenen Umrisse der Cabrits. Ich denke, er wird es schaffen.

Eine halbe Stunde später ist alles vorüber. Die Schauer sinken über den Bergflanken zusammen, und kühle Fallwinde fächeln über den Ankerplatz. Die tiefstehende Sonne wirft einen doppelten Regenbogen über den dampfenden Urwald. In Minutenschnelle sind die Decks wieder getrocknet, und Flautenfelder breiten sich aus. Das Barometer benimmt sich wieder normal.

Kurz darauf verschwindet die Sonne friedlich und unspektakulär hinter der westlichen Erdkrümmung und schaltet das Tageslicht hinter sich aus.

Wir rudern zum Hotel. Das Dingibassin ist voller Boote, und in der Bar herrscht Hochbetrieb. Herr Eckard steht in einer Gruppe von Yachties, und hinterm Tresen mixt ein schwarzer Barkeeper mehrere Sunshine-Village-Spezial.

»Erschossen... vergewaltigt... Todesurteil«, hören wir aus dem Stimmengewirr. Wir erfahren, daß heute in der Hauptstadt Roseau die Verhandlung eröffnet wird wegen jenes Mordes hier auf Reede vor einigen Wochen.

Den Erzählungen nach saßen zwei Boatboys abends bei einem Yachtpärchen an Bord. Dabei hatte der Eigner ihnen wohl seinen Revolver gezeigt, den sie ihm dann abnahmen. Sie vergewaltigten seine Gefährtin, erschossen ihn, raubten Geld und flohen.

Nachdenklich hörten wir, wie die alten Karibik-Yachties ihr Urteil fällten: Todesstrafe! Dann würde eine Zeitlang Ruhe einkehren. Aus der Mehrheit der Bevölkerung und dem Ministerium für Handel und Tourismus verlauteten angeblich die gleichen Stimmen.

Uns berührte, wie niedrig die Schwelle zu sein schien zwischen herzlichem Einvernehmen mit den Boatboys und diesem Ausbruch von Gewalt.

Doch der Grund unseres Besuches war ein anderer: Meine Gefährtin hatte mich wieder zu einer Exkursion überredet. - Ob Herr Eckard uns einen Mietwagen besorgen könne?

Kein Problem, meinte er, und griff zum Telefon.

Ins Hochland

Um 08.00 Uhr morgens bin ich wieder im Gebäude der Hafenverwaltung. Derselbe Polizeibeamte, der uns einklariert hatte, stellt mir für 20 Inseldollar einen hiesigen Führerschein aus. Auf der Rückseite des Dokumentes steht, daß zur Erlangung des Führerscheines eine Prüfung abgelegt werden muß.

Vor dem Gebäude wartet schon der Vermieter mit einem neuen japanischen Wagen. Wir laden Picknickkorb und Wandertasche ein, und die Insel gehört uns.

Aber wohin? Auf unserer Seekarte sind nur küstennahe Straßen verzeichnet.

In einem uralten Holzhaus gibt es einen Papierwarenladen. Die grauhaarige Inhaberin schließt gerade auf. Sie dreht einen bleistiftlangen Schlüssel in einem handgeschmiedeten Vorhängeschloß, das noch aus Fort Shirley zu stammen scheint.

Ja, sie führt eine Landkarte - die einzige, die es von der Insel gibt, bedauert sie mit feinem Lächeln. Der kultivierte Eindruck der schlanken alten Negerdame steht in seltsamem Kontrast zu ihrem Wohnort. Neben Zeitschriften, Postkarten, Papier und Schreibwaren gibt es Regale voller zerlesener Bücher. Sie scheint auch eine Leihbücherei zu betreiben. Und neben einer Schreibmaschine steht auf einem Schild: »Briefeschreiben: 1 Dollar pro Seite.«

Als ich mich ans Steuer setze, sind Lenkrad und Armaturen auf der falschen Seite. Nun wird mir erst bewußt, daß auf der Insel Linksverkehr herrscht. Gilt dann auch links vor rechts? Als mir diese Frage einfällt, haben wir Portsmouth bereits verlassen. Und die Beobachtung der wenigen Autos, die uns auf der schmalen Teerpiste begegnen, hilft auch nicht weiter. Was soll´s...

Zwischen verstreuten Weilern führt die Straße bergan. Gleich neben dem Asphalt wuchern üppige Bananenfelder. Die prallen grünen Stauden stehen kurz vor der Ernte. Weithin ist der Boden mit Fetzen blauer Plastiksäcke bedeckt, in denen die Stauden nach dem Schnitt transportiert werden.

Dörfer und Pflanzungen sehen wir nur in der Nähe der Straße. Die Flanken der Urwaldberge erscheinen gänzlich unberührt, keine Anzeichen von Siedlungen oder Rodungen.

Die Straße überquert einen niedrigen Paß, und plötzlich riecht es nach Kokos und Meer. Da weitet sich der Blick hinter einer Kurve auf den dunkelblauen, schaumgekrönten Atlantik. Unter uns liegt ein Tal mit Hunderttausenden von Kokospalmen. Es sind nicht die alten, hohen Bäume, die wir vom Strand her kennen, sondern junge Bestände, fünf bis zehn Meter hoch, Baum an Baum, bereits schwer mit Nüssen beladen, Hunderte pro Palme mögen es sein.

Die Straße windet sich hinunter zur Küste und biegt nach Süden. Frischer Passat drückt durch die Seitenfenster, Dörfer liegen unter rauschenden Palmen im Seewind. Die Farben der Holzhäuser sind salzverwittert, und auch hier blicken die Menschen finster. Ein junger Mann spuckt uns, als wir an ihm vorbeifahren, auf die Windschutzscheibe.

Hinter einem kleinen Küstendorf endet die Straße an einer verlassenen Baustelle: Umleitung! Eine provisorische Stahlbrücke überquert die Sandbänke einer Flußmündung, im Flußbett die zerbrochenen Segmente der alten Zementbrücke und, wie zusammengeworfene Kegel, die Ziersäulen ihrer einstigen Balustrade. Die Hurrikane arbeiten hier schneller, als die Menschen reparieren können - und wollen? Neben der Absperrung versinken Bagger und Straßenwalze langsam im Treibsand.

Die schmale Asphaltstraße schraubt sich nun wieder die Bergflanken hoch und ins Innere der Insel. Die Kokospflanzungen bleiben zurück. Farnbäume wachsen die Hänge hinauf, und auf den Ästen freistehender Baumriesen sitzen Bromelien, für die eine Badewanne als Blumentopf nicht reichen würde.

Gott hat es gefallen

Atemberaubende Serpentinen und keine Leitplanken, die den Blick senkrecht am Kotflügel vorbei auf den Teppich aus dunkelgrünen Baumwipfeln aufhalten. Ein uralter Autobus kommt uns entgegen, mehr Rost als Farbe. Wie eine heisere Hupe kreischen seine Bremsen vor jeder Kurve.

Dann biegt die Straße über einen Sattel in ein zerklüftetes Hochland. Hochstämmiger Urwald wächst über der Fahrbahn zusammen. Ich suche den Schalter für das Abblendlicht. Wir fahren wie im Mittelschiff einer gotischen Kathedrale, in der Ferne ein hohes, goldenes Licht wie eine Verheißung. Das Licht wird blau und größer, und wir fahren hinaus in strahlenden Sonnenschein. Auf einem Plateau liegt eine Pflanzung mit Bananenstauden, Orangenbäumen und Kaffeesträuchern.

Da tut die Freundin einen überraschten Ausruf, und ich trete auf die Bremse: 50 Meter neben der Straße liegt ein frisches Flugzeugwrack!

Als wir alarmiert neben dem zerstörten Rumpf stehen, sehen wir, daß das Unglück schon einige Tage her ist. Wo das Flugzeug eine

Schneise durch die Pflanzung gefegt hat, sind die Bruchstellen der Zweige und Äste schon braun getrocknet. Es ist ein landwirtschaftliches Sprühflugzeug. Der Sternmotor mit dem großen Metallpropeller hat sich tief in die rote Erde gewühlt. Als ich aufschaue, blicke ich in das freundliche Gesicht eines schwarzen Mannes mit Schubkarre.

»Wir dachten, es wäre gerade abgestürzt.«

Der Mann lächelt und schüttelt den Kopf.

»Schon vorige Woche. Der Pilot hat Glück gehabt.«

»Wollte er die Pflanzung besprühen?«

Er nickt. »Gott will nicht, daß ich mit Gift arbeite.«

So ist der Mann wohl der Besitzer der Pflanzung.

»Hätten Sie vielleicht Kokosnüsse?« fragt Christine.

Wir setzen mit dem Wagen ein Stück zurück und fahren auf einem Feldweg zwischen Bananen und Mais zu einer kleinen Farm. Die hölzernen Gebäude sind weiß gestrichen, und auf der Veranda steht eine schwarze Frau mit scheu lachenden Kindern.

Der Farmer führt uns über sein Anwesen, ein üppiges Paradies. Wir probieren Avocados, Bananen, Lychee und andere köstliche Früchte. Manche haben wir nie vorher gesehen, geschweige denn gekostet. Doch auffällig viele Früchte liegen unter den Bäumen und Sträuchern und verfaulen. Es riecht nach alkoholischer Gärung.

»Der Markt in Roseau ist zu weit, und ich allein kann die Ernte nicht dorthin schaffen«, erklärt der Pflanzer resigniert. »Es gibt viele Arbeitslose dort, aber niemand will in die Berge fahren und den ganzen Tag arbeiten, nicht mal, wenn ich die Busfahrt bezahle.«

Und er zeigt auf einen Baum, der brechend voll ungewöhnlich großer Apfelsinen hängt.

»Meine Züchtung. Mein Leben lang habe ich damit experimentiert. Nun besitze ich mehrere Bäume, habe aber keinen Markt dafür.«

Er pflückt eine der vollreifen Früchte, bricht die mürbe Schale auseinander und reicht uns je eine Hälfte.

Als ich das saftige Fruchtfleisch voll herber Süße koste, habe ich für einen Augenblick die Vision von Christine und mir als Pflanzer auf einer fernen tropischen Insel.

»Eine Kreuzung zwischen Grapefruit und Orange«, erklärt der Farmer.

»Geht denn das?« staunt die Freundin.

»Gott hat es gefallen.«

Nachher saßen wir mit der Farmersfamilie auf der Veranda, genossen dickwandige Gläser voll frischgepreßter *grapeorange* und erzählten von unserer Reise.

Unsere Gastgeber schauderten, wenn sie an das Meer dachten, das sie nur als ferne blaue Fläche jenseits der Berge kannten. Hurrikan war ein Begriff, den sie damit verbanden. Und auch das Leben in Europa war nichts, was sie lockte.

»Mein Bruder war in England. Er war sehr unglücklich dort«, sagte die Frau.

»Gott hat uns dieses Land geschenkt«, stellte der Farmer fest und wiegte sein jüngstes Töchterchen auf den Knien. »So ein Geschenk weist man nicht von sich.«

Und beide sahen sich an und dann uns mit verhohlenem Mitleid. Nein, hier weckten wir keine falschen Sehnsüchte.

Mit dem Kofferraum voller Kokosnüsse, Pampelmusen-Orangen und verschiedenem Gemüse verabschiedeten wir uns.

Als die Pflanzung im Rückspiegel kleiner wurde, schien mir, als bliebe dort etwas Wichtiges zurück, das ich nicht fassen konnte. Christine mochte ähnlich empfinden. Lange sprachen wir nicht, bis wir an eine Abzweigung kamen. Der Karte nach führte sie über ein zerklüftetes Hochland und in vielen Serpentinen wieder hinunter an die Karibikküste, nach St. Joseph. Doch es gab keinen Wegweiser.

Im Straßengraben lagen Spanische Reiter, rotweiß gestreifte Latten und Sperrschilder. An der einsamen Bushaltestelle gegenüber wartete ein hochgewachsener Schwarzer mit einem Mattenbündel, aus dem der Griff eines Buschmessers ragte. Er schlenderte heran, lehnte sich an das Wagendach und blickte finster durchs offene Seitenfenster auf die Karte. Unwillkürlich zog meine Gefährtin sich den Rock tiefer über die Knie.

»Wir wollen nach St. Joseph. Geht es dort entlang?« Ich zeigte hinüber auf die Abzweigung.

Der Schwarze starrte mir ins Gesicht, dann fixierte er Christine.

»St. Joseph...« wiederholte er schließlich. Dann nickte er.

»Thank you very much!« bedankte sich die Gefährtin etwas heiser.

»Watch your way!« meinte der Mann dann rätselvoll.

»Ist die Straße gefährlich?«

Versonnen blickte der Schwarze in die Berge.

»Nein, die Straße ist gut«, antwortete er schließlich.

Mit einem Ruck richtete er sich auf und schlenderte zurück zur Haltestelle.

Kurz hinter der Abzweigung lagen rotes Sägemehl auf dem Asphalt und im Graben zersägte Baumstämme und Geäst. Ein umgestürzter Baum war wohl der Grund der Sperre gewesen.

Blüten aus Tropenfernen

Unter einer schmalen Stahlbrücke liegt ein kleines Flußtal einladend in der Sonne. Wir parken und klettern die Böschung hinab. Das Bett aus rundgeschliffenen Felsblöcken, Kies und Sand führt zur Zeit wenig Wasser. Wir wandern ein Stück flußauf.

Zerborstenes Treibholz zeugt von reißendem Wildwasser bei Regenfällen. Aus den Wipfeln der Baumriesen fallen Strahlenbündel und spiegeln sich in Kolken und Teichen. Die grüngoldenen Lichthöfe staffeln sich flußauf und haben etwas Verlockendes. Immer weiter möchten wir ihnen folgen, wie in ein verwunschenes Reich.

Auf einem tischförmigen Felsen packen wir unsere Sandwiches aus. Die Kulisse wäre geeignet für einen Tarzan-Film. Weiße Lianen fallen wie Taue aus 30 Metern Höhe. Die Äste sind überwuchert mit zentnerschweren Bromelien und anderen Aufsitzerpflanzen. Ich habe gelesen, die Karibenindianer kennen über hundert verschiedene Bezeichnungen für Grün. Flöten, Schnarren und Kreischen tönt aus den Kronen, zuweilen ein Flattern und ein huschender Schatten.

In schwindelnder Höhe entdecken wir mehrere Nester von Orchideen: eines in Rosa, eines in Gelb-lila und ein anderes in Hellgrün mit brauner Zeichnung, dicht an dicht steht Blüte an Blüte.

Ich nippe am kalten Tee, und Christine lehnt gegen meine Schulter und mustert mit dem Fernglas die Wipfel. Auf den Knien hält sie unser zerlesenes Kultbuch *Blüten aus Tropenfernen*.

»Die da sieht aus wie *Stanhopea oculata* - aber die gibt´s nur in Mexico. Und die andere könnte *Odontoglossum grande* sein. Aber können die Samen aus Guatemala bis hierher wehen?«

»Vielleicht mit einem Wirbelsturm?«

»Die Schöne da ist jedenfalls eine *Cattleya*!« stellt die Kameradin begeistert fest.

Ich denke an den Onkel einer Freundin, der Orchideenjäger war. Wie hätte er wohl die Kostbarkeiten dort oben erreicht? Wäre er die Lianen hinaufgeklettert? Jetzt wünsche ich mir eine Kamera mit Teleobjektiv.

Beim Händewaschen im kristallklaren Flußwasser entdecken wir Flußkrebse. Sie sind dunkelgrün und orange gezeichnet und tragen winzige Scheren. Dann sehen wir im Ufersand wieder den Abdruck jener krallenbewehrten »Kinderhand«, wie am Fuße der Cabrits. Doch bei dieser läuft es mir über den Rücken. Sie entspricht mehr der Hand eines Erwachsenen.

An einem Paß überqueren wir die Wasserscheide. Der Urwald lichtet sich. Hartlaubbäume, Agaven und Kakteen bedecken die steinigen Hänge. Nur tief in den Tälern hält sich noch Regenwald.

Nun wird die Straße sehr schlecht. Im ersten Gang lenke ich den ächzenden Wagen um tiefe Löcher. Diesen Abschnitt hätte uns der Vermieter sicher verboten.

Wir rasten ein bißchen, und Christine liest aus dem GEO-Heft vor. Einen kochenden Kratersee gibt es auf der Insel und andere Sehenswürdigkeiten, die wir heute kaum noch schaffen werden. Da bricht die Stimme der Freundin ab.

»Lies mal!« flüstert sie tonlos und blickt hinter mir die Straße entlang, so daß ich mich unwillkürlich umwende. Doch da ist nichts.

Ich nehme das Heft und lese, wo ihr Fingernagel das Papier eingedrückt hat.

»... flüchteten nach dem mißlungenen Staatsstreich in das unwegsame Bergland. Dort führen die versprengten Putschisten zur Zeit die Existenz einer Art Guerilla, die sich gelegentlich mit Überfällen oder Anschlägen auf die Infrastruktur in Erinnerung ruft.«

Die Kakteen und Sträucher, die verwitterte Straßendecke, das dichte

Blätterdach in der Tiefe, alles bekommt plötzlich eine neuartige Schärfe. Zikaden schrillen. Aus einem Feuerbaum explodiert kreischend ein Schwarm Amazonen.

»Erinnerst du dich, daß uns seit der Abzweigung noch kein Auto entgegengekommen ist?« Christines Stimme klingt heiser.

Den Blick im Rückspiegel, drehe ich den Zündschlüssel. Die nächsten Kilometer erscheinen endlos. Steil windet sich die Schlaglochstrecke enge Serpentinen hinab. Jetzt ein Hindernis, und wir dürfen den ganzen Weg im Rückwärtsgang zurückfahren.

Endlich zwischen den Bergflanken ein tiefblaues Dreieck: die Karibik! Hinter einer Biegung stehen wir plötzlich auf der Rückseite einer Straßensperre. Wir tragen sie zur Seite. Dahinter ist der Asphalt neu. Das Tal hinab staffeln sich Terrassen mit Bananenplantagen und großen Pflanzerhäusern, und in der Ferne viele Dächer und ein Kirchturm - das muß St. Joseph sein.

20 Minuten später sind wir auf der Küstenstraße. Vorbei an Kokoswäldern und Bambushainen, durch Haarnadelkurven und kleine Küstenorte mit Alleen von Königspalmen, dabei rußschleudernde Lastwagen rechts überholend, brausen wir Richtung Norden.

Dann tauchen hinter einer letzten Kurve die Doppelkegel der Cabrits auf, darunter die Prince Rupert Bay und klein in der Ferne Rumpf und Rigg der FIRECREST.

Von Dominica bis zu den Jungferninseln

Das steinerne Schiff

Fast in Leinenwurfweite ragt der Dampferbug über die ankernde FIRECREST. Senkrecht hängt die schwere Kette ins Hafenbecken, und unter der Kommandobrücke rekeln sich Bikinidamen in Liegestühlen. Trotz dieser Nachbarschaft brauchen wir nichts zu fürchten. Das Schiff besteht aus Steinen und Zement und ist eine Ferienvilla, mitten hineingebaut in die kleine Ankerbucht vor Bourg des Saintes, auf der Insel Terre de Haut.

Bourg erinnert an Monsieur Hulots beschauliches Seebad, das man nach Westindien verpflanzt hat. Schmale Sträßchen, bunte Holzhäuser mit Veranden und kleinen Vorgärten hinter frischgestrichenen Gartenzäunen. Es gibt kaum Autos - wo sollen sie auf den paar Hektar auch fahren?

Vor der feldsteingemauerten Gendarmerie steht eine alte Kanone, die zwischen dem Denkmal und dem Fähranleger hindurchzielt, dorthin, wo gerade der Hubschrauberträger JEANNE D´ARC vor Anker liegt.

Marineoffiziere in weißen Tropenuniformen flanieren mit ihren kreolischen Freundinnen durch den winzigen Stadtpark. Über eine lange Holztreppe erreichen wir die Hügelkuppe oberhalb des Ortes. Hinter den Schattenrissen der Inseln Cabris und Terre de Bas verglimmt das Abendrot. Bevor die Tropennacht heranweht, erkennen wir im Südosten noch die Umrisse von Dominica. Dort gingen wir heute morgen unter Segel.

Tags zuvor schon hatten wir ausklariert. Nun verholten wir im ersten Morgenlicht vor die Stadt, und ich ruderte mit den leeren Kanistern zur Pier. Im Seehandbuch steht, daß die Bewohner der *Isles des Saintes*, unserer nächsten Etappe, ihr Wasser einführen müssen.

Ein schwarzer Beachcomber reichte mir den Wasserschlauch herunter und drehte den Hahn auf. Als die Kanister voll waren, wollte ich ihm einen Dollar geben. Zu meinem Erstaunen lehnte er ab:

»No, thank you, Sir! You where welcome.«

Unter Vollzeug zogen wir an den Cabrits vorbei, und bald lagen die dunkelgrünen Urwaldberge im Kielwasser. Mit Ostnordost 4 hatten wir den idealen Anlieger zu den Inseln der Heiligen.

Die Sonne brannte, Schönwetterwolken trieben, FIRECREST rauschte dahin über dünungsfreie weite See. Marie Galante und Guadeloupe brachen den Schwell. Wenn man von der leuchtenden Postkartenbläue absah, war es wie Ostsee im Hochsommer.

Und die Inseln, die wir ansteuerten, waren auch nicht größer als Lyö, Björnö und Avernakö - nur höher: ein versunkenes Vulkanmassiv, dessen Kraterränder bis 300 Meter aus der See gucken.

Der Karte nach reichte das tiefe Wasser überall bis ans Ufer. Trotzdem sah ich deutlich eine hellgrün leuchtende Stelle auf unserer Kurslinie. Doch das Riff lag zehn Meter tief. Aus dem Mast sah ich Korallen und Seegras durch das kristallklare Wasser so deutlich wie durch Luft. Fast schien es, als schwebte das Boot über die aus blauer Tiefe aufragenden Grate.

Die Inseln rückten näher. An ihren Hängen wuchsen trockenes Buschwerk, Kakteen und Agaven. Nur am Ufer sah man hier und da frisches Grün und ein paar Palmen.

Vom Gipfel der Insel Terre de Hout wehte eine gleichmäßige Rauchfahne in die Karibik. War der Vulkan etwa noch aktiv? Da erkannten wir durchs Glas einen Lastwagen, der eine steile Straße hinauffuhr, oberhalb der Rauchquelle anhielt - und dann seine Ladung der schwelenden Müllhalde hinzukippte.

Zwischen Cabris und Terre de Haut kreuzten wir in vielen geduldigen Schlägen gegen den Strom bis vor das kleine Bourg. Von der Reede sah der Ort aus wie eine Ansammlung von Puppenstuben mit Palmen.

In der Gendarmerie erhielten wir eine provisorische Aufenthaltserlaubnis. Da man nur auf Guadeloupe regulär einklarieren konnte, blieb die gelbe Flagge während unseres Aufenthaltes oben.

Als die Umrisse von Dominica im Dunkel verschwimmen und die ersten Sterne glitzern, steigen wir wieder hinab in den Ort. Sommerfriede liegt über den stillen Gassen mit den kleinen Holzhäusern hinter weißen Bretterzäunen. Müde von der Sonne und vom Segeln, schlendern wir zum Dingi.

Beachcomber

Am nächsten Morgen kauften wir als erstes frisches Meterbrot. Der Bäcker hatte auch Milch und eisgekühlte Butter, die wir gleich in ein mitgebrachtes nasses Handtuch einschlugen. Nach dem Frühstück setzten wir Segel und ankerten eine Stunde später in Lee der Nachbarinsel Cabris.

Der Anker lag auf acht Meter Sandgrund. Trotzdem waren es nur wenige Bootslängen zum Strand. Aber weiter draußen war es schon zu tief, um nach dem Anker noch tauchen zu können - und darauf wollte ich hier nicht verzichten.

Dem Seehandbuch nach sollte auf dem südlichen Gipfel ein nachts hell erleuchtetes Hotel stehen. Doch nichts davon war zu sehen - und auch nichts von der Landestelle eines Lepra-Krankenhauses. Bis zum Gipfel war die menschenleere Insel mit Buschwerk und halbhohem Trockenwald bedeckt. Am Strand standen ein paar struppige Palmen.

In ihrem Schatten tummelten sich zahlreiche verwilderte Hauskatzen. Doch sie schienen gut genährt, stocherten mit den Pfoten im nassen Sand und machten sich nichts daraus, wenn ihnen das Salzwasser um die Füße spülte. Als wir nachmittags an Land ruderten, liefen sie schnurrend hinter uns her, um zu schmusen.

Wir zogen das Dingi hoch auf den Strand und banden die Fangleine um eine Palme. Die Lehre von der Isla del Norte hatte ich nie vergessen. Und wenn es keine Möglichkeit zum Festmachen gab, banden wir den Dingianker an die Fangleine und drückten ihn neben das Boot in den Strand.

Über eine schon fast zugewachsene Straße erreichten wir den Gipfel. Dort fanden wir nur Grundmauern und über ein weites Areal verstreute Trümmer.

»Nichts mehr vom *Hotel Josephine*«, meinte Christine. Ihr frischgewaschenes Sommerkleid flatterte im Passat.

»Wir werden unseren Sundowner eben an Bord trinken«, tröstete ich. »Weißt du, an wen ich denke?«

»Nun?«

»An Herrn Eckard und seinen Zeitplan bis zum nächsten schweren Hurrikan.«

Dunkel lag die Silhouette des Lotsenkutters vor dem verglimmenden

Abendrot. Zurück am Strand, widerstanden wir nur schwer der Versuchung, ein paar der Muschikatzen mit an Bord zu nehmen. Enttäuscht sahen sie uns davonrudern.

Herrliches Tauchen am frühen Morgen. Die Sichtweite über dem hellen Sandgrund beträgt an die 30 Meter.

Neben einem einzelnen Korallenfelsen liegen wie sortiert große, schöne Schneckenhäuser. Verwundert will ich eines aufheben und fahre erschrocken zurück. Unter dem Felsen hat ein Krake sein Haus und beobachtet mich mißtrauisch mit gelben Katzenaugen. Mein Interesse für seine Muschelsammlung macht ihn wütend. Farbwellen huschen über Kopf und Tentakeln.

Um ihn in die Pfanne zu hauen, ist er mir zu sympathisch. Aber seine Strombus- und Konusschneckenhäuser gefallen mir sehr. Tapfer hält er seine Schätze fest, zuckt aber zurück, sobald seine Saugnäpfe die Haut meiner Finger berühren. Die eine Hälfte lasse ich ihm, die andere lege ich der verwunderten Freundin an Deck.

Dann untersuche ich ein seltsames Phänomen: Auf dem weißen Sand unter der FIRECREST liegen überall tassen- bis tellergroße gelbgraue Büschel herum - irgendein Seegras, denke ich. Doch als ich hinuntertauche, stelle ich fest, daß es Quallen sind, die mit den Tentakeln nach oben auf dem Grund liegen.

Sind sie krank? Vorsichtig berühre ich eine, doch sie brennt nicht. So nehme ich sie ein Stück mit hinauf, wo sie ganz normal wie eine Qualle schwimmt. Doch schnell kippt sie um und strebt wieder dem Grund zu, wo sie ihre vorherige Lage einnimmt und sich pulsierend gegen den Sand drückt. Die Quallen scheinen hier, Oberseite nach unten, das Leben von mobilen Seeanemonen zu führen. Ist es die Anpassung an strömungsreiche Gewässer? Die Bucht ist voll von ihnen.

Der Smutje soll frisches Gemüse haben. So verholen wir wieder zur Hauptinsel. Diesmal ankern wir am Strand vor dem Gemüsemarkt.

Das Dingi liegt hochgezogen zwischen Fischerbooten im Schatten der Palmen, und während Christine einkauft, liege ich relaxt wie ein Beachcomber auf den Duchten, blinzele gegen die Sonnenreflexe in den windrauschenden Wipfeln und lausche der Brandung und dem Stimmengewirr bei den Marktständen.

Als der Wind böig auffrischt und der Schwell ungemütlich wird, verholen wir wieder vor die steinerne Schiffsvilla. Hier liegen wir gut geschützt. Nur der Ankergrund ist schlecht: sechs Meter mit Felsen und losem Korallenkies. Ich trage den Anker zu einer Sandkuhle, wo ich ihn tief eingrabe.

Belegtes Ruder

Nach einer böigen Regennacht scheint am Morgen die Sonne. Der frische Südost braucht uns nicht lange zu bitten. Christine rudert noch einmal zum Bäcker. Wer weiß, wann wir wieder so gutes Baguette bekommen? Als sie wiederkommt, ist FIRECREST seeklar.

Wie so oft gehen wir unter Segeln ankerauf. Doch dieses Mal kommt es etwas anders.

Der Anker ist an Deck, die Segel haben Wind gefangen, FIRECREST fällt langsam ab, wie sie soll, und nimmt Fahrt auf. Noch habe ich das Rad kaum berührt. Doch jetzt da vorn die französische Yacht - ein bißchen backbord Ruder - he, blockiert! Sekunden, bevor ich in die Yacht hineinsegele, kann ich das Bändsel lösen, mit dem das Rad immer noch gesichert ist. Hart Ruder - und mit zwei Metern Abstand rutschen wir an der anderen Bordwand vorbei.

Freundlich, wenn auch etwas befremdet, winkt die frühstückende Familie herüber.

Raumschots schwingt sich FIRECREST dann hinaus in die Straße zwischen den Isles des Saintes und Guadeloupe. Ein langer Schlag nach Norden ist angesagt.

Als nächste Postadresse für unsere Freunde hatten wir Charlotte Amalie angegeben, die Hauptstadt der US-amerikanischen Jungferninseln. Aber bis dorthin lassen wir uns Zeit.

Mit Braßfahrt gischtet der Kutter nach Norden. Bei diesen Gelegenheiten pflegt der Skipper mit dem Zirkel über der Karte zu sinnieren und verschiedene Ankunftszeiten auszurechnen - zumeist ein müßiges Vorhaben.

In der Abdeckung von Guadeloupe laufen wir in ein Flautenloch. Nach einer Stunde entnervenden Dümpelns setzt unsteter Seewind ein. Schleppend arbeiten wir uns nordwärts. Prachtvoll geht die Sonne unter. Dann aus der Finsternis Schauerbö.

Es wird eine mühsame Nacht. Teils rauscht FIRECREST unter tiefgerefftem Groß, Fock und Klüver durch ruppige, meerleuchtende See, dann wieder muß Christine ans Ruder, während ich alle Lappen setze, damit das Boot bei Schwachwind und schauerlicher Kreuzsee ruhiger liegt. Dann aus schwarzem Nichts heulende Schauerbö. Und so weiter.

Der verlassene Planet

Bei Tagesanbruch stehen wir nördlich der britischen Kronkolonie Montserrat. Über zusammengefallenen Schauerwolken erhebt sich der Vulkan Soufriere, und im Gegenlicht der aufgehenden Sonne ragt der Felsen Redonda schroff aus der See.

Übernächtigt teilen wir uns die letzte Kokosnuß von Dominica. Der köstliche kühle Saft wirkt belebend wie ein magisches Getränk. Kaum treiben die leeren Schalen achteraus, meldet sich der Passat zurück. Beim Surfen über kristallene Wogenkämme ist die Nacht schnell vergessen.

Gegen Mittag stehen wir dicht westlich der Insel Nevis, ein hübscher Vulkankegel mit dichten Kokoswäldern am Nordufer. Gegenüber einer flachen Meerenge liegt die Nachbarinsel St. Christopher, auch St. Kitts genannt, mit dem Hauptort Basseterre. Dort müssen wir einklarieren. Aber bei diesem Südost steht dort übler Schwell, und außerdem haben wir noch keine Gastlandflagge.

So steuern wir die einsame *White House Bay* an, die steuerbords am Wege liegt und werfen dort erst einmal Anker. Noch zwei Yachten liegen in der Nähe. Kurzes Winken, dann kümmert man sich wieder um sich selbst. Hier zwischen den Inseln geht man unverbindlicher miteinander um als an den typischen Treffpunkten der »Hochseevögel«.

Eine wilde, baumlose Küste. In der Nähe halbversunken ein rostüberkrustetes Wrack, auf der Steilküste trockenes Buschwerk und Agaven mit baumhohen Fruchtständen voll gelber Blüten. Dahinter hebt sich windwogendes Grasland zu einem zentralen Hügel, auf dessen Kuppe helle Mauerreste schimmern.

Pelikane ziehen tief über das Wasser in die benachbarte Ballast Bay. Dort haben sie ihre Kolonie. Böen fallen von den steilen, baumlosen

Kegelbergen im Osten. Knackend und polternd zerrt der Kutter seine Kette auf dem Grund hin und her.

Die grünschattige Unterwasserwelt ist wenig einladend. Ich kontrolliere den Anker durch den Glasbodeneimer. In sieben Metern Tiefe hat er sich halb in den Sand gegraben, halb unter einen Korallenblock geklemmt. Fächerkorallen schwingen. Ich sehe nur wenige Fische.

Während die Kameradin Griespudding rührt, betrachte ich durch das Fernglas die Gastflagge der benachbarten Yacht und mache mit Buntstiften eine Skizze.

Von ein paar schon instinktsicheren Rundblicken abgesehen, schlafe ich nachher durch bis zum Morgen. Als ich aus der Luke schaue, flattert unsere frischgemalte Gastflagge von St. Kitts bereits in der Saling. Daneben weht die gelbe Flagge Q, denn wir haben ja noch nicht einklariert.

Nach zwei Tagen Regenwetter, einer schlaflosen Ankernacht im Schwell der Reede von Basseterre und einer unserer periodisch auftauchenden, blöden Dissonanzen werfen wir an derselben Stelle wieder Anker.

Die Einklarierung hatte Spaß gemacht. Eigentlich hätten wir ins Hafenbüro an Land gemußt. Aber die Behördenbarkasse kam gerade von einem Kreuzfahrtdampfer und ging anschließend bei uns längsseit. Sie war größer als unser Kutter. Plötzlich hatten wir die Kajüte gedrängt voll amüsierter schwarzer Beamter.

»How cosy!« fand die füllige Zöllnerin im schicken Uniformkostüm.

Am meisten freuten sie sich über die selbstgemalte Flagge. Als ich vorsichtig das Gewehr erwähnte, winkten sie lächelnd ab - no problem!

Nun sind wir wieder hier und aalen uns in der wärmenden Sonne. Im Dingi schwappt reichlich Regenwasser. Bevor wir das Boot aussetzen, schöpfe ich das Wasser in Eimer und Schüsseln. Christine will große Wäsche machen.

Es ist angenehm kühl: 26 Grad - wie im Sommer zu Hause. Und jetzt weiß ich, woran mich die White House Bay erinnert: an einen Ankerplatz unter der Steilküste von Avernakö. Da überkommt mich Sehnsucht, und ich denke an den weiten Nordatlantik, der zwischen St. Kitts und der dänischen Südsee liegt.

Hier werden wir einige Tage essen, trinken, schlafen, Canasta spielen, zeichnen, schreiben, am Boot basteln, waschen und Brot, Quiche und Ingwerkuchen backen. Und manchmal werden wir uns nerven, und oft werden wir uns lieb haben.

Und wir werden an Land rudern und diese seltsame Umgebung erkunden, die etwas hat von einem verlassenen Planeten, auf dem wir Reste von Dingen finden, die uns vertraut erscheinen aus einer lange vergangenen Zeit.

Ich stehe auf dem Wrack. Der gescheiterte Inselfahrer liegt mit starker Schlagseite auf Grund, und die Wellen spülen über das Achterdeck. Ich habe das Dingi ein Stück die Schräge hinaufgezogen und die Fangleine an einer Decksklampe belegt. Vorsichtig gehe ich über die dünngerosteten Stahldecks. Löcher klaffen in schwarze Räume, aus denen es hohl schlürft und plätschert.

Die Maschinenluke gähnt über einem düsteren Teich. Das korallenverkrustete Riff in der Mitte muß die Hauptmaschine sein. Eine Languste kriecht wie in einem Aquarium darüber hin. Am Grunde des Raumes schimmert hellgrün ein Loch in der Außenhaut.

Ich gehe um die Aufbauten herum nach vorn. Der offene Laderaum liegt hell ausgeleuchtet in der Sonne. Das Wasser steht bis wenige Meter unter Deck - ein tiefes, rostiges Becken, durch dessen Boden Korallenfelsen wachsen.

Auf der Kommandobrücke schlägt mir heiße Dachbodenluft entgegen. Kahle Wände. Außer den verwitterten Holzdecks ist hier alles abmontiert. Von hier oben habe ich einen schönen Rundblick über die Bucht. Wohl nicht immer lag sie so friedlich in der Vormittagssonne.

Als die Sonne tiefer steht, rudern wir zum Strand. Die Fangleine des Dingis winden wir um eine Säule aus massivem Rost. Ausgediente Kanonenrohre wurden hier einst als Poller in eine längst verschwundene Hafenanlage zementiert.

Über Schwemmland und verlassene Salzteiche gehen wir Richtung Hügel. Flocken von Salzschaum wehen um unsere Füße. Im rissigen Schlamm stehen kniehohe Kakteen wie dicke Männchen. Begeistert entdeckt die Kakteenliebhaberin, daß sie kleine rote Blüten tragen.

In Jeans und mit festem Schuhwerk stapfen wir etwas mühsam durch schulterhohes Pampasgras hügelaufwärts. Zwischen den harten Grasbüscheln ist die Erde tief ausgewaschen. Da schimmert etwas Knochenweißes zu meinen Füßen. Verblüfft hebe ich eine ausgebleichte Krebsschere auf, groß wie eine Hand. Wie kommt sie hier oben auf den Hügel? Und die dünnen, gebogenen Zangen sehen ganz anders aus als bei irgendeiner Hummerschere - fremd und unheimlich, sehr passend zu diesem »verlassenen Planeten«.

Oben stehen wir zwischen den weißen Ruinen eines schon lange zerstörten Herrenhauses. Sträucher, Gras und Agaven wachsen zwischen den Mauern, und in Zementsockeln stecken die Reste verkohlter Balken.

Weit schweift der Blick über das Grasland, die Kette der Bergkegel und das graugeriffelte Meer. Schief und düster liegt das Wrack im Scheitel der Bucht. Ein Stück dahinter schwoit zerbrechlich vor der tiefstehenden Sonne unser »Raumschiff«, die FIRECREST.

»Sieh mal!«

Überrascht zeigt die Freundin zu Boden. Massenhaft liegen lange Patronenhülsen zwischen den Steinplatten der Terrasse.

Sie sind grünspanbedeckt, schon alt. Doch plötzlich schwebt eine verhängnisvolle Stimmung über der Landschaft. Es zieht uns zurück an Bord.

Leise raschelt der Kies in der flachen Brandung. Hübsche Schneckenhäuser liegen umher. Wenn wir sie lange genug betrachten, bekommen sie Beinchen und beginnen zu laufen. Lerchenähnliche Vögel zwitschern am Abendhimmel. Eine Kette Pelikane streicht vom Fischfang heim, exakt ausgerichtet und zentimeterhoch über dem Wasser. Fregattvögel taumeln wie bizarre Lenkdrachen vor der untergehenden Sonne. Zwei dünne, graue Reiher, hoch wie Kinder, stehen reglos an Deck des Wracks.

Mit einem sekundenlangen, grünen Blink versinkt die Sonne unter der Kimm. Wir schieben das Dingi ins Wasser. Als wir an Deck der FIRECREST steigen, blinken die ersten Sterne. Milder Hauch weht von Land, summt leise an- und abschwellend im Rigg. Vom Ufer klingt verhaltenes Wellenrauschen. Sanft atmet die Dünung, Lichtpunkte tanzen auf dem Wasser, dem Spiegel Tausender Sterne, mittendrin Orion, der seit Teneriffa den Nachthimmel beherrscht. Und wenn wir nach Mitternacht in die Runde schauen, sehen wir das Kreuz des Südens.

Wracktauchen

Die Languste im Wrack hat mir keine Ruhe gelassen. Der Gedanke an Languste in Avocadomayonnaise verfolgt mich seit Martinique.

Nach dem Frühstück begleitet mich Christine zum Wrack. Wir ziehen das Dingi wieder aufs Achterdeck, und ich mache mich zum Tauchen fertig. Begeistert ist die Freundin nicht.

»Ich muß erstmal sehen, ob man sicher hineinkommt«, beruhige ich sie - und mich.

Unter Wasser umfängt mich grüne, abweisende Kühle. Wo nicht große Rostplacken rot abgeblättert sind, ist der Rumpf von Kalkalgen und Seegras überwachsen. Auch Korallen haben sich schon festgesetzt.

Um mir Mut zu machen, tauche ich quer durch das leere Schraubengatt. Die Bronzeschraube hat man längst geborgen. Weiter vorn klafft das Leck im Maschinenraum. Ich sichere hinein. Zwischen Bordwand und Hauptmaschine scheint genügend Platz zu sein. Durch den glatten Wasserspiegel sehe ich Christine am Rand der Maschinenluke stehen. So lasse ich mich durch die kantige Öffnung gleiten, suche ein bißchen in den Höhlungen der Maschine herum und tauche auf.

»Fehlanzeige!« klingt meine Stimme hohl im Schiffsbauch.

»Komm´ bitte wieder raus!« dringt die Freundin von oben, aber da tauche ich schon unter. Hell klafft das offene Schott zum benachbarten Laderaum. Es ist weit genug, und ich schwimme hinab und hindurch. Drüben empfängt mich ein lichtes, monströses Aquarium. Muscheln, hübsche Schnecken, kleine bunte Riffische, Seesterne und Seeigel sehe ich - nur keine Languste. Ein kleiner Krake versteckt sich unter dem, was einmal ein Gabelstapler gewesen sein könnte.

Als ich mich an die Oberfläche treiben lasse, steht die Freundin schon am Lukenkragen. Ich vermeide, nach oben zu sehen. Ich weiß, daß meine Freundin Angst hat. Wir hätten einen dicken Tampen mitnehmen sollen. An dem wäre ich jetzt gern herausgeklettert. So muß ich zurück durch den düsteren Maschinenraum und durch das Loch in der Außenhaut.

Beim Durchtauchen des Loches durchdringt mich plötzlich vom Rücken her ein scharfer Schmerz. Sekundenlang flimmern Bilder von Haien, Barrakudas und Muränen vor meinen Augen.

Doch es ist nur eine scharfe Stahlkante, an der ich mit der Wirbelsäule entlanggeschrammt bin. Benommen vom Nervenschmerz, ziehe ich mich aufs schräge Deck. Mir wird flau, und ich lege mich auf die sonnenheißen Stahlplanken.

»Du blutest!« Besorgt kniet die Freundin neben mir. »Was war das?«

»Eine Stahlkante. Es war leichtsinnig von mir, dort hineinzutauchen«, nehme ich ihr den Wind aus den Segeln.

Der Schmerz klingt ab, aber es ist angenehm, sich von der Freundin noch ein wenig stützen zu lassen.

Draußen schwoit der Kutter sachte im Passat. Er scheint weiterzuwollen.

Nächtliche Begegnung

FIRECREST segelt wieder nach Süden - zumindest ein Stück. Hinter Horse Shoe Point, der Südwestspitze der Insel, gehen wir hoch ran und beginnen, die Narrows nach Osten aufzukreuzen, das flache Riffgewässer, das St. Christopher und Nevis voneinander trennt.

Gegen Mittag stehen wir bei dauerndem leichtem Gegenstrom zwischen den Kuhfelsen und der Tölpelinsel, passieren gegen 16.00 Uhr die Moskito-Halbinsel und können Kurs Nordnordwest abfallen.

Sechs Stunden haben wir für eine Luvstrecke von drei Meilen benötigt. Aber es war ein schöner Törn über türkisgrüne Korallenriffe bei milder Damenbrise und ohne Seegang. Zahlreiche Peilmarken, wie Küstenkanten und kleine Riffinseln, machten die Navigation einfach, Aries steuerte, und Christine sorgte für die gewohnt gute Küche.

Dazu konnten wir uns bei jedem Schlag nach Süden die breiten Sandstrände und dichten Palmenwälder von Nevis ansehen und die grünbewaldeten Hänge ihres netten, handlichen Vulkankegels - und uns vornehmen, das nächste Mal dort einzuklarieren.

Die nordöstliche Brise stand durch. Vor und zurück schwang der Schatten des Toppsegels gegen das dunkelblaue Sternenzelt. Die Bugsee plätscherte und leuchtete grün. Die See gehörte nur uns und dem Sichelmond über dem Kielwasser. Das umständliche Einbrennen und regelmäßige Nachtrimmen der Positionslampen unterblieb. Erst als von achtern der Schatten eines großen Segelfahrzeuges aufkam, setzte ich die Hecklaterne. Aber die mächtige Schoneryacht passierte gut in Luv. Der Schattenriß der riesigen Lappen an den drei himmelhohen Masten verdeckte den halben westlichen Himmel.

Gegen Mitternacht kamen die Lichter von St. Barthelemy durch - oder St. Barts, wie es im Inseljargon heißt. Höflicherweise raumte der Wind. Trotzdem blieben wir auf halbem Wind und hielten weiter vor. Der Weststrom setzte so stark, daß wir die Höhe brauchten.

JESSICA

Bei Sonnenaufgang standen wir dicht vor der rundrückigen, kargen Insel. Die letzte Meile ließen wir den Vire mitschieben - wir waren müde, und er freute sich.

Das Feld der ankernden Yachten vor der Einfahrt war fast so groß wie in der Flamingobucht. Dazwischen lag auch ein rassiger weißer Dreimastschoner mit den Linien einer Rennyacht der Jahrhundertwende - doch er war neu. Jetzt wußte ich, wer uns in der Nacht überholt hatte - es war die berühmte JESSICA. Sie gehörte einem argentinischen Multimillionär.

Doch all diese Yachten schlingerten unruhig im Schwell. Außerdem hatte das Barometer gerade wieder einen häßlichen kleinen Knick nach unten gemacht, als wäre es ein Glücksfall gewesen, daß wir gerade jetzt Gustavia anliefen, einen der besten Naturhäfen der Karibik. So nahmen wir die Segel weg und tuckerten zwischen den karstigen Felsenufern mit den hübschen weißen Holzhäusern hindurch in das von allen Seiten geschützten Hafenbecken.

Pünktlich zur Büroöffnung stehen wir vor der Tür des Hafenkapitäns. 36 Franc bezahlen wir für drei Tage Ankern im Innenhafen. Aber es soll ja die Ausnahme bleiben.

Wir sind wieder in Frankreich - und ein wenig in Schweden. St. Barthelemy war einst schwedische Kolonie. Daran erinnert noch der Baustil der hübschen Holzhäuser. Hier und da ein paar Palmen, sonst hat man den Eindruck, Gustavia könnte auch in den Schären liegen. Aber der Bäcker bäckt französisch! Und er hat sogar Rosinenschnecken!

Hier ist alles auf gehobenen Tourismus eingestellt - die Delikatessengeschäfte, die Boutiquen, die Andenkenläden. Und die Preise.

Gemüse wird eingeflogen. Trotzdem kaufen wir Bananen, Tomaten, Sellerie. Es gibt keine schlechtere Art, Geld zu sparen, als an Nahrungsmitteln. Wir sind vitaminsüchtig, hungern geradezu nach Kokosnüssen. Aber die gibt es hier nicht.

Müde nach der durchsegelten Nacht, rudern wir durch das enge Feld der Ankerlieger. Zwischen Bug- und Heckanker steckt FIRECREST mit dem Kiel schon im suppigen Schlick. Das seichte Hafenwasser hat nahezu Lufttemperatur, denn 29 Grad zeigt unser Badethermometer. Die Außenhaut kühlt nicht mehr, es ist bruttig warm in der Kajüte. Trotzdem düsele ich gleich weg.

Als ich erwache, dämmert der Abend.

Auf dem Tisch liegt ein Zettel: »Lieber C. Warum schläfst Du schon?«

Nun schläft die Gefährtin ebenfalls.

Ihr Bettlaken als einzige Zudecke hat sich dekorativ verschoben. Ich beuge mich über sie. Da kommt ein langer weißer Arm und zieht mich herunter.

Milde Nachtluft umfächelt unsere Körper. Eilig ziehen tiefe Wolkenbänke von Westen unter der Mondsichel hindurch. Das ist bestimmt kein Gegenpassat. Und das Barometer steht immer noch zu tief.

Auf dem dunklen Vorschiff übergießen wir uns mit Süßwasser. Nachher sitzen wir angenehm erfrischt im Cockpit und essen kalten Quiche. Dazu trinken wir lauwarmen Pina Colada.

Oben am Hang schimmern die alabasterfarbenen Lampen eines Hotels. An der Brüstung der Veranda lehnen Menschen in Abendgarderobe und betrachten die Lichter im Hafen. Meine Gefährtin reibt ihre Schulter an meiner, schnurrt und blickt hinauf zu der Welt der Schönen und Reichen.

Eine halbe Stunde später rudern wir in bewährtem Outfit an Land. Ich biete der Freundin den Arm, und wir schlendern an den Lichtinseln der spielzeughaften Gußeisenlaternen entlang bergauf. An einer Ecke steht ein Polizist in weißer Uniform und nickt freundlich. Katzen huschen über die Straße und setzen über gekalkte Mauern in kleine tropische Vorgärten.

Zuletzt stehen wir vor der angestrahlten Säulenfassade jenes Hotels. Mit einer einladenden Geste überbrückte der Portier unsere Unschlüssigkeit.

»Où est le restaurant, s´il vous plait?« frage ich korrekt nach Lehrbuch.

Gemessen durchschreiten wir die Halle und folgen den Klängen eines Pianos. Täfelungen in grauem Schleiflack mit goldenen Umrandungen bedecken die Wände. An der Decke kreisen Ventilatoren. Das Lokal ist nur spärlich besetzt. Dafür erscheint das Publikum umso gediegener. Ein Ober führt uns an einen Tisch auf der überdachten Veranda. Draußen hängt schwarze, schwere Nacht. Die Sterne sind verschwunden, die Luft steht reglos.

Bei königlichen Shrimps-Cocktails und eisgekühltem Cidrè (kostet ein Viertel des Champagners) blicken wir über das dunkel irisierende Hafenbecken, auf dem die Schatten der Yachten und auch der FIRECREST schwimmen.

Da geht ein gleißender Riß durch die Nacht, begleitet von einem reißenden Knall. Im Lokal splittern Gläser, begleitet von spitzen Aufschreien. Die Hand gegen die Brust gedrückt, blickt Christine mich erschrocken lächelnd an. Einzelne schwere Tropfen klopfen auf das Dach der Veranda.

»Ist das Vorluk zu?«

Die Freundin nickt.

Wieder flackert, kracht und poltert es, und dann müssen wir uns von der Brüstung zurückziehen, weil die Luft draußen zur Hälfte aus stürzendem Wasser besteht.

Wir lächeln dem Paar vom Nachbartisch zu, das ebenfalls nach drinnen geflüchtet ist und stellen unsere geretteten Getränke auf einen gemeinsamen Tisch. Da bauschen sich die Vorhänge in den Raum, und der Regen spritzt bis an die Bar.

Die Bö kommt aus Westen, wie die Wolken vorhin, und ich denke an die Yachtreede, die jetzt voll auf Legerwall liegt.

Da fällt unter den aufgescheuchten Gästen das Wort »Hurrikan«, knapp quittiert von einem kräftigen »Unsinn!« unseres Nachbarn. Dann spricht der massige ältere Herr im Rohseidenanzug mit den langen grauen Haaren in ein Handfunkgerät.

»Carlos spricht mit unserem Kapitän«, erklärt lächelnd seine Begleiterin, eine hübsche Blondgefärbte mittleren Alters.

»Wir müssen aufs Schiff, Jessie!« meint der Mann mit spanischem Akzent und winkt dem Ober. Da weiß ich, wer er ist.

»Sollen wir an Bord?« fragt Christine.

Ununterbrochen flackern Blitze, knallen Donnerschläge. Die Kellner kämpfen halb im Regen mit den sperrigen Holzläden der Veranda. Sie kleben vor Nässe.

»Sind Sie auch mit Ihrem Boot da?« fragt die blonde Frau Christine.

Wir stehen neben Carlos und Jessie im Vestibül und wollen uns gerade in den peitschenden Regen stürzen, als eine große weiße Limousine heranrollt.

»Kommen Sie, wir nehmen Sie mit zum Hafen«, sagt Carlos bestimmt, und schon sitzen wir in weißen Lederpolstern und rollen die Bergstraße hinunter wie durch eine Waschanlage.

»Wollen Sie wirklich da hinaus?« fragt Jessie besorgt, als wir bei unserem Dingi halten.

»So wie auch wir gleich«, lacht trocken ihr Mann. »Es war nett, aber leider kurz. Viel Glück!«

»Vielen Dank!« rufen wir und stehen bereits wie unter der Dusche im Windkanal. Das Auto rauscht durch aufgewühlte Pfützen zum Anleger. Dort wartet mit laufenden Motoren die Barkasse der JESSICA.

Im Dingi schwappt fußhoch das Wasser. Während Christine mit dem Ösfaß schöpft, pulle ich gegen peitschende Gischt und Regen, um uns die kreischenden Riggs der ankernden Yachten. Auf einigen wird im Licht der Salinglampen hektisch gearbeitet. Zwei Aufeinandergetriebene versuchen, mit Fendern und Motorkraft voneinander freizukommen.

Mit starker Lage hängt FIRECREST schräg in ihren beiden Ankern. Doch die sitzen im Schlick wie in Beton. Auch die Anker der Boote in Luv scheinen zu halten. Ich fiere die brechend steife Heckankerleine, bis das Boot annähernd im Wind liegt und folge Christine unter Deck.

Mit ernsten Befürchtungen klopfe ich gegen das Barometer, doch es hat schon wieder seinen normalen Stand erreicht.

Kaum liegen wir in der Koje, trockengerieben und glücklich über den geschützten Hafen, hören Wind und Regen auf. Als ich später an Deck schaue, weht ein lindes Lüftchen, und die Sterne funkeln.

Barometersorgen

Wir bleiben noch ein paar Tage, bis der Nordostpassat sich zuverlässig wieder durchgesetzt hat. Dann lichten wir Anker zu unserer letzten größeren Etappe in den Antillen - zu den Jungferninseln.

Es ist Mitte März - genaugenommen Freitag, der Dreizehnte. Obwohl der Passat schon im Hafenbecken spürbar ist, lassen wir uns von dem Vire noch eine Weile schieben, damit er sich mal wieder richtig freiarbeitet von Rost, Ruß und verharztem Öl - so stelle ich es mir jedenfalls vor. Erst als wir in die Dünung draußen kommen, setzen wir Vollzeug.

Aries steuert, Christine rekelt sich an Deck und liest, ich zeichne und beschäftige mich zwischendurch mit Navigation. So sinkt St. Barts langsam hinter die Kimm.

»Was sind 29,20 Zoll in Millibar oder Hektopascal?« fragt die Freundin durch die Luke. Sie liest gerade *Südseegeschichten* und hat wohl gerade *Die Perle* vor sich, in der Jack London erzählt, wie das Atoll Hikueru von einem Orkan hinwegfegt wird.

»Moment!«

Ich sehe aufs Barometer. Es hat Millibar- und Zolleinteilung - man kann die Skalen vergleichen.

»990!« rufe ich nach oben. »Gibt es in den Tropen nur bei Wirbelsturm.«

Gewohnheitsmäßig klopfe ich leicht gegen das Glas. Da springt der Zeiger zwei volle Millibar nach unten. Nicht schon wieder!

»So einer kündigt sich in der Geschichte gerade an«, antwortet Christine. »Die Dünung wird immer höher, obwohl kein Wind weht.«

»Ich kenne die Stelle!« antworte ich nach einer Weile.

Vorsichtig klopfe ich nochmal - der Zeiger bleibt, wo er ist. Ich verlängere die Barometerlinie um einen scharfen Knick nach unten. Dann lehne ich an den Wanten und suche in Himmel und See nach den Anzeichen. Aber die strahlende Karibik weiß nichts von meinen Sorgen.

Nun - wenn etwas kommt, wird das Glas weiterfallen. Und dann? Gegen den Passat zurück nach Gustavia, können wir vergessen. Und die Buchten der nächsten Inseln, St. Martin und Anguilla, sind nicht sicher. Seeraum wäre das Gegebene. Aber erstmal warten - auch auf den Wetterbericht.

»Da bläst ein Wal!« Christine hat einen Finger zwischen die Buchseiten geklemmt und zeigt nach vorn.

Eine breite Schwanzflosse wedelt, taucht ab. Da springt gleich daneben ein viel kleineres Tier aus dem Wasser und klatscht in einer Gischtwolke wieder zurück. Der große Wal taucht wieder auf und bläst. Eine Walmutter mit Kind genau auf unserer Kurslinie.

Doch in dem Maße, wie wir uns nähern, zieht die vorsichtige Mutter nach Steuerbord. Das Kleine bleibt immer in ihrer Nähe. Zwei bis drei Kabellängen, näher kommen wir nicht. Zuletzt schwimmen sie wieder im Kielwasser und bleiben langsam zurück.

Für einen Moment habe ich das Barometer ganz vergessen.

Inzwischen kommt ein kleiner Frachter von achtern auf. Die Peilung steht. Sieht er uns? Wir ziehen es vor zu halsen. Das Fahrzeug passiert dicht an Steuerbord, und die ganze schwarze Frachterfamilie winkt fröhlich von der Brücke - Männer, Frauen, Kinder. Wir winken zurück, obwohl wir ein bißchen sauer sind.

FIONA - Kingston steht auf dem Heck. Eine Flagge ist nicht gesetzt. Ein uriger, alter Ostseekümo, aus Eisen genietet mit Klipperbug, Segelschiffsheck und Holzbrücke. Unter der dicken Farbe sieht man noch deutlich den aufgenieteten Namen mit dänischen Umlauten - und den ursprünglichen Heimathafen.

»VEJSNÆS aus Marstal«, seufzt Christine voll Heimweh und lehnt sich an mich. »Weißt du noch, letzte Pfingsten?«

Es war unsere erste gemeinsame Nachtfahrt gewesen - sozusagen unser »Langfahrt-Trainingstörn«. Abends waren wir von Fahrensodde losgesegelt, milder Westwind hatte uns gemütlich durch die Nacht geschoben, und mit der aufgehenden Sonne tauchten die Werftkräne Marstals, die Kirche, die alten Häuser und der rotweiße Kalkofen gleich einem heiteren Vineta aus dem Meer.

Wenn ich dagegen an die Törns quer über die Nordsee dachte, die seinerzeit das Ehepaar Koch unternommen hatte, um sich auf die Weltreise vorzubereiten... Der Unterschied zwischen ihrer großen Leistung und der unseren ließ sich mit einem einzigen Begriff umschreiben: *Aries*.

Unspektakulär verschwindet die Sonne unter der Kimm - kein Hurrikanhimmel. Auch das Barometer ist wieder gestiegen und scheint seinen üblichen Tropenrhythmus wieder aufzunehmen. Langsam lerne ich, daß nicht jede Unregelmäßigkeit gleich Passatstörung bedeutet.

Ich habe den Flieger gestrichen, damit die übliche Abendbö nicht bei der Navigation stört, und schieße mal wieder ein paar Fixsterne - zur Sicherheit. Aber die Nacht ist klar, und die Leuchtfeuer der British Virgins tragen weit. Und als Kursweiser stehen die Plejaden wie ein himmlisches Leuchtfeuer direkt voraus.

In der zweiten Nachthälfte kommt erst das Feuer von Virgin Gorda durch, dann recht voraus Ginger Island.

Und dann verschluckt eine Regenbö sämtliche Leuchtfeuer. Als die Bö schließlich durchgezogen ist, ragt Ginger Island im Morgengrauen an Backbord voraus. Auch an Steuerbord liegen kleine Inseln, aber das Wasser ist hier überall tief. So steuern wir unbesorgt zwischen den Inseln hindurch in den Sir Francis Drake Channel.

Voraus wölben sich nun die Bergrücken der Hauptinsel Tortola mit Roadtown, der kleinen Inselhauptstadt. Als wir in die Bucht laufen, steht Schwell auf der Zollreede, und Brecher hüllen den Dingilandeplatz in Gischt. Aber dort, hinter einer langen Steinmole weiter östlich, ragen zahlreiche Yachtmasten - obwohl ein Yachthafen in unserer neuen Karte gar nicht eingezeichnet ist.

Auf keinen Fall wollen wir in eine teure Marina, doch im Schutz der Mole scheinen auch Boote vor Anker zu liegen. Die Lücke dort muß die Einfahrt sein. Ja, da liegen sogar winzige Fahrwassertonnen!

Wir motoren in eine weite, künstliche Lagune. An jedem Ende liegt eine Marina, und dazwischen ankert ein Dutzend Yachten auf freier Reede. Vor einer kleinen Mangroveninsel werfen wir den Anker zwischen fischenden Pelikanen, die uns nur widerwillig Platz machen.

Drei Bootslängen an Backbord gucken die Masten einer gesunkenen Yacht aus dem Wasser, drei Bootslängen an Steuerbord liegt die TORTUGA. Vielleicht komme ich nun doch noch zu einem Seagull-Motor.

Ärger mit den Waffen

Wir sitzen in der Kajüte bei Ingwerkeksen und Tee. Über dem Niedergang flappt das Sonnensegel, und die Kette knackt, wenn FIRECREST schwoiend über Stag geht.

Die letzten Stunden könnte man getrost aus dem Journal streichen: Riesenärger! Dabei kann ich von Glück sagen, daß mich kein übereifriger Polizist erschossen hat.

Ich pilgerte also mit unseren Papieren zum Zollgebäude.

Dort behandelt der junge schwarze Einklarierungsbeamte seine weißen Klienten mit bewußter Unverschämtheit. Betont schleppend und zögerlich bearbeitet er die Formulare, tänzelt und trällert durchs Großraumbüro unter Scherzen auf Kosten der wartenden Yachties und Normaltouristen und knallt herausfordernd die Papiere zum Unterschreiben vor einen hin.

Als nach einer Stunde die Reihe an mich kommt, bin ich entschlossen, dieses traurige Erbe der kolonialen Vergangenheit mit Fassung zu tragen. Es wird nicht leicht. Da wir auf den englischen Inseln mit Waffen bisher keine Probleme hatten, gebe ich den Karabiner auch hier an. Als der Mensch von der Waffe liest, rastet er aus.

»Herbringen!« kreischt er.

Da er unsere Papiere behält, muß ich mich fügen. Also zurück an Bord. Dabei wächst langsam meine Wut. Ich soll das Gewehr holen? Dann bitte!

Mit dem Karabiner unter dem Arm wandere ich durch die Straßen von Roadtown wieder zum Office. Weiße Touristen beachten mich nicht. In der Karibik halten sie alles für möglich. Aber die schwarzen Einwohner blicken mir erschrocken hinterher.

Im Schatten eines breiten Gummibaumes vor dem Zollgebäude scherzen lautstark Jugendliche mit Mofas. Auf der Uferpromenade gegenüber steht gelangweilt ein schwarzer Polizist. Als ich näherkomme, werden die jungen Leute plötzlich stumm, und aus den Augenwinkeln ahne ich den Polizisten, wie er mir zielstrebig nacheilt. Nun wird mir doch unheimlich.

Ich tue, als hörte ich ihn nicht rufen, und bin schon mit einem komischen Gefühl im Rücken im Gebäude verschwunden. Zügig schiebe ich mich an den Wartenden vorbei und lege das Gewehr auf den Tresen.

»Hier ist die Waffe«, bemerke ich scheinbar gleichmütig - wohl gerade noch rechtzeitig.

Der Schnösel wird grau im Gesicht, und dicht hinter mir fühle ich die Anwesenheit des Polizisten. Langsam drehe ich mich um. Mit dem Daumen nestelt er noch an seiner Pistolentasche, scheint sich aber wieder zu beruhigen.

Ich erkläre die Situation.

Habe der Beamte etwa gefordert, das Gewehr hierher zu bringen? fragt der Sheriff ungläubig.

Mein Sachbearbeiter würde jetzt gern in einem Aktenschrank verschwinden. Seine Kollegen grinsen schadenfroh über ihren Schreibmaschinen. Im Nu ist die Einklarierung erledigt.

Dann darf ich mit Schutzmann und Taxi durch zugemüllte Palmenalleen zur Polizeikaserne fahren. Dort nimmt der Kommandant korrekt und höflich gegen Quittung die Waffe in Empfang. Leider muß ich dann auch noch die Munition holen.

Diesmal gehe ich zu Fuß. Das Taxi ist teuer, und es sind ja nur ein paar Kilometer unter der Tropensonne. Jetzt fehlt nur noch, daß man das Boot durchsucht und den Revolver findet.

Auf dem Rückweg kaufe ich in einem Lebensmittelgeschäft Tee und Ingwerkekse und verbuche die ganze Aktion unter »Lehrjahre«. Auf der nächsten Reise werde ich einiges anders machen.

Die Jungferninseln

Christine schenkt mir Tee nach, als es an die Bordwand klopft. Gerd von der TORTUGA steht längsseit in seinem gelben Kunststoffdingi. Die Gefährtin holt noch eine Tasse aus der Pantry.

Gerds Augen leuchten, als er in der Kajüte die Bücherborde betrachtet. Ob ich ihm nicht noch ein Buch leihen möchte? Oder gleich mehrere?

»Wir bleiben nicht allzulange«, sage ich, »aber such Dir eins aus.«

Zufrieden zieht er mit Wilfried Erdmann ab.

Ach ja, meint er, als er schon im Dingi sitzt, ob ich noch an einem Außenborder interessiert sei. Doch, doch, sage ich.

Hinter der Steinmole lagen wir vollkommen geschützt. Es war nicht nötig, die ganze Zeit seeklar zu sein, und ich sah das Rigg mal wieder gründlich durch. Unter anderem drehte ich Piek- und Klaufall um. Dort, wo das Gut an immer denselben Stellen durch die Blöcke schor, war es schon recht dünn geworden.

Inzwischen hatte Gerd tatsächlich einen der Seagull-Motoren zum Laufen gebracht und mir das korrodierte Monstrum für 50 Dollar verkauft.

Dabei wurden wir Zeugen vom fortgeschrittenen Zerwürfnis zwischen Gerd und Viktoria. Ich hatte den Eindruck, Gerd tauchte in meine Segelbücher ein, um seiner bedrückenden Realität zu entfliehen.

Er las das Buch in zwei Tagen durch. Als er sich ein neues holte, schüttete er mir sein Herz aus, wie Viktoria sich von ihm aushalten lasse, wie sie im Streit die Kajütlampe und wertvolle Gegenstände über Bord geworfen und seine Segel zerschnitten hätte. Umgekehrt berichtete Viktoria meiner Bordfrau unter Tränen, wie sie seit zwei Jahren Gerd und TORTUGA aus dem Verkaufserlös ihres kleinen Düsseldorfer Ladens unterhielte. Doch nun sei das Geld aufgebraucht.

Beide hatten anscheinend den Überblick über ihre Geschichten verloren. Trotzdem wollten wir ihnen helfen. Schließlich organisierte meine Gefährtin der hilflosen Viktoria sogar den Heimflug über Miami. Als

Christine ihr beim Packen half, schien sie überglücklich. Am nächsten Morgen sollte sie fliegen.

Auch wir wollten auslaufen. Dem Fremdenverkehrsprospekt nach sollte in der Nähe »die original Schatzinsel« liegen. Diese kühne Behauptung wollten wir überprüfen, und wir wollten auch wieder allein sein. Das Drama Gerd-Viktoria nervte, wenn es vielleicht auch kein schlechtes Negativ-Beispiel war.

Am Abend nahmen Christine und ich noch einen Planters Punch im *The Wharf*: Holztische unter Palmen, freundliche Bedienung, preiswert, ein bißchen schmuddelig, gemütlich - die typisch anglo-tropische Stammkneipe der Yachties in Roadtown.

An einem Tisch ganz in der Ecke saßen Gerd und Viktoria - ernst und friedlich. Sie schienen uns nicht zu bemerken. Wenn sie so Abschied nehmen konnten, bewiesen sie doch Haltung.

Treasure Island

Am nächsten Morgen segelten wir über sommerblaue See nach Süden. Wir umrundeten *The Indians*, senkrecht aus dem Wasser ragende, rote Klippen, die den Entdecker an Indianerfedern erinnert haben mögen, und näherten uns der »Schatzinsel« Norman Island: einer zerklüfteten, mit Gestrüpp und trockenem Busch bewachsenen Felseninsel.

In der Benures Bay an der Nordseite ankerte die INTREPID, ein amerikanischer Schoner, den wir bereits aus Roadtown kannten. Der dicke nackte Mann, der uns von Bord zuwinkte, war Skipper David, ein

Norman Island von Nordwesten

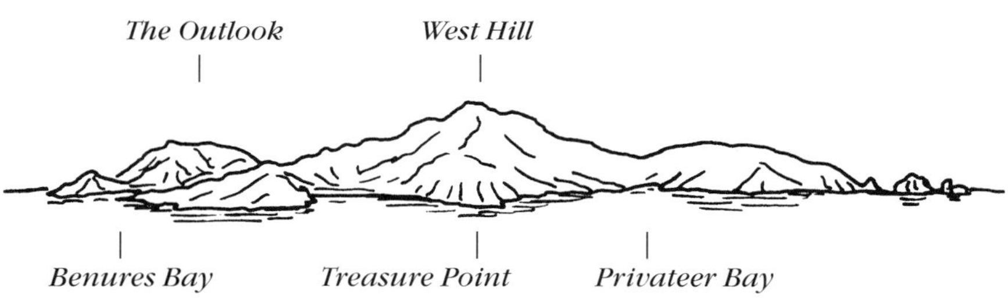

Anhänger der Freikörperkultur. Abenteuerliche Geschichten waren über ihn in Umlauf.

Bei norddrehendem Wind würden wir hier verschwinden müssen, doch bei dem leichten Passat lag die blaugrüne Bucht ruhig und einladend da. In taktvoller Entfernung von der INTREPID ankerten wir mit 30 Metern Kette auf neun Meter bestem Sandgrund.

Die Südseite der Bucht bildeten senkrechte Felsen, die bis unter die Wasseroberfläche von Höhlen durchsetzt waren. Gegenüber erstreckte sich eine felsige Landzunge, die die Bucht nach Nordosten schützte und sich unter Wasser in einem türkisfarbenen Riff fortsetzte, von dem man bei der Ansteuerung Abstand halten mußte.

Im Scheitel der Bucht mündete das Kiesbett eines ausgetrockneten Baches. An seinen Ufern wuchsen Hartlaubbäume, Dornenbüsche, Agaven und mannshohe Grasbüschel, deren federartige Ähren im Winde schwankten.

Kokospalmen hätten die Landschaft zu einem unwirklichen Elysium werden lassen. Doch in diesem Teil der Karibik fanden wir viele Inseln ausgedörrt, karstig und unwirtlich - besonders auf der Leeseite zum Passat, und nur dort gab es geschützte Ankerplätze. Der einstige Regenwald war schon vor langer Zeit für Brennholz und Schiffbau gefällt oder für längst verschwundene Zuckerrohrplantagen gerodet worden.

Trotzdem - tagsüber strahlte die Bucht in türkisfarbenem Licht, über dem die rötlichen Felsen umso stärker hervortraten, und nachts wölbte sich die Himmelskuppel wie dunkelblauer Samt mit funkelnden Diamantsplittern bestreut, Zikaden schrillten, und FIRECREST schwebte hoch über dem mondschimmernden Sandgrund.

Schwer sich vorzustellen, daß gerade dieser Teil der Karibik jahrhundertelang Schauplatz für blutrünstige Dramen gewesen war. Doch die Erinnerung daran hatte über Generationen eine Art bodenständigen Galgenhumor hervorgebracht, durch den sich die damaligen Ortsbezeichnungen bis heute erhalten haben.

Die Namen der Buchten, Kaps und Untiefen auf unseren Seekarten klangen wie aus naiven Piratenromanen. Umso realer kündeten sie von ihrer Geschichte: Money Point, Revenche Beach, Throw Away Wife Bay, Pull and Be Damn Point, Fallen Jerusalem, Bitter End, Shark Bay, Dead Man Bay, Massacre Point, Piaster Bight, Dubloon Shoal - und das Südwestkap unserer Nachbarbucht hieß Treasure Point, südlich davon lag die Privateer Bay, und der kleine Berg im Osten unserer Ankerbucht hieß The Outlook.

Sicher war auch Norman Island einmal Piratenschlupfloch gewesen - wie nahezu jeder abgelegenere Naturhafen, als Seeräuber wie Schmeißfliegen um die Routen der spanischen Schatzflotten schwärmten. Aber daß Norman Island mit Stevensons Schatzinsel identisch sein sollte, mochten wir nicht glauben.

Das winzige Eiland hatte wenig gemein mit der bergigen Urwaldinsel, die Stevenson aus der Phantasie gezeichnet und um die herum er seine Piratengeschichte für einen befreundeten kranken Jungen erfunden hatte. Norman Island hat mehr die Maße seiner *Skelettinsel*. Die Anregung zu dem Gerücht hatte wohl eher Hollywood geliefert.

Da waren David und die INTREPID, der wunderbare Nachbau eines Lotsenschoners von der Ostküste, schon realer.

Davids »Boss« war ein Geschäftsmann aus Boston, der an seinen wenigen freien Wochenenden der Schatzsuche frönte.

Dieses Hobby ist in der östlichen Karibik verbreitet. Immer wieder sieht man in Inselhäfen Schatzsucherschiffe »an der Kette liegen«, weil ihre Gesellschafter wieder mal Pleite gegangen sind. Doch spätestens, wenn das nächste der vielen hundert, durch Hurrikane, Korallenriffe und Navigationsfehler gesunkenen, mit peruanischem Gold und Silber beladenen Schiffe gefunden wird, und GEO die faszinierenden Bilder veröffentlicht, finden sich neue Geldgeber. Zwischendurch aber sucht der harte Kern weiter.

Dazu gehörte auch David. Wenn sein Brotherr wieder in Boston am Bürotisch saß, stand der Schoner samt Tauchgeräten und Metalldetektor allein dem Skipper zur Verfügung. Aber David suchte nicht nach gesunkenen Schatzschiffen. Er hatte andere Theorien.

»Die Piraten hatten strenge Regeln. Die Beute wurde nach einem festgelegten Schlüssel aufgeteilt, je nach Dienstgrad an Bord«, erklärte David. »Aber dann? Was glaubt ihr, hat so ein Pirat mit seinem Anteil gemacht - Kilos von Gold und Silber pro Nase, die oberen Dienstgrade manchmal ganze Zentner? Dazu Schmuck und Juwelen. - Zur Bank gebracht?« Der Fachmann lächelte süffisant.

Höflich zeigten wir Interesse. Doch als David uns nach dem Ankern besuchte, diesmal in Shorts, fanden wir es viel bedeutsamer, daß er eine Kühltasche voll Eis mitgebracht hatte. Zum ersten Mal konnten wir

Pina Colada an Bord der FIRECREST eisgekühlt trinken.

»Oder das Gold verspielt? - O.K.!« gab er zu. »Aber der Gewinner, was hat der damit gemacht? Er mußte sein Vermögen in Sicherheit bringen - klar! Doch die Wahl an Versteckmöglichkeiten war für die Besatzungen nicht groß - besonders für die unteren Dienstgrade.

Wenn sie also wieder ihre geheimen Ankerplätze zum Überholen der Schiffe oder zur Versorgung mit Frischwasser und Proviant anliefen, sahen die Leute zu, daß sie dort zumindest einen Teil ihrer Beute versteckten. Aber wo?

Die schlechten Verstecke waren natürlich die, auf die jeder kommen konnte: in Höhlen, unter markanten Bäumen oder Felsen. Da fand sicher mancher beim Löchergraben, was andere schon vor ihm versteckt hatten. Andererseits wollten sie ihre Schätze auch eines Tages wiederfinden. Also entwickelten sie bestimmte Strategien.

Wenn ich suche, überlege ich immer, wo ich selbst verstecken würde, wenn ich Gold hätte - und Kollegen, die dahinter her wären.«

»Und? Hast du schon was gefunden?« fragte Christine.

David lächelte sein fettestes Lächeln.

»Kannst du dir vorstellen, daß ich etwas anderes als Nein antworten würde? - Und Ihr?« wechselte David das Thema. »Was treibt Euch nach Norman Island?«

Was ich auf der Insel erlebte

Die Benures Bay brütete in der Mittagshitze. INTREPID war zum Wasserbunkern nach Roadtown gesegelt, Christine hatte sich in die Welt eines Buches zurückgezogen, und ich pullte an Land.

Ich zog das Dingi auf den breiten Kiesstrand und band die Fangleine an einen abgestorbenen Baum, von dem die Rinde in langen Streifen herabhing. Dann machte ich mich auf ins Innere der Insel.

Gegen Dornen und Ungeziefer trug ich Jeans, ein kräftiges altes Takelhemd und Bootsschuhe, und an meiner Seite hing die Segeltuchtasche mit der Feldflasche und dem - ja, Entermesser.

Denn tatsächlich war unser Buschmesser ein altes Entermesser, das ich vor 20 Jahren billig bei einem Trödler in Middelfart gekauft und das uns Jungen mit dem Kutter MIM durch die dänische Südsee begleitet hatte.

Sollte also der Geist von Israel Hands oder vom alten Flint oder sonst einem Bukanier hier herumstrolchen, sah ich dem gelassen entgegen.

Zunächst folgte ich dem ausgetrockneten Bachbett. Einen anderen Weg durch den dichten Trockendschungel gab es nicht. Dabei tasteten meine Augen die Umgebung ab nach Skeletten oder anderen makabren Gegenständen, die als Wegweiser auf ordentlichen Schatzinseln herumzuliegen pflegen.

Holzige Lianen schraubten sich um die Stämme der Bäume, ähnlich den deutschen Waldreben, und verfilzten das dichte, stachelige Unterholz. Wer hier mit Metalldetektoren nach vergrabenen Schätzen suchen wollte, hätte erst die ganze Vegetation abräumen müssen mitsamt zahlreichen Termitenhügeln.

Das Bachbett wurde steiler. Die rundgewaschenen Felsen deuteten darauf, daß hier einst viel Wasser geflossen war. Auch heute mochte das Bett noch Wasser führen, wenn die Niederschläge im Sommer zunahmen und die Bäume ergrünten. Zuletzt endete der Bach in einem trockenen Becken unter einem Felsabbruch. Bei Regenschauern mußte von oben ein Wasserfall herabstürzen.

Nun arbeitete ich mich durch das Dickicht bergan. Wie auf den anderen Inseln fand ich auch hier landlebende Einsiedlerkrebse. Überall hatten sie ihre Höhlen gegraben, wie Mäuse. Der Durchmesser der Löcher entsprach immer der Größe ihres Schneckenhauses. Einen besonders kapitalen Burschen hob ich auf. Schwer wog die Schnecke in meiner Hand, groß wie eine Zitrone. Vier Beine und eine Schere wölbten sich eng aneinandergedrückt als Verschluß über dem Eingang. Fasziniert steckte ich ihn in meine Umhängetasche, wie sehr ich heute auch wünsche, ich hätte ihn wieder laufen gelassen.

Nanu, ein Knopf? Unterhalb der Höhle meines Krebses lag ein rundes, schwarzes Plättchen. Ein verwitterter Knopf? Doch als ich ihn in den Fingern hielt, wurde mir heiß. Das Plättchen war schwer, aus Metall, etwa so groß wie ein Groschen, aber dünner. Ich rieb den Schmutz ab und fand ein abgegriffenes Relief, kaum zu erkennen, aber fühlbar - eine uralte, schwarz angelaufene Silbermünze!

Aufgeregt suchte ich den Boden ab, stocherte in der harten Erde, aber vergeblich. Die Münze hatte wohl vor Zeiten ein Seemann auf dem Weg zum Gipfel verloren. Denn mit Sicherheit war der Gipfel mit einem Ausguck besetzt, wenn ein Schiff länger in der Bucht vor Anker lag.

Mühsam hieb ich mit dem Entermesser den Aufstieg durch Lianengestrüpp und Stachelhölzer frei. Fingerlange Kakerlaken knisterten durchs Laub, und hirschkäfergroße, metallischglänzende Insekten brummten in gestreckter Flugbahn an meinem Kopf vorbei. Auch jener Tiere wegen hatte mich die Kameradin nicht begleiten wollen. Krakeelend stob ein kleiner Papagei durch die Zweige.

Dann stand ich auf dem Gipfel. Bäume und Dornsträucher krallten sich an die Felsen. Durch Lücken im Geäst sah ich auf der einen Seite die blaue Karibik, auf der anderen Seite die türkisschimmernde Benures Bay mit der ankernden FIRECREST.

Im Schatten des Sonnensegels schimmerten Christines weiße Beine. Noch immer lag sie auf ihrer Decke und las oder zeichnete. Und ein großer alter Gaffelschoner krebste gerade unter vollem Tuch langsam in die Bucht - ein archaischer Anblick in einer Gegend, in der schon bei nur leichtem Wind sämtliche Boote unter Maschine fahren.

Sekundenlang verspürte ich den Impuls hinabzulaufen, um schnell an Bord zu kommen. Aber der elegante Schoner war nicht die WALROSS von Kapitän Flint. Vielmehr war es die INTREPID, und David kam gerade vom Wasserbunkern zurück.

Verschwitzt, verdreckt und kaffeedurstig ruderte ich zurück an Bord - und war ein wenig niedergeschlagen. Meine Jeanstasche hatte ein Loch, und ich hatte die Münze verloren.

Dabei sah ich David unter dem Sonnensegel der INTREPID stehen, und ich hatte den Eindruck, als beobachtete er mich, seit er mich das Bachbett herabkommen sah, bis ich FIRECREST erreicht hatte und unter Deck verschwand.

Korallen und Haie

In Benures Bay endete mein Sammeln exotischer Meeresschnecken. Ich überlegte, wie ich den Einsiedlerkrebs umbringen konnte, so daß er in seinem Schneckenhaus erhalten blieb. Üblicherweise wirft man Krebse in kochendes Wasser, was sie augenblicklich tötet. Doch die Schneckenschale hätte ihn vielleicht zu lange geschützt. Wenn ich das Wasser aber langsam erwärmte, so dachte ich, würde ihm der Sauerstoff entzogen, so daß er einfach einschlafen und von seinem Ende nichts spüren würde.

Es war ein Irrtum. Noch heute verfolgt mich der Anblick seines Todeskampfes. Deshalb habe ich ihn aufgehoben. In dem Sinne litt der Krebs für all die Mitkreaturen, die seitdem vor mir sicher sind.

In der ruhigen Bucht konnte ich nun in aller Ruhe den antiken Außenborder ausprobieren. Es war der kleinste Seagull-Motor, ein PS stark, aber am Heck unseres Dingis wirkte er imposant. Als ich ihn das erste Mal zum Laufen brachte, warf er das Boot beinahe um. Der Motor war grundsimpel. Er hatte keinen Leerlauf, und um ihn wieder auszumachen, mußte man die Hand gegen den Vergasertrichter drücken.

Doch nun war die Bucht plötzlich klein geworden. Der Motor soff, ölte und knatterte, aber mit breiter Bugwelle schob er das Dingi mit Christine und mir überall hin. Zum Beispiel zu jenem verlockenden Riff am Eingang der Bucht.

Durch den Glasbodeneimer sahen wir einen untermeerischen Tropenwald. Elchhornkorallen und Tischkorallen, Geweihkorallen und riesige Blöcke von Hirnkorallen konnten wir bestimmen, aber das war so, als ob man im Regenwald gerade die Gummibäume erkennt. Venusfächer und Büsche von Gorgoniakorallen schwangen in der leichten Strömung, und rote und blaue Seeanemonen klebten wie Kaktusblüten auf einer Gruppe grüner Säulenkorallen.

Heute legt auch die Freundin Maske und Flossen an.

Ich lasse mich über Bord gleiten. Dicht über der Wasseroberfläche riecht es fischig nach Seegras. Dann nehme ich den Dingianker und lasse mich von ihm hinabziehen in die angeblich schweigende Welt. Doch sie ist erfüllt von Knistern und Knacken, jenem vertrauten Hinter-der-Bordwand-Geräusch unserer Ankerplätze, und dem Plätschern der Wellen am nahen Felsenufer. Dann poltert es im Dingi über mir, und Christines Gestalt schäumt hinab in einer Wolke von Blasen.

Und schon taucht sie davon mit meerfraulicher Eleganz ins verschwommene Türkis. Das flutende Haar ändert mit der Entfernung seine Farbe von rotgold zu braungrün, das Weiß ihrer Haut wird zusehends hellgrün und dunkelgrün die gummibefloßten Füße. Dann verschwimmt ihr Umriß mit dem Element, in dem sie scheinbar nicht zu atmen braucht.

Ich lege den Dingianker auf einen lastwagengroßen Korallenblock und gehe auf Pirsch. Jagen will ich, doch ohne zu erlegen - wegen der

Ciguatera. Die Harpunenschleuder habe ich nur als Haistock dabei.

Und so kommt die Gelegenheit. Ich blicke einem Schwarm gelbgestreifter Brassen nach, die gerade unter einem Pärchen tanzender Königinnenfische hindurchgezogen sind, da schwimmen fünf große Kalmare langsam durch den Korallenwald. - Kalmare sind frei von Ciguatera.

Vorsichtig spanne ich die Stränge der Harpune. Das scheint die Tiere zu interessieren. Sie kommen näher - so groß wie Makrelen mögen sie sein. Die Hautsäume an den Körperseiten bewegen sich in Wellen. Mit großen Basedowaugen betrachten sie mich, gaukeln spielerisch auf und ab, ohne auf Formation zu achten, ganz anders als Fische - und etwas unheimlich.

So schwammen sie bereits im Kambrium. Und ihre Verwandten gehören zu den größten lebenden Tieren. Faßdicke Tentakeln mit tellergroßen Saugnäpfen hat man in den Mägen von Pottwalen gefunden, die ihnen in der Tiefsee nachstellen - zum Beispiel vor Teneriffa.

Der Pfeil sitzt, und der Kalmar verendet in einer Tintenwolke. Ich ziehe das Tier vom Dreizack und lege es ins Dingi. Zur Hälfte ist das Abendessen gesichert.

Vorsichtig ließ ich mich zurück in die Tiefe sinken. Plötzlich barg das lichte Türkis ein bedrohliches Element. Ich hatte den Frieden gestört und verdrängte die Vorstellung, was ich alles für Tiere hätte sehen können, wäre das Wasser zwischen hier und Tortola so klar gewesen wie die Luft. Die 20 Meter Sichtweite reichten gerade, um leidlich Selbstvertrauen zu behalten.

Nicht weit entfernt, fand ich die Tintenfische wieder. Mißtrauisch hielten sie nun Abstand - drei Meter, zu weit für einen Schuß mit der Harpune.

Da war der Korallenblock, über dem das Dingi schwoite. Wenn es mir gelang, die Kalmare dort vorbeizutreiben... Ich schwamm ein Stück weg, schlug einen Bogen und drückte die Kalmare dann langsam vor mir her. In dem Moment, als sie rechts von dem Korallenblock verschwanden, tauchte ich ab zum Grund, etwa vier Meter tief, und schwamm mit schußbereiter Harpune links herum.

Die Tintenfische standen noch genau dort, wo sie mich aus den Augen verloren hatten. Sie taten mir leid, wie sie sich umwendeten und eine Sekunde zögerten, ehe sie das näherkommende Etwas wieder in ihre kleinen Gehirne eingeordnet hatten. Da war die Harpunenspitze auf eine Pfeillänge heran, und ich drückte ab.

Ich legte Harpune und Beute ins Dingi und kletterte hinterher. Das Wasser hatte etwa 24 Grad, aber trotzdem kühlte man aus. Ich genoß die wärmende Sonne und hielt nach meiner Gefährtin Ausschau.

Sie war ziemlich weit draußen. Aber das hatte sie wohl auch bemerkt, denn nun begann sie, zügig auf mich zuzuschwimmen. In kurzen Abständen hob sie dabei den Kopf, und als sie dann auch winkte und ich ihren Ruf hörte, hatte ich den Dingianker schon im Boot und den Außenborder angeworfen. Schnell war ich bei ihr, Christine ergriff das Dollbord und schwang sich mit einem kräftigen Flossenschlag ins Boot.

»Iiihh!« stieß sie aus, als sie sich mitten zwischen die glitschigen Kalmare setzte, die auf dem Dingiboden in ihrer Tinte schwammen.

»Was ist denn das?!« Doch sie klang eher erleichtert. »Uff!« seufzte sie dann.

»Was war denn?«

»Greifen Rochen Menschen an?«

»Eher kleine Fische und Krebse.«

»Da!« zeigte sie über Bord.

Zwei große, rhombusförmige Schatten zogen gemessen unter dem Dingi hindurch. Deutlich sah man das Schwingen der Flossen.

»Donnerwetter!« fiel mir nur ein.

»Vielleicht haben sie mich für einen Schwarm Shrimps gehalten.«

»Oder für einen Tintenfisch - wenn du noch länger dort sitzt, wird dein Badeanzug farbecht.«

Im nächsten Moment glich die Gefährtin Eva und wusch ihren teuren Modellbadeanzug in Meerwasser.

»Guck weg - oder anders!« Die Freundin faßte mich am Kinn und drehte meinen Kopf zur Seite.

»Setz dich nur nicht wieder auf unser Abendessen!«

Christine schob die Tiere mit einer Zehe hin und her.

»Und was ist mit Ciguatera?«

Mit spitzen Fingern hob sie ein Tier hoch.

»Vorsicht!« rief ich, doch zu spät. Die Freundin hatte auf die Tintenblase gedrückt.

»Zebra!« lachte ich. Rinnsale schwarzbrauner Sepia liefen an ihr herab.

»Rein ins Wasser!« empfahl der Skipper.

»Nein!« stieß sie hervor. »Da war auch ein Hai!«

»Ein Hai!?«

»Deshalb habe ich doch gerufen. Und dann kamen die Rochen. Aber du hast mich überhaupt nicht beachtet!« klang es vorwurfsvoll.

»Aber ich bin doch gekommen.«

»Ja, nachher!«

»Tapferer Smutje! Wie groß war denn der Hai?«

»Na - wie ein großes Ferkel vielleicht.«

Ich lachte. Andererseits: Ein Hai wie ein Ferkel hat schon ein Maul wie ein Blumentopf.

»Finger weg - und ab nach Hause!« befahl die Freundin.

»Aber am Ufer entlang!«

Ich setzte das knatternde Ungetüm in Gang und steuerte in großem Bogen um die INTREPID zur FIRECREST.

Inselhüpfen

Freundin und Dingi waren von Sepia saubergeschrubbt, und die Kalmare hatten, gewaschen, zerkleinert, paniert und gebraten, köstlich gemundet. Inzwischen war die Nacht wieder so schnell gekommen, als hätte der »Chef« eine dunkelblaue Decke über die Inseln gezogen. Nun saßen wir aneinandergelehnt an Deck, nippten an unseren lauwarmen Drinks aus Rhum, Ananassaft, Kokoscreme und H-Sahne und beobachteten, wie sich die sternenglitzernde Hohlkugel langsam um Norman Island drehte.

Wenn man so dicht auf engem Raum zusammenlebt und der andere mit all seinen Lebensäußerungen immer gegenwärtig ist, wird das Bedürfnis nach Zärtlichkeit seltener. Aber manchmal kam es dann umso stärker.

Die Sterne irisierten auf der schwarzen Wasserfläche. Gelegentlich wurden sie unterstrahlt von dem grünweiß flutenden Umriß eines großen Seetieres. Vom Ufer schrillten Zikaden.

Am Morgen lichteten wir Anker, um weiterzubummeln durch die British Virgin Islands.

Gemütlich kreuzten wir gegen mäßigen Passat zwischen den kleinen Inseln hindurch nach Nordosten. Meeresschildkröten trieben vorbei, Tölpel tauchten vor unserem Bug, Goldmakrelen sprangen, Ketten von Pelikanen kreuzten unseren Kurs.

Bei Sonnenuntergang segelten wir durch die Riffpassage in den Gorda Sound und ankerten in der Nähe einer norwegischen Hotelanlage.

Abends saßen wir bei Pianomusik in der Hotellobby und genossen die Zivilisation in flüssiger Form, als jemand die Pianistin unterbrach und das Radio lauter stellte. Eine Passatstörung mit Sturmböen aus Nordost bis Nordwest wurde für morgen angesagt. Na, das kannten wir ja schon.

Well Bay

Trotzdem gehen wir beim ersten Tageslicht ankerauf. Die Riffpassage können wir bei dem Nordost gerade noch anliegen. Draußen verneigt sich FIRECREST tief im nördlichen Schwell - da hat es irgendwo schon kräftig geweht.

Nun könnten wir bequem zurücksegeln nach Tortola. Aber uns zieht nichts dorthin, wo hier überall Ankerplätze locken.

Leider liegen die schönsten jetzt auf Legerwall. Am Strand von *The Baths* explodieren Gischtfontänen zwischen elefantenrückenartigen Granitfelsen. Über dem weißstrahlendem Sand dahinter leuchten Kokospalmen grüngolden in der Morgensonne. Der Wind dreht weiter auf Nordnordost und legt noch zu.

»Laß uns sehen, wie es auf der anderen Seite des Drake Channel aussieht«, schlage ich vor.

Dort, in Lee von Beef Island, liegt der Karte nach die kleine *Well Bay*, die Brunnenbucht, eine kreisrunde Vertiefung im vorgelagerten Korallenriff. Eine gestrichelte Linie mit der Angabe 2,5 (Meter) markiert in der Seekarte eine schmale Zufahrt.

Im Windschutz von Beef Island läuft FIRECREST gleich ruhiger. Böen fallen die Hügel herab, aber die steilen Seen sind fort. Ich klettere in den Mast. Mit der Vormittagssonne im Rücken sind die Korallenriffe gut zu erkennen. Helltürkis leuchten sie vor der sonnenverbrannten Küste. Und mittendrin prangt dunkelgrün ein runder Kreis - Well Bay, das muß sie sein! Und die grüne Linie, die den Kreis mit dem dunkelblauen, tiefen Wasser verbindet, ist die Rinne. Wie ein Kanal schneidet sie durch das seichte, helle Wasser über dem Riff.

Wir kreuzen näher.

»Wir versuchen es«, sage ich zu Christine, die nun am Ruder steht. »Es sieht sehr geschützt aus.«

FIRECREST geht wieder über Stag. Nun liegt die Rinne genau voraus: dunkelgrün, einige Bootslängen breit und anscheinend klar von Untiefen. Mit halbem Wind und mit doppelt gerefftem Groß und Klüver können wir schön langsam hineinsegeln - und wieder heraus, wenn wir wollen.

Die Fock ist aufgetucht, das Vorschiff frei, der Anker klar zum Fallen. Noch eine Kabellänge bis zur Rinne. Mir wird der Gaumen trocken. Zur Sicherheit öffne ich das Kühlwasserventil und schalte die Zündung ein. Nun kann der Motor jederzeit starten.

Dann ist ein Abdrehen nicht mehr möglich. Zügig schieben wir uns in die Passage. Zu beiden Seiten stehen die Korallen bis dicht unter der Oberfläche. Und schon wird es wieder tiefer, blaugrün das Wasser, wir sind im »Brunnen«.

»Fünf Meter!« ruft Christine, die vom Ruder aus das Echolot beobachtet und auf meinen Wink jetzt in den Wind dreht.

Der Klüver fällt, das Boot sackt über den Achtersteven, treibt quer, der Anker klatscht ins Wasser, die Kette rasselt hinterher. 20 Meter laufen aus, dann ziehe ich die Bremse an. Schräg spannt die Kette aus dem Wasser, FIRECREST schwoit herum, törnt ein. Der Anker hält.

Nichts läßt sich mit dem Gefühl vergleichen, nach einer spannenden Ansteuerung unter Segeln von dem nun sicher verankerten Boot in die Runde zu blicken.

Dürres Grasland senkte sich von rotbraun verbrannten Höhen zur Küste. Palmen und Baumgruppen unterbrachen das gelbwogende Grasland wie in einer verwilderten Parkanlage. Übermannshohe Grasbüschel wehten im Wind. In einiger Entfernung lugte ein rotes Blechdach zwischen grünem Laubwerk hervor. Sonst war von menschlicher Anwesenheit nichts zu sehen.

Auf den ersten Blick lag FIRECREST ungeschützt an offener Küste. Doch von dem Schwell, der draußen gegen die Riffkante brandete, war hier innerhalb des untermeerischen Schutzwalles nichts zu spüren. Nur

Fallböen kräuselten die Well Bay. Sie hatte etwa die Größe eines mittleren Baggersees.

Das Boot lag wie in einem klaren Swimming Pool. Wir sprangen sofort hinein. Der Anker hatte sich tief in den grobkörnigen Korallensand gezogen, der die Mitte des »Brunnens« bedeckte. An seinem seewärtigen Rand versperrten Verhaue von Hirschhornkorallen den Weg auf das Riff. Zum Schnorcheln blieb nur die Rinne, durch die wir gekommen waren.

Hier schwankte ein Wald von Venusfächern in der Strömung. Wir pflückten uns einige schöne Exemplare und beobachteten farbenprächtige Schnecken, um sie später in unserem Buch zu bestimmen.

Wie vorhergesagt, sprang der Wind mittags auf Nordwest. Böen rissen Gischt von den kurzen Windwellen, und der Kutter schwoite heftig. Langsam wurden uns die Passatstörungen geläufig. Das übliche Vormittagstief war zwei Millibar tiefer ausgefallen, befand sich aber wieder auf dem Weg nach oben.

Trotzdem machte ich den 35-Kilo-Stockanker klar, mit Vorläufer aus 10-Millimeter-Kette und schwerer Nylontrosse. Außerdem legte ich das Trysegel bereit.

Doch die Störung zog schnell durch. Als wir Tee getrunken und Christines selbstgebackenem Kokos-Ingwer-Kuchen alle Ehre angetan hatten, lag FIRECREST inmitten des Riffteiches in totaler Flaute. Die Sonne versank hinter Beef Island in einer Farbenorgie, als wollte sie die Drohung nachreichen.

In dieser Nacht waren wir dem Meer sehr nahe. Das Riffleben knisterte unter dem Boot, und es lockte uns immer wieder an Deck, um der Brandung zu lauschen, die Sternbilder zu betrachten und die seltsam wabernden Lichterspiele unter dem Spiegel der Rifflagune.

Als es hell wurde, blies der Passat wieder normal mit guten 5 Beaufort. Der tägliche Luftdruckzyklus hatte sich wieder eingependelt. Doch nun bot nur das Südkap der Insel noch etwas Schutz. Der Schwell stand schon voll auf das Außenriff. Die Brecher donnerten, Schaum schwamm auf dem Wasser, und salziger Sprühdunst wehte wie Rauch über den Ankerplatz.

Als es am Nachmittag noch aufbriste, wurde ich nachdenklich. FIRECREST lag sicher, aber Auslaufen wurde nun gefährlich.

Mit genügend Segelfläche würde das Boot durch die Roller am Ende der Rinne leicht hindurchziehen, und von dort aus brauchten wir nach Roadtown nur abzufallen. Aber die Rinne selbst war bei dieser Tageszeit kaum zu sehen. Riffpassagen plant man so, daß die Sonne hinter einem steht. Nur dann lassen sich Untiefen und Korallenblöcke zuverlässig an der Wasserfärbung erkennen.

So baute ich eine Fahrwasserbetonnung, die uns im Notfall vom Sonnenstand unabhängig machen sollte. Das Material dafür fand ich in der Werkstattlast und am Inselufer. Aus angetriebenen Waschmittelflaschen, Bambusrohr, Plastiktüten, Draht und Bändselgut bastelte ich zwei Bojen. Ihre Ankerleinen befestigte ich an Korallenbrocken.

Das Ausbringen der Bojen war eine spannende Aufgabe. Wir ruderten die halbe Rinne entlang, und Christine ließ Mitte Fahrwasser die erste Boje über Bord.

Dann mußten wir hinaus in den Schwell. Beiderseits der Einfahrt schäumte die Brandung. Doch das Dingi mit uns beiden schwamm so sicher wie ein Korken, und wir konnten die richtige Position für die zweite Boje in Ruhe aussuchen.

Nachher war es ein gutes Gefühl hinauszublicken, wo unsere kleinen Seezeichen mit ihren Fähnchen aus Plastiktüten tapfer auf- und abtauchten.

Diese Maßnahmen wirkten wie das Klarmachen des Sturmankers. Nachts wehte nur noch ein milder Hauch, und am nächsten Morgen breitete sich weite, stille See.

Nach dem Frühstück trieben wir unter allen Segeln langsam durch die Rinne hinaus wie über ein Aquarium.

Nächtliche Abreise

Als wir wieder innerhalb der Mole von Roadtown ankerten, war TORTUGA nicht mehr da. Wohin mochte es den jetzt einhand segelnden Gerd wohl treiben?

Auch wir wollten weiter, zu den US-Virgin Islands. Langsam bekamen wir Sehnsucht nach Post von zu Hause.

Wir wollten nur noch Wasser bunkern, ausklarieren, das Gewehr abholen und ein paar Dinge einkaufen, die es in »Amerika« vielleicht nicht in der Qualität gab, wie englische Biskuits, Tee und Ingwerkekse.

Zum Wasserbunkern gingen wir an den Steg. Für 200 Liter Wasser zahlten wir vier US-Dollar. Das hatten wir mit dem Manager der Marina abgemacht. Für drei Stunden Festmachen in der Marina sollten wir jedoch noch einmal 13 US-Dollar zahlen. Das hatten wir nicht abgemacht. Ich wertete es als Rache der Marinaverwaltung an den Yachties, die umsonst draußen ankerten, dachte an meinen schlechten Ruf bei den hiesigen Behörden und zahlte.

Zur Polizeikaserne nahm ich Seesack und Schraubenzieher mit. Diesmal wollte ich das Gewehr lieber zerlegt transportieren. Der joviale Kommandant wünschte Gute Reise, aber er schärfte mir ein, mit der Waffe an Bord müßten wir heute noch auslaufen. Dann ließ er mir einen verrosteten Schießprügel aushändigen, der inzwischen anscheinend im Freien gelegen hatte. Tief atmete ich durch und behielt die Kontrolle.

An diesem letzten Abend leisteten wir uns noch einmal königliche Cheeseburger und Planters Punch im *The Wharf*.

INTREPID lag wieder an ihrem Liegeplatz, und so war auch David hier. Er winkte kurz und wendete sich dann wieder seinen Tischgenossen zu. Sicher tat ich den vier Männern unrecht, aber sie erinnerten mich sofort an eine Verfilmung der *Schatzinsel*. Von Jeans und T-Shirts abgesehen, wirkten die Männer nicht anders als die verkappten Piraten in John Silvers Hafenkneipe *Das Fernrohr*. Der Eindruck verwischte sich auch nicht, als David zwischendurch an unseren Tisch kam.

»Hallo, ihr beiden! Auf Schatzsuche gewesen?«

»Da bist du doch der Fachmann«, lächelte ich.

»Man kann nie wissen«, meinte er vieldeutig. »Und? Wieder rüber in die Benures Bay?«

»St. Thomas. - Wir haben schon ausklariert.«

»Schade«, grinste er, aber es klang fast erleichtert, »dann sind wir ja allein auf Norman Island. Jedenfalls gute Reise!«

Er schüttelte uns die Hände und strebte wieder seinen Leuten zu. Ging es jetzt zur Sache auf der »Schatzinsel«?

Wir ließen die beleuchteten Bootsstege hinter uns und ruderten hinaus auf die stockfinstere Reede.

Wir setzten das Dingi gleich an Deck. Während ich die Petroleumlampen einbrannte, machte Christine unten seeklar.

»Können wir denn genug sehen?« kam ihre Frage aus der Luke.

»Die Molenköpfe sind befeuert. Nur draußen sollten wir klar von den kleinen Tonnen bleiben, sonst gibt´s Schrammen.«

»Unter Deck ist alles klar«, meldete die Crew.

Mit Groß und Klüver schob sich FIRECREST zwischen den unbeleuchteten Ankerliegern über die dunkle Reede. Verhalten murmelte die Brandung an den Steinschüttungen. Als wir zwischen den winzigen Einfahrtslampen standen, hob uns sanfte Dünung. Durchs Glas waren die kleinen Fahrwassertonnen als dunkle Flecke gut zu erkennen.

Draußen legten wir uns platt vor den Wind, Kurs auf St. John, die große Urwaldinsel, die schon zu den USA gehört. Ab und zu schlugen die Segel, wenn ein höherer Dünungsrücken unter dem Heck hindurchlief.

Wegen eines nervösen Polizeikommandanten schlug ich mir nun die Nacht um die Ohren. Denn obwohl meine Gefährtin souverän ihre Wache ging, fand ich doch keine Ruhe und schaute alle naslang in die Runde, ob wir nicht zu dicht unter die Küste trieben.

Als ich nach Mitternacht wieder Wache hatte, und meine Geliebte selig schlummerte, schoben wir langsam an Tortolas Südkap vorbei. Mir fielen die Augen zu.

Hinter dem Kap lag eine Bucht. Ich schätzte die Richtung des Schwells. Demnach müßte man da drinnen ruhig liegen können, dachte ich und änderte Kurs mitten ins Schwarze.

Als das Kap achteraus peilte, nahm der Schwell wirklich ab. Lautlos glitt FIRECREST unter der dunklen Masse der Berge wie auf einem Teich. Das Echolot lief: zehn Meter, dann neun, dann acht Meter.

Da griff ich voll ins Ruder, und eine unbeleuchtet vor Anker liegende Yacht glitt durch den roten Schein der Backbordlaterne. Einmal in der Drehung, ließ ich FIRECREST in einen Aufschießer hineinlaufen, bis sie nach einer Weile stand. Sechs Meter zeigte das Echolot. Leise fierte ich den Anker zu Wasser, um die Stille nicht zu stören.

Provisorisch machte ich die Segel fest, löschte die Positionslampen, setzte die Ankerlampe(!) und ging schlafen.

St. John vorbei

Die Kajüte lag im hellen Morgenlicht.

Draußen zogen rosa Schäfchenwolken langsam von Nordosten über die dunkelgrünen Bergrücken. Zwischen Palmen und einem gelbblühenden Baumriesen mündete ein Flüßchen in die stille Urwaldbucht. Von einer überhängenden Felswand stäubte ein Wasserfall. Nirgends ein Zeichen von menschlicher Besiedlung. In der Nähe nur die Yacht, die ich beinahe gerammt hätte. Dort schien noch alles zu schlafen.

Blinzelnd tauchte Christine aus dem Niedergang.

»Wo sind wir denn hier?«

»Noch vor Tortola - illegal.«

Eine halbe Stunde später trieben wir langsam hinaus in den Sund. Jenseits erhob sich düster und geheimnisvoll die Insel St. John. Die Berge waren von dichtem Regenwald bedeckt, wie einstmals die meisten Antillen. Heute gehörte die Insel einem amerikanischen Milliardär, der dafür gesorgt hatte, daß sie zum Naturpark erklärt wurde, zum Leidwesen von Hilton, Sheraton & Co.

Draußen legte der Wind zu, und bald rauschte FIRECREST mit ausgebaumter Raumfock nach Westen. Steile Seen brachen im Kielwasser und benetzten das Achterdeck, aber die Inselküste veränderte sich nur sehr langsam. Wir kamen kaum voran gegen den Gezeitenstrom - von bis zu vier Knoten war im Seehandbuch die Rede. Aber Aries steuerte geduldig, und einmal mußte die Tide ja kentern.

Das tat sie, als wir kurz vor den Narrows standen, dem engen Schlauch zwischen Great Thatch Island und St. John. Plötzlich glätteten sich die Seen, und dann schienen die Ufer im Zeitraffer vorbeizuziehen.

Heute bedauere ich, daß wir St. John nicht angelaufen haben. Doch die Post wartete in Charlotte Amalie, und wir dachten, die Landschaft würde immer noch schöner werden. So passierten wir Buchten mit weißen Stränden und Palmen vor traumhafter Urwaldkulisse. Wir sahen die halbversteckten Dächer einzelner Pflanzungen und Landhäuser und nur wenige größere Siedlungen.

Während die Gefährtin das Mittagessen an Deck reichte, blieb St. John langsam achteraus.

Die Sonne stand schon dicht über der Kimm, als uns die Abendbrise in die weite Bucht von Charlotte Amalie schob.

Da ankerten zwischen Russel Island und St. Thomas die großen Kreuzfahrtschiffe sowie Hunderte von Yachten und mitten darin ein schönes Vollschiff unter dänischer Flagge.

Es war die DANMARK. Kadetten in weißem Drillich winkten vom Achterdeck, als wir unter dem tief vom Heck herabwehenden Danebrog vorbeisegelten und Flagge dippten. Unter den Megayachten und Passagierdampfern wirkte das kleine Vollschiff geradezu zierlich.

Wie wir bald hörten, waren wir wieder mal nicht dabeigewesen: zu der Riesenfete gestern abend auf der DANMARK mit Büffet und großem Feuerwerk. Denn es war der 60. Jahrestag des Verkaufs der dänischen Jungferninseln an die Vereinigten Staaten von Nordamerika.

Ich strich den Flieger, staute ihn in aller Ruhe weg, dann die Fock, um das Vorschiff freizubekommen, als nächstes das Toppsegel. So schoben wir uns langsam über die Reede und suchten nach einem Ankerplatz.

»He, da ist ja BAJADERE!«

»Und da GOLEM - und AFRICAN QUEEN!«

Wir waren wieder ein bißchen angekommen.

Honeymoon Bay

Einen Monat blieben wir in den Gewässern von Charlotte Amalie. Hier schrieb ich mein zweites Buch zu Ende, und hier überholten wir in aller Ruhe FIRECREST für den langen Törn über den Nordatlantik.

Zunächst aber erlebten wir den Kulturschock der fast unbegrenzten Einkaufsmöglichkeiten in den amerikanischen Kaufhäusern und Supermärkten.

Mit einer neuen Kühlbox und Eis aus dem Automaten am Yachthafen schwelgten wir jetzt täglich in frischer, kühler Milch, Butter, Cheesedip, Eiern und anderen dekadenten Genüssen.

Meine Gefährtin erstand einen weiteren jener Badeanzüge, von denen ich vermutete, sie seien mit Platinfäden genäht, und babyrosa Bermudashorts, die als »Bonscherhöschen« in die Annalen der FIRECREST eingingen.

Dafür entdeckte ich in einem Hinterhof einen Second Hand Shop für Yachtausrüstung. Während meine Kameradin geduldig in der Münzwäscherei ausharrte, fand ich in den faszinierenden Schatzhöhlen noch fehlende Teile für den Außenborder, bessere Umlenkrollen für die Steuerleinen der Aries und ein Segelhandbuch für die Bermudainseln. Dabei bewachten mich von den oberen Eisenregalen her zwei Aras, der eine gelb und blau, der andere rot und weiß. Alle paar Minuten gellten ihre Schreie ins Knochenmark, bis ich alles hatte, und der tätowierte, grauhaarige Hells-Angel den Rechnungsbetrag in die barocke Messingkasse hämmerte.

Abends verließen wir die geräuschvolle Reede meist wieder, wenn wir uns nicht mit Segelfreunden zur »Happy Hour« - bei Sonnenuntergang gab´s eine Stunde lang alle Cocktails zum halben Preis - auf der Terrasse des Yachtclubs trafen.

Während wir dann unseren Sundowner schlürften und zusahen, wie die Flugboote mit dröhnenden Motoren mitten zwischen den ankernden Yachten und Kreuzfahrtschiffen starteten und landeten, berichtete Andreas von seinen neuesten Erlebnissen als Angestellter der hiesigen Charterbootfirma. Sabina und er wollten sich auf den US-Virgins niederlassen. BAJADERE stand zum Verkauf.

Spätestens am nächsten Morgen aber setzten wir wieder Segel.

Druif Bay hatte es uns angetan, im Inselslang *Honeymoon Bay* genannt - ein schmaler Einschnitt in der Westküste von Water Island. Im Scheitel der Bucht gab es ein Strandlokal, im Schatten von Kokospalmen standen schlichte Hotelbungalows, und von agavenbewachsenen Granitblöcken sahen bunte, hölzerne Ferienhäuser in skandinavischem Stil hinunter auf die ankernden Yachten.

Helle Kinderstimmen wehten durchs Rauschen der Brandung, der Passat trug einen Hauch von Sonnenöl herüber, und zuweilen brummten die tiefen Motoren einer alten DC-3, die nach Puerto Rico und zu den Bahamas flog.

Nun trugen wir fast nur noch Badekleidung. Mit den selbstquälerischen Kraftgebräunten hatten wir wenig gemeinsam, doch jetzt wurde sogar Christine mit ihrem sehr hellen Teint richtig braun.

»Deine Haut sieht aus wie das Holzdeck, als es noch neu war«, glaubte ich einfühlsam bemerken zu müssen und wäre dabei fast über Bord gegangen. Dabei meinte ich doch: wie frischgehobelte Pitchpine.

Hier in der Bucht war das Wasser nun auch meiner wettkampfer-

probten Gefährtin warm genug, und sie trainierte wieder ein wenig. Nach ein, zwei Strecken zwischen Ufer und Boot erreichte sie mühelos ihre Bestzeiten. Nur mit Schwimmflossen vermochte ich mitzuhalten.

Doch lieber ließ ich mich an der Oberfläche treiben und betrachtete die großen Karettschildkröten. Zutraulich schwammen sie zwischen den Ankerliegern und weideten die Seegraswiesen ab wie Kühe.

Leider weideten sie nicht an unserem Unterwasserschiff. Denn vom Antifowling war nichts mehr übrig. Doch die Preise für Aufslippen in dieser US-Enklave waren phantastisch. So blieb nur Schrubben.

Sobald ich damit anfing, klammerten sich Hunderte von heimatlos gewordenen Seepockenkrebsen und Salzwasserflöhen an meine Haut und in die Haare und begannen zu jucken und zu krabbeln. Erst beim Abduschen wurde ich sie wieder los - bis unsere »Wiese« nach wenigen Tagen wieder erntereif war und sich die ersten Seepocken wieder angesetzt hatten.

Auch der Dingiboden brauchte regelmäßige Behandlung. Zwar zogen wir das Beiboot meist an seiner Fangleine hinterher, aber wenn wir es doch mal an Deck setzten, verschmierten wir alles mit dem algigen Boden. Und Seegrasflecken sind farbecht, wie sich nach unserer Kenterung in der Anse Mitan herausgestellt hatte. Mein Anzug hatte das Bad gut überstanden, nicht aber den Kontakt mit dem Dingiboden. Die Seegrasflecken widersetzten sich sogar der chemischen Reinigung. So versenkte ich das gute Stück eines Tages in »Davy Jones großem Keller«.

Zum Dingischrubben suchten wir unseren »Privatstrand« auf - eine kleine Sandbucht zwischen den Felsen, nur vom Wasser aus zu erreichen. Während Pelikane von den Felsen niederblickten und meterlange Leguane uns mißtrauisch beäugten, spülten wir die Wasserfässer mit Sand und Seewasser, stoppten Christines phänomenale Schwimmzeiten und bauten sogar eine echt deutsche Sandburg - bis die Brandung aufkommender Dünung sie wieder einebnete.

Hurrikanwracks

Diese Dünung war es, die den Ankerplatz gelegentlich ungemütlich machte. Wenn sich der Passat dann noch seltsam benahm und die Barometerkurve einen Knick machte, dachten wir an das Schicksal der schönen Yacht von Hein Mastmeier und seiner Frau, den hiesigen Stützpunktleitern vom Trans-Ocean Club.

Als wir unsere Post bei ihnen abholten, hatten wir sie eigentlich auf ihrer 80 Jahre alten ARCONA erwartet. Doch die hatte - durch einen Ruderschaden - Honeymoon Bay beim vorletzten Hurrikan nicht mehr rechtzeitig verlassen können und war hoch auf den Strand gespült worden. Dort hatte Hein sie mit großem Aufwand wieder aufgerichtet und instandgesetzt. Über einen provisorischen Slip war sie klar zum Ablaufen, als der nächste Hurrikan sie zu Kleinholz zermörserte.

Wenn der Schwell uns zu bedrohlich wurde, verholten wir deshalb in die benachbarte Elefant Bay, die nicht so tief eingebuchtet war und vom gegenüberliegenden St. Thomas geschützt wurde. Hier wären wir bei Legerwall schneller weggekommen als aus der Mausefalle der Honeymoon Bay. Daß es trotzdem nicht jedem gelang, sahen wir an den Wracks. Allein acht lagen oberhalb der Wasserlinie - von hoch und trocken bis nur noch Mastspitze aus dem Wasser. Das Ufer lag voller Trümmer wie ein Abwrackplatz.

Und eines Morgens mußte ich zehn Meter tief tauchen, um den Anker aus der klaffenden Luke eines versunkenen Seglers zu haken. Hinter den düsteren Umrissen des alten Wracks dräute eine trübe, grüne Wand, und ich war froh, als ich wieder an Deck stand.

Sobald wie möglich verholten wir wieder in die »Flitterwochen-Bucht«, die sich ihren Namen durchaus verdiente. Dort verwöhnte mich die Geliebte auch kulinarisch, und ich revanchierte mich, indem ich die Atmosphäre mit dem Klappern der Schreibmaschine erfüllte. Endlich zog ich den letzten Bogen aus der Walze. Zur Belohnung für ihre Geduld durfte die Freundin nun Korrektur lesen.

Zum Osterfrühstück pendelten bemalte, ausgeblasene Eier von der Kajütsdecke. Wir überließen sie nachher der Fürsorge unserer Segelfreunde. Hohle Eier haben an Bord eines Segelbootes keinen leichten Stand. Eines bekam Regine von der Hamburger Yacht LISSY.

Regine und Peter waren ebenfalls auf Langfahrt. Doch nun war die Bordfrau schwanger. Was tun? Mit Baby wollten sie jedenfalls nicht weitersegeln. Die werdende Mutter sollte also mit dem Flugzeug nach Deutschland zu den Eltern, und Peter suchte einen Mitsegler, um das

Boot über den Teich zurückzusegeln. Etwas wehmütig versuchten sie jetzt, noch ein bißchen Karibik zu genießen.

Natürlich erhielt auch BAJADERE ein Ei. Sabina und Andreas waren noch einmal zum Wochenende herübergekommen und berichteten, daß Holger und Christa mit GOLEM schon nach Norden weitergesegelt seien, während Claus mit der AFRICAN QUEEN nach Panama ausklariert hätte.

Die kleingewordene Seglerkolonie traf sich am Strand zum Barbecue. In der schnell sinkenden Dämmerung standen wir - Bierdosen und gegrillte Spare-Ribs in Händen - in der lauwarmen Brandung und wußten, daß wir uns wahrscheinlich nie wiedersehen würden.

Mix it again, Sam

Auch FIRECREST war seeklar.

Ein letztes Mal hatte ich das Unterwasserschiff abgeschrubbt. Von nun an würden die Algen und Seepocken wachsen. Dereinst beim Aufslippen würden sich die Kameraden vom dänischen Segelklub wundern über daumennagelgroße junge Austern am Kiel.

Noch einmal verholten wir nach Charlotte Amalie, um Post aufzugeben, ein letztes Mal durch die Gassen der Altstadt zu bummeln und das alte dänische Hafenfort zu besichtigen.

Da lag auf der Reede TORTUGA. Und auf dem Vorschiff bräunte - Viktoria!

Ich war sicher, ihren Blick zu fangen, doch da drehte sie sich auf den Bauch und blickte zur anderen Seite. Christine zuckte die Achseln, und wir segelten in taktvollem Abstand vorüber.

Als wir uns später von der Abendbrise langsam zurück zur Honeymoon Bay treiben ließen, hing nun auch das gelbe Kunststoffdingi an TORTUGAs Heck. An Deck ließ sich niemand sehen, und fast erleichtert segelten wir unserer Wege.

Nach Dunkelwerden ruderten wir an Land und gönnten uns unter dem Blätterdach der Strandbar noch einmal dekadentes Ambiente. Ein wenig blasiert waren wir schon, wenn wir uns, mit dem Dingi von unserer »Hochseeyacht« kommend, von der trägen Brandung an den Strand spülen ließen und dann hinauf zur Bar gingen. Dann spürten wir die neidvollen Blicke der Normalurlauber, obwohl sicher mancher eine Segelyacht wie FIRECREST schon mit einigen Monatsgehältern hätte kaufen können.

Umso mehr genossen wir unseren eigenen Reichtum: die Zeit.

Doch der Grund für unseren Landgang war die letzte Chance zu einem Genuß, nach dem wir schon fast süchtig waren: Pina Colada! Dieser Cocktail wurde auf unnachahmliche Weise von Sam, dem schwarzen Barmixer, zubereitet.

Schon von weitem strahlte sein Grinsen. Und als wir dann wieder sein rauchiges: »Hi, Christine, hi, Clem! The same as usual?« hörten, und er bereits nach den Zutaten griff, schweifte mein Blick von der Gefährtin jetzt nachtblauen Augen hinaus in die Bucht, wo das filigrane Rigg der FIRECREST dunkel vor dem Sternenhimmel stand - die einsatzbereite Segelmaschine, unser Synonym für Freiheit.

Von den Jungferninseln bis Bermuda

Gegen Mittag des 29. April verlassen wir die Honeymoon Bay. Bald stehen alle Segel. Nach langer Pause hat wieder Aries Ruderwache übernommen. Trotz der unregelmäßigen Kreuzdünung in Lee der Inseln zieht das Boot bei Südost 3 ruhig durch die See. Langsam sinkt Water Island unter die Kimm.

Um 15.00 Uhr nachmittags haben wir die Durchfahrt zwischen Savana Island und St. Thomas passiert. FIRECREST wiegt sich in gleichmäßiger Atlantikdünung. Voraus liegt Bermuda - 834 Meilen, 001 Grad rechtweisend. Die lange Heimreise hat begonnen.

Um 17.00 Uhr trage ich den letzten terrestrischen Ort in die Karte. St. Thomas verschwimmt als grauer Schatten achteraus. Es hat aufgefrischt.

Radio Antilles spricht von einer Front aus W mit Gewitterböen. Aber hier draußen haben wir reichlich Platz.

Um Mitternacht trägt Christine ins Journal: »Laufen gute Fahrt, voraus der Nordstern, achteraus das Kreuz des Südens.«

Es folgten Tage problemloser Halbwindfahrt, teils unter Vollzeug, teils mit tiefen Reffs. FIRECREST lief, der Bewuchs schien sich kaum bemerkbar zu machen. Wir steuerten N, Großkreis gleich Loxodrome. Nachts reichte zur Kurskontrolle ein Blick aus der Luke, wo der Polarstern genau über dem Klüverbaum stand und von Nacht zu Nacht langsam höher stieg. Im selben Maße sank das Kreuz des Südens wieder unter die Kimm, und bald hatten wir den nördlichen Wendekreis passiert.

Geographisch hatten wir die Tropen verlassen, nicht jedoch klimatisch. An dieser Stelle des Ozeans breitet sich, von Meeresströmungen umkreist, ein riesiges Gebiet warmer Wassermassen, die Sargassosee, die bis Bermuda reicht und den Inseln das nördlichste Korallenriff der Welt beschert.

Sargassosee

Nach vier Tagen hatten wir fast die Hälfte der Strecke zurückgelegt. Doch bevor wir uns an unser Glück gewöhnten, folgte das sattsam Bekannte: Nach nächtlichen Gewitterböen über Sturmsegeln schlief der Wind plötzlich ein, und wir schlingerten jämmerlich durch die hohe Restdünung. Aber wir nahmen es gelassen. Wir waren das Leben auf dem Ozean gewohnter als zu Beginn unserer Reise.

Bald wurde die Dünung flacher, und 24 Stunden später zog FIRECREST mit ein bis zwei Knoten über endlos weite, gemächlich auf- und abdünende See. Nur kam der Wind jetzt genau von dort, wo wir hinwollten: aus Nord.

So segelten wir Tage und Nächte. Zwischendurch drehte der Wind mal auf Nordwest, legte ein paar Stunden Flaute ein, drehte dann wieder auf Nordost. Meistens gab es einen günstigen Holbug, doch zuweilen segelten wir auch den ungünstigeren Schlag, weil das Boot auf diesem Kurs ruhiger in der Dünung lag und Segel und Spieren weniger arbeiteten. So »nähten« wir uns gleichsam im Zickzackstich durch lichtdurchflutete Sonnentage und funkelnde Sternennächte Meile für Meile nach Norden.

Dabei erlebten wir immer lange Flauten, in denen sich FIRECREST inmitten eines ultramarin schwappenden Horizontes träge um sich selbst drehte. Zuweilen waren die Etmale so klein, daß wir die Position vom letzten Mittag in Sichtweite hatten.

Bald hörten wir auf, die Tage zu zählen und immer wieder neue Restdistanzen abzugreifen. Wir lebten mit dem Meer, auf dem Meer. Draußen war es sommerlich warm, aber doch nicht mehr tropisch heiß, und in der Tiefe der Kajüte herrschte angenehme Kühle, so daß wir auf unseren Freiwachen schliefen wie die Babys.

Wir hatten die Nächte wieder in zwei Wachen eingeteilt. Von 20.00 bis 02.00 Uhr ging Christine, von 02.00 bis zum Morgen ging ich. Tagsüber hatten wir keine Wacheinteilung. Wir lasen viel, schrieben, Christine zeichnete, buk Brot und Kuchen, ich fotografierte und filmte, und abends porträtierte ich mit Aquarellfarben die Sonnenuntergänge.

Eines blauen Nachmittags machte ich Inventur in der Segellast. Nachdenklich betrachtete ich den rostigen Karabiner. Zur Kontrolle repetierte ich durch und erschrak, als sich der Schlagbolzen unvermittelt löste, ohne daß ich den Abzug betätigt hätte. Da nahm ich die Waffe an Deck und versenkte sie in 5000 Meter Tiefe.

Wir schwammen jetzt inmitten der Sargassosee, im sogenannten Bermudadreieck. Die Meeresoberfläche war mit leuchtend gelben Büscheln Sargassotang gesprenkelt. Längst hatte ich das Schlepplog eingeholt, weil es ständig verkrautete. Wir koppelten wieder nach Giß.

Bald umgab uns schwimmender Tang, wohin wir blickten. Meist waren es einzelne Büschel bis Stachelbeerstrauchgröße, doch zuweilen schoben sie sich zu löwenzahngelben Flächen von einigen Morgen zusammen.

Als wir wieder einmal mit nur einem halben Knoten Fahrt dahintrieben und nach einer Weile an Deck schauten, steckten wir reglos inmitten einer langsam auf- und niederdünenden Tanginsel. Am Bug hatten sich die Pflanzen sichtbar ein Stück zusammengeschoben. Doch als nach einer Weile wieder Wind aufkam, zog das Boot ohne spürbaren Widerstand hinaus ins freie Wasser.

Wenn wir so ein Tangbüschel mit dem Bootshaken aufnahmen, tropfte wimmelndes Leben heraus: gelbe Flohkrebse, kleine gelbe Fischchen, deren Flossen wie Tangfetzen aussahen und Seepferdchen, Seenadeln sowie winzige Taschenkrebschen, alle in der gleichen gelben Farbe. Der Tang selbst bestand aus endlos ineinander verfilzten, stets gleichstarken Verästelungen, die mit Blättchen und kleinen kreisrunden Schwimmblasen besetzt waren.

Auch eine kleine Fischart, ähnlich einem gelben Goldfisch, schien sich auf das Leben in den Tangen spezialisiert zu haben. Einer davon adoptierte die FIRECREST. Jedesmals wenn Christine unseren Abwasch mit Seewasser vorspülte, kam er unter dem Rumpf hervor und schnappte nach Krümeln und Essensresten.

Täglich besuchten uns große Goldmakrelen. In dem klaren Wasser neben dem Boot schwammen sie wie im Aquarium, und nachts schliefen sie an jener Stelle dicht neben der Bordwand, wo die Strömung ihnen anscheinend angenehm war. Eigenartigerweise kamen sie immer dann in Reichweite, wenn sie sich vor uns sicher fühlen konnten: nach den Mahlzeiten. Denn dann ruhte mein Jagdtrieb. Und die stillen, ruhigen Nächte wollte ich nicht stören durch einen dramatischen Kampf mit einem meterlangen Raubfisch und das schleimige blutige Werk danach.

Daß ich den Goldmakrelen bisher nichts angetan hatte, beruhigte mich ein wenig, als ich ihnen eines Tages besonders nahekam.

Alles schien von Blau durchdrungen, Himmel, See, selbst die schattige Kajüte. Seit Stunden Totenflaute, dazu lange, spiegelglatte Dünung, gelbgesprenkelt mit Sargassokraut, mittendrin die FIRECREST. Ich mußte die Gelegenheit endlich wahrnehmen.

Entgeistert registrierte Christine, wie ich das schon fast vergessene Schlauchboot aufpustete. Das seefest gelaschte Dingi gehörte zum Hochseeanblick der FIRECREST. Deshalb wollte ich es auf der Kajüte stehen lassen.

»Ich möchte FIRECREST mal von außen aufnehmen«, bemerkte ich gleichmütig, jedoch Probleme ahnend.

Als ich das Schlauchboot zu Wasser ließ, bekam meine Gefährtin einen Anfall von Panik. Doch entschlossen steckte ich die schweren Dingiriemen in die engen Gummiösen, schimpfte mit der Freundin, sie solle sich nicht so anstellen, und setzte mich, behängt mit Schmalfilmkamera und Fotoapparaten - auch Christines - in die wabbelige Gummischüssel.

Entsetzt beobachtete die arme Freundin, wie ich mich langsam und unbeholfen mit den viel zu großen Riemen entfernte. Und auch mir war beklommen. Nur ein millimeterdünner, kühler Gummiboden trennte meinen Hintern von 5000 Metern kobaltstrahlender Tiefe. Wenn ich über die aufgeblasenen Wülste - sie schienen bereits Luft zu verlieren - nach unten guckte, trafen sich die Sonnenstrahlen sternförmig in einem schwindelerregend fernen Brennpunkt. Dazwischen schwebten die Leiber großer Goldmakrelen, die durch den flüssigen Saphir langsam zu mir heraufstiegen.

Mit Selbstüberwindung ruderte ich so weit weg, so daß ich den Kutter ganz in die Sucher der Kameras bekam. Tapfer krebste ich einmal im Kreis um das Boot, um es auch bei Gegenlicht aufzunehmen. Es war phantastisch.

Dabei schwammen die großen Goldmakrelen zum Anfassen dicht neben mir. Prachtvoll schimmerte ihr metallisches Blau, Grün und Gold, und ich sah die leicht geöffneten, scharfen Kiefer und die langen, stacheligen Flossen eine Handbreit neben der Gummihaut. Erleichtert kletterte ich endlich zurück in die Geborgenheit der FIRECREST.

Dieses Erlebnis klingt bis heute in mir nach, doch damals widmete ich mich zunächst einmal der entnervten Freundin. Es dauerte eine Weile, bis sie sich - halb widerstrebend - vorsichtig wieder in den Arm nehmen ließ.

Wie um ihre Bedenken nachträglich zu rechtfertigen, erschien am späten Nachmittag ein riesiger Hai. Mehrere Meter lagen zwischen der dreieckigen braunen Rückenflosse und der träge pendelnden Sichel der Schwanzflosse.

Zunächst dachte ich an den Walhai, einen harmlosen Planktonfresser. Doch anhand unseres Bestimmungsbuches erkannten wir ihn dann als Hammerhai. Als er dicht genug heran war, sahen wir seinen monströsen Kopf schlierenhaft gegen die dunkelblaue Tiefe. Still betrachteten wir ihn, als er uns passierte - fast so lang wie das Boot und dicker als unser Dingi.

Nur zwei Zentimeter Außenhaut trennten uns vom Element dieses Tieres, in dessen Magen wir schnell unsere ganz profane Bestimmung gefunden hätten. Hier waren wir nur Besucher mit einer von Segeln vorangetriebenen, dünnwandigen Hohlschüssel, die keinesfalls ein Loch bekommen durfte, weil sie sonst wie ein Stein untergegangen wäre.

Riesenkalmar

Zu keiner anderen Zeit unserer Reise erfuhren wir die Nähe des Ozeans wie in diesen magischen Wochen, in denen wir wie losgelöst aus unserer Welt dahintrieben, wie auf einem fremden Wasserplaneten.

Eines Nachts - es muß kurz nach 01.00 Uhr gewesen sein - wachte ich erschrocken auf, als Christine mich an der Schulter rüttelte.

»Komm´ schnell! Da draußen ist was«, flüsterte sie.

Sofort dachte ich an ein Fahrzeug und stand schon im Niedergang. Die See lag in vollkommener Flaute und pulsierte, wie so häufig, von Meerleuchten. Überall schienen dicht unter der Wasserlinie gelbgrüne Lichtschalen ein- und ausgeschaltet zu werden.

»Kein Fahrzeug! - Ein Tier oder sowas«, raunte die Freundin. »Ein Wal ist es aber nicht.«

Warum sprach sie so leise?

»Wo denn?« flüsterte ich ebenfalls.

Ich sah nur das Meerleuchten, das stellenweise direkt aus den treibenden Tangbüscheln zu kommen schien.

»Steuerbord voraus. Eben war es noch da. - Da ist es wieder!«

Die Gefährtin drückte schmerzhaft meinen Arm. Nun sah auch ich »etwas«, und mein Nacken spannte sich jäh, denn im ersten Moment dachte ich an die schimmernde Bugwelle eines unbeleuchteten Schiffes. Doch die dunkle Kimm streckte sich klar und ungebrochen unter dem Sternenhimmel.

Dann sah ich, daß »es« einige Bootslängen neben uns ruhig unter der Oberfläche trieb und leuchtete - und sich bewegte. Nicht in irgendeine Richtung, sondern eine Bewegung in sich, etwa wie eine riesige Hand, die mit den Fingern spielt. Da waberte und flutete ein großer Fleck Meerleuchten, hinter dem sich deutlich etwas wesentlich Kompakteres befand als Wasser. Und der Junge in mir, der früher alles über Meeresleben in sich hineingelesen hatte, wußte, was es war.

»Riesenkalmar!« flüsterte ich.

Und für einen Moment glaubten wir, deutlich das spindelförmige Hinterteil zu erkennen, dazu die Einschnürung zwischen Leib und Kopf und das, was sich massig, vielarmig weitete und wieder schloß - die faßdicken Tentakel.

Wir hockten neben dem Niedergang, bereit, jederzeit abzutauchen, sollte es dem ungeheuren Tier vielleicht einfallen, den treibenden Gegenstand durch Betasten mit seinen tellergroßen Saugnäpfen zu untersuchen.

Mal wie aus sich selbst leuchtend, mal als dunkler Schatten vor anderem Meerleuchten, schwebte es in diffusen Strukturen dahin. Dann schwand jeder Zweifel, als sich die Tentakelblüte immer mehr weitete und zuletzt wie ein gigantischer Seestern auf der Wasseroberfläche trieb. Doch nur für eine Sekunde. Dann tauchte die Mitte ab, und die

Enden der Fangarme flossen zur Mitte hin zusammen, bis die dünnen Spitzen sich trafen und in einer nachleuchtenden Schleppe in der Tiefe verschwanden.

Nur der Meeresforscher William Beebe und Thor Heyerdahl hatten von Begegnungen mit Riesentintenfischen berichtet, und nicht einmal Cousteau hatte sie filmen können. Trotzdem müssen sie in der Tiefsee häufig anzutreffen sein, denn sie dienen dem Pottwal als Nahrung.

Und ich bedauerte den jungen Schweden, der Anfang April von den Jungferninseln nach Bermuda aufgebrochen war, zusätzlich ein 200-Liter-Faß Diesel an Deck gelascht, nur um nicht wieder in diesen »terrible calms« hängen zu bleiben, an die er sich vom letzten Törn her erinnerte.

Als wir später Bermuda erreichten, wurden wir wegen unserer langen Überfahrt bemitleidet. Seit Erfindung des Hilfsmotors hatte offenbar kein Fahrzeug länger von den Jungferninseln gebraucht als wir.

Für uns war es einer der wundersamsten Abschnitte der Reise.

Ohne Aufregung und Streß verlebten wir die Tage inmitten des weiten kobaltblauen Runds. Zwischen den Flauten wehten milde Nordwinde, richtige »Damenbrisen«, die uns gemächlich dahintrieben wie an einem ruhigen Sommertag zwischen den dänischen Inseln. Und während der ganzen Zeit zwischen St. Thomas und Bermuda steuerte Aries. Natürlich mußte die Windfahne nach jedem Segeltrimm und jeder Windänderung neu eingestellt werden, aber von endlosen Ruderwachen wußten wir nichts.

Und auch die Küche ließ nichts zu wünschen übrig. Auf der ruhigen See ging der Smutje seiner Arbeit nach wie auf irgendeinem Ankerplatz. Mit Hilfe des großen Drucktopfes buk Christine köstliches Brot aus Robin-Hood-Vollkornmehl, und wir vertilgten dazu die Vorräte an Frischgemüse und Früchten, die wir vor der Abfahrt reichlich gebunkert hatten.

Am Tag nach unserem Erlebnis mit dem Riesenkalmar steht folgende Eintragung im Journal:

»Wieder frisches Brot gebacken - essen es am liebsten mit Erdnußbutter und Onion-Dip-Cheese. Essen gegen die Bananenschwemme an. Noch reichlich Orangen, Mango, Avocado und 8 Kokosnüsse. Nachmittags Tee mit Ingwerkeksen, abends Spiegeleier.«

Im toten Quadranten

Eines Sonntags schien sich Wetteränderung anzukündigen.

Es begann mit einem seltsamen Sonnenaufgang. Die Sonnenscheibe hob sich über die Kimm, doch kurz bevor sie sich vom Horizont löste, zog sich ihr unterer Rand immer länger, genauso als wäre es ein umgekehrter Tropfen glutroter Flüssigkeit. Immer länger und dünner wurde der untere Teil, bis er sich plötzlich ablöste und wie nach oben abtropfte und die Sonne wieder als runde, volle Scheibe über der Kimm stand.

Dann begann das Barometer ungewöhnlich zu steigen. Seit Wochen hatte es im üblichen Tagesrhythmus zwischen 1015 und 1017 Millibar gependelt. Nun stieg es in wenigen Stunden von 1016 auf 1021. Gleichzeitig zog eine hohe Cumulusfront aus Nordosten heran.

Am späten Vormittag gischteten wir nur unter Fock und Klüver bei heftigem Wetterleuchten nach Nordwesten. Nun brauchte der Wind nur noch etwas zu drehen, und wir hätten Bermuda anliegen können.

Müßige Erwägung. - Gegen Mittag dümpelte FIRECREST bei Nieselregen und umlaufenden Winden mit donnernden Segeln, ächzendem Tauwerk und polternden Spieren in einer ekligen Restdünung, als wollte sie ihren Mast abschütteln.

Um 14.00 Uhr dann riß die Wolkendecke von Nordosten her auf, und wir fanden uns am Rande eines riesigen, türkisblauen Wolkenloches. Um diesen Rand standen weiße bis schwarzblaue Wolkentürme.

Es sah genauso aus wie eine etwas naive Vorstellung vom Auge eines Zyklons. Doch mit dem Unterschied, daß das Barometer stieg anstatt zu fallen, und statt mörderischer Kreuzsee empfing uns in dem Wolkenauge schnell abnehmende Dünung, die uns bald wieder in vertrauter Weise zeitlupenhaft wiegte.

Trotzdem legten wir Sturmfock und Trysegel klar, falls auf der anderen Seite des »Auges« orgelnde Böen über uns herfallen sollten. Als uns die gegenüberliegende Wolkenwand erreicht hatte, wurde es auch wieder dunkel, und in der Höhe grollte, flackerte und polterte es. Doch um uns schwappte weiter die Flaute, und im Nordosten schimmerte unter der Wolkenbasis ein hellblauer Streifen. Bald wurde er breiter, schon sahen wir einzelne weiße Wolken, und dann spannte sich über uns weiter Schönwetterhimmel.

Wir refften wieder aus und setzten alle Segel in einen linden Hauch aus Nordnordost - wie am frühen Morgen.

Doch von nun an pendelte das Barometer einige Millibar höher - zwischen 1018 und 1021, und es war angenehm kühler geworden: 24 Grad.

Als Christine sich an den Abwasch machte, stellte sie erfreut fest, daß sich der kleine gelbe Fisch durch die Schußfahrt in den Gewitterböen nicht hatte abhängen lassen. Wie gewohnt kam er angeschwommen und schnappte sich sein Deputat. Zur Belohnung bröselte ihm die Freundin einen Biskuit ins Wasser.

Meistens hatten wir Sicht »von Pol zu Pol«, wie der Seemann sagt, also weiter als der Horizont. Wenn wir nach vielen Tagen mal wieder ein Frachtschiff sichteten, so sahen wir bereits die Lademasten und Aufbauten in der Sonne strahlen, wenn der Rumpf noch tief unter der Kimm war. Doch meist war die Runde unseres Horizontes so ungebrochen wie zu Zeiten der Pharaonen. Und nie sahen wir ein Segel.

Das lag auch daran, daß wir durch unser langwieriges Kreuzen ein ganzes Stück westlich der Linie zwischen den Virgin Islands und Bermuda versetzt waren. Verkehrsmäßig befanden wir uns in einem toten Quadranten der Sargassosee. Westlich von uns verliefen die Schifffahrtsrouten zwischen der Ostküste und Südamerika, nördlich der Bermudas lief der Treck von der Floridastraße nach Westeuropa, östlich verlief die Großkreisroute von Europa nach Panama, und weit südlich fuhren die Schiffe zwischen den Bahamas und den Antillen.

An einem dieser wie unwirklichen blauen Tage schien Bermuda für einen Moment fast greifbar. Wir verfolgten mit den Augen gerade eine Schule silberglänzender Bonitos, die in wilden Sprüngen einem Schwarm fliegender Kalmare nachsetzten. Die schnellten sich aus dem Wasser nicht anders als Fliegende Fische, wenn sie auch nicht so weit schweben konnten.

Da ließ uns ein gellender Schrei zusammenfahren. Ein wunderschöner Seevogel kreiste über dem Mast. Ein ähnlicher hatte uns damals mitten auf dem Atlantik begrüßt, aber dieser hier war noch viel schöner. Mit strahlend weißem Gefieder, rotem Schnabel, schwarz umrandeten Ägypterinnenaugen und zwei extra langen Schwanzfedern, die er wie eine Schleppe hinter sich her zog, erschien er wie ein Paradiesvogel der See. Es war ein *Tropic Bird*, ein »Bootsmannsvogel«, wie die Seeleute ihn nennen, weil seine Schwanzfedern im Fluge der Form eines Marlspiekers ähneln - der Wappenvogel der Bermudainseln.

Und da noch einer! Immer wieder flatterten sie um den Mast und versuchten vergeblich, auf Saling oder Gaffel Fuß zu fassen. Schließlich zogen sie grell schimpfend davon. Wahrscheinlich ängstigte sie das schlagende Großsegel mit seinem Reffbändselstakkato.

Sicher lebten sie auf den Bermudainseln. Nur zwei Tage hätten wir bei gutem Wind dorthin gebraucht. Von nun an besuchten die Vögel uns jeden Tag, mal allein, mal zu zweit, und die Kameradin zeichnete und aquarellierte sie in allen Farben und Formen.

Langsam wurde das Sargassokraut weniger. Dafür sahen wir wieder häufiger Portugiesische Galeeren. Bald nach dem Auslaufen waren wir den ersten Seglerquallen begegnet. Doch als wir in die großen Tangfeldern kamen, sahen wir sie kaum noch. Nun wurden sie wieder häufiger. Dabei entdeckten wir, daß sie den alten Segelschiffsnamen »Bi-dem-Winder« zu Recht trugen. Ihr Segel stand stets schräg zur Windrichtung, und sie zeigten deutlich Bugwelle und Kielwasser. Durch ihre meterlangen Tentakeln hatten sie natürlich mächtige Abdrift, so daß ihr Kurs durchs Wasser sicher nicht wirklich am Wind war. Aber mit Halbwind segelten sie.

Am 18. Tag nach dem Auslaufen kam mal wieder leichter Nordost auf. Im Laufe des Vormittags drehte er auf Nord, drehte weiter und blies schließlich mit 3 bis 4 Beaufort aus Nordwest. Zum ersten Mal seit Beginn der Flauten konnten wir Bermuda wieder anliegen. Oder doch den Kurs, auf dem es nach meinen Berechnungen auftauchen mußte.

Zunächst nahmen wir den günstigen Wind nicht recht ernst - ein nettes Geschenk, das bald wieder Erinnerung sein würde. Doch als uns der Wind gegen Abend immer noch stetig mit vier Knoten vorantrieb, wagte ich eine erste vorsichtige Vorausberechnung. Ich behielt sie für mich.

Auch die Kameradin sah ich zwischendurch mit Zirkel und Dreiecken hantieren, doch auch sie hielt sich mit Bemerkungen zurück.

Während der geringen Etmale der letzten Wochen hatte ich es bei Morgenbeobachtung und Mittagsbreite bewenden lassen. Doch heute abend nahm ich mehrere Sternhöhen. Gespannt trug ich die Position in das Plottingsheet, auf dem seit Außersichtkommen von St. Thomas die Navigation stattfand.

Dann zog ich die Karte der Bermudainseln heraus. Der Sternenort lag bereits auf dem Kartenrand. Gespannt schaltete ich das Echolot ein. Die Leuchtdiode blinkte bei 55 Metern! Wir standen am Rande der Plantagenet Bank, dem weit südwestlich vorgelagerten Inselschelf.

Ich griff die Entfernung zum Leuchtfeuer Gibbs Hill ab und schlug die Feuerhöhe im Handbuch nach. Dann rechnete ich die beliebte Aufgabe *Feuer in der Kimm*.

»Wir..., tja, hm«, setzte ich an, und die Kameradin, die im Licht der Kajütlampe gelesen hatte, sah gespannt auf.

»Wir sollten vielleicht Ausguck halten - das Leuchtfeuer könnte durchkommen«, vermeldete ich gespielt gleichmütig.

»Hm«, machte Christine und unterdrückte ein Grinsen. Sie zog ihren Pulli an - nachts empfanden wir 24 Grad schon als kühl - und strebte gemessen zum Niedergang.

Absichtlich ließ ich mir mit den Eintragungen ins Journal Zeit. Dann folgte ich meiner Gefährtin an Deck. Sie reichte mir das Glas.

»Kann sein, daß es das ist«, meinte sie cool. »Voraus huscht ab und zu ein Lichtschein über den Horizont.«

Da war es! Mit Hilfe einer Wolke über der Kimm hielt ich den Fernglasausschnitt auf derselben Stelle. Da! Ich zählte die Wiederkehr. Es war Gibbs Hill!

Nach zehn Minuten kam das Feuer durch: 60 Grad, direkt voraus!

Gegen Mitternacht wurde der Nordwest zu einem leichten Hauch, ließ uns aber nicht im Stich. Brav hielt Aries weiter auf das Feuer zu.

Auf Bermuda

Bei Tagesanbruch lag eine langgestreckte Inselküste unter grauem Nordseehimmel, die Kuppen der niedrigen Hügel gesprenkelt mit weißen Häusern.

Auf der Karte ähnelte Bermuda in äußerem Umriß und Größe der Insel Sylt. Nur besteht Bermuda aus Korallenfels, der sich durch geologische Kräfte einige Meter über den Meeresspiegel erhoben hat.

Kanäle und Meerengen zerklüften den Felsen in viele Inseln und Schären, die aber meist mit Brücken verbunden sind.

Bermuda liegt am Rande eines riesigen Korallenriffs. Es gibt nur eine Ansteuerung im Nordosten. Dort liegt der große Naturhafen St. George, und von dort erreicht man durch eine Rinne im Korallenriff auch die Hauptstadt Hamilton.

Beim Frühstück segelten wir schon dicht unter der Ostküste nach Norden. Eine halbe Meile an Backbord brachen die Atlantikroller mit einem letzten aquariengrünen Aufleuchten ins Riff. Die Morgensonne verbarg sich unter einer Stratusschicht, und über dem Norden der Insel hingen dunkle Schauerwolken.

An die folgende Situation denke ich mit Dankbarkeit für unser glückliches Geschick, oder wie immer man es nennen mag.

Wir liefen mit ablandigem Wind unter Groß, Fock und Klüver. Aries steuerte, Christine werkelte in der Küche, und ich hatte gerade eine Peilung eingetragen und studierte noch die Ansteuerung von St. George, als mir die Schiffsbewegungen plötzlich verändert vorkamen, und ich doch lieber einen Blick aus der Luke warf: Wenige Kabellängen voraus donnerte die Brandung ins Riff! Der Wind hatte südlich gedreht, und Aries steuerte natürlich brav weiter mit Halbwind - ins Verderben.

Mit fliegenden Händen koppelte ich das Windsteuer aus, wirbelte das Rad nach Steuerbord und holte die Großschot dicht.

»Halse!« rief ich nach unten, da kam der Baum schon rüber.

Für die Vorstellung, wie es dem Boot und uns Minuten später auf dem Riff ergangen wäre, blieb wenig Zeit.

Voraus lag die Ansteuerung, und wurde gerade jetzt langsam von einer dunkelblauen Schauerwand verdeckt. Durchs Glas sah ich das Riff in einem letzten Sonnenstrahl türkisfarben aufleuchten, und da, am Rande der brechenden Grundseen, auch zwei kleine Fahrwassertonnen - rot und grün. Die Fahrrinne dahinter war von Regenschleiern verdeckt. Der Karte nach führte sie zu einem fjordartigen Durchstich im Inselfelsen, hinter dem der große Naturhafen von St. George lag.

Ich kuppelte Aries wieder ein und reffte das Großsegel. Dann ging der einzige schwere Regenschauer dieser Überfahrt nieder. Die Küste war nur noch ein Schatten, und die Fahrwassertonnen waren ganz verschwunden. Doch dieser dunkle, ruhige Wasserstreifen mitten im hellgrünen, brandungsschäumenden Riff, das mußte der Anfang der Rinne sein. Also Halse!

Christine stand in triefendem Ölzeug am Rad und steuerte vierkant auf die Rinne zu. Da hob sich der Regenschleier, und voraus erschienen - verdammt nochmal - die rote Fahrwassertonne an Steuerbord und die grüne an Backbord! Ich machte etwas falsch! Aber deutlich erstreckte sich die dunkle Rinne zwischen den Tonnen hindurch, und da erschien in ihrer sichtbaren Verlängerung auch der Einschnitt des Town Cut Channel. Und jetzt fiel mir ein, daß in Bermuda, so wie in Nordamerika, die Fahrwasserbetonnung genau umgekehrt gekennzeichnet ist wie in Europa. Alles stimmte.

Zwischen den Felswänden des Durchstichs blieb der Wind weg, aber der Vire schob uns weiter und hinaus in eine weite, malerische Wasserfläche mit kleinen Buchten, Inseln, Landhäusern am Ufer und - halbverdeckt von einem weißen Kreuzfahrtschiff - der kleinen Hafenstadt St. George.

Da zeigte Christine zwischen die vielen Yachten, die vor der Wasserfront auf Reede lagen, und meinte: »GOLEM.«

Als wir an der Innenpier von Ordnance Island festmachten, direkt vor dem alten Zollgebäude, brach die Sonne durch.

Das Einklarieren war kein Problem. Man hatte uns nur geraten, die Waffen in Bermuda unbedingt anzugeben. Deshalb brachte ich den noch vorhandenen Revolver zur Einklarierung gleich mit - im Schuhkarton. Der freundliche Beamte war´s zufrieden.

Später hörten wir, daß zur Zeit ein bekannter Langfahrtsegler im Gefängnis saß, weil er bei der Einklarierung seine Waffe nicht angegeben hatte. Weder sein guter Leumund noch einflußreiche Freunde hatten ihm helfen können.

Nach dem Einklarieren verholten wir einige Kabellängen weiter zur Somer´s Wharf. Zum ersten Mal seit Candelaria lagen wir wieder an einer Pier, direkt vor den Cafés und Restaurants. Dazu war das Liegen in Bermuda kostenlos, und sogar Frischwasser gab es umsonst.

Am Nachmittag bummelten wir durch St. George.

Der alte Ort mit den kleinen Häusern, den tropischen Bäumen, Palmen und Gärten voll üppiger Blütenpracht war wie eine Mischung aus

Marstal, Cowes und Madeira. Aus den Gassen bot sich immer wieder der Ausblick auf die sonnenglitzernde Bucht voll ankernder Boote und weißer Segel. Aus allen Ecken strahlte betuliche Sommerfrische. Hinter den Sprossenfenstern der Geschäfte lagen Tabak, Angelgeräte, Badesachen, Wasserbälle und Andenkenkitsch. Es gab einen kleinen Supermarkt, einen Bäcker, ein Milchgeschäft und wenig Verkehr. Alles war gepflegt und gut erhalten, auch die Autos. Mancher alte MG oder Triumph schnurrte mit gedämpftem Auspuff über das Pflaster.

Nur auf dem Rathausmarkt vor der Kreuzfahrerpier herrschte Auftrieb. Hier stand ein Pranger mit Lochfesseln für Hals und Hände, an dem sich nahezu jeder Landgänger anschloß, um sich so fotografieren zu lassen.

In den Nebenstraßen war es dann wieder still. Nur Spatzen stoben herum, und wir fragten uns, wie die Urgroßeltern der kleinen Kerle den weiten Weg hierher geschafft hatten.

Vorbei an der Ruine einer gotischen Kirche inmitten eines gepflegten Rasens wanderten wir über einen tropisch wuchernden Golfplatz. Auf der einen Seite blickten wir weit über die Korallensee, auf der anderen Seite sahen wir auf die weißen Dächer von Saint George. Wegen der häufigen Hurrikane werden in Bermuda die Dächer solide gemauert und gegen die Sonne weiß gekalkt. Die Regenrinnen führen in Zisternen, denn Frischwasser ist knapp auf der Koralleninsel.

Nach Dunkelwerden gönnten wir uns noch ein Bier auf der Terrasse des großen Seglerlokales am Marktplatz. Aus dem Gastraum drangen Stimmen, Popmusik, Dielentrappeln und Gläserklirren, und unter den Kanonen von Ordnance Island irisierten die Lichter der ROYAL PRINCESS im Hafenwasser.

Köstlich müde schlenderten wir zurück an Bord. In den Vorgärten schrillten Zikaden, und im Geäst der Palmen und Bäume unkten und tüteten die Baumfrösche.

Lange schlief ich in den Morgen - ganz ungewohnt, erst nach 09.00 Uhr aufzuwachen. Da standen bereits frische Milch, duftendes Brot, kühle Butter und Frühstückseier auf dem Tisch.

Einkaufen war in St. George ein Vergnügen. In allen Geschäften wurden wir so aufmerksam und freundlich bedient, als seien wir heute die ersten Kunden. Dabei gaben sich die Touristen die Klinke in die Hand. Und tags darauf wurden wir in dem kleinen Supermarkt bereits wiedererkannt und gefragt, ob wir denn länger blieben und woher und wohin. Da fühlten wir uns beinahe zu Hause. Für Segler erschien Bermuda fast ideal. Meine Gefährtin wäre am liebsten für immer geblieben.

Nahezu unbeschwerte Tage verlebten wir auf Bermuda. Wir bastelten am Boot, schrieben Briefe, ergingen uns an Stränden aus rosa Korallensand und beschäftigten uns im übrigen mit dem Wetter. Das hatte es mal wieder in sich.

Hurrikan Andrew

Bald nach unserer Ankunft begann es schwül zu werden. Der schwache Wind brachte nur wenig Kühlung, die Sonne brannte von einem grellweißen Himmel, und die Sonnenuntergänge wurden dramatisch.

An einem Abend saßen wir bei unseren kanadischen Nachbarn Pierre und Francoise an Bord der NIKAN. Der Himmel, die Bucht, die Häuser, die Boote, unsere Gesichter sahen aus wie durch Rotfilter.

Da kamen Christa und Holger von der GOLEM herüber und redeten von Hurrikan. Widerspruch erhob sich: viel zu früh im Jahr! Dem Seehandbuch nach könnten jetzt allenfalls zwischen den Kapverden und Barbados die ersten Hurrikane auftreten. Erst im Hochsommer wäre Bermuda gefährdet. Außerdem verhielte sich das Barometer normal, und auch der Wetterbericht der US-Coastguard wußte nichts Ungewöhnliches.

Auch am nächsten Abend saßen und standen wir wieder bei Rotlicht an Deck unserer Boote, redeten, tranken und betrachteten staunend den Himmel.

Da trat der Skipper einer amerikanischen Yacht aus seinem Deckshaus, in der einen Hand eine beschlagene Bierdose, in der anderen einen Abriß von seinem Wetterkartenschreiber. Wortlos reichte er ihn unserem Nachbarn Stuart von der DESIRE aus Newport herüber.

Plötzlich waren die Gespräche verstummt, und Stuart sah sich im Mittelpunkt des Interesses.

»Lies laut!« befahl seine Gefährtin Barbara.

»*Andrew*«, las er nur. Und nach Sekunden, in denen man eine Segelnadel hätte an Deck fallen hören: »300 Meilen südwestlich von Bermuda. Langsam nordostziehend.«

Da lief eine mittlere seismische Welle durch Somer´s Wharf. In der nächsten halben Stunde brummte die Luft von Diskussionen über Zugbahnen und nautisch-seemännischen Verlautbarungen. Dann brachte es auch der Rundfunk:

Dort, wo uns FIRECREST noch vor zehn Tagen in seliger Flauteneinsamkeit gewiegt hatte, baute sich gerade *Andrew* auf, der erste tropische Wirbelsturm des Jahres, und peitschte die See.

Mit 100 Meilen Durchmesser und 10 Windstärken bewegte sich das noch relativ kleine Gebilde mit Segelbootsgeschwindigkeit auf Bermuda zu. Bei anhaltender Tendenz brach hier in spätestens drei Tagen die Hölle los.

Ein Ergebnis war, daß früh am nächsten Morgen mehrere Yachten ausklarierten und mit voller Maschinenfahrt Richtung Norden entschwanden. Mit ihrer Treibstoffkapazität konnten sie auch bei schwachen Winden die US-Küste in einigen Tagen erreichen.

Mit ihnen verschwand zum Glück auch das Fahrzeug, dessen Dieselgenerator uns Tag und Nacht mit leisem Dröhnen und Abgasen belästigt hatte. Selbst als Stuart jähzornig einen vollen Müllbeutel hinüberwarf und die beiden Skipper sich anbrüllten, hatte das nichts ändern können. Denn ohne Hilfsdiesel wäre die Versorgung von Klimaanlage, Kühltruhe, Heißwasserdusche und Elektroherd zusammengebrochen. Und ohne Steaks aus der Tiefkühltruhe, eisgekühltes Bier und klimatisierte Schlafkabinen ist *yachting* an der südlichen Ostküste kaum denkbar.

Dazu paßte auch ein Vorfall kurz vor unserer Ankunft. Eine Charteryacht war von Miami ausgelaufen, Kurs Bermuda und mitten hinein in die Flauten, die auch wir erlebt hatten. So fuhr man eben unter Maschine, bis 50 Meilen vor Bermuda der Treibstoff verbraucht war. Also funkte man Seenot. Nachdem Bermudas Küstenwache nachgefragt hatte, ob alle gesund und ob noch Wasser und Proviant an Bord wären und man dies bejahte, lautete die süffisante Empfehlung: »Then set sails and wait!«

Zuletzt erbarmte sich eine große Motoryacht und schleppte die Verzweifelten nach St. George.

»Es war auch der Korrespondent einer bekannten Wassersportzeitschrift an Bord«, berichtete Pierre.

»Dann wird es bald ein weiteres Buch über die Hölle des Bermudadreiecks geben«, vermutete Stuart.

Doch das Wichtigste war jetzt der Wetterbericht. Der Skipper mit dem Wetterkartenschreiber war leider auch ausgelaufen, aber alle hatten Radio.

Während ich dies schreibe, liegt neben mir unser alter Übersegler. Zwischen St. Thomas und Bermuda sind immer noch die 18 kleinen Kreise eingetragen, unsere Mittagspositionen der Überfahrt. 13 dieser Kreisen liegen verstreut beieinander in der oberen Hälfte der Karte. Und mitten dazwischen prangen mehrere S-förmige Zeichen - die Symbole für Wirbelsturm. So verfolgten wir auf der Karte Andrews wechselnde Positionen.

Langsam zog er näher, kam aber für einen Hurrikan nicht recht in Gang. Über »force eleven« ging der Nachrichtensprecher nicht hinaus. Aber das mochte noch kommen. Der Luftdruck sank bereits, und Bermuda hatte Hurrikanwarnung ausgegeben.

Havannas

Unterdessen ging das Leben weiter. Wir fuhren mit dem Bus nach Hamilton. Beiderseits der Alleen aus Palmen und tropischen Bäumen erstreckten sich Parks und blühende Gärten mit Landhäusern, von denen der Ausblick entweder auf den tintenblauen Atlantik hinausging, über eine der vielen türkisfarbenen Lagunen, oder auf die weißgrünen Riffgewässer im Westen.

Die Hauptstadt Hamilton war eine richtige Metropole mit Wohn- und Villenvierteln, Bankhochhäusern in der City und Verwaltungsgebäuden aus der Gründerzeit - doch alles im Inselmaßstab, zu Fuß bequem abzulaufen und eingebettet zwischen Parks, Tennisplätzen, roten Telefonzellen und dem blauen Hamilton Harbour.

An der Fassade der Town Hall, des Parlamentsgebäudes, pendelte ein meterlanger Windrichtungsanzeiger um Nordost. In der Eingangshalle hing ein Riesenportrait, das Königin Elizabeth nicht verdient hatte, und darunter stand aufgetakelt ein Bermudadingi der Jahrhundertwende. Es zeigte, daß man das Bermudasegel hier erfunden hatte, ebenso wie die Bermudashorts. Beim ersten Anblick der Cityangestellten in grauem Sommerflanell mit Krawatte, aber kniefreien Shorts mußte Christine sich gnickernd abwenden, um die würdigen Herren nicht zu brüskieren.

Außerdem ist Bermuda zollfreies Einkaufsparadies. Hier gab es die soliden Dockside-Segelschuhe spottbillig, und hier konnte ich mir endlich eine Kiste echter Havanna-Zigarren leisten.

Nach unseren Einkäufen entspannten wir auf einer Caféterrasse. Der Wind raschelte in den Königspalmen. Unter dem Rand des Sonnenschirmes schweifte der Blick über die segelgesprenkelte Bucht, der Kaffee war ausgezeichnet, und es gab einen unerwarteten Genuß: Apfelstrudel! Zur Krönung nahm ich eine Aluröhre aus der Kiste, zog eine Havanna heraus und steckte sie umständlich in Brand.

Das ältere amerikanische Paar am Nachbartisch beobachtete aufmerksam mein Tun. Er zwinkerte seiner Gefährtin zu, die mit Korallenmund unter der Katzenaugenbrille aufmunternd zurücklächelte. Da zog er eine gleichartige Aluminiumröhre aus seinem rotblau karierten Sakko.

Wir vier grinsten uns an.

»I am John, this is Sue«, - amerikanisch, zwanglos.

Als leidenschaftlicher Zigarrenraucher beneidete mich der Gentleman um die unbeschränkten Einfuhrmöglichkeiten nach Deutschland, und ich bedauerte ihn um das amerikanische Handelsembargo gegen Kuba.

Ganz so schlimm sei es nicht, meinte er, und zwinkerte seiner Ehehälfte wieder zu, die mädchenhaft kicherte.

Seit seiner Pensionierung machten sie jedes Jahr eine Kreuzfahrt, und erst einmal hatte er sich erwischen lassen. Und da sagte der freundliche Zöllner, er wolle noch einmal darüber hinwegsehen, wenn John ihm versprechen würde, die Zigarren zu Hause zu verbrennen.

»Und ich habe Wort gehalten«, versicherte er, »jeden Tag eine!«

Der zum Café gehörende rosa Kakadu fiel kreischend in unser Gelächter ein.

Auf der Rückfahrt reifte dann unsere Strategie gegen Andrew. Kurz vor St. George führte die Straße über eine Nehrung. Linker Hand erstreckten sich die weiten Korallengewässer, rechts blickten wir auf eine von Palmen und Bootshäusern umstandene kleine Bucht, die Mullet Bay. Wenn Andrew kam, würde der große St. George´s Harbour zweifellos zu einem Hexenkessel, doch die Mullet Bay schien geschützt wie ein Dorfteich.

Der Karte nach würden wir mit unserem Tiefgang gerade noch hineinkommen. Dort würden wir dann unsere sämtlichen Anker und zusätzlich lange Leinen zu den Palmen am Ufer ausbringen.

So machten wir in aller Ruhe hurrikanklar. Wir räumten in Schapps und Segelsäcke, was wir jetzt nicht brauchten und überlegten, was wir im Notfall alles an Decksausrüstung und laufendem Gut unter Deck schaffen wollten, um den Windfang so gering wie möglich zu machen. Ähnlich verfuhren auch unsere Nachbarn.

Tags darauf hatte der Luftdruck seinen tiefsten Stand erreicht, und es begann mit zunehmend 8 aus Ost zu blasen. In einer großen Verholaktion drehten wir alle Boote mit dem Bug gegen den Wind. Zusätzlich brachten wir lange Vorleinen zu den Steinpollern an der Uferpromenade aus. Da FIRECREST an der Außenseite des Päckchens lag, brachten wir mit dem Dingi außerdem einen Anker quer ins Hafenbecken aus, um die Innenlieger zu entlasten. Und im Ernstfall konnten wir uns mit ihm freiholen, um in die Mullet Bay zu flüchten.

So kachelte es mehrere Tage. Die Sonne schien, die Palmen rauschten, es heulte in den Riggs, doch das Barometer fiel nicht weiter, und wir fühlten uns eigentlich recht gemütlich.

Dabei blieb es dann. Andrew hielt sich südwestlich und wurde weniger, bis ihm die Wetterfrösche sogar den Namen streitig machten und ihn nur noch als *tropical depression, filling up* verfolgten.

Als das Barometer dann nachhaltig wieder stieg, begingen die Bermudaner mit einem Festumzug und einem Rennen ihrer großartig übertakelten Bermudadingis die Eröffnung der diesjährigen Saison.

Als das Tief irgendwo im Nordwesten verschwunden war, begannen die Yachties unruhig zu werden. Routenplanungen wurden verglichen, Boote an die Bunkerpier verholt. Crews zerstritten sich und verteilten sich neu, und ein paar verzweifelte deutsche Mitsegler fragten an, ob bei uns noch Kojen frei seien.

Sie hatten die Überreise von der Karibik nach Europa auf einer Hamburger Yacht gebucht, deren großmäuliger und offensichtlich trunksüchtiger Skipper ein Regiment wie auf einer Galeere zu führen schien, abgesehen davon, daß er Bermuda nur mit Peilfunk gefunden hatte, weil er die astronomische Navigation nicht beherrschte.

In unserem Päckchen ging es zum Glück harmonischer zu. Weltumsegler Meikel mit der INGRID war auf Heimreise nach Anholt. Da sein

Volvo irreparabel schien, hatte er sich gegen die Kanalpassage und für den Großkreiskurs rund um Schottland entschieden. So schenkten wir ihm unsere alten Nordsee- und Skagerrakkarten.

Abends sangen wir bei Klampfe und Harmonika Lagerfeuerlieder, und alle wollten »morgen oder übermorgen« los. Auch wir waren seeklar.

Happy Sailing!

Als Meikel am nächsten Morgen mit einer Wetterkarte vom Hafenamt aufkreuzte, war darin von Sturmtiefs nichts zu sehen. Die Wetterlage erschien so ausgeglichen, wie man es sich im Frühsommer auf dem Nordatlantik nur wünschen kann. Längeres Warten schien zwecklos zu sein.

Nach dem Ausklarieren und ein paar letzten Einkäufen drängte ich zum Abschied. Christine sagte nicht viel dazu, aber ich wußte, daß sie die Abreise aus diesem Gefilde der Seligen gerne noch hinausgezögert hätte.

Die Nachbarn halfen, FIRECREST aus dem Gespinst der Leinen herauszutakeln, und überall klang »Bon voyage!« - »Gute Reise!« - »Mast- und Schotbruch!« und »Happy Sailing!«.

Gleich nach dem Ablegen setzten wir Segel und ließen uns vom milden Westwind über die Bucht schieben. Wir winkten den Freunden, die schnell kleiner wurden, sahen die ranken Bermudadingis über die Windseen gischten und betrachteten noch ein letztes Mal die gemütliche Wasserfront, ehe die Felsen des Town Cut Channel sie uns entzogen. Da fing mein Mädchen an zu weinen.

Heute glaube ich, daß ich mit ihrem zarten Gemüt manchmal recht unbekümmert umgegangen bin.

Von Bermuda bis zu den Azoren

Mit westlicher Backstagsbrise steuerte FIRECREST in den Nordatlantik hinaus, wo er am breitesten ist. - »Wenn der Wind günstig ist, segele!«

Doch wie um der, wegen meines spontanen Aufbruchs verstimmten Gefährtin beizupflichten, flaute der Wind ab und drehte auf Nordnordost - genau gegenan.

Wenigstens war die Dünung lang und niedrig. Gemächlich segelten wir hoch am Wind durch die Nacht. Als wollte sie uns zurücklocken, warf die Mondsichel eine schimmernde Bahn achteraus, wo Bermudas Umrisse vor Stunden im Kielwasser verschwunden waren.

Ein letztes Mal versuchte ich, Bermudas Wetterbericht hereinzubekommen. Wie um die Wehmut der Gefährtin zu verstärken, klangen noch einmal undeutlich die lieblichen Melodien von *VHF-Nintyfive - where memories come alife.*

Der Nordatlantik machte mir Sorgen, aber ich war auch froh, wieder unter Segeln zu sein. Jede gutgemachte Meile verkürzte die Restdistanz und vergrößerte die Chance, den Herbststürmen davonzusegeln.

Doch im Moment kreuzten wir wieder genau gegenan. Anstatt mit Kurs auf die Azoren, bewegten wir uns nach Norden auf das amerikanische Festland zu.

Leben auf dem Ozean

Bald klang das übliche Unwohlsein am Anfang der Reise ab, und wir begannen, uns durch das gebunkerte Obst und Frischgemüse zu futtern. Die Kühlhausware würde ohnehin nicht lange halten.

Bald waren wir wieder seefest. Das Wetter blieb ruhig, FIRECREST zog ihre Bahn, und die Bordroutine nahm uns ganz gefangen.

Stundenlang konnte ich mich mit Navigation beschäftigen. In Charlotte Amalie hatte ich für 25 Dollar einen billigen Plastiksextanten mit

Noniuseinteilung und ohne Fernrohr gekauft - als Notreserve. Nun verglich ich ihn mit unserem wertvollen Trommelsextanten. Ich machte Beobachtungsserien von Fixsternen und Planeten und stellte fest, daß ein sorgfältiger Navigator auch mit dem Billigteil jeden Landfall machen konnte.

Zwischendurch ertappte ich mich oft, wie ich, die erloschene Pfeife zwischen den Zähnen, minutenlang das segelnde Boot betrachtete und den wandernden Wellen und den Schwärmen Fliegender Fische hinterhersah.

Wenn ich dann aus meiner Trance erwachte, faßte mein Blick unvermeidlich einen Schamfieling, der erneuert, ein loses Bändsel, das befestigt, eine durchgescheuerte Naht, die mit ein paar Stichen versorgt werden wollte.

Auch Aries mußte regelmäßig geölt werden, hätte vielleicht gern einen Zahn mehr Trimm nach Luv oder Lee, oder die Schoten waren nicht zufrieden, oder Fallen wollten durchgesetzt werden - wenn nicht ohnehin wieder Segelwechsel oder -schiften angesagt war.

Im Laufe unseres Zusammenlebens hatte ich gelernt, den unablässigen Monolog der FIRECREST genau zu verstehen. Nie vermochte ich, ihre - wenn auch nur gemurmelten - Bemerkungen zu überhören. Und jetzt weinte sie manchmal leise über ihr Äußeres.

Das Deck hatte in den Tropen stark gelitten. Als unerfahrener Selbstbauer hatte ich zu frisches Pitchpine verbaut. Das Holz war jetzt schwarz, warf sich und faulte.

Auf den Azoren stand eine Grundüberholung an. Auf dieses Vorhaben schob ich nun manche Instandsetzung, die ich sonst gleich erledigt hätte. Das trug dazu bei, daß ich erstmals seit langem wieder richtig zum Lesen kam.

Zunächst nahm ich mir *Walden oder Leben in den Wäldern* vor, den amerikanischen Klassiker über das natürliche Leben, von Henry David Thoreau.

Die Highlights des Tages waren die Mahlzeiten. Nach einem Jahr an Bord hatte Christine sich einigermaßen an die Bewegungen gewöhnt. Tapfer stand sie vorn in der Kombüse, kochte, briet und buk. Wenn es allzu unruhig wurde, bereitete sie zumindest etwas vor, das ich dann nach ihrer Anweisung zu Ende brachte.

Nachdem das Bermudabrot verbraucht war, versorgte sie uns wieder mit selbstgebackenem Brot, das auch viel besser schmeckte als die anglo-amerikanische Weißpappe. Und als die Azoren näherrückten und wir noch reichlich Frischwasser hatten, kochte sie mitten auf See unsere ganze Wäsche im Dampfdrucktopf.

So war unsere Arbeitsteilung. Gelegentliche Angebote meinerseits wurden von der Kameradin stets eindeutig beschieden.

Als resignierte er vor unserer Geduld, drehte der Wind schließlich über Süd auf West und schob uns nun mit zwei bis vier Knoten vor sich her.

Nach unserer Heimkehr wurden wir gelegentlich von armen Landbewohnern bedauert. Abgesehen von den schrecklichen Stürmen, wäre es doch todlangweilig, immer nur Wasser!?

So war es nicht. Ich erinnere mich an keine Minute Langeweile auf der ganzen Reise. Die täglichen Verrichtungen dauerten, und auch die »Liste« bekam immer neuen Zuwachs, so daß wir eher zu wenig Zeit fanden für manches, das wir gern getan hätten.

Dazu lief um uns ein andauernder großartiger Naturfilm, in dem keine Szene so war wie die vorhergehende. Immer neu gestalteten sich Wolken, Wind und Wellen. Bei jedem Wetter und zu jeder Tageszeit waren Licht und Farben anders und änderten sich von Breitengrad zu Breitengrad. Auch die Luft atmete sich stündlich verschieden, mal fischig kühl, mal algig, mal mild und balsamisch, dann wieder salzig herb. Manchmal saßen wir nackt an Deck, mal im Hemd, mal im Pullover, mal prasselte Gischt auf das Ölzeug. Und der Ozean war voller Leben.

Auf diesem Reiseabschnitt waren Portugiesische Galeeren besonders zahlreich. Überall sah man eine oder auch mehrere mit halbem Wind dahinsegeln. Sturmvögel umkreisten das Boot in pfeilschnellem Flug, und besonders einer kam tagelang immer wieder dicht ans Heck, setzte sich auf unser Kielwasser und gründelte dort wie eine Ente nach irgendwelchen Kleinlebewesen. Und oft hörten wir in der Kajüte das Zwitschern von Delphinen. Von Deck sahen wir sie dann schon von weitem herankommen. Offenbar fanden sie FIRECREST interessant.

Einmal war unter ihnen eine richtige »Familie«. Ein großer und ein mittlerer Delphin hatten ein Delphinbaby in die Mitte genommen und schwammen mit ihm vollkommen synchron. Da trafen sich die Blicke von Skipper und Crew, und auch wir konnten uns in diesem Moment vorstellen, ein kleines Lebewesen in unserer Mitte zu haben.

Nach einer Weile zogen die Delphine weiter, und wir kehrten zurück zu unseren Büchern. Nur ab und zu ließ einer den Blick zur Kontrolle über die Kimm schweifen.

So auch ich eines Nachmittags, 17.00 Uhr Bordzeit.

Es ist sonnig, aber sehr diesig. Ich schaue mal wieder aus der Luke, - da quert wenige Kabel voraus ein Containerfrachter unseren Kurs! Der Schock wird gedämpft von der Feststellung, daß wir ja noch schwimmen.

Eine Flagge weht nicht, das ist nicht üblich auf hoher See, aber am Heck lese ich SGT M. KOCAN, Boston, und an Deck stapeln sich tarnfarbene Container - ein Truppenversorger.

Und jetzt erleben wir ein Beispiel echt seemännischer Hilfsbereitschaft. Ich schalte das Walkie-Talkie ein und bitte um die aktuelle Wetterlage. Denn leider können wir hier draußen nur Morsezeichen auf Kurzwelle empfangen, und die kommen mir viel zu schnell zum Mitschreiben. Da bietet der Commander an umzukehren, um uns einen Ausdruck der Wetterkarte herunterzuwerfen.

»No problem for me!« versichert er.

Das finde ich großartig, aber ich denke an Moitessier, Gerbault und Pidgeon und wiegele ab. Zu viele gutgemeinte Annäherungen großer Schiffe sind für Yachten mit schweren Beschädigungen ausgegangen. So lassen wir uns die Wetterlage lieber beschreiben: kein Sturmtief in Sicht. Beruhigt bedanken wir uns und wünschen gute Reise.

Erster Nordatlantiksturm

Die Entfernung zu den Azoren ist immer noch gewaltig, und unsere Etmale von durchschnittlich 60 Meilen scheinen dagegen lächerlich gering. Trotzdem macht sich die Summe allmählich bemerkbar. Langsam nimmt die Wassertemperatur ab, und im selben Maße wird das blaue Wasser eine Schattierung dunkler.

Dann scheint sich das Wetter zu ändern. Die Luft wird glasklar. Eine Wolkenwand zieht von Westen herauf, und achterlicher Schwell setzt ein. Seine Höhe ist enorm. Einige Meilen voraus kreuzt ein Massengutfrachter den Kurs. Nur vom Dünungskamm ist er zu sehen, aber von dort reicht der Blick bis hinter die Erdkrümmung.

Im Kielwasser des Frachters begegnen uns Finnwale. Gleichmäßig blasend, wandern sie auf Gegenkurs. Die tiefblaue See ist gesprenkelt mit violett in der Sonne leuchtenden Seglerquallen.

Nach dem zweiten Frühstück - Rührei mit Speck und Salat auf Brot - wird es schattig, und die Wolken stehen über uns.

Fast bin ich erleichtert. Seit Bermuda warten wir darauf. Soll es endlich losgehen! Wenigstens scheint es aus der richtigen Richtung zu kommen.

Der Wind dreht auf Süd und nimmt nun von Stunde zu Stunde zu. Der Kutter beginnt zu laufen. Successive streiche ich die Segel. Erst den Flieger, dann Toppsegel, dann reffe ich das Groß - einmal, zweimal. Mit Halbwind stürmt FIRECREST in die Nacht.

Morgens türmen sich graue Berge unter grauem Himmel, und Sturmvögel jagen in weiten Schleifen über dem Kielwasser, nicht anders als die Albatrosse im Südmeer.

Gemessen schwingt sich FIRECREST über die hohen Kämme. Zuweilen platzt einer krachend gegen die Bordwand, und Gischt prasselt in die Segel. Doch unten in der Kajüte ist alles friedlich und, von der Schräglage und der hohen Luftfeuchtigkeit abgesehen, sogar gemütlich.

Nur schade, daß wir das Brennholz in Candelaria von Bord gegeben haben. Gern hätten wir jetzt eingeheizt, denn es ist kühl - unter 20 Grad. Mit Decken um die Schultern und heißem Fliedergrog noch von zu Hause, sitzen wir auf der Leekoje einander gegenüber, die Füße in Wollsocken gegenseitig wärmend. So läßt es sich aushalten.

Der bedeckte Himmel verhindert Beobachtungen, aber seit gestern Mittag hat die Logge über 100 Meilen abgespult. Und das Barometer ist um zwei Millibar gefallen.

Ab Mittag Sturm. Wir tragen kleine Fock, Klüver und Trysegel. Regen und Gischt treiben waagerecht - schlechteste Sicht, wie Nebel. In Gummistiefeln und Ölhose bleibe ich nun im Kartenraum, alle Augenblicke bei einem Rundblick an Deck. Die kleine Sprayhood über dem Niedergang ist Gold wert.

Spät nachmittags wird es plötzlich heller. Über jagenden Fraktuswolken hängt eine trübgelbe Sonnenscheibe. Dabei dreht der Wind schlagartig von Süd auf Nordwest und flaut ab. Ich kuppele Aries aus und halse. Mit einem Trysegel ist Halsen ein Kinderspiel - du legst einfach Ruder und schiftest die Schot wie bei einer Fock. Doch der Wind reicht nicht mehr aus. Ich muß das Großsegel setzen.

Das sagt sich einfach, kostet bei dem mächtigen Schlingern aber blaue Flecken und gequetschte Fingerkuppen - aber kein Vergleich zur Biscaya.

Mit dem Großsegel hält sich FIRECREST trotz der steilen Dünung relativ ruhig. Sie könnte noch ruhiger laufen, wenn ich das Groß ausreffen würde. Aber ich mißtraue dem Wetter. Anstatt zu steigen, ist der Luftdruck um zwei weitere Millibar gefallen. Und auch der diesige Himmel sieht nicht nach Frontdurchgang aus - eher nach Trogtief.

Und so ist es: Plötzlich wird die Sicht glasklar. Gleißend steht die Sonne zwischen zerrissenen Wolkenbänken dicht über der Kimm. Keine Meile in Luv leuchten weiße Schaumkronen. Sofort zerre ich das brettharte Großsegel an Deck.

Dabei steuert Aries unverdrossen weiter, und ich beglückwünsche uns mal wieder zu dem Rigg. Zum Setzen und Bergen des Großsegels brauchen wir auch bei achterlichem Wind keinen Strich vom Kurs abzuweichen. Auf modernen Yachten hätten wir vorübergehend einen mörderischen Kurs gegen Wind und Seegang einlegen müssen, nur um das Vorliek des Großsegels zu entlasten. An solchen Unsinn verschwendet man auf einem vernünftig getakelten Gaffelkutter keinen Gedanken.

Kaum stand das Trysegel, flog die Gischt aus Nordwest, und schnell baute sich steile Windsee auf, quer zur alten Dünung. Doch alles, was raumschots einkam, nahm FIRECREST mit ihrer üblichen Anmut und Leichtigkeit. Großartig schwang sie sich über die hochlaufende Kreuzsee.

An der Außenhaut polterten die Brecher entlang, und der Halbmond beleuchtete jagende Wolken und wandernde Wasserberge. Obwohl es jetzt viel härter wehte, machte das Boot weniger Lage, segelte beinahe trocken und vor allem: Die Sicht war hervorragend. Als wir dann die Lichter eines Gegenkommers schon in weiter Ferne gut klarlaufend sichteten, fanden wir es in unserer petroleumbeleuchteten Kajüte wieder richtig gemütlich.

In dieser Nacht las ich *Walden* zu Ende. Unser »Blockhaus« war die FIRECREST, und unser Waldensee der Nordatlantik, dachte ich, als ich das Buch zurück ins Regal klemmte. Ich trimmte die Flamme der Kajütlampe niedriger und wickelte mich in meine Decken. Sie waren kaum noch klamm, denn die Luft war viel trockener jetzt.

Christine saß auf Ausguck im Niedergang, und in Mast und Rigg brummte und orgelte es fast heimelig. Der Kutter wußte nichts vom entnervenden Kreischen und Schrillen des Sturmes in hart verstagten Masten. Noch drei Stunden bis zu meiner Wache - herrlich!

Die Morgensonne beleuchtet wahre Wellenberge. Noch immer preschen wir mit achterlichem Sturm dahin, aber irgendwie hat alles Rhythmus und Ruhe. Gelassen koche ich Wasser zum Rasieren und für den Kaffee. Nach der Rasur fühle ich mich gleich frischer, viel weniger Opfer der Umstände.

Das Frühstück bleibt frugal: englisches *Alpenmüsli* mit H-Milch. Von beidem haben wir in Bermuda reichlich eingekauft. Der heiße Kaffee rundet es ab. Die Freundin hat heute weniger Appetit und verbringt ihre Freiwache lieber in der Horizontalen. Aber sie liest und ist guter Dinge.

Beim Abwaschen wird es plötzlich ruhiger. Eine halbe Stunde später stehen Groß und Toppsegel sowie alle Vorsegel voll dichtgeknallt in der riesigen Dünung. Aber sie ist so lang, so daß sich das Schlagen der Segel und Spieren in Grenzen hält. Mittags gelingen sogar Pellkartoffeln mit Speck und Zwiebeln.

Am Nachmittag ist die Dünung schon viel niedriger. Bei Sonnenschein, Flaute und weiter Sicht treiben wir auf dunkelblauer, kühl gewordener See. Schwärme zigarrengroßer Kalmare stieben vor wild springenden Bonitos und segeln ein Stück wie Fliegende Fische.

Nach Baudelaires *Künstliche Paradiese*, die mir hier draußen sehr synthetisch erscheinen, habe ich Herrigels *Zen in der Kunst des Bogenschießens* angefangen. Das paßt dagegen sehr.

Es wird noch lange dauern bis zu den Azoren. Jetzt wäre es an der Zeit, sich wie der Bogenschütze absichtslos aus allen Zielvorstellungen herauszubegeben und eins zu werden mit der Situation, wie sie ist - und nicht mehr dem Erreichen eines Hafens entgegenrechnen.

Denn Zeit hat nur der, der sie nicht zu beeinflussen versucht. Dem aber paßt sie sich willig an. - Dieser Gedanke kam mir beim Lesen, und ich trage ihn lange mit mir herum.

Moby Dick

Über Nacht ist die Dünung abgeklungen, und kurz vor Sonnenaufgang kommt leichter Südwest auf. Nun ziehen wir unter Vollzeug mit den Cumuluswolken Kurs Osten.

Zum Frühstück brät die Freundin Brotscheiben mit Käse und Spiegelei. Dazu gibt es den letzten Salat von Bermuda. Hat sich doch länger gehalten.

Als ich mich im Wassergraben mit Seewasser abdusche, nehme ich mit der Schlagpütz beinahe wieder eine Portugiesische Galeere auf. Muß ein unangenehmer Tod sein - und so unnötig.

Querab läuft ein großer Stückgutfrachter auf Gegenkurs. Der Rumpf ist noch unter der Kimm, aber wir sehen den Schornstein mit der Abgaswolke und die gelben Lademasten so deutlich, daß wir sogar die Drähte zu erkennen glauben.

Wir passieren jetzt den Treck Gibraltar - New York. Die alte Wegekarte von meinem letzten Dampfer ist sehr praktisch: Wir wissen, wo die Haupttrecks sind. Tatsächlich sichten wir dort auch immer Fahrzeuge.

Und der Wind steht durch, Beaufort 3 bis 4 aus Süd bis Südwest. Tage und Nächte unter Vollzeug. Mal zieht eine Regenfront durch. Einige Stunden nieselt es, und der Wind dreht etwas westlicher. Doch ehe der

Niesel auch in unsere Gemüter einziehen kann, prasseln Schauer, und dann ziehen wir wieder dahin bei leichtem Sommerwind.

Nach zwei Wochen haben wir nun die Hälfte der Großkreisdistanz zurückgelegt. Nach jeweils 15 Längengraden stellen wir die Uhr eine Stunde voraus, denn wir segeln dem Lauf der Sonne und damit der Tageszeit nun entgegen.

Täglich sehen und hören wir jetzt Delphine. Und je näher wir den Azoren kommen, desto häufiger mischen sich noch andere Laute in das ewige Gurgeln und Zischen hinter der Bordwand.

Tiefes Brummen wie von untersteuerten Lautsprechern, Knarren wie von alten Scheunentoren, dumpfmoduliertes Pfeifen, sogar andauerndes, fremdartiges Singen klingt aus der Tiefe und erfüllt die Kajüte mit eigenartiger Stimmung. Große Wale sind um uns, und immer öfter sehen wir sie blasen. Spontan beginne ich nach langer Zeit wieder *Moby Dick* zu lesen, von Herman Melville.

Und Tag und Nacht geht Aries ihre endlose Ruderwache. Dank ihrer führen wir ein ausgeruhtes Leben. Trotzdem sind wir bereit. Nie vergessen wir, daß wir den Nordatlantik überqueren.

Gestern herrschte stundenlang Flaute, und heute mittag sind wir gegenüber dem Koppelort um 17 Meilen zurückversetzt. - Wir sind in einen Gegenstrom geraten. Dafür weht es wieder stetig aus Südwest, wir machen drei Knoten unter unserer »Wolke von Segeln«, darüber der wolkenlose Himmel. Aber das kristallklare, hellblau leuchtende Wasser der Tropen, in dem das Boot mehr schwebte, als daß es schwamm, es ist Vergangenheit.

Nachmittags überholt uns Frachter DORIA aus Hamburg. Wir plaudern mit dem Funker - auf deutsch! Mitten auf dem Ozean plötzlich Heimatgefühle. Mit dem Walkie-Talkie in der Hand sitzen wir auf dem Kajütdach, und drüben winken sie von der Brücke. Als wir erzählen, wie relaxt wir so segeln, mag man uns nicht glauben. Der Funker gibt in allen Einzelheiten die Wetterlage durch, so daß ich eine Wetterkarte zeichnen kann. Das berühmte Azorenhoch liegt ortsfest südöstlich der Inseln und läßt weiterhin südliche Winde erwarten.

Obwohl der Südwind tags darauf sogar östlich dreht und FIRECREST jetzt voll und bei läuft, macht sie trotz ihres Seegrasteppiches weiterhin gute Fahrt - als hätte sie sich ans Laufen gewöhnt.

Nachmittags gibt es nun immer Tee und Kekse, und abends bereitet mein Smutje meist Geschmortes oder Gekochtes im Drucktopf.

Manchmal knistert es zwischen uns, aber ansonsten vertragen wir uns gut auf unseren drei Quadratmetern, und oft sind wir sogar sehr nett zueinander.

Eines Tages durchsegelten wir ein eigenartiges Seegebiet.

Obwohl nur leichter Wind wehte, spritzten und schäumten die Wellen über meilenweite Flächen. Auch war die See hier nicht mehr tiefblau, sondern wirkte wie klares, schwarzes Moorwasser. Zahllose kleine, hellbraune Kompaßquallen trieben darin. Doch ruhig zog FIRECREST ihre Bahn hindurch. Ein stark algiger Geruch hing in der Luft.

»Wie auf dem Fischmarkt«, meinte die Hamburgerin treffend.

Es lag eine seltsame Spannung in der Luft, und ich dachte unwillkürlich an jene Stelle in *Moby Dick*, als die Männer der PEQUOD nach monatelanger Jagd zum ersten Mal den Blas des weißen Wales sichteten. Und genau wie im Buch kreiste in weiter Ferne ein Schwarm Seevögel um eine bestimmte Stelle. Durchs Glas war jedoch nichts zu erkennen.

Dann verließen wir die seltsamen Kabbelungen, so wie wir hineingesegelt waren - über eine klare Grenzlinie, hinter der sich wieder kobaltblauer Atlantik leicht kräuselte, wie es der Windstärke 3 entsprach.

Nachmittags saßen wir beim Tee an Deck, als aus der Kajüte wieder jenes wohlbekannte Knarren tönte. Da stand eine Kabellänge quer ein schwarzer Koloß in der See - wie damals vor Teneriffa. Nur war es jetzt der vierkantige Kopf, der bewegungslos senkrecht emporragte, plätschernd umspült von der Windsee. Dabei hielt der Pottwal seinen langen Unterkiefer seltsam rechtwinklig abgeklappt - wie die Fallbrücke einer Burg. Ruhte er die Kiefermuskeln aus nach mörderischem Kampf mit einem Riesenkalmar? Elfenbeinfarben schimmerte die Reihe kurzer, kegelförmiger Zähne in der Sonne. Durchs Glas sahen wir das kleine glänzende Auge, dessen Blickfeld wir langsam durchsegelten. Was ging jetzt in dem Riesenhirn vor sich, dessen Komplexität das menschliche noch übertreffen sollte?

Da klappte der Kiefer zu, und der Wal versank rückwärts in der See. Noch mehrmals sahen wir ihn blasen, dann eckte die knorpelige Schwanzwurzel nach oben, und er tauchte.

Von nun an verging kein Tag ohne Walsichtungen. Ich saß mit *Moby Dick* auf den sonnenwarmen Planken, ließ zwischen den Absätzen den Blick über die See schweifen und wartete auf den nächsten Blas.

Eines Mittags stand ich am Kartentisch beim Mittagsbesteck, als es neben der Bordwand losdonnerte, als platze ein Dampfkessel. Ich sprang nach oben und sah Christine, die fasziniert nach Lee starrte, wo sich ein riesiger hellbrauner Rücken in der Sonne rundete und in einer schäumenden Bugwelle verschwand - ein Finnwal hatte uns besucht.

Horta auf Faial

Am 24. Tag nach Auslaufen von Bermuda um 10.45 Uhr Bordzeit sichteten wir 70 Grad rechtweisend, genau auf Kurs, einen dreieckigen bläulichen Schatten zwischen den Cumuluswolken, der sich nicht ver-

änderte. Es war Pico, der 2300 Meter hohe Vulkangipfel der gleichnamigen Azoreninsel. Sie lag gegenüber der Insel Faial mit ihrem Hafen Horta, unserem Reiseziel. Der Morgenbeobachtung nach war Pico noch 90 Meilen entfernt.

Gegen Mittag verschwand der Gipfel im Dunst. Erst zur Abenddämmerung erschien er wieder über einer Wolkenbank, doch ohne daß wir ihm sichtbar nähergekommen wären.

Bei Morgengrauen stand der Gipfel des Pico dann hoch über den Wolken, doch erst eine Stunde später kamen schemenhaft die Küstenkonturen der Inseln durch.

Gegen 10.00 Uhr bogen wir um die riesige Schutzmole in das weite Hafenbecken von Horta. Oberhalb der alten Stadt mit ihren verschachtelten Dächern und Kirchen und der Hafenfestung aus der Entdeckerzeit erstreckten sich die prachtvollen Barockgebäude des Jesuitenseminares. Kirchenglocken läuteten. Mitten im Atlantik waren wir wieder im alten Europa.

Zu unserer Überraschung lag innerhalb der einzelnen großen Schutzmole eine zweite, kleinere Mole mit einer nagelneuen Marina - wie in Funchal. Am Einklarierungskai nahmen Holger und Christa von der GOLEM unsere Leinen wahr, als wären wir mal eben für ein Wochenende fortgewesen.

Café Sport

Mit frischen Stempeln in den Reisepässen traten wir aus der alten Hafenkommandantur. Offiziell waren wir wieder in Portugal. Im Schatten der dicken Platanen saßen pensionierte Fischer und Seefahrer. Wie die alten Männer in allen Häfen der Welt blickten sie im Klönschnack über das Wasser und warteten, daß sie nach Hause zum Essen gerufen wurden.

Ganz Horta machte diesen gemütlichen, verschlafenen Eindruck. Dabei schien es alles zu geben, was man zum Leben brauchte: Lebensmittelgeschäfte, Eisenwarenläden, die auch nautischen Bedarf führten, täglich Gemüse- und Fischmarkt und preiswerte Eßlokale.

Doch zunächst schlenderten wir über die kunstvoll in schwarzen und weißen Steinen gesetzten Pflaster zu Peter Azevedos legendärem *Café Sport*.

Das Hafenlokal war die allgemeine Postadresse des mittleren Nordatlantiks. Hier lagerte die Post der Yachten oft monate-, manchmal jahrelang sicher und kostenlos. Und der Wirt tauschte zu günstigen Wechselkursen jede konvertierbare Währung.

Peter Azevedo war der gute Geist der Ozeansegler. Eigentlich hatte er einen portugiesischen Vornamen, aber alle kannten ihn nur als Peter. Wir hatten ihn gerade kennengelernt und mochten schon glauben, wir seien bereits lange mit ihm befreundet.

An den holzgetäfelten Decken und Wänden seines Cafés hingen in mehreren Lagen die Stander all der Boote, deren Crews sich bei Peter und seinen Söhnen heimisch gefühlt hatten.

Hier wurden wir bald Stammgäste. Oft wanderten wir schon in aller Frühe unter Pinien und Platanen am Hafen entlang zu dem blau und weiß in der Morgensonne leuchtenden Lokal mit den bootslackierten Läden und den aus Knochen geschnitzten Walfischen über den Türen.

Drinnen saßen dann schon Fischer, zurück vom nächtlichen Fang, und die Yachties, die immer hier frühstückten. Wir setzten uns an einen der blankgescheuerten Holztische und bestellten tiefschwarzen Kaffee aus kleinen, dickwandigen Steinguttassen, Mineralwasser und frischgepreßten Zitronensaft in zuckerumrandeten Gläsern, dazu Sandwiches mit Schinken und Käse, frittierte Fischbällchen und jenes köstliche Tortengebäck, das wir zuletzt in den Cafés von Lissabon bekommen hatten. So blickten wir aus den geöffneten Sprossentüren über den Hafen und die ankernden Boote hinweg und über den Canal do Faial auf den beherrschenden Kegel des Pico.

Irgendetwas im Café Sport erschien mir von Anfang an vertraut, doch erst beim dritten Besuch betrachtete ich die vergilbten Fotos an den Wänden genauer. Sie zeigten Horta vor vielen Jahrzehnten. Da erkannte ich verblüfft die original FIRECREST von Alain Gerbault, wie sie im Hafen vor Anker lag. Und auf einem weiteren Foto sah ich ihren Skipper in unverkennbar lässiger Haltung an Deck gegossen.

Fasziniert stand ich vor den Fotos. Sie mußten vom Juni 1929 stammen. Gerbault war gerade von den Kapverdischen Inseln gekommen, wo er die FIRECREST auf die Klippen gesetzt hatte. Auf einem Foto sah man noch deutlich die Kalfatgänge voller Bleiweiß zwischen den neu eingezogenen Planken.

Doch Peter wußte nichts über Gerbault und daß jenes Boot ebenfalls

FIRECREST geheißen hatte. Die Bilder stammten noch von seinem Vater. Sie hingen dort nur, weil sie zeigten, daß schon in den 20er Jahren ozeanreisende Yachten in Horta gelegen hatten.

Auf anderen Fotos sah man amerikanische Walfangsegler im Hafen liegen, die noch in den 20er Jahren kaum anders ausgesehen hatten als Melvilles PEQUOD.

Scrimpshaw

Vom Walfang auf den Azoren wußten wir nicht recht, ob er gerade abgeschafft worden war. Die Internationale Walfangkonvention, die Greenpeace mit ins Leben gerufen hatte, gestattete es einheimischen Walstationen weiterhin, auf traditionelle Art Wale zu bejagen. Trotzdem, so hieß es, wollte Portugal freiwillig darauf verzichten.

Aber die alte Walfabrik von Porto Pim war noch funktionsfähig. Und unterhalb vom Café Sport lagen die eleganten Zedernholzboote, mit denen die Männer von Faial vor kurzem noch mit handgeschleuderten Harpunen den Pottwal gejagt hatten. Sie waren frisch gemalt und überholt wie neu, als sollten sie jederzeit auslaufen.

Wenn es im Café Sport ruhiger zuging, schloß Peter uns sein Scrimpshaw-Museum auf. Hier bestaunten wir Hunderte gravierter Walzähne, Modelle von Segelschiffen und Walbooten, Gegenstände des täglichen Bedarfs, seemännisches Handwerkszeug und Schmuck - alles aus Walknochen und Walzähnen geschnitzt - ein Schatz von Elfenbein.

Peters Sohn war selbst Walschnitzer, und Peter verkaufte auch Scrimpshaw. Bei ihm erstand ich meiner Geliebten einen kleinen Pottwalanhänger aus Elfenbein und für mich einige Spleißfidden aus Walknochen. Doch am liebsten wünschte ich mir einen Walzahn.

Die Welt der Männer um den Wal schien in Horta noch schemenhaft lebendig, und ich wollte mir ein persönliches Stück Walfanggeschichte sichern, solange es das noch gab. Peter hatte Walzähne, und auch in verschiedenen Kurzwarenläden gab es sie zu kaufen, doch alle waren mit Segelschiffen, Seemannsportraits oder anderen maritimen Motiven graviert. Ich aber wollte einen Zahn ohne Gravuren.

Eines Tages sah ich im Schaufenster eines kleinen, dunklen Handarbeitsladens neben portugiesischen Klöppelarbeiten auch wieder einige

Walzähne. Doch da schimmerten in einer geöffneten Schublade zwei noch jungfräulich weiße Zähne. Ich trat gleich ein.

Die Hände der schweigsamen schönen Dame, die sie herausnahm, waren vom gleichen Elfenbeinton wie die Walzähne. Sie legte sie vor mir auf eine violette Samtdecke und streifte mich mit einem Blick, der eine einzige Frage zu sein schien nach Sonne und Weite, die sie in ihrem Laden niemals sah.

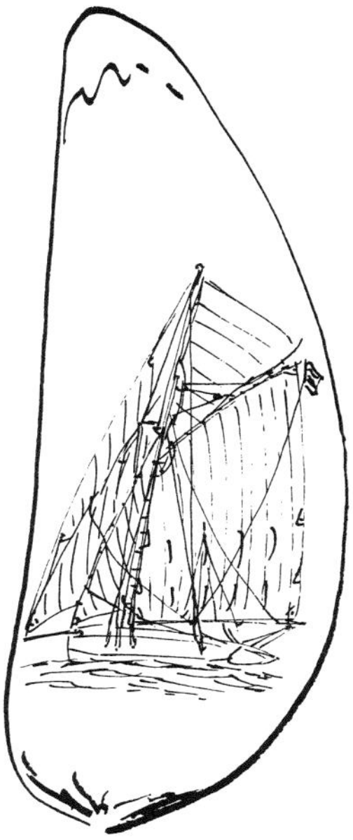

Auf den Spleißfidden aus Walbein übte ich und machte mich dann an den größeren der beiden Zähne. Mit einer Segelnadel ritzte ich das Portrait der FIRECREST unter Vollzeug ins Elfenbein und färbte die Gravur mit Ruß aus der Petroleumlampe - denn *Walrat* als Lampenöl war natürlich nicht mehr zu bekommen.

Tags darauf zeigte ich Peter mein Werk. Er wog den Zahn in der Hand und betrachtete erst ihn und dann mich mit anerkennendem Blick. Das hat mich gefreut. Den anderen Zahn ließ ich jungfräulich, wie er war. Gerade liegt er auf meinem Schreibtisch und erinnert mich an die feinnervige schöne Hand, die ihn einst aus seiner Schublade nahm.

Hochseevögel

Da es auf den Azoren keine Charteryachten gab, waren die Segler von Horta ausnahmslos echte Hochseevögel. Und alle verewigten ihre Boote in bunten Malings auf den Hafenmauern. Hier fanden wir auch Erichs ELEFANT - in Elefantengröße. Und erstaunt entdeckten wir das noch kaum durchgetrocknete Bild der FACE AU SOLEIL mit zwei Wochen altem Datum. Dabei hatten wir Christian und Francine längst im Pazifik vermutet.

Dafür trafen wir Pierre und Francoise mit der NIKAN wieder und Willi und Betli und ihre Söhne von der Schweizer Ketsch FREELIFE, die wir aus der Honeymoon Bay kannten.

In der Kajüte der belgischen Ketsch VERDI bereiteten uns die beiden Opernfans Raimund und Karin eine lange Musiknacht. Zentrale Einrichtung des Schiffes war eine quadrophone HiFi-Anlage, und als Karin vernahm, ich sei der Enkel jenes Kapellmeisters und Komponisten, den sie so bewunderte, präsentierten sie uns bei italienischem Rotwein Puccinis komplette Aida.

Als ich am Morgen danach aus der Luke blinzelte, lag am Steg gegenüber ein englischer Gaffelkutter, dessen Toppsegelliek in einer Nut im Mast verlief. Aus Hiscocks Büchern kannte ich nur ein Boot, das so getakelt war. Ich schlenderte hinüber und las wirklich am Heck unter einem monströsen Aries-Urmodell den Namen DYARCHIE. - Hier draußen lebten die Legenden noch.

Jetzt fehlen nur noch Eric Hiscock oder Bernard Moitessier, dachte ich.

Und dann lag anderntags eine weiße Doppelender-Ketsch am Steg, zolldick laminierte Außenhaut, mannsdicke Masten, Bäume aus T-förmig verleimten Kiefernbohlen, kaum Beschläge, klares Deck, ein paar schwere Luken, kein Teil zuviel. - Es war die VENUS von Moitessiers Freund Paul Johnson.

Der alte Ozeanwanderer hatte sich mit seiner jungen Freundin auf der Azoreninsel Flores einen Bauernhof gekauft.

Daß die Motive, mit kleinen Booten über das Weltmeer zu segeln, verschieden sind, bewies unser amerikanisches Missionarsehepaar. Rührig warben die kontaktfreudigen Leutchen für ihre Kirche - welche auch immer - und veranstalteten auf der Mole ein alkoholfreies Barbecue mit Preisverleihung für die ungewöhnlichsten Reisen nach Faial. Natürlich bekamen wir den Sonderpreis für unsere 24 Tage und 19 Stunden von Bermuda - eine Kinderwindmühle am Stöckchen.

Mit Pappbechern voll (selbst mitgebrachtem) Rotwein standen wir Unverbesserlichen in der sinkenden Dämmerung, als ein seltsames Boot um den Molenkopf motorte. Gleich sahen wir, daß die Segelyacht ihren Großbaum als Notmast geriggt hatte. Spontan brachten wir ein »Hurra!« aus und applaudierten. Denn alle wußten sofort, was die Männer der SHANGHAI geleistet hatten.

Im Café Sport gab die Crew dann ihr Erlebnis zum Besten. Zwischen Bermuda und den Azoren war den drei Engländern der Mast in einer plötzlichen Flaute regelrecht abgewippt worden. Die Windmühle gebührte ihnen, denn sie hatten 30 Tage gebraucht. Dankbar dachte ich an meine biegsame Lärche. Die Furcht vor Mastverlust zählte zu unseren geringeren Sorgen.

Eines Nachmittags klopfte es an die Bordwand, und ein junger Deutscher stand auf dem Steg mit einem Plastikkanister und fragte, ob er uns Petroleum abkaufen dürfte - für Campingkocher und Zeltlampe. Wir schenkten es ihm.

Tags darauf war Bernhard wieder da mit einem Liter Vino Verde und einem *Handbuch für Schatzsucher*. Darin stand, daß auch die Azoren einst Schlupfwinkel für Piraten gewesen waren, die hier Schätze versteckt hätten - besonders in der Umgebung natürlicher Häfen wie Porto Pim. Dort zeltete der junge Mann. Das Thema hatte uns wieder eingeholt.

Bernhard gefiel das Yachtmilieu, denn er kam nun öfter und stellte interessante Fragen - wieviel zum Beispiel ein Dingi und wieviel eine Segelyacht transportieren könnten und ob Yachten, die nach Deutschland heimkehrten, kontrolliert würden.

Eines Tages blieb er dann verschwunden. Dabei hatte ich noch sein Buch.

Manchmal gingen wir mit unseren Freunden zum Mittagessen in die *Cantina*. Ein hoher, lindgrün getünchter Raum, lange Holztische mit Wachstuchdecken und Stühle mit Strohgeflecht, an denen sich zu den Mahlzeiten Angestellte und Arbeiter, Junggesellen und Familien einfanden. Täglich gab es nur ein Gericht zu einem immer gleichen Preis. Der betrug ein paar hundert Escudos - etwa fünf Mark pro Person - und der Wein war inbegriffen. Meist aber kochte die Bordfrau lieber selber.

Am liebsten aßen wir Fisch. Oliver von der FREELIFE gab mir Tips für das Fischen der makrelenartigen Stöcker, die in Schwärmen zwischen den Stegen unterwegs waren und, in Olivenöl gesotten, vorzüglich schmeckten. Dafür schenkte ich dem Jungen mit Zustimmung seines Vaters meinen alten Revolver. Ich habe selten einen glücklicheren

Knaben gesehen. Für Schweizer waren Waffen kein Problem, und wir waren nun aller Einklarierungssorgen ledig.

Wenn wir keine Stöcker mehr essen wollten, ging Christine früh morgens auf den Fischmarkt. In der gekachelten Halle wurde der nächtliche Fang ausgebreitet: Bonitos, Sardinen, Makrelen, Tintenfische, Langusten, Thunfische, Haie und Tiefseefische ähnlich den Espadas in Madeira. Am eindrucksvollsten aber waren die riesigen Schwertfische.

Auf diese ging auch die amerikanische Gamefisheryacht, die an unserem Steg lag. Die beiden stämmigen Profis in Bermudashorts und den unvermeidlichen Baseballmützen fischten mit zahlenden Gästen aus den Staaten.

Tagsüber bereiteten sie die Köder für die nächste Nacht vor: ellenlange Kalmare, die um bleistiftgroße Angelhaken genäht wurden. Damit füllten sie die Eistruhe, aus der sie auch ihre Bierdosen nahmen.

Eines Nachts landeten sie einen Fang, der selbst hier Aufsehen erregte: Im Schimmer der Hafenlaternen lag ein Black Marlin von über drei Metern Länge, dick und schwer wie eine Kuh - mit 400 Kilo hing der schwarze Schwertfisch morgens im Fischmarkt an der Waage.

Dann kam die große Fahrtensegler-Regatta von Horta nach Velas auf der Nachbarinsel Sao Jorge. Fast alle machten mit. Weil nach der Vermessungsformel auch FIRECREST eine Chance hatte, meldeten wir uns - als Nummer 13.

Wir spannten in die frühe Morgenbrise, was an Tuch zwischen Topp und Wasserlinie Platz hatte: Großsegel, Toppsegel, Wassersegel unterm Großbaum, große Raumfock, Wassersegel unterm Fockbaum, großer Klüver, Leichtwetterflieger - und am Baumgalgen hinter dem Ruder das Dingisegel als Besan - FIRECREST war jetzt eine Yawl. Um uns standen die Blister und Spinnaker, doch dann breitete sich Flaute über den Canal do Faial.

Ich kletterte mit dem Glas in die Saling. Von hier oben sah man auf dem spiegelnden Wasser zwischen Pico und Faial deutliche Windstreifen. Besonders an einer Stelle gab es immer wieder stumpf aufgerauhte Flächen. Dorthin ließen wir uns treiben.

Die Sonne brannte, Christine trug ihren weiten Strohhut, und ich hatte meine alte Steuermannsmütze legionärsmäßig über ein Taschentuch im Nacken geklemmt.

Das Wunder geschah: Wir schlossen auf. Immer wieder schienen gerade bei uns Katzenpfoten durchzuziehen, die den Kutter mit Halbknotenfahrt dem vorderen Feld näherschoben. Die fast reglos nach Lee hängenden Bäuche unserer schweren Segel schienen auch den letzten Windhauch zu fangen, während die federleichten Tücher unserer Gegner wallten und einfielen und nicht zogen. Der vorsintflutliche Kutter gegen moderne Yachten! Ich wurde aufgeregt.

Doch als um 17.00 Uhr nachmittags das Rennen offiziell beendet war, lag FIRECREST als einziges Fahrzeug in der weiten, schwach gekräuselten Meeresfläche zwischen Faial und Sao Jorge. Alle anderen Boote hatten längst aufgegeben und waren nach Velas motort.

In der Hoffnung, dem Reglement nach als Sieger gefeiert zu werden, bargen wir nun die Segel und starteten den Motor. Als wir schließlich unter den Felsen von Velas auf 14 Meter zweifelhaftem Grund ankerten, war es finstere Nacht.

In der festlich geschmückten neuen Turnhalle saßen die Yachties an langen Tischen beim Eintopf, und gerade überreichte der weißuniformierte Kommandant des begleitenden Minensuchers den Pokal dem Skipper jener großen Ketsch, die am frühen Nachmittag als erstes Boot an uns vorbeimotort war.

»Sollen wir Protest einlegen?« fragte ich die Kameradin.

»Dieser verchromte Plastikeimer kommt mir nicht an Bord!« schmollte sie.

Dann hielten die Honoratioren Reden über Geschwindigkeit und Fortschritt, Wirtschaftsentwicklung und Tourismus, und wir wurden müde.

Unter Platanen und Erkerbalkonen schlenderten wir eingehakt durch die stillen Gassen zurück zum Hafen. Der Schein der leise zischenden Gaslaternen spiegelte sich auf dem taufeuchten Kopfsteinpflaster und in den blauweiß gekachelten Fassaden alter Kaufmannshäuser. Noch war Velas ein vergessenes, verschlafenes Seefahrernest mitten im Atlantik, und wir fanden das gut so.

In der Nacht trieb mich das Dröhnen der Brandung mehrmals an Deck, aber FIRECREST schwoite nur in der Dünung, die sich zwei Kabel weiter unter der himmelhohen Felsenküste brach und über die Reede zurückschwappte.

Am nächsten Vormittag wurden alle Segler mit Reisebussen über die grüne Insel gefahren. Endlose Mauern aus Vulkansteinen schützten die Felder und Weiden, die Kieferngehölze und kleinen weißgekalkten Höfe vor den ewigen atlantischen Winden.

»Wie in Irland«, fand die Gefährtin.

Dabei dachten wir an Paul von der VENUS und fragten uns, wie es wohl wäre, wenn man sein Leben auf einem Bergbauernhof verbrachte mit diesem unendlichen Blick über den Atlantik und die im Blau verschwimmenden fernen Nachbarinseln.

Zurück in Velas, ertönte erneut der Startschuß.

Wir hätten bleiben sollen. Stattdessen lichteten wir Anker wie die anderen. Die ablandige Brise versprach schnelle Rückfahrt nach Horta. Doch als die Sonne rot hinter die dunkle Silhouette von Faial tauchte, trieben wir immer noch bekalmt auf See.

LEZLEY ANN

Als ich am Morgen die Luke aufschiebe - ich bin dran mit Brötchenholen - sehe ich den Liegeplatz neben uns leer. Jaques ist noch vor Sonnenaufgang ausgelaufen. Christine wird traurig sein, denke ich, denn sie hatte sich die Aufmerksamkeit des netten französischen Einhandseglers gern gefallen lassen.

Dafür tuckert eine tief abgeladene, rostträhnende, blaue Stahlslup über den morgenstillen Hafen. In mannshohen Heckdavits hängt ein Dingi, das halb so groß erscheint wie sein Mutterschiff. Darüber flappt eine ausgefranste kanadische Flagge. Eine müde, blonde Frau steht auf dem Vorschiff mit aufgeschossener Leine. Im Cockpit steuert der kleine, hagere Skipper mit Dreitagebart, die Augen dunkel unterlaufen. Hinter ihm macht ein sehr junges Mädchen die Achterleine klar.

Ich nehme der blonden Frau die Leine ab.

»I am Lezley«, begrüßt sie mich. »My husband Joel«, deutet sie auf den Mann am Ruder.

»Hello!« winkt er und holt die Spring durch.

»... and our daughter Josephine.«

Die Crew der LEZLEY ANN will nach Großbritannien auswandern. Die hübsche Engländerin Lezley hat schon einen Job in Aussicht. So sind sie guter Dinge, denn sie haben wenig Geld. Für ein Windsteuer hat es nicht gereicht. Bis Horta haben sie sich an der Pinne abgewechselt.

Ich glaube, es ist ihnen nicht gut gegangen in Kanada. Man sieht dem alten Knickspanter an, wie Joel ihn mit bescheidensten Mitteln ausgerüstet hat. Endlich kann jemand unser angesammeltes Materiallager gebrauchen. So wechseln Blöcke und Schäkel, Draht und Sperrholz zur LEZLEY ANN, und bei uns entsteht herrlicher Stauraum.

Mit dem, was wir als Ballast mitgefahren haben, kann Joel jetzt ein Windsteuer bauen. Ich erinnere mich noch gut an die Konstruktion des *Blauen Heinrich*. Gemeinsam machen Joel und ich eine Zeichnung.

Dafür laden sie uns an Bord zum Essen ein. Lezley kocht ausgezeichnet. Nach dem Essen spielt Josephine Lieder auf dem Keyboard.

»Wie sollen wir Euch anders danken?«

Wir schweigen verlegen.

Auf den Azoren teilen sich die Seglerrouten. Der Österreicher Odo mit seiner selbstgeschweißten STEELBAND und Willi mit Familie und FREELIFE wollen Kurs Gibraltar ins Mittelmeer segeln - Sonne und Wärme anstatt der Stürme, Nässe und der Kälte sowie des dichten Verkehrs im Englischen Kanal. Wir werden unschlüssig.

»Doch hast du keine Mittel mehr, dann segele nicht ins Mittelmeer!« warnt Odo. Die Marinas des Mittelmeeres sind unverschämt teuer und trotzdem unsicher. Nein - während wir zu Hause neu beginnen und vielleicht die Grundlagen für neue Reisepläne schaffen, will ich mich nicht um ein Boot am Mittelmeer sorgen müssen.

Als die Kameradin und ich das an einem ruhigen Nachmittag im Café Sport besprechen, mache ich von meinem Hauptmotiv weniger Aufhebens: Ohne die Rückkehr der FIRECREST in ihre Heimatgewässer wäre mir unsere Reise als halbherzig abgebrochenes Unternehmen erschienen. Aber auch Christine möchte nach Hause.

Auf dem Rückweg zum Liegeplatz spüre ich plötzlich freudige Sehnsucht nach den Creeks von Cornwall und nach Feuer in unserem Kanonenofen an irgendeinem herbstlichen Ankerplatz.

Doch zunächst wartet die große Decksüberholung.

Decksarbeit

Im Bergland über der Stadt gab es eine Baustoffhandlung, deren moderne Halle zwischen die abgelegenen Weiler und Höfe paßte wie ein gelandetes Raumschiff. Hier bekam ich alles, was ich brauchte. Der Schwimmsteg zwischen FIRECREST und LEZLEY ANN wurde zur Baustelle, und unsere Bootsnachbarn und die Hafenverwaltung bewiesen große Geduld.

Mit Schraubenzieher, Hammer und Meißel ging ich ans Werk und hoffte auf trockene Tage. Zuerst baute ich sämtliche Decksbeschläge ab, dann entfernte ich alle Planken. Danach wurde das darunterliegende Sperrholzdeck gesäubert und alle Schraubenlöcher abgedichtet. Dann begann das Überlaminieren mit Glasmatten und Gewebe.

Gerade schnitt ich wieder eine Matte zu, als das unverkennbare Wupp-Wupp eines Sabb-Diesels ertönte. Beinahe erwartete ich FRAUKEN zu sehen, doch es war der breite Norwegerkutter ANNA, der nach einem Liegeplatz suchte.

Die Bootsbauer Reiner und Christian überführten die Yacht zurück nach Cuxhaven. Reiner hatte ANNA selbstgebaut und wollte mit seiner Frau rund um den Atlantik. Als Petra schwanger wurde, flog sie nach Hause - LISSY läßt grüßen - und Reiner heuerte seinen Kollegen Christian an für die Heimreise.

Natürlich interessierten sich beide für die FIRECREST - und vielleicht auch ein wenig für die Küche meiner Gefährtin. Heute gab es Auflauf mit Fisch und wunderbarem Inselgemüse, mit Käse überbacken. Es reichte für vier.

Nach dem Abendessen spazierten wir durch die milde Nacht zum Café Sport, wo sich im Lokal und auf der Promenade die Yachties und Einheimischen trafen.

Unter freiem Himmel lief gerade ein Diavortrag über Horta. Mit gemischten Gefühlen betrachteten wir die Bilder der Verwüstungen, die ein Orkan vorletztes Jahr hier angerichtet hatte.

»In welchem Monat war das?« fragte ich Peter.

»Im August«, antwortete er gleichmütig.

Andere Dias zeigten Waljagden - faszinierende, blutige Bilder. Walfang war dann auch eines der Themen unter den Seglern. Denn die nächste Walsaison stand bevor.

Es ging das Gerücht, daß unter der Halbinsel Gaia Pottwale für schaulustige Touristen erlegt werden sollten. Um das zu verhindern, waren mit einem amerikanischen Schoner Tierschützer angereist.

Und auch das Eintreffen der legendären FRI wurde damit in Zusammenhang gebracht. Die amerikanischen Sportangler und viele der älteren Fischer waren wiederum für die Waljagd, und so brandeten die Emotionen.

Ob aber FRI extra wegen des Walstreites gekommen war, schien mir zweifelhaft. Ein Schiff in ihrem Zustand hatte andere Sorgen.

Eines Tages beim Mittagessen vernahmen wir typisches Glühkopfwummern und durch die Bordwand die unverkennbaren Manövergeräusche eines *Hundested*-Propellers. Als wir hinaussahen, machte an der Innenseite der Schutzmole gerade ein großer Ostseeschoner fest.

Das alte Schiff, dessen Weltreisen seit Jahrzehnten für freiheits- und friedensbewegte Schlagzeilen gesorgt hatte, war auf dem Heimweg nach Dänemark, wo es von Teredowürmern und anderen Holzschiffskrankheiten kuriert werden sollte.

Wir lernten Henry, den amerikanischen Steuermann, kennen. Als er uns über Deck und durch die Räume der FRI führte, zweifelte ich, daß sie den nächsten Atlantiksturm überleben würde.

Dafür war FIRECREST nicht wiederzuerkennen. Von vorn bis achtern grundüberholt, die Hölzer schimmerten honigfarben geölt, die Decks weiß lackiert. Baumstütze, Ankerfittinge und andere Beschläge, die sich als überflüssig herausgestellt hatten, fehlten, und alle Schotenblöcke waren verbolzten Leitösen gewichen.

»Wie VENUS!« meinte Paul begeistert.

Nachdem ich auch noch die Außenhaut ausgebessert hatte, sah das Boot aus wie neu.

Anschließend ging ich mit Farbtopf und Pinsel hinüber zur Hafenmauer und grundierte die Stelle, die wir für unser Gemälde ausgeguckt hatten. In den nächsten Stunden entstand »unser« Bild. Ein paar Zementplatten weiter zog Christa gerade die letzten Pinselstriche an der Weltkarte, die GOLEMs Reise dokumentierte.

Best wishes from Peter

Dann kommt unser letztes Frühstück im Café Sport.

Seit Tagen herrschen Flaute und umlaufende Winde zwischen den Inseln, aber wir wollen trotzdem segeln. Es ist spät im Sommer, und wir müssen uns sputen, wenn uns noch an einer ruhigen Heimreise gelegen ist.

Am Abend zuvor haben wir zusammen mit LEZLEY ANN beraten. Die meteorologische Station oben am Hang hatte uns mit einer Wetterkarte versorgt. Das Azorenhoch hatte sich halb nach Europa verschoben. Westwinde würden wir erst weit nördlich finden. Doch im Norden warteten auch die Stürme. Joel war nervös, und Lezley sah schlecht aus.

»Wir dürfen nicht mehr warten«, sagte ich.

Es ist leicht mutig zu sein, wenn andere sich fürchten.

Über unserem Stammplatz hängt der Stander, den wir Peter zum Abschied geschenkt haben, selbstgenäht und bemalt mit dem gleichen Motiv wie auf der Hafenmauer: FIRECREST unter Passathimmel auf blauer Welle mit Palmeninsel und darüber ein Sternensymbol.

Peter setzt sich zu uns und stellt eine Flasche Wein auf den Tisch - 82er Pico.

»When you are home - with best wishes from Peter«, sagt er. Und nach einer Weile: »You may come back some day and make scrimpshaw.«

Und er lächelt in seiner verschmitzten Art.

Am frühen Nachmittag laufen wir aus. Katzenpfoten hauchen über das Wasser. Im Canal do Faial dümpelt schon LEZLEY ANN mit wallender Genua. Unsere Freunde winken.

FIRECREST nimmt Kurs England.

Von den Azoren bis England

Eine ganze Strecke motoren wir noch hinaus in den Canal do Faial. Dort weht ein leichter Hauch - natürlich aus Nordost.

Resigniert gehen wir an die Kreuz, wenn man das langsame Driften so nennen will. LEZLEY ANN hingegen hat Segel geschiftet und zieht südwärts. Über Walkie-Talkie erklärt Lezley, daß sie versuchen wollen, im Süden mehr Wind zu finden und Faial westlich zu umrunden. Die Idee ist nicht schlecht, aber wir bleiben lieber auf Kurs.

Tatsächlich frischt der Wind ein wenig auf, gerade genug, um das Kielwasser zu kräuseln. Unter der hohen Felsenküste von Faial scheint der Wind stetiger zu wehen, vielleicht durch den Seewindeffekt. Als die Felder und grünen Almen, die Feldsteinmauern und Kiefernhaine so zum Greifen über uns hängen, dazwischen kleine Höfe und einsame Kapellen, überkommt mich Reue. Herrliche Bergwanderungen bleiben als ungelebte Wunschträume achteraus.

Gegen Abend sehen wir LEZLEY ANN weit achteraus wieder auf unserem Kurs. Über Funk gesteht Joel, daß sie sich wieder anders entschieden haben.

Sie tun sich schwerer als wir. Alle Entscheidungen fällen Joel und Lezley gemeinsam. Meine Gefährtin macht es mir da einfacher. Sie kennt die seemännischen Spielregeln seit ihrer Kindheit. Natürlich besprechen wir Fragen wie Reiseziel und Auslauftermin gemeinsam. Doch in die Führung des Bootes redet sie mir nicht hinein.

Bei Anbruch der Nacht liegt der Canal do Faial hinter uns. Nun macht uns die kurze, westliche Dünung zu schaffen. Ich fühle mich abgeschlagen, habe Kopfschmerzen. Und doch bin ich froh, daß wir wieder unterwegs sind. Der Herbst wartet nicht.

Bei Sonnenaufgang war Faial verschwunden. Vela lag schemenhaft achteraus, darüber einen Moment die Ahnung des Pico zwischen den Wolken, ehe er durch eine Veränderung der Luftschichten wieder verschwand.

Weit in Lee stand LEZLEY ANNs weißes Segel über stumpfblauer See. Bei Nordost 3 bis 4 schien sie gute Fahrt zu machen. Über Funk tauschten wir Morgengrüße. Im Laufe des Vormittags schob sich LEZLEY ANN auf unsere Höhe, etwa zwei Meilen in Lee. Sie lief einfach besser. Gegen Mittag hatte sie uns überholt.

Am nächsten Morgen leuchtete weit voraus am Horizont ein dünner weißer Strich in der Sonne. Ich rief sie, und leise, aber deutlich antwortete Lezleys Stimme.

Unsere Segel sähen sehr schön aus, meinte sie, der Flieger leuchtend braun in der Sonne neben dem breiten weißen Toppsegel. Das Großsegel darunter aber sei schon hinter der Erdkrümmung verschwunden.

Das war unser letztes Funkgespräch. Im Laufe des Tages verloren wir LEZLEY ANN außer Sicht.

Tagelang segelten wir nun bei teils sonnigem, teils bedecktem Wetter nach Norden, teilweise sogar nach Nordnordwest. Unverändert wehte der Wind gegenan und wechselte böig zwischen 3 bis 5 Beaufort. Ich hatte mit Segelmanövern gut zu tun.

Vom geplanten Großkreis Faial - Scillyinseln waren wir schon weit entfernt. Doch je weiter wir nach Norden kamen, desto größer wurde die Chance auf Westwinde - und auf Stürme.

Es war einiges los auf dieser Route. Immer wieder bliesen Wale, winkten mit den Schwanzflossen und peitschten die See zu Gischt. Mit Verzögerung erreichte uns das Krachen, als schlüge jemand mit einem Brett aufs Wasser - etwa von der Größe eines Scheunentores. Und täglich begegneten wir jetzt Frachtschiffen. Eines Nachts drehte ich bei, um einen Dampfer in sicherem Abstand vorbeizulassen.

Trotzdem segelten wir meist unbeleuchtet. Unsere Petroleumlampen waren nur auf wenige Kabellängen deutlich sichtbar - und auch nur, wenn der Ausguck genau hingesehen hätte. Stattdessen hielten wir den Scheinwerfer klar, um unseren »Gegner« anzuleuchten. Denn Segel anzuleuchten, ist sinnlos. Außerdem hatten wir die neue amerikanische Handlampe mit dem grünen und dem roten Glas. Sobald wir auf uns aufmerksam gemacht hatten, leuchteten wir das fremde Fahrzeug mit unserer entsprechenden Seitenfarbe an, bis die Situation geklärt war. Diese »Positionslampe« wurde mit Sicherheit gesehen.

Doch ich kann mich nicht erinnern, daß uns einmal ausgewichen werden mußte. Der Nordatlantik ist nicht so klein, und meist konnten wir den Dampfern weiträumig aus dem Wege gehen, so daß Nahbereiche gar nicht entstanden.

Eine Woche nach Auslaufen schläft der Nordost ein, ein bißchen Schlingerei, und dann kommt Nordwind auf - gleichmäßiger, leichter Nordwind. Keine Böen mehr, kein ständiges Aufbrisen und Abflauen, keine Segelmanöver. Herrliches Sommerwetter, und erstmals können wir anliegen. Mit halbem Wind zieht FIRECREST unter Vollzeug über tintenblaue See.

Ein Pottwal bläst und wirft seine ausgefranste Fluke gegen den Himmel. Über ihm kreisen Sturmvögel, als würden sie gefüttert. Nun ist es Christine, die *Moby Dick* liest.

Seit Horta schwingt unser Reservekompaß festeingebaut am hinteren Rand des Kajütstisches - sehr praktisch beim Lesen in der Koje. Zur Zeit

steuern wir genau 90 Grad und segeln fast schon auf dem Breitengrad von Falmouth. Außerdem stehen wir gut nördlich des Dampfertrecks Panama - Englischer Kanal. Liegt es daran, daß wir seit Tagen keine Fahrzeuge mehr gesichtet haben?

Nachts schlafe ich ziemlich sorglos und ertappe mich dabei, daß ich meinen Ausguckrhythmus versäume. Dabei haben wir Vollmond - gefährlich, denn in der schimmernden Mondstraße sind Fahrzeuge kaum zu erkennen, obwohl man das Gegenteil annehmen sollte.

So ruhige See und fast ohne Dünung haben wir auf der ganzen Reise nicht erlebt - und das auf dem Nordatlantik. Dabei weiteste Sicht, trockene Luft, tagsüber angenehm warm - wie im Sommer auf der Ostsee.

Monstersee

Heute morgen dann ein prachtvoller Sonnenaufgang - orangerote Sonne auf türkisfarbenem Himmel mit langgekämmten roten und goldenen Cirruswolken, gegenüber der untergehende Vollmond. Spricht für Wetteränderung.

Am Nachmittag beginnt das Barometer dann zu fallen: um anderthalb Millibar pro Stunde. Das bedeutet Sturm. Der Wind dreht auf Südwest und brist auf. Dagegen ist wenig zu sagen. Es war überfällig, und außerdem kommt es aus der richtigen Richtung.

Bald flog die Gischt waagerecht und prasselte in die tiefgerefften Segel und gegen das mehrfach gelaschte Dingi. Wir hatten frühzeitig Sturmsegel untergeschlagen. So gab es keine aufregenden Momente.

Aus der Geborgenheit des Niederganges betrachtete ich die grauen Riesenroller, autobahnbreite Schaumstreifen und die unvermeidlichen Sturmvögel, die pfeilschnell in weitausholenden Schleifen über dem Kielwasser kreisten. Dabei träumte ich von der geheizten Bäckerei über dem Hafen von Falmouth, wo wir Tee trinken und Apple-Puffs und Clotted Cream essen würden - vielleicht, eines fernen Tages.

»Schönes Wochenende«, wünschte Christine lakonisch aus ihrer Koje, wo sie sich mit Decken und Kissen festgekeilt hatte.

Stimmt, es war Samstagabend. Ich zog das tropfende Ölzeug aus und betrat die Kajüte wie ein Achterbahnkassierer die nächste Gondel. Unter Schäumen und Tosen stürzte sich FIRECREST kopfüber ins Wellental,

wo der Lärm eine Sekunde nachließ, dann ging es steil wieder aufwärts, bis das Boot auf dem Kamm die volle Gewalt des Windes traf, daß es heulte und dröhnte wie eine dem Sturm ausgesetzte Baßgeige - und dann wieder hinab.

Doch das Boot schwang sich mit einer Leichtigkeit über die Brecher, daß mich Liebe und Begeisterung packten, so wie es vielleicht einem anderen mit seinem Rennpferd gegangen wäre während eines langen, schweren Derbys.

Zum Ende der Nacht erreichten die Seen ihre größte Ausprägung. Ich hatte gerade das Trysegel geborgen, und auch der Klüverbaum stand längst nackt über der See. Die winzige, schwere Fock reichte vollkommen aus für Rumpfgeschwindigkeit.

Für einen Moment verschnaufte ich unter der Sprayhood und horchte auf die permanent vorbeidröhnenden »Güterzüge«. Da schälte sich ein Geräusch heraus wie von einem »sich nähernden Kraftwerk« - dieser Vergleich fiel mir damals ein.

Ich bog den Bügel des Spritzschutzes zurück und sah im Zwielicht der Morgendämmerung eine weiße Wand, die die Welle davor noch um ein Drittel überragte, - und sie brach ununterbrochen. So kam sie heran.

Eine Sekunde lang starrte ich fasziniert und fragte mich, durch welchen hydrostatischen Trick FIRECREST sie passieren sollte. Dann ließ

ich mich durch den Niedergang fallen, stieß die Luke hinter mir zu und rief: »Halt dich gut fest, da kommt eine große Welle!«

Inmitten von rauschendem Donnern begann FIRECREST sich ziemlich lange zu heben und krängte zugleich immer weiter nach Backbord, bis ich seitlich auf der Bordwand stand, mich am Süll des Kartentisches festhielt und gleichzeitig versuchte, den Übersegler und das Kartenbesteck auf dessen hochkant stehender Platte festzuhalten.

Dann pendelte FIRECREST wieder in die Senkrechte, und es ging abwärts. Eine Sekunde der Stille, dann ein schmetternder Schlag auf ganzer Bootslänge. Es wurde kurz dunkel hinter den Fenstern, dann Brodeln, Prasseln und Rauschen an Deck, und eine Schüssel voll Seewasser pladderte durch die Ritzen des Großluks die Treppe hinunter.

Hörbar entfernte sich das Donnern und Schäumen, und ich schob die Luke auf. Wie üblich pendelte Aries hinter dem wie geisterhaft steuernden Rad, und das Cockpit war durch seine dicken Lenzrohre schon fast leergelaufen. In Lee zog ein weißgrüner Rücken davon von der Majestät eines Eisberges.

Das Dingi hatte sich nicht gerührt, auch die Sprayhood war unversehrt, und die brettharte Fock stand brav in ihren Lieken. Nur die losen Leeschoten hingen über Bord.

Ich wischte den Kartenraum auf. Wegen der hohen Schwelle war es in der Kajüte trocken geblieben. Im fahlen Frühlicht wirkten die Züge der Gefährtin etwas spitz.

»Ob LEZLEY ANN in der Nähe ist?« sprach sie meinen Gedanken aus, und ich dachte an ihr niedriges Freibord und Joels riesiges Dingi über dem Heck.

Regen mischte sich in die Gischt und prasselte massiv an Deck. Da wurden die Bewegungen schlagartig heftiger.

Ich rieß die Öljacke über und war schon an Deck. Der Wind hatte sich gedreht, Aries hatte brav mitgehalten, und FIRECREST preschte gegen die Seen!

Der Nordwest heulte. Im Rigg von LEZLEY ANN würde er kreischen. Und im triefenden Ölzeug mit Schwimmweste darüber die süße, tapfere Josephine, und Joel am Ruder mit der dunklen Iris voller Angst nicht um sich selbst - und Lezley mit ernsten, entschlossenen Augen.

Erspar´ ihnen das! dachte ich, kuppelte Aries aus und wirbelte das Rad, ehe der nächste Brecher heran war. Das Halsen mit der Sturmfock war ein Kinderspiel. Ich paßte nur auf, daß ich die Leeschot belegte, ehe ich die Luvschot losmachte, damit mir das Segel nicht davongerissen wurde.

Schnell baute sich eine schwere Kreuzsee auf. Nun brauchte FIRECREST ihr Trysegel. Mit wenigen Handgriffen stand es wieder, und dann jagte FIRECREST wie unbekümmert zwischen Tonnen hochkant brechenden Wassers, ohne mehr als Spritzer an Deck zu nehmen. Hoch über Deck stand ich auf der gelaschten Gaffel, hielt mich an Mast und Wanten und betrachtete das Boot mit entsetzter Begeisterung.

Da streckte sich im Westen ein dünnes, himmelblaues Band über den hochgezackten Horizont. Zusehends wurde es breiter. Die Schicht tiefer Sturmwolken war dort wie abgeschnitten, gab schließlich den Zenit frei, und zog nach Nordosten davon wie der Rand von Petrus´ Wolldecke. Unter blauem Himmel jagten wir über strahlendweiße Kämme. Doch ich ahnte es.

Schon ließ der Sturm nach. Ich schlug das Trysegel ab, setzte das Groß tief gerefft, setzte auch den Klüver, reffte das Groß ganz aus, setzte das Toppsegel, und dann wehte nur noch eine kümmerliche Brise, viel zu schwach, um den Kutter in den mächtig daherziehenden Seen zu halten.

Gräßliches Schlingern setzte ein. Der Baum krachte im Lümmelbeschlag, und die Segel schlugen und rissen am Mast, daß das ganze Boot federte, und die Seen schmetterten unter das Heck, als sollte es abgeschlagen werden.

FIRECREST »lächelt« gequält, aber natürlich bleibt alles ganz, während ich das Großsegel und seine schweren Spieren an Deck zerre und mit Schoten und Schwichtings niederlasche. Nur die großen Vorsegel stehen dichtgeschotet und der Klüver sogar back nach Luv, damit das Boot nicht ungewollt in den Wind dreht.

So liegen wir quasi beigedreht, dazu reicht der Wind gerade noch aus, die Sonne scheint von heiterem Himmel, und wir wissen ja aus Erfahrung, daß die Bewegungen bald nachlassen werden.

Ich stehe verkeilt am Waschtisch, träufele Frischwasser über meine blutigen Fingerkuppen und denke an LEZLEY ANN und ihr weniger elastisches Rigg. Erstaunlich, welche Beanspruchungen unsere Lärche aushält. Und wie sehne ich mich nach stillen Segelnachmittagen zwischen den dänischen Inseln!

Gott sei Dank legt der Wind bald wieder zu und dreht auf Südwest. Raumschots schwingt sich FIRECREST in der Abendsonne über die langgestreckte Dünung und hat schon alles vergessen.

Morgenstimmung

Tags darauf ging das Barometer erneut in den Keller. Wir nahmen es gelassen.

In der folgenden Nacht empfingen wir zum ersten Mal wieder BBC-4. Die *Morgenstimmung* von Edvard Grieg wirkte wie Balsam, und der darauffolgende Wetterbericht klang nur noch halb so schlimm. Die Dame mit dem gepflegten Akzent sprach von einer *rapid wave* und *gale eight*. Nun, dann würde die Welle auch schnell durchziehen.

So war es auch. In der Nacht frischte es auf, diesmal Groß tiefgerefft und Sturmfock. Dann Kacheln aus Südwest, Regen, Frontdurchgang mit Winddrehung auf Nordwest und dabei Halse. Und zwar so:

Um den Druck aus dem Groß zu nehmen, Klaufall aufgefiert, bis das Segel ganz zusammengefallen war, so daß der Baum herumkam wie bei Schönwetter. Dann Klaufall wieder durchsetzen. So lernte ich langsam die Feinheiten.

Und auch das plötzliche Abflauen beeindruckte uns nur noch mäßig.

Schon gegen Mittag segelten wir wieder bei Sonnenschein und Südwind über weitschwingende Dünungsrücken - wie gehabt. Nur die See war jetzt deutlich dunkler geworden, und die Luft schmeckte kühl und herb.

Mein Smutje kochte einen Riesentopf Chili con Carne, womit sie uns schon in Mürwik eingeheizt hatte.

Nun folgten Tage unbeschwerten Segelns. Die Dünung flachte ab, die leichte Brise stand durch, endlose Ketten weißer Wolken zogen von einer blauen Horizontseite zur anderen. Und BBC-4 kam immer deutlicher herein, schließlich auch am Tage, und wußte von weiteren Sturmtiefs nichts zu berichten.

In den Stürmen hatten wir Etmale von über 100 Meilen gemacht, doch auch jetzt segelten wir von Mittag zu Mittag zwischen 65 und 90 Meilen. Sichtbar näherten wir uns den Britischen Inseln.

Dampfertrecks

Vor mir liegt mein alter Übersegler. Unsere Mittagsorte sehen aus wie Perlen auf einer Schnur. Zunächst verläuft diese Schnur von den Azoren senkrecht nach Norden, biegt schließlich im Bogen nach Osten und nähert sich von da an in ziemlich gerader Linie den Scillyinseln. Auf den letzten paar hundert Meilen verlaufen die in die Karte eingedruckten Dampfertrecks zum Panamakanal und zur Ostküste der USA dabei weit nördlich und südlich unseres Kurses.

Natürlich sind diese Trecks nur Vorschläge. Wetternavigation und Laderaummeteorologie bestimmen die Routenwahl der Kapitäne ebenso. Doch je mehr sich die Schiffe dem Englischen Kanal nähern und damit der vorgeschriebenen Verkehrstrennung, desto näher kommen sie zwangsläufig wieder einem der Trecks. Dabei gehen die Dampfer entweder durch die nördliche Verkehrstrennung bei den Scillyinseln oder durch die südliche bei der Insel Quessant.

Entsprechend ist es bei der Ausreise: Die Fahrzeuge, die Nordeuropa verlassen, gehen ab Quessant über die Biscaya oder ab Scilly auf die Großkreise zum Panamakanal oder zur US-Ostküste. Eine dieser Routen werden die Frachtschiffe zuallermeist wählen.

Davon ging ich aus und hoffte unseren Kurs so abzusetzen, daß sich die Anzahl der Begegnungen dadurch merkbar verringern würde.

Es schien verblüffend zu funktionieren. Wir segelten genau zwischen der Neufundlandroute und der Panamaroute, und sahen tagelang keinen Dampfer mehr. Trotzdem fuhren wir von jetzt an wieder Positionslampen. Abends nahm ich die schweren Lampen aus den Racks in den Wanten, brachte sie nach achtern unter Deck, zündete sie dort an, ließ sie einbrennen, trug sie wieder nach vorn, hängte sie ein und turnte nun regelmäßig nach vorne, um sie zu kontrollieren.

Oft brannten sie dann zu hell und verrußten, oder sie brannten zu schwach und gingen aus. Dann hieß es, die betreffende Lampe wieder nach achtern in den Windschutz des Kartenraumes zu schaffen. Docht und Zylinder säubern, neu einbrennen und so weiter - und das bei jedem Wetter und meist, wenn gerade Segelarbeit angesagt war.

Zum Glück hatten wir noch den Handscheinwerfer und die amerikanische Farbenlampe. Die Initiative für die Kollisionsverhütung lag bei uns, so oder so.

Doch die scharf gegen den hellblauen Himmel oder die samtblaue Sternenkuppel abgesetzte Kimm blieb leer. Darüber stand Orion schon in voller Größe. Der Wintersternhimmel ging langsam auf und kündigte den Herbst an. Mal blies der Wind aus Süd, mal aus West bis Nordwest, blieb aber die ganze Zeit schwach bis mäßig, und wir konnten immer raumschots anliegen.

Schließlich trennten uns noch 100 Meilen von den Scillyinseln, und immer noch sahen wir keine Handelsschiffe. Verglichen mit anderen Ozeanseglern, die bei der Ansteuerung des Kanals von dichtem Schiffsverkehr belästigt worden waren, kamen wir uns vor, als segelten wir in einer vergangenen Zeit.

Trotzdem schlief ich in diesen letzten Nächten vor dem Landfall nur noch wenig. Kurze Nickerchen auf Wache mit gestelltem Wecker - vor einer Woche noch Grund permanenter Ausgeruhtheit - leistete ich mir nun nicht mehr. Und auch auf Christines Wache erschien ich immer mal wieder an Deck.

Denn ausgerechnet jetzt bezog sich der Himmel mit einem Wolkenschleier, der bald dichter wurde und immer tiefer sank. Die Sicht wurde schlecht. Unter den grauen Wolken bekam die See einen dunkelgrünen Schimmer, der schon sehr nach Nordsee aussah. Nieselschwaden zogen durch, obwohl die grelle Sonnenscheibe das Deck bald wieder trocknete. Nur noch langsam schob sich FIRECREST über die träge atmende See.

Ein Finnwal besucht uns neugierig. Als er in Luv zurückbleibt, riechen wir seinen fischigen Atem. Und immer wieder sehen wir Delphine und Tümmler - aber kein Fahrzeug, so dicht vor dem Kanal.

Trawler

Nach 24 Stunden Schwachwind hebt sich der Dunstschleier, und es setzt wieder frischer Westwind ein. Unter Vollzeug preschen wir auf einen Wegpunkt zu, 25 Meilen südlich der Scillyinseln. Die Sonne scheint, und von achtern heben uns beachtliche Roller. Wir spüren sie nicht mehr. Unbewußt gleichen unsere Körper jede Bewegung aus. Wir sind Seemenschen geworden.

Nach Dunkelwerden erhellt sich der Horizont wie von den Lichtern einer Stadt. Die Scillys liegen zu weit, aber wir müssen das Schelf erreicht haben - die Gründe der Hochseefischer. Mit grell erleuchteten Decks schlingern die Trawler in der Dünung und verschwinden zeitweise ganz hinter den Wellenbergen.

Die aufgehende Sonne färbt die Wolken orange und blutrot auf türkisleuchtendem Himmel. Ich klopfe gegen das Wetterglas, aber der Zeiger verharrt unverändert. Auch BBC läßt nichts Drohendes verlauten.

Stämmige Fischkutter stampfen, in Gischtwolken gehüllt, über die graue See. Beim Frühstückskaffee an Deck sehen wir ihnen durchs Glas bei der Arbeit zu.

Eine trübe Sonnenscheibe hinter hohen Schichtwolken liefert uns die letzte astronomische Position dieser Reise: 49 Grad 34 Minuten Nord, 006 Grad 03 Minuten West.

Demnach stehen wir 24 Meilen südöstlich von Bishop's Rock. Die Scillyinseln liegen jetzt nordwestlich quer! Diesen berüchtigten Friedhof der Segelschiffahrt haben wir passiert und auch die Verkehrstrennung südlich davon. Wir stehen jetzt mitten im Eingang zum Kanal und gehen auf 60 Grad, Kurs Lizard Point.

Die Sicht wird wieder schlechter. Zur Teatime bäckt die Gefährtin einen Ingwerkuchen mit Zimt und Zitrone. Inzwischen dreht der Wind zurück auf Südwest und frischt auf. Ich kürze Segel und halse.

Es wird dunkel. Nach Koppelort kreuzen wir nun den Großschifffahrtsweg, aber keinerlei Verkehr kommt in Sicht. Und das Echolot zeigt nur schwache Doppler oder Fischschwärme. Aber nördlich können wir nicht stehen - wir wären längst auf den Scillys gestrandet. Stattdessen immer wieder strahlende Lichter im Dunst - Fischer.

Zum Beispiel dieser Trawler da recht voraus: Er macht Fahrt nach Backbord, also lassen wir ihn auch an Backbord. Ich trimme Aries noch einen Zahn nach Steuerbord, um die Situation für den »Gegner« eindeutiger zu machen.

Naßglänzende Ölzeugmänner arbeiten im Licht der Deckslampen. Ein prallgefülltes Netz hebt sich aus der See, schwingt binnenbords. Da dreht der Fischkutter und zeigt das grüne Steuerbordlicht. Die Peilung steht: Kollisionskurs!

Unsere Positionslampen sind gesetzt. Vor einer halben Stunde habe ich sie nachgetrimmt, sie brennen sauber. Doch Illusion, der wachhabende Steuermann könnte uns aus dem Schein der Decksbeleuchtung heraus wahrnehmen. Und auf dem Radarschirm sieht er in seinem Nahbereich nur Seegangsrauschen. Außerdem schimmert ja über seinen Arbeitslichtern unscheinbar die grüne über der weißen Lampe. Das bedeutet nach den internationalen Regeln *Trawler bei der Arbeit*: Alle anderen Fahrzeuge, auch wir, haben ihm auszuweichen. Darauf verläßt sich der Fischer und damit gut.

Christine ist längst an Deck und steht am Ruder bereit.

»Halse!« Ich reiße an den Schoten, und Christine wirbelt das Rad.

Zwei Kabel vor dem Fischkutter drehen wir nach Backbord, um hinter seinem Heck zu passieren. Da werden die Seitenlampen plötzlich rot und grün und dann rot. Wieder hat der Fischer gedreht und dampft unter Gischtwolken in stehender Peilung auf uns zu.

»Anluven!« Ich hole die Großschot dicht, dann Fock- und Klüverschot. Hart am Wind brettern wir zurück, Kurs Scilly, der Fischkutter mit seinen schweren Netzbäumen wie mit ausgebreiteten Armen hinter uns her. Immer wieder richte ich den gebündelten Strahl des Handscheinwerfers auf die Brücke - keine Reaktion. Wahrscheinlich ist gar keiner oben - alle an Deck bei der Arbeit.

Ich reiße die Schoten noch dichter. FIRECREST segelt mit dem Schanzkleid unter Wasser, taucht in die nächste Welle.

»Wende!« Gischt, donnernde Segel, knallende Schoten, gequetschte Finger, mein Rückgrat ächzt. Der Trawler dieselt ein paar Bootslängen hinter uns vorbei.

»Abfallen! - Klar zum Halsen.«

Im Kielwasser des Fischers machen wir uns davon. Hinter dem Ruderhaus stehen Männer in Ölzeug unter einem Decksbrenner und rauchen. Sie blicken her ins Dunkel, aber sie sehen uns nicht.

Gegen Mitternacht der nächste Trawler, Rundumlichter grün über weiß, ähnliche Situation. Mit quer ausgebrachten Segelbootsfangbäumen dampft er uns entgegen. Ein glänzender Sack hebt sich ins Licht, flüssiges Silber schüttet an Deck. An welcher Seite sollen wir passieren? Mir steckt der erste noch in den Knochen.

Die Kursänderung nach Steuerbord war falsch. Der Trawler dampft im Bogen auf uns zu. Den Scheinwerfer auf seine Brücke zu richten, ist vergebens. In einer Kabellänge Abstand passieren wir vor dem Steven des Fischkutters, der mit neu ausgebrachtem Schleppnetz schneller läuft als wir, die wir ihm ausweichen müssen, unter vollem Segelpreß.

Als wir England im August verließen, sahen wir kaum einen Fischer. Doch nun kommt der Herbst, und die Fischereisaison hat begonnen.

Kurz darauf zeigt das Echolot 85 Meter! Es stimmt mit dem Koppelort überein. Wir stehen jetzt auf der westgehenden Bahn des Großschiffahrtsweges.

Und da sehen wir unseren ersten Frachter seit Tagen: Rot, darüber die beiden weißen Dampferlichter - Gegenkommer. Wir passieren hinter seinem Heck und luven an, um den Schiffahrtsweg schnell nach Norden zu verlassen.

Bei besserer Sicht hätten wir die Feuer von Wolf Rock oder Lizard längst sehen müssen.

St. Anthony Head

Grüblerisch lehne ich über dem Kartentisch und rekapituliere die Navigation seit dem letzten astronomischen Ort. Und wenn der falsch war? Es kann nicht sein, denn dann hätten wir schon längst die Scillyinseln überrannt, oder das Echolot würde noch keinen Grund anzeigen.

Aber wir segeln und segeln, und die Kimm unter Lizard bleibt stockdunkel. Kann so ein wichtiges Leuchtfeuer ausgefallen sein?

In der zweiten Nachthälfte nimmt die Dünung erheblich ab. Demnach müssen wir schon unter Landschutz stehen.

Dann erreichen wir die 20-Meter-Linie. Infolge der Gezeiten ist sie natürlich verschoben, aber das spielt keine Rolle. Wesentlich ist, daß wir ihr mit Hilfe des Echolotes nun in sicherem Abstand von der Küste folgen können.

Da erhebt sich backbord voraus, keine Meile entfernt, eine dunkle Wand: die Steilküste! Und oben aus dem Hochnebel blitzt diffus die Kennung von Lizard Point! Wir haben England auf den Punkt getroffen.

Im Moment segeln wir fast auf der Stelle, der Gezeitenstrom läuft gegenan. Aber das stört uns nicht mehr. Ich habe das Ölzeug abgestreift und liege angezogen auf der Koje. Die Gefährtin wacht und schenkt mir eine Stunde Schlaf. England - mit einem Gefühl tiefer Dankbarkeit nicke ich ein.

Der Morgen dämmert, und Nebel wabert vor der Küste. Gelegentlich schimmert dunkler Felsen, dann wieder weiße Watte. Der Wind ist zu einem Hauch aus Südwesten geworden, aber FIRECREST treibt ruhig dahin. Die vorspringende Küste schützt uns vor der atlantischen Dünung.

Bald ist Stauwasser. Still segeln wir auf einen bestimmten Punkt der Küste zu. Da hebt sich der Nebel und mitten in schroffer Felsenküste steht ein hübscher weißer Leuchtturm mit unterbrochener Kennung und 15 Sekunden Wiederkehr: St. Anthony Head. Vor uns liegt die Einfahrt nach Falmouth!

Die Gefährtin steht neben mir im Cockpit. Ihre nebelkühlen Lippen berühren meine Bartstoppeln.

Bei leichter Brise laufen wir mit allen Segeln gegen die letzte Tide. Eine halbe Stunde lang bleibt St. Anthony Head in gleicher Peilung, gleichem Abstand. Dann ziehen wir mit der Flut erst langsam, dann immer schneller in die Enge hinein.

Apple-Pie and Clotted Cream

Unter niedrigen, grauen Wolken liegt die granitgemauerte Wasserfront von Falmouth mit ihren verwinkelten Giebeln und Hunderten Kaminen wie damals bei unserer ersten Ankunft. Wieder gellen die Silbermöven. Doch diesmal ist es wie nach Hause kommen.

Im großen Mooringfeld beginne ich Segel zu streichen. Gemächlich kreuzen wir gegen die Morgenbrise durch das Feld der Ankerlieger.

»THUELLA!« ruft da Christine und zeigt nach Backbord. »Paul und Janette!«

Ihre Stimme klingt brüchig, und sie winkt, und da winken von THUELLA Paul und Janette. Grün, weiß und in Bootslack glänzt die kleine Slup in der durch die Wolken brechenden Morgensonne!

Dabei hatten wir sie schon in Gibraltar vermutet. Das war ja eines unserer Argumente für das Mittelmeer gewesen. Und nun schienen sie hier auf uns zu warten! Der Anker war kaum im Grund, als die beiden mit ihrem neuen grünen Plastikdingi längsseit schoren.

Zu viert saßen wir in der kleinen Bäckerei über dem Hafen, genossen Tee (Paul und Janette Kaffee), Apple-Pie und Clotted Cream und sahen durch das Sprossenfenster FIRECREST und THUELLA nebeneinander vor Anker liegen.

»How do you feel?« meinte Paul lächelnd zu Christine.

»At home«, antwortete sie.

Paul und Janette sahen zufriedener aus als damals. Im Winter hatten sie ihre Reisekasse weiter aufgefüllt, waren in diesem Jahr frühzeitig aufgebrochen und hatten den Sommer an der französischen Biscayaküste verbracht.

»Jetzt habe ich viel mehr Selbstvertrauen«, meinte Paul.

Inzwischen waren sie wieder in Lohn und Brot und sahen dem Aufbruch zur Langfahrt im nächsten Jahr gelassen entgegen.

»Das darf doch nicht wahr sein!«

Ich unterbrach Christine, die unseren Freunden gerade von Bermuda erzählte, und zeigte aus dem Fenster. Mit dicken Rosttränen über den dunkelblauen Seiten und dem unverkennbaren monströsen Dingi quer über dem Heck tuckerte LEZLEY ANN über die Reede - keine zwei Stunden nach uns.

Wir warteten am Anleger, als sie heranruderten - glücklich, müde, mit tiefen Schatten unter den geröteten Augen. Dann hielten wir uns lachend in den Armen. Lezley, Joel und Josephine konnten nicht glauben, daß auch wir eben erst angekommen waren.

Sie sahen noch leichter und zerbrechlicher aus als in Horta, aber das Windsteuer hatte funktioniert, und sie schienen die Reise sogar genossen zu haben.

Helford River

Wir waren stolz und zufrieden. In der Bucht von Falmouth hatten wir unseren Ausreisekurs gekreuzt, und auch die Jahreszeiten hatten wir wieder eingeholt. Heitere Spätsommertage luden zum Träumen auf Rivern und Creeks. Der »Katzensprung« von England nach Deutschland machte uns weniger Gedanken.

Paul und Janette hatten ab Samstagmittag frei, und so planten wir ein gemeinsames Wochenende auf dem Helford River.

»Das ist unser Lieblingsankerplatz«, hatte Janette auf der Karte gezeigt, in deren verschlungenen Buchten und Creeks ich uns in den letzten Hochseewochen manches Mal hineingeträumt hatte.

Inmitten einer Flotte von Segelbooten passierten wir St. Anthony Head und steuerten über die Falmouth Bay. Von der Tide geschoben, kreuzten wir gegen den leichten Westwind in die Mündung des Helford.

Weiße Cumuluswolken zogen über Hügel und Wälder, Mähdrescher fraßen sich durch goldene Kornfelder, und es roch nach reifem Getreide und Seetang. Vorbei an kleinen Fähranlegern und idyllischen Anwesen unter hohen, alten Bäumen erreichten wir eine Bucht mit dem Namen *Abraham´s Bosom - Abrahams Schoß*. Passender ging es kaum.

In der Einmündung eines Creeks warfen wir zwischen waldigen Ufern die Anker auf sechs Meter Wassertiefe. Da wir den Grund nicht kannten, benutzte FIRECREST wieder den bewährten Stockanker und 25 Meter Kette.

Nach gemeinsamem Abendessen saßen wir in unserem Cockpit und sahen den Fledermäusen zu, wie sie durch die Mückensäulen über dem Wasser huschten. Für morgen planten wir einen Ausflug. Christine und Janette hatten bereits Vorbereitungen getroffen.

Seeschwalben gaukeln kreischend um den Mast der FIRECREST. Unter dem Heck zieht die Ebbe ein sanftes Kielwasser. Seegras und Quallen treiben vorbei. Unter den überhängenden Eichen am Ufer zeigt sich ein dunkler Schlickstreifen. Ein Reiher watet über den Seetang. Zwei Austernfischer streichen pfeifend flußauf. Ein paar Bootslängen entfernt, liegt THUELLA friedlich in der Morgensonne. Paul und Janette winken herüber.

Unser erstes Frühstück wird frugal: eine Tasse Kaffee und ein paar Bisquits, um die nächste Stunde zu überbrücken.

Christine füllt den Picknickkorb, ich hole das Dingi längsseit und feudele die Taunässe von den Duchten. Die Sonne und der leichte Nordwest besorgen den Rest. Als die Gefährtin Decke und Korb ins Boot reicht, kommen auch die Freunde herübergerudert.

»How did you sleep?« fragt Janette wie eine besorgte Gastgeberin.

»Like in Abraham´s Bosom.«

Wir lachen.

Gemächlich rudern wir flußauf, vorbei an verwunschenen Waldbuchten, in denen seegrasüberwachsene Spantengerippe langsam von der Ebbe freigegeben werden.

Paul lotst uns in einen trockenfallenden Nebenarm. Die Wassertiefe reicht für die Dingis gerade noch aus. Am Ufer hinter Taxushecken stehen reetgedeckte Cottages. Messing glänzt an den Türen, das Fachwerk zwischen den Rosenstöcken ist frisch gestrichen. Es sieht nicht so aus, als lebten dort arme Fischerfamilien.

Unter dem waldigen Ufer stehen mehrere Working Boats bereits in ihren Legs - seitlich an die Bordwand gebolzte Stützen, damit die Boote trotz ihres tiefen Kieles bei Ebbe nicht umfallen. Bei unserem nächsten Englandbesuch wird auch FIRECREST Legs haben, beschließe ich.

An den Mauerringen einer hohen Steinpier machen wir unsere Fangleinen fest. Paul hat das Timing gut getroffen, denn bald werden die Dingis im Schlick liegen.

Einen der Bootsriemen nehmen wir mit. Paul legt sich das eine Ende auf die Schulter, ich das andere, und dazwischen hängen wir THUELLAs und unseren Korb. Die Mädchen tragen die Decken. So wandern wir den Uferweg hinauf und durch ein Eichengehölz hügelan.

Zwischen Hecken und verwilderten Hainen öffnen sich kurze Ausblicke auf Landhäuser in weiten Rasenflächen. Turteltauben poltern gurrend durchs Geäst. Graue Eichhörnchen ratschen die Stämme riesiger Koniferen hinauf. Dann treten wir aus dem Wald und erreichen über einen ausgekehlten Feldweg eine baumbestandene Hügelkuppe.

Über Hügel, Gehölze, Weiden und abgeerntete Kornfelder blicken wir auf den glitzernden Helford River. Unter seinen bewaldeten Ufern dehnen sich jetzt anthrazitfarbene Schlickbänke.

»This place is good enough, isn´t it?« vergewissert sich Janette.

Im Halbschatten einer Eiche breiten die Mädchen die Decken aus. Paul entkorkt einen Moselwein - uns zu Ehren. Er gießt sich ein und kostet:

»Very good!« meint er. »Sweet.«

Schnell hebele ich da den Kronkorken von einer Flasche Cider - Paul und Janette zu Ehren - und koste ebenfalls.

»Aromatic and - dry«, kommentiere ich, und Paul zieht die Nase kraus.

So bleiben die Engländer bei dem deutschen Erzeugnis und umgekehrt. Meine Gefährtin hebt die große Fleisch- und Gemüsepastete aus dem Korb.

»With cheese?« fragt Paul mißtrauisch.

Christine grinst süffisant, aber dann schüttelt sie den Kopf. Sie hat an ihn gedacht, und Pauls Miene strahlt auf.

Janette verteilte Teller und Besteck, und dann begannen wir, uns gemächlich der Pastete zu widmen, dem Roastbeef mit Weißbrot, Butter, Käse, Weintrauben, Tomaten, Mayonnaise, Mixed Pickles und was uns sonst für unser Picknick geeignet erschienen war.

Später lagen wir satt auf den Decken, die Köpfe jeweils auf den Beinen der anderen, und dösten in den Altweibersommer. Der Wind flüsterte in den Zweigen, Lerchen zwitscherten im Blau, und in der Ferne rumpelte ein Mähdrescher.

Nachher verteilte Janette Kaffee aus einer großen Thermoskanne und stürzte aus einer Blechform einen herrlichen Rosinenpudding. Dazu gab es natürlich Clotted Cream.

Als wir uns auf den Heimweg machten, stand die Sonne schon im frühen Nachmittag.

Die steinerne Pier bei den Cottages guckte nur noch ein paar Fuß aus dem Wasser. Friedlich schwoiten die Dingis an ihren Leinen. Die Schlickufer waren nun ganz unter der auflaufenden Flut verschwunden, und der Helford River erinnerte plötzlich sehr an unsere heimatliche Schlei. Da fühlte ich einen Stich Heimweh. Unsere Reise war noch nicht zu Ende.

Gemächlich pullten wir gegen die Flutströmung zurück zu unseren Booten. Dann machten wir zügig seeklar und lichteten die Anker. Morgen früh mußten Paul und Janette wieder zum Dienst, und wenn wir St. Anthony Head noch vor Einsetzen der Ebbe passieren wollten, mußten wir uns beeilen.

Als wir in der Abendflaute über die Reede von Falmouth tuckerten, lag dort, behäbig und nach Weltmeer aussehend, die VENUS. Lässig winkte Paul Johnson herüber. Für den alten Hochseevogel war ein Wiedersehen auf der anderen Seite des Ozeans eine Alltäglichkeit.

Und ein Stück den Penryn flußauf lag massig wie ein Linienschiff FRI. Fast sah man dem alten Schlorren die Erleichterung über die glückliche Atlantiküberquerung an.

Tags darauf trafen wir Steuermann Henry, der hier abmusterte und von tagelanger Arbeit an den Pumpen berichtete. Inzwischen hatte FRI an einer Mauer festgemacht, an der sie trockenfallen konnte. Hier erwartete sie die erste einer langen Reihe von Reparaturen, die sie zuletzt in ihre Heimatwerft nach Svendborg führen sollten.

Penhale House

Für ein paar Tage ließen wir THUELLA allein und besuchten Peter Tresidder in Penzance. Paul hatte uns die Verbindung herausgesucht, und so fuhren wir mit dem Bus durch das sonnige Cornwall.

Über schmale Landstraßen zwischen hohen Hecken ging die Fahrt durch beschauliche Dörfer in parkartigen Tälern, vorbei an herrschaftlichen Landsitzen hinter endlosen Parkmauern und immer wieder mit weiten Ausblicken über Hügel und Meer - wie England im Bilderbuch. Und überall Schilder in den Fenstern gemütlicher Pensionen mit der Aufschrift *Bed and Breakfast*.

Als die Straße wieder auf die Küste traf, erhob sich jenseits der Flutlinie die Insel St. Michael´s Mount; mit ihrer Burg auf dem Bergkegel das Pendant zu Mont Saint Michael an der französischen Küste gegenüber.

Im Penhale House wurden wir herzlich empfangen - auf deutsch.

»Nennt mich Peter! Und das ist meine Frau Vi.«

Der pensionierte Major lernte auf seine alten Tage die deutsche Sprache. Im Salon versanken wir in breiten Clubsesseln, mußten von unserer Reise erzählen, und ein Mädchen servierte Tee.

»Nachher bringe ich Euch zu Eurem Bed-and-Breakfast-Hotel«, meinte Peter. »Aber heute abend seid Ihr unsere Gäste.«

»Eight o´clock«, lächelte Vi.

Das *Estoril* war eine klassisch englische Familienpension. Im Salon saßen ältere Herrschaften beim Bridge am künstlichen Kaminfeuer, und der Läufer auf der breiten Treppe mit den gedrechselten Säulen war mit Messingstangen zwischen den Stufen befestigt, wie in meiner Kindheit. Aus unserem Fenster blickten wir über Schieferdächer und Tonröhrenkamine hinweg auf ein grauschimmerndes Stück Englischen Kanal.

Fast scheu drückte Christine auf die frisch duftenden Bezüge des breiten Doppelbettes. Wie lange hatten wir in keinem richtigen Bett mehr geschlafen?

Endlos aalten wir uns unter der heißen Brause, und nachher wanderten wir im sinkenden Abendlicht durch die ruhigen Straßen hinunter zur Promenade. Seenebel schwamm vor der Küste. Im alten Schleusenhafen lag ein irischer *Galway Hooker*. Mit seinen eingewölbten Bordwänden sah er aus wie eine spanische Galeone. Längsseit hatte eine deutsche Yacht festgemacht. Wir kamen mit der Herrencrew ins Gespräch. Sie standen vor der Biscayaüberquerung und schienen nervös. Wir konnten es ihnen nachfühlen.

In Penhale House bereiteten die Tresidders uns einfachen Seeleuten einen großen Abend. Auf weißem Damast war mit Porzellan, Silber und Kristall gedeckt, zur knusprigen Lammkeule gab es gute Gespräche und Wein, im Hintergrund Kaminfeuer und nach dem flambierten Pudding für die Damen Zigaretten und Kaffee und für die Herren Zigarre und Cognac.

Einige Tage später machen uns Peter und Vi den Gegenbesuch auf der FIRECREST. Christine hat im Drucktopf Kuchen gebacken, und ich habe von Joel das Dingi der LEZLEY ANN geliehen.

Die kleine Familie wohnt nun bei Verwandten von Lezley und benötigt ihre ganze Kraft, um sich mit Wohnungs- und Jobsuche, Einwanderungsgenehmigung für Joel sowie Schule für Josephine auseinanderzusetzen.

Wenn wir uns mal treffen, wirkt die hübsche Lezley müde und gereizt, und Joel blickt abwesend. Die einfachen Themen, die uns verbanden, wie »Kochen und Backen an Bord« und »Wie baue ich mit drei Dollar eine Windsteueranlage« sind Vergangenheit. Unsere Freunde werden LEZLEY ANN verkaufen. Wir hoffen, daß sie ihr Sturmtief abwettern, das von ganz anderer Art ist als jene auf ihrer tapferen Ozeanreise.

Nun - LEZLEY ANNs Dingi ist jedenfalls genau das richtige, um die alten Herrschaften überzusetzen. Die Damen sitzen hinten, Peter, der unbedingt selbst rudern will, auf der Mittelducht und ich vorn.

Bei Kaffee und Kuchen genießen die beiden »Yachtatmosphäre«. Anschließend entkorken wir die Flasche Pico-Wein von Peter Azevedo. Ich denke, unseren liebenswürdigen Freunden ist sie angemessen. Dazu biete ich Peter eine Havanna aus Bermuda an. Nur der Himmel hängt heute grau und trübe - typisch Cornwall, meint Vi, was wir gar nicht finden können.

Place Manor

Es ist schön an den Gestaden des Helford, Penryn und Fal. Aber die Getreidefelder sind abgeerntet, die Bäume bekommen gelbe Blätter, und es riecht nach Herbst. Immer öfter denke ich an die Nordsee. Es wird Zeit für uns.

Den *Harbour Day* nehmen wir noch mit. Aus ganz England und von der französischen Küste kommen die Gaffelsegler. Mit Paul und Janette betrachten wir von unserem Logenplatz an Deck, wie die übertakelten Austernboote Dollbord an Dollbord in atemberaubenden Pulks durch die Bojenfelder ziehen, und abends gibt es oben auf Pendennis Castle einen Ochsen am Spieß.

Am nächsten Tag, dem Sonntag, wollten wir segeln, doch in dieser Nacht verabschiedete sich der Altweibersommer. Erich Neidhardt hätte wissend sein Haupt gewiegt. Sturm aus Nordost war angesagt, und wir beschlossen, ans andere Ufer des Fal zu verholen. In der Mündung des Porthcuel River gab es perfekten Schutz.

Paul und Janette waren schon vorausgesegelt. Oberhalb des altertümlichen Hafens St. Mawes sahen wir THUELLA an einer mächtigen Mooringboje liegen, an der, wie sie sagten, sonst ein befreundeter Fischkutter lag. Wir brachten Fender aus und gingen bei THUELLA längsseit.

Hier hätten sie schon manches Wochenende gelegen, erzählten die beiden beim Kaffee. Das heißt, bis sie vor einigen Wochen ein seltsames Erlebnis hatten. Paul grinste unsicher und hüllte sich in Schweigen, und auch Janette stockte.

»Es spukt hier.«

»Wie bitte?«

»Perhaps«, fügte sie unsicher hinzu.

Ob wir von Deck das graue Dach zwischen den Bäumen gesehen hätten? Das sei Place Manor, ein altes Gutshaus mit Kirche. Wenn man dort hinspazieren wollte, müßte man über einen Friedhof... einen sehr alten Friedhof... mit herumliegenden Steinsärgen. Und auf der Schwelle der Kirchentür hatte ein toter schwarzer Vogel gelegen. Und zurück auf der THUELLA, flatterte die ganze Nacht ein großer schwarzer Vogel um das Boot und machte seltsame Geräusche.

Wir lächelten, aber den beiden schien die Erinnerung unangenehm. So wechselten wir das Thema, redeten noch von diesem und jenem, aber der Abschied stand schon zwischen uns.

Paul und Janette wollten wieder zurück nach Falmouth, denn beide mußten morgen früh aufstehen. Wegen des Sturmes würden sie aber flußauf in die Marina verholen.

Zum Abschied suchten wir nach Worten. Würden wir uns je wiedersehen? Man stirbt sein ganzes Leben immer wieder ein bißchen.

THUELLA drehte noch eine Runde um unsere Mooring und motorte dann den Porthcuel abwärts Richtung Falmouth. Nebeneinander standen Paul und Janette im Cockpit, winkten noch einmal und blickten dann nur noch geradeaus. Die Abendsonne tauchte die bizarr verdrehten Eichen am Hochufer in warmes Abendlicht. St. Mawes Castle lag als orangefarbene Silhouette im Dunst über dem Fal, in dem THUELLA nun langsam verschwand. Es wurde kühl.

Zum Abendbrot gibt es Rosenkohl, gebackenen Schinken, Käsesauce und Kartoffeln. Aber ich denke immer wieder an herumliegende Särge. Nun schaudert es mich doch, und ich weiß nicht warum. Als ich Christine den seltsamen Vorschlag mache, blickt sie mich nur staunend an. Aber sie kommt mit.

Wir rudern in den sinkenden Abend am Steilufer entlang Richtung Place Manor. Die Sonne geht bald unter, und der beinahe volle Mond steht schon über Wald und Hügeln. Miesmuscheln und Austern überkrusten die Felsen der Gezeitenzone. Die Flut läuft auf. Hinter einer alten Steinpier beginnt eine Landstraße.

Wir machen das Dingi fest und wandern los. Die Brombeerhecken tragen herrliche Früchte. Wir kommen in einen kleinen Weiler. Efeuüberrankte Cottages liegen fast schmerzhaft idyllisch unter Eichen, Eschen und Koniferen. Dann taucht die Landstraße in den Wald. Eine Eule ruft wie im Kino. In die Mauer längs der Straße ist eine verrostete Gittertür eingelassen.

Place Manor entziffern wir im Zwielicht auf einem verwitterten Wegweiser. Wir schieben die Pforte auf gegen das tiefe Laub. Hier scheint lange niemand mehr gegangen zu sein.

Unter hohen Buchen führt der Weg über einen alten Friedhof. Brombeerranken und Waldreben haben die Gräber überwuchert, Wurzeln die Grabsteine angehoben. Kreuz und quer neigen sie sich nach allen Richtungen, Moos und Algen bedecken die Granitplatten. Und da liegen die Steinsärge mit ihren ausgemeißelten Wannen für Kopf und Glieder. Im Laufe der Jahrhunderte sind sie aus dem Boden gewachsen, wie Wracks, die eine zeitalterlangsame Ebbe wieder freigibt. Die Hand der Gefährtin in der Rechten, die Taschenlampe in der Linken, versuche ich die Inschriften einiger Grabsteine zu entziffern. Der jüngste ist 150 Jahre alt. Viele deuten Tragödien an und frühen Tod. Ein Grabstein gilt drei kleinen Geschwistern.

Lautes Flügelschlagen schreckt uns auf und entfernt sich den Weg entlang, wo sich die Bäume lichten.

Kies knirscht unter unseren Bootsschuhen. Erleichtert treten wir auf den Hofplatz des Herrenhauses. Über uns spannt sich heller Abendhimmel. Aus einem hohen Fenster fällt Licht. Gemälde und alte Waffen hängen drinnen an den Wänden.

Im östlichen Flügel des Gebäudes ist die Kirche. Die eisenbeschlagene Tür steht offen. Hart pressen wir unsere Finger ineinander: Auf dem Fußrost vor dem Eingang liegt mit ausgebreiteten Flügeln ein toter, schwarzer Vogel!

Unsinn! Hier hat eine Katze eine geschlagene Dohle abgelegt, nichts weiter!

Scheu treten wir an dem Kadaver vorbei und in die Kirche. Das Licht einiger Kerzen macht die Dunkelheit begehbar. Auf den Bänken liegen Gesangbücher. Kein Mensch zu sehen. Es ist eine normale, kleine Gutskirche.

»Komm!« zieht die Freundin mich zurück.

Unsere Schritte rascheln wieder im Laub. Die Grabsteine stehen jetzt als dunkle Umrisse im Mondlicht. Ein Schauder zerrt mir im Nacken, und die Gefährtin drückt sich an mich. Doch die liegende Gestalt dort ist nur die dunkle Mulde in einem Steinsarg.

Wieder Flügelschlagen eines aufbaumenden Vogels. Nun sitzt der Vogel irgendwo in der Nähe und atmet vernehmlich. Ein Vogel, der laut atmet? Da reibt mich Gänsehaut wie Sandpapier.

Die ganzen letzten Monate habe ich jeden Tag meine Furcht vor ganz konkreten Gefahren bewältigt. Deshalb glaubte ich, mein Hasenherz in der Gewalt zu haben. Deshalb der Ausflug. Doch dies hier ist anders. Zügigen Schrittes erreichen wir die Mauertür, drängen uns hindurch auf die Straße. Bald sind wir wieder zwischen den Cottages. Hinter den Sprossenfenstern warmer Lichtschein. Ein Kaminfeuer flackert. Hinter einem weißen Bretterzaun steht ein altes Weiblein in rotem Pullover und stützt sich auf einen Handstock.

»Hasn't it been a lovely day, hasn't it?« fragt sie mit freundlicher Stimme.

»Oh, yes, Madam«, antworten wir unbeholfen.

»Hope, tomorrow will be as nice as this«, schließt sie zufrieden.

Die Flut ist hoch aufgelaufen. Es ist ganz windstill, und Nebel schwebt über dem dunklen Wasser. Bald werden wir heizen müssen.

Im warmen Licht der Kajüte verblassen die Erinnerungen an Grabsteine und schwarze Vögel. Nur die Mooringleine ächzt leise, wenn FIRECREST in der Tide schwoit.

Hoch in den Lüften jagen Fraktuswolken unter dem Mond. Kalt schimmert er auf dem Schieferdach von Place Manor.

Als die Morgensonne die Kajüte in heiteres Licht tauchte, rauschte Nordoststurm durch die Eichenkronen, und die Bucht zeigte ihre Schlick- und Muschelbänke. Das Barometer war steil gefallen und fiel weiter. FIRECREST zerrte an ihrer Mooring, und wir hofften, daß das Grundgeschirr so solide war wie die Boje.

Wir verbrachten den Tag mit Lesen. Ich hatte mal wieder Childers *The Riddle of the Sands* vorgenommen und stimmte mich auf die herbstliche Nordsee ein. Dabei erinnerte ich mich an DULCIBELLA in Ostende. John hatte sein Boot nach dem literarischen Vorbild gebaut, das in jedem Schlickloch und auf jeder Sandbank trockenfallen konnte.

Und ich verglich damit FIRECREST mit ihrem großen Tiefgang und dachte an die lange Nordseeküste und ihre gefährlichen Watten und Sandbänke.

Von England bis Flensburg

Die Bedienung im *Fountain Hotel* war perfekt. Der Gaskamin verbreitete wohlige Wärme, und für Frischluft sorgten die Spalten in den Terrassenfenstern. Regentropfen knisterten dagegen.

Auf einem Servierwagen brutzelte eine Pfanne, auf der es blau flackerte. Ohne daß wir unser Gespräch unterbrechen mußten, verschwanden leere Suppenteller, wurden Steaks und Gemüse serviert, füllten sich die Weingläser neu. Wir sprachen über Dinge, die mit Segeln nichts zu tun hatten. Trotzdem beherrschten die Bilder der vergangenen Stunden noch immer meine innere Netzhaut.

FIRECREST war nur knapp davongekommen. Meine einzige Entschuldigung war der feste Vorsatz, aus der Erfahrung Lehren zu ziehen. Theoretisch hatte ich es natürlich vorher gewußt: »Laufe niemals aus bei Sturmwarnung. Und gründe schwerwiegende Entscheidungen nicht auf das Zutreffen der Wettervorhersage!«

Im Moment war ich dankbar, daß wir warm und geborgen auf den Plüschpolstern des ehrwürdigen Fountain Hotel in der High Street sitzen konnten, in Cowes auf der Isle of Wight.

Hinter uns lag eine interessante Küstenreise.

Fronten und Gezeiten

Am Morgen nach dem Südoststurm glänzten die verschachtelten Dächer von St. Mawes wie frischgewaschen in der Sonne. Vor dem Loswerfen ruderten wir noch einmal hinüber in den feldsteingemauerten Hafen, um Milch und Brot zu kaufen und Postkarten einzuwerfen. Dann setzten wir das Dingi an Deck, slippten die Mooringleine und kreuzten gegen den leichten Südwind aus der Mündung des Fal.

Draußen auf dem Kanal schwamm grauer Nebel.

Bald lag St. Anthony Head achteraus. Langsam ließen wir uns in Küstennähe ostwärts treiben. Der Nebel schien hier dünner, und die

Chance, großen Fischerbooten in die Quere zu kommen, geringer. So glitt FIRECREST gemächlich durch die Nacht.

Nur der Wetterbericht störte: *Vigorous low expected West Shannon, southwest 7 to servere gale 9, rain, fog banks.*

Das mußten wir nicht haben, und so verkrochen wir uns nach Fowey, der Heimat der legendären MOONRAKER. Hier ankerten wir »weise« in der Wiseman's Reach, wo Dorsche sprangen, Säbelschnäbler und Reiher durch den Ufertang wateten und wir von der Front nichts mitbekamen als ein paar Böen und Regen.

Tags darauf sind wir wieder unterwegs, bei Südwest, der langsam auffrischt und auf 7 zunehmen soll. Aber es kommt von achtern, und zur Not können wir hinter Start Point oder Portland ablaufen und dort Schutz suchen.

Bei Starkwind und Schauern von backstags brettern wir durch die Nacht. Wieder diese Trawler; aber heute halten wir weitesten Abstand, und diesmal entstehen keine Nahbereichslagen.

Dafür fahren wir am nächsten Morgen unsere bisher sportlichste Halse, um einem Hummerfischer Raum zu geben, auf den uns der Gezeitenstrom mit vier Knoten plus Fahrt durchs Wasser setzt, als wäre er magnetisch. 60 Grad krängt FIRECREST über, aber die Sonne strahlt über die goldenen Hügel Englands, und alles bleibt im »grünen Bereich«.

Dann stehen wir bei Portland bei hoher Fahrt und steiler achterlicher See auf der Stelle, bis die Tide kentert und wir in respektvollem Abstand von den *Races* und *Overfalls* an dem massigen Kap vorbeijagen. Die Schwimmer der Hummerkörbe werden vom Strom fast unter Wasser gedrückt. Wir haben Springtide.

Den Solent werden wir vor Dunkelheit nicht mehr erreichen, aber hinter den Kreideklippen von Swanage liegt die Poole Bay. Dort unter der Küste wollen wir ankern für die Nacht.

Unter tiefblauem Himmel passieren wir die ragenden Felsen von Anvil Point, hoch auf grüner Wiese der weiße Leuchtturm mit dem weißgetünchten Gehöft und der weißen Steinmauer. Weiter reißt die Tide uns vorbei an Swanage Bay, wo wir damals ankerten. Heiter liegt der kleine Küstenort unter der Herbstsonne. Voraus leuchten die Kreideklippen von Swanage rosa im Abendlicht.

Nördlich der Klippen dann kurzes sportliches Aufkreuzen gegen harte Fallböen, bis um 18.00 Uhr der Anker fällt, in der ruhigen, klaren Studland Bay auf drei Meter bestem Sandgrund.

Custom's Load of Mischief

Um uns die weite Bucht im Abendfrieden, umrahmt von hohen Kreideklippen und sanften Hügeln mit Stoppelfeldern und Pferdekoppeln.

Nach dem späten Kaffee ruderten wir zum Strand, um uns mal wieder die Beine zu vertreten. Unser letzter Landgang war in St. Mawes gewesen.

Zur Beruhigung steckten wir zuvor 30 Meter Kette. Sollte FIRECREST auf Drift gehen, würde sie erst von der Isle of Wight aufgehalten, deren grauer Umriß fern am östlichen Horizont schimmerte.

Wir trugen das Dingi bis zu den Badehäuschen oberhalb der tangbedeckten Flutlinie und wanderten dann den Hohlweg hinein, der aus dem Wald mündete wie ein Tunnel. Unter dem dichten Blätterdach herrschte tiefe Dämmerung, doch bald lichteten sich die Baumkronen, und wir traten auf eine Landstraße. Vorbei an Landhäusern in weitläufigen Parks und kleinen Cottages wie »hinter den sieben Bergen« erreichten wir einen Pub - ein windschiefes Fachwerkhaus, das Reetdach eingesunken wie der Rücken einer alten Mähre, aber neu gedeckt. Zwischen Reklameschildern für Bier und Ale lasen wir: *Custom's Load of Mischief*. Ein schöner Brauner war draußen angebunden und knabberte an den Zweigen eines Obstbaumes.

Die Gäste in der niedrigen Gaststube sahen aus wie in einem englischen Film. Ein älterer Gentleman in Breeches mit Tweedjacke und rotem Gesicht, Typ pensionierter Colonel, stand zwischen einem Fischer in löchrigem Pullover mit Schuppen auf der Drillichhose und einer hageren Dame in Reitkleidung mit Stiefeln und Gerte. Alle, auch die Dame, hatten ein Glas Bier vor sich auf dem Tresen.

Wir bestellten Lagerbier, das der Wirt mit dem gezwirbelten Schnauzbart 20 Sekunden später, frisch gezapft und englisch zimmerwarm mit kleinen Schaumkringeln auf der Oberfläche, vor uns hinstellte.

Wir tranken uns zu, ließen Entspannung in flüssiger Form durch die Kehle rinnen. Die Gespräche, die bei unserer Ankunft anscheinend gestockt hatten, kamen wieder in Gang. Aber ich hatte den Eindruck, man taxierte uns verstohlen.

»Schöner Abend! - Wo kommen Sie her?« fragte der Wirt.

»Aus Deutschland«, antwortete ich.

»Wie ist das Wetter bei Ihnen in diesem Sommer?« fiel die Reiterlady von der Seite ein.

»Tut mir leid. Das wissen wir nicht.«

Sie guckte verblüfft.

»Wir kommen aus der anderen Richtung«, erläuterte ich.

»From Ireland!« stellte die Dame fest, und es schrillte Kühnheit in ihrer Stimme. In der Gastwirtschaft war es plötzlich mäuschenstill.

»Nein, aus Falmouth! Und vorher von den Azoren. Wir sind mit dem Segelboot unterwegs.«

Der Fischer begann zu lachen, und der »Colonel« fiel kurz und bellend ein. Die Stimmung entspannte sich, und bald summte die Gaststube wieder von Gesprächen wie bei unserem Eintreten.

»Verzeihen Sie meine Neugier«, entschuldigte sich die Pferdefrau, doch ihr Blick blieb reserviert. Obwohl ihr Bierglas noch halbvoll war, zahlte sie und entschwand. Draußen verklang Hufeklappern auf dem Asphalt.

»Ich geh' mal für kleine Mädchen«, sagte die Gefährtin.

Als sie wieder da war, schien sie verändert.

»Ich muß dir nachher was zeigen.«

Wir tranken aus.

»Have a nice stay in Dorset!« nickte der Wirt freundlich zum Abschied.

Wir verhielten im Eingangsraum zwischen Postern von Segelregatten und Windhundrennen.

»Da!« zeigte die Freundin auf ein Fahndungsplakat der britischen Polizei.

Unter den Schwarzweißaufnahmen von IRA-Terroristen entdeckten wir - unsere Portraits! Oder doch solche, die uns sehr ähnlich sahen - und auch noch nebeneinander.

Im selben Moment erinnerte ich mich an Janettes Bemerkung, daß unser deutscher Akzent in ihren Ohren ähnlich klänge wie der irische. Und plötzlich erschien die Reaktion der Reiterin in anderem Licht.

Als wir von draußen zurück durch die Scheiben blickten, stand der

Wirt am Telefon. Das war zuviel für unseren Verfolgungswahn. Unterdrückt lachend, machten wir uns auf den leisen Sohlen unserer Bootsschuhe davon.

Über den Kreidefelsen stand der Vollmond. Von Deck aus sahen wir das Dach des Custom's Load of Mischief zwischen den Baumkronen im Mondlicht.

»Ob sie uns jetzt suchen?« meinte die Gefährtin.

Aber die Crew der FIRECREST verbrachte die Nacht in ungestörter Zweisamkeit.

Die Shingles

Erst der Wetterbericht von BBC-4 am frühen Morgen brachte Unruhe. SW wurde vorhergesagt, auf Nordwest drehend, zunehmend *gale 8, 9 later*, dazu Schauer und gute Sicht - demnach Kaltfront und Rückseitenwetter.

Die Reede bot besten Ankergrund und Landschutz - also kein Problem. Nur wollten wir ja eigentlich weiter. Außerdem brauchten wir frischen Proviant. Und wir wollten Cowes noch einmal sehen.

Nachdenklich stand ich an Deck. Der Wind brummte im Rigg, die alte chinesische Ankerlampe brannte. Bei keiner Sturmbö wurde sie jemals ausgeblasen. Ruhig und stetig schwoite FIRECREST vor dem Danforth.

Durch die Morgendämmerung blinkte die Kennung des Leuchtfeuers auf den Needles: zweimal unterbrochen, 20 Sekunden. Keine 15 Meilen waren es zum Solent.

Im Moment stand die Tide ungünstig, aber gegen Mittag kenterte der Strom. Nordwest 8 wären kein Problem, und auf der Rückseite der Kaltfront würde die Sicht gut sein. Vielleicht kam sogar die Sonne durch. Außerdem käme der Wind über Land, und der Seegang würde sich in Grenzen halten - eine sportliche, aber unkomplizierte Sturmfahrt.

Beim Frühstück trug der milde Südwest den Geruch nach gemähten Kornfeldern und erstem Herbstlaub herüber. Doch von Westen zog eine schnell dichter werdende Stratusdecke, und auch die Sicht wurde schlechter. Die Küste der Isle of Wight war nicht mehr auszumachen.

Gegen Mittag wehte es schon ziemlich kräftig. Von Kaltfront und besserer Sicht war noch nichts zu merken, doch die Tide wartete nicht.

Beim nächsten Stauwasser mußten wir in der Ansteuerung zum Needles Channel sein, damit uns die auflaufende Flut in den Solent trug.

Dem Wetterbericht nach sollte aber die Kaltfront - und damit Nordwestwind und gute Sicht - unmittelbar bevorstehen. So fällte ich die Entscheidung: Um 13.35 Uhr gingen wir ankerauf.

Keine halbe Stunde später hegte ich Zweifel, ob das richtig gewesen war. Unter tiefgerefftem Groß, kleiner Fock und Klüver hängte sich der Kutter auf die backstags einkommenden Seen, als wollte er surfen.

Die Kreideklippen von Swanage waren bereits im Dunst verschwunden, und voraus war nur graugrüne, aufgewühlte See. Wir hatten keine Standlinien mehr. Auch der schwach ansteigende Grund bot nur ungefähren Anhalt.

Dann schralte der Wind gegen alle Erwartung südlich. Bald segelte FIRECREST wie der Teufel mit Halbwind quer zu einer immer steiler werdenden Sturmsee aus dem offenen Kanal - Legerwall!

Die Wettervorhersage war falsch gewesen. Nutzlos, sich darüber noch aufzuregen.

Aber wenn der Wind so weiterdrehte und weiter zunahm, bekamen wir ein Problem. Dann mußten wir wenden, ehe uns der Sturm auf die lebensgefährlichen Untiefen der *Shingles* drückte. Doch zurücklaufen würde nichts bringen, weil dann auch Studland Bay keinen Schutz mehr bot. Dann mußte FIRECREST um ihr Leben kämpfen. In meiner Magengrube lag ein kalter Stein.

Der Kutter gischtet durch die Seen - viel zu schnell! Auf keinen Fall dürfen wir Needles Channel bei noch ablaufendem Wasser erreichen. Dann steht dort mörderische See.

Ich berge das Großsegel und merke, daß das schon lange fällig war. Es orgelt, Gischtfetzen prasseln in die Vorsegel. Christine sitzt im Cockpit, jederzeit bereit, Aries zu unterstützen, aber die Mechanik hält eisern Kurs.

Nur unter Fock und Klüver stürmt das Boot weiter - immer noch sehr schnell. Und die Abdrift ist zu groß. Ich trimme Aries einen Strich höher an den Wind.

Nun laufen wir voll und bei mit 30 bis 45 Grad Lage - die Geschwindigkeit stimmt jetzt wohl, doch es wird hart. Krachend zerplatzt die erste See auf der Bordwand. Hektoliter Seewasser schäumen über Deck und Segel und pladdern in die vorbeijagende See.

In Ölzeug und Gummistiefeln hockt Christine festgebunden, still und blaß. Panik flackert in ihrem Blick, als ich ihr scheinbar gleichmütig die Schwimmweste aus dem Niedergang reiche. Seit unserer Ausreise liegen die Schwimmwesten ganz hinten in der Segellast.

Gleich tauche ich wieder ab, den Niedergang sofort hinter mir zuschiebend vor der nächsten Badewanne voll fliegendem Wasser.

Ich bin unsicher, grübele über der Karte, die aufgequollen ist von meinem tropfenden Ölzeug. Hier unten ist es fast still. Vernehmlich zirpt das Echolot. Unglaublich, wie FIRECREST die Schläge einsteckt, und hier unten rührt sich, außer der wild pendelnden Kajütlampe, fast nichts.

Die Abdrift schätze ich auf 20 Grad, und 70 Grad etwa segeln wir am Wind. Das Boot kann sich also gerade halten.

»Chef, alter Knabe, ich war ein Idiot. Aber hilf uns trotzdem!« So murmele ich vor mich hin. »Laß mich die Ansteuerungstonne finden! Und laß mich Christine heil nach Hause bringen!«

Irgendwann gegen 16.30 Uhr werden wir die Tonne Fairway passieren, die die Ansteuerung zum Solent markiert. Wenn wir sie dann voraus haben oder im Umkreis von zwei bis drei Kabellängen, werden wir sie sehen. Dann sind wir davongekommen. Stehen wir zu weit in Lee, wird FIRECREST einen schnellen, dramatischen Tod auf den Shingles erleben. Passieren wir die Tonne luvwärts, werden wir uns von den Needles und der Isle of Wight wohl freisegeln können, aber es wird eine tolle Nacht.

Hoch und flaschengrün ziehen die Seen, bedeckt mit weißem Schaum, den der Wind davonreißt. Gischtflagen prasseln gegen Rumpf und Segel. Die Stiefel auf der Cockpitkante, stehe ich angeleint in Luv der Freundin, schütze sie ein wenig, die sich leicht an mich lehnt. Beide lehnen wir fast mit der Schulter gegen das schräge Deck. Fasziniert sehen wir, wie FIRECREST eben noch in die Kehle einer See kurz vor dem Überkippen hineinjagt, den Klüverbaum schon in das senkrechte grüne Wasser tunkt - und sich dann wie schwerelos auf den Kamm der Welle hebt und ihn unter sich hindurchlaufen läßt. Der gibt ihr noch ein Cockpit voll mit, das donnernd auf der Bordwand zerplatzt, doch ohne den Rumpf spürbar zu erschüttern.

Es wird noch heftiger, und ich versuche, den irren Segelstreß zu mildern, indem ich den Klüver wegnehme. Doch die Abdrift nur unter der kleinen Fock ist zu stark. Sie führt direkt auf die Shingles!

Nach 20 Minuten steht der Klüver wieder. Meine Übungen auf Vorschiff und Klüverbaum müssen zirkusreif ausgesehen haben. Starr blickt die Freundin über die Seen. Um die Klüverschot dicht zu bekommen, mußte Christine einmal kurz anluven - ein Höllenmanöver, bei dem ich jederzeit erwartete, die Segel aus den Lieken platzen zu sehen. Doch dieser Klüver ist ein herrliches Segel, cremeweißes, schmiegsames Duradon, von einem Lauliek eingefaßt, mit perfekt stehendem Bauch, verliert nie seine Form, ein Meisterstück von Ebbe Andersens Segelmacher in Marstal - schnell an einem Wochenende hingenäht.

Wenn ich nicht Angst hätte, richtige Angst - dieses Jagen im Sturm nur unter zwei winzigen Vorsegeln wäre ein wahnsinniges Vergnügen. Auch die Gefährtin spürt meine Angst, ich sehe es an ihren Augen im gischtnassen, blassen Gesicht. Obwohl ich immer wieder Bemerkungen mache wie: »Ja, so wird es gehen. - Doch, bald müssen wir die Tonne haben, dann wird's einfach.«

Schon zehn Minuten starren wir jetzt angestrengt ins aufgewühlte Grau. Zehn Minuten beten. Die Tonne muß jetzt auftauchen!

Und dann sehen wir sie! Ein unscheinbarer, grauer Schemen, vielleicht zwei Kabel backbord voraus. Mal taucht sie auf, mal verschwindet sie wieder eine Weile zwischen den hochlaufenden Seen. Sie muß es sein! Endlich erkennen wir einige Buchstaben des Schriftzuges Fairway, das verwitterte Rot und die schwache rote Kennung. Sie ist es!

Die Tonne wird fast eingedeckt von schäumendem Wasser, aber um ihren auf- und abtauchenden Schwimmkörper stehen keine Stromschlieren. - Wir haben Stauwasser. Backbord Ruder!

Dann treten die Felsenzähne der Needles aus dem Dunst, umgeben von hausgroßen weißen Gischtfontänen, die wie schwerelos zwischen den Felsen stehen, mittendrin eine weiße Kennung - der Leuchtturm!

Fast heiter und gelassen jagen wir nun vor Sturm und Seen in den Needles Channel. Schon werden die Seen lang und weniger steil - die Flut beginnt mitzulaufen. Da erscheinen an Backbord neben der Rinne die Shingles. Still blicken wir hinüber. Kein Fahrzeug würde dieses Chaos von Brechern überleben.

Mit zehn Knoten über Grund schießen wir durch die Enge bei Hurst Point in den Solent. Vom Wind abgesehen, für den auch das tiefgereffte Groß noch zuviel ist, empfinden wir es nun wie Kaffeesegeln.

Stetig rauscht das Boot dahin, die Freundin kocht wirklich Kaffee und klart unter Deck auf. Viel hat sie nicht zu tun. Die Schapps und Fächer haben alles behalten. Unter niedrigem Himmel zieht Yarmouth vorbei. Kein Segler zeigt sich auf dem Solent.

Um 18.30 Uhr machen wir in West Cowes Marina fest, am selben Steg wie damals. Der Hafen ist leer, die Saison vorbei.

Christine steht auf dem Vorschiff, schießt Leinen auf. Vorsichtig nehme ich sie in den Arm.

»Entschuldige!« Mehr fällt mir nicht ein.

»Wieso?« fragt sie und lächelt. »Ich wollte doch auch nach Cowes.« Und dann: »Ich möchte dich gern einladen.«

Nach dem flambierten Plumpudding bestellte die Gefährtin Kaffee, und ich gönnte mir eine Havanna aus Bermuda. Wohlig streckte ich die Beine aus. Aber da war noch eine andere Müdigkeit. Nun schien der Heimweg noch lang.

You better go home

Tags darauf segeln wir wieder. Der Solent kräuselt sich in leichter Brise, und Norris-Castle bleibt im warmen Licht der Abendsonne achteraus.

Aries steuert. Ich sitze auf dem Dingi und lasse die Hügel der Isle of Wight vorbeiziehen mit ihren Landhäusern unter alten Baumbeständen, den Hecken, Weiden und Stoppelfeldern und den Badehäuschen am Ufer. Aus dem Vorluk duftet es. Christine bäckt Auflauf mit Käse und Champignons.

Hinter der Seefestung Spithead umfängt uns die Abendflaute. Die Ebbe hat ihren tiefsten Stand. Vor Einsetzen des Gegenstromes steuern wir aus dem Fahrwasser und ankern bei Fort St. Helen auf zwei Meter Wassertiefe.

Nach dem köstlichen Auflauf, englischem Dosenbier und heißem Kakao zum Nachtisch kriechen wir in die Koje.

Vor Sonnenaufgang sind wir wieder hoch und setzen Segel in die nächste Tide. Strom und Westwind schieben uns durch die Untiefen von The Looe. Auf den Bänken bringt ein Fischer Hummerkörbe aus. Dann überholt uns langsam ein Gaffelkutter mit riesigen, braunen Segeln - ein echter, alter Lotsenkutter. Beide Crews winken sich freudig zu.

Nach Abendflaute sieht es heute nicht aus, und so laufen wir auch bei Gegenstrom weiter. Das Tief über Schottland vertieft sich. Wellenförmige Cirruswolken wandern von Westen, und der Wind nimmt zu. Ich streiche Flieger und Toppsegel.

In der sinkenden Dämmerung passieren wir Brighton mit der gespenstisch verfallenen Westpier und der Palacepier, auf der fröstelnd Menschen im Winde stehen. Düster ragen die Wellenbrecher der Marina.

»Wenn der Wind günstig steht, segele!«

Lichterglänzend kreuzt die Fähre Newhaven den Kurs. Gegen 21.30 Uhr liegt Beachy Head eine Meile an Backbord. Hell schimmern die Kreidefelsen unter dem abnehmenden Mond.

Gegen Mitternacht zieht eine Schauerfront durch, und bei Sonnenaufgang weht es hart. Um 10.00 Uhr morgens passieren wir Dungeness mit seinem Atommeiler. Große Fischerboote liegen hochgezogen auf dem steilen Strand.

Auf der Höhe von Varne Feuerschiff queren wir den Kanal und die Verkehrstrennungsgebiete.

Das war fast so einfach, wie es sich schreibt. Wir liefen fünf Knoten, und die Sicht unter dem hohen, grauen Himmel war gut. Ganz von selbst teilten sich die großen Dampfer in einwandernde und auswandernde »Gegner«. Wenn doch einmal eine Peilung stand, so konnten wir sie mit einer deutlichen Kursänderung leicht wieder verlassen.

Zum Nachmittagskaffee segelten wir auf der Höhe von Calais auf der französischen Seite. Fälschlicherweise glaubten wir, es überstanden zu haben.

Unter der englischen Küste waren wir auch tagsüber oft Fischern begegnet, aber es waren kleinere Kutter, die ruhig ihrer Arbeit nachgingen. Wenn wir sie passierten, winkten die Besatzungen freundlich herüber. Doch als wir bei Anbruch der Dunkelheit die belgische Küste erreichten, änderte sich die Szenerie total.

Große stählerne Fangschiffe pflügten in Dreier- und Viererformation durch die Küstengewässer, daß ein Entrinnen aus ihrem Nahbereich nicht mehr möglich war. Du sollst ihnen ausweichen, aber mit ausgebrachtem Fanggeschirr sind sie doppelt so schnell wie du - Hunderte Tonnen Stahl mit zigtausend PS.

Da erschien uns die Scheldemündung mit ihrem Großschiffsverkehr fast als Rettung, denn hier in der Verkehrstrennung wurde nicht gefischt. Dicht am Tonnenstrich segelten wir, bis ein großes Containerschiff passiert hatte und querten hinter seinem Heck das Fahrwasser.

Trotz unserer schwachen Lampen mußte der Lotse uns gesehen haben.

»You better go home!« hörten wir aus dem standby geschalteten Walkie-Talkie. Dem konnten wir nur zustimmen.

Aber es war nur ein Aufatmen.

Vor der holländischen Küste wurden die Lichterfluten der schweren Trawler allgegenwärtig. Selbst weiträumige Strategien wurden nutzlos, und auch der Gebrauch von Scheinwerfer und Sprechfunkgerät hatte nicht die geringste Wirkung. Man hatte den Eindruck, daß hier vollautomatische Roboterschiffe mit ihren Fischereisignalen auf Wegerecht geschaltet hatten und im übrigen nach dem Motto arbeiteten: Der Profit heiligt die Mittel.

Bei Morgengrauen bekam das gefährliche Spiel eine neue Variante. Die Fangschiffe holten ihr Geschirr ein, der wachhabende Steuermann stellte das Ruder auf Automatik Kurs Heimathafen und schaltete den Echolotalarm ein, um sich dann übermüdet hinzulegen.

In breiter Phalanx dampften die Trawler mit äußerster Fahrt, Kurs Hoek van Holland. Dabei ließen sie weiterhin die Fischereilichter eingeschaltet, hatten zudem das »Stundenglas« im Mast und wiesen damit jede Verantwortung von sich. Ein Wendemanöver in rauher See rettete uns vor dem Nächstfahrenden. Wir sahen die Schweißnähte und Seegrasbüschel an seinem austauchenden Unterwasserschiff.

Dann hob sich die Sonne über einen fahldiesigen Horizont, und der Spuk war zu Ende.

Increasing to 10

Mit tiefgerefftem Groß, Fock und Klüver spulte FIRECREST nun ungestört ihre Meilen ab. Noch vor dem Frühstück hatten wir die Maasmündung passiert, die mir noch von der Ausreise her im Magen lag.

Die graugrünen Seen sind jetzt niedriger, aber deutlich steiler als im Kanal und brechen dicht unter dem Heck. Doch auf dem Dingi kann man trocken sitzen und Kaffee trinken, und die Sonne wärmt. Die Großschiffahrt bleibt draußen in der Verkehrstrennung, und die Küstenschiffer ziehen ihre berechenbaren Kurse. Wir schlafen, lesen, kochen Wasser für Schnellsuppen und Tee, knuspern Ingwerkekse und freuen uns, weil der Kutter so schön segelt und die Heimat näherrückt.

Wenn nur die Wettervorhersagen nicht wären. Seit Cowes meldeten sie für alle Seegebiete Starkwind, doch nun wird gale 8 zum Standard.

Längst habe ich die große Fock gegen die kleine gewechselt. Liebend gern würde ich jetzt einen Schutzhafen anlaufen. Doch als wir uns in der Nacht Ijmuiden nähern, der Einfahrt nach Amsterdam, kann ich mir Besseres vorstellen, als bei Dunkelheit vor Wind und Seegang auf die Grundseen der Küste zuzulaufen.

Der nächste Hafen wäre Den Helder. Doch bei Ankunft wird die Tide voll gegenan stehen. Also wieder: weitersegeln.

Die Küste verläuft hier fast Nord-Süd, und es weht nun aus West. Doch wegen der Abdrift müssen wir höher ran. Mit schwerer Lage bolzt der Kutter durch die Nacht. Hoffentlich dreht der Wind nicht auf Nordwesten - wenigstens bis wir Texel passiert haben. Und hoffentlich bleiben uns die Fischer vom Leibe!

Doch der Westwind steht durch, und hinter Den Helder können wir abfallen.

Weich wiegt sich FIRECREST in den brechenden Seen und zeigt, daß sie für dieses Wetter gemacht ist - zumindest, solange sie Seeraum hat. Gut zu wissen, denn die letzte Wettervorhersage muß verdaut werden: *Humber, Thames: Southwest to west severe gale 9, increasing to 10.* Und dann: *Former tropical depression Carry rapidly moving east.*

Das riecht verbrannt!

Mit Kühle im Magen zirkele ich über die Karte, rechne Gezeiten, studiere Ansteuerungen und stelle fest: Vlieland paßt!

Als die Sonne aufgeht und den ganzen Himmel rosa färbt, liegt die Insel flach und grau an Steuerbord. Erstmals auf dieser Reise steigen regelmäßig Seen über das Heck und schäumen ins Cockpit - immer wieder. Doch Aries und FIRECREST ziehen unbeirrt ihren Kurs.

Schutzhafen

Um 08.00 Uhr morgens passieren wir die Ansteuerungstonne zum Terschellinger Seegat. Halse und hinein! Stauwasser hätte ich bevorzugt, aber wir können es uns nicht aussuchen.

Geschoben von der auflaufenden Flut und vom Sturm - das ist jetzt echt Sturm - ziehen wir am nahen Dünenufer entlang durch die Rinne. Zur Vorsicht lasse ich den Vire schon mitlaufen, denn gleich hinter der Ecke muß die Hafeneinfahrt sein, direkt im Wind.

Schneller als gedacht ist sie da, ein von Spundwänden eingefaßter Kanal, aus dem es förmlich herauspfeift. Dicht die Schoten und hoch ran... was ist das? Der Kutter steht - aufgelaufen!

Braun gurgelt das Wasser an den Seiten vorbei, aber noch ehe ich einkuppeln und Gas geben kann, hat der Strom den Kiel schon wieder freigespült. Wende, wieder Wende, und wir sind im Kanal.

Langsam tuckern wir über den leeren Hafen. Auf der Leeseite eines langen Holzsteges machen wir fest.

Nach dem Einklarieren wandern wir ins Inseldorf. Oben in den Baumkronen rauschen D-Züge, und unten zwischen den hübschen Friesenhäusern herrscht Ruhe und Beschaulichkeit. Katzenkopfpflaster, Gußeisenlaternen und die fehlenden Autos geben die Illusion, ein Zeitalter zurückversetzt zu sein.

Wir kaufen Milch, Brot, Butter, Gemüse. An einer Fischbude essen wir Matjeshering. Wenige Menschen, freundliche Gesichter. Als wir das Dorf wieder verlassen, müssen wir uns gegen den Wind lehnen, sonst werden wir umgeweht. Bei der Einfahrt lecken braunschäumende Brecher die Steinpackungen hoch. Zwischen Vlieland und Terschelling kocht die See; gelbe Sandbuckel tauchen daraus hervor wie Walrücken.

Für die ganze südliche Nordsee ist jetzt Windstärke 10 angesagt. Wohlig schaudernd im sicheren Port rollen wir uns früh in die Koje.

Am nächsten Tag wandern wir in den nahen Kiefernwald. Es rauscht in den Wipfeln, aber auf dem federnden Waldboden ist es fast windstill. Innerhalb kurzer Zeit sammeln wir eine ganze Leinentasche voll herrlicher Maronen und Steinpilze.

Dann wandern wir über das Heidevorland Richtung Dünen. Kaninchen huschen, Fasanen poltern hoch und streichen im Tiefflug ab. Fette Ringeltauben flattern auf, werden vom Sturm erfaßt und weit in die Dünen getragen. Am Strand fegt der Sand in dichten Schleiern, prickelt schmerzhaft auf der Haut und in den Augen. Bald treten wir den Rückzug an.

Abends weht es, daß FIRECREST am Liegeplatz wegkrängt. Das ganze Boot ist von feinem Sand bedeckt.

Mitternacht flaut es ab, doch BBC spricht schon vom nächsten Sturmtief. Wieder denke ich an DULCIBELLA - gewissermaßen FIRECREST als Jollenkreuzer. Bei Flut würden wir im Schutz der Inseln segeln und uns bei Ebbe trockenfallen lassen, und der Sturm würde allenfalls zur Gemütlichkeit beitragen.

Am Morgen kachelt es wieder. Heute finden wir einen Steinpilz von einem halben Pfund Gewicht. Mein Smutje verbäckt ihn in einer großen Pilzpastete.

Sturm auch am dritten Tag.

Am vierten Tag steht bei Sonnenschein und weißen Wolken Nordwest 5 voll ins Seegat. Mächtige Brandung bedeckt die Bänke, und die Roller lecken hoch auf den Strand bis vor unsere Füße.

Aber ein Krabbenkutter war schon wieder unterwegs. Er liegt an der Brücke, die Männer kochen Krabben, sieben sie in Plastiksäcke und für uns eine Portion in die Salatschüssel.

Heimatküste

Der fünfte Morgen in Vlieland: Südwind 3 Beaufort, keine Sturmwarnung. Bei Tagesanbruch motoren wir mit der letzten ablaufenden Tide hinaus ins Seegat. Draußen schiebt uns die nächste Flut weiter nach Osten.

Unter grauem Himmel segeln wir mit Vollzeug langsam über ruhige graue See. Der einzige Fischer ist ein Krabbenkutter. Mit ausgebrachten Kurrbäumen hat er die Bugleine an einer Fahrwassertonne festgemacht und läßt die Krabben von der Strömung in seine Netze treiben. An Deck dampft der Kocher, und einen Moment lang riecht es lecker nach gekochten Krabben.

Erst nach Sonnenuntergang kommen die großen Trawler wieder aus ihren Löchern. Bedrohlich sehen wir sie dahinbrummen, während wir selbst mit zwei Knoten bei schwachem Südwind vor uns hinsegeln, unfähig zu irgendeinem wirksamen Manöver. Doch weil wir uns bei dem ruhigen Wetter sehr dicht unter Land halten, werden wir in Ruhe gelassen.

Als wir nach Mitternacht bei Borkum-Riff die deutsche Seegrenze passieren, dehnt sich die See mit einem Male still und trawlerleer. Wir atmen auf.

Einsam gleiten wir über selten starkes Meerleuchten. Auch vom nahen Grunde glimmen die geheimnisvollen Lichtquellen, und Makrelen ziehen nachleuchtende Torpedobahnen unter dem Kiel.

Bei Morgengrauen liegt Juist grau und niedrig an Steuerbord im Nieselregen - Deutschland!

Im Seegat kreuzen wir stundenlang gegen schwachen Wind und Strom auf der Stelle. Vereinzelte Nebelschwaden ziehen über das Wasser, es grummelt und wetterleuchtet. Als der Strom kentert, entlädt sich das Gewitter mit Platzregen und einer kurzen, knackigen Bö.

Spät nachmittags laufen wir in den herbstlich leeren Hafen von Norderney. Der Hafenmeister erkennt FIRECREST wieder.

»Bei Nebel - wie üblich«, flachst er, als er die Leine annimmt.

Altweibersommer

Lange schlafen wir in den nächsten Tag.

Draußen bläst es wieder heftig aus Nordwesten. So wandern wir in den Ort und kaufen frische Milch, deutsches Vollkornbrot und Butter. Wir können nicht warten: Mit dem Takelmesser schneide ich Stücke aus dem Brot, streiche dick Butter darüber. Genüßlich kauen wir.

Auf dem Rückweg kaufen wir am Kutter einen Liter dampfende Krabben. Wir sitzen im Windschatten eines an Land gesetzten Ruderbootes und pulen Krabben zu frischem Brot mit Butter.

Frühmorgens hängen tausend Fäden Altweibersommer im Rigg. Silbern weben sie im leichten Nordwest gegen den blauen Himmel. Wir laufen aus.

Im vergangenen Winter hat sich das Dovetief vollkommen verlagert. Ein langer Tonnenschlauch erstreckt sich jetzt parallel zum Strand. Quer über diese Rinne ziehen die flaschengrünen Roller der Restdünung. Sie brechen auf der vorgelagerten Sandbank und schäumen noch ein ganzes Stück über die Rinne. Mit gemischten Gefühlen sehe ich sie herankommen, doch der Kutter zieht stetig hindurch.

Unter Deck spielen die Sonnenstrahlen auf Bootslack und Messing. Vielleicht bekommen wir doch noch ein paar ruhige Herbsttage.

Im Vorbeigehen klopfe ich ans Barometer. Der Zeiger zackt scharf nach unten - nicht schon wieder!

Nun fällt der Luftdruck von Stunde zu Stunde. Doch der Wetterbericht weiß nur von Südost 6. Sinnlos, die Elbmündung gegen Strom und Starkwind aufzukreuzen, also Helgoland.

Es wird Nacht. Bei leichtem Südwest segeln wir quer durch das Mündungsgebiet von Elbe, Weser und Jade. Aber die Kimm ist klar, alles ist voller Leuchtfeuer, und wir können uns vom Verkehr gut freihalten. Gegen 02.30 Uhr motoren wir in vollkommener Flaute zwischen die Schutzmolen von Helgoland.

Morgens liegt der Hafen in dicker Suppe. Der Luftdruck steigt wieder, aber sonst passiert gar nichts - auch kein Starkwind aus Südost. So erleben wir drei Tage Helgoländer Impressionen im Nebel. Vormittags kommen die ersten Bäderdampfer, und ab 16.00 Uhr herrscht wieder Inselruhe: beschauliche Gassen, die Fischerhäuschen am Wasser, Hummerkörbe zum Trocknen auf der Mole, Hummer im Seewasseraquarium, Hummersuppe im Schnellimbiß. Trotzdem möchten wir weiter.

Morgens um 03.00 Uhr machen wir los und lassen uns vom leichten Südwest aus dem Hafen treiben. Mit drei Knoten Durchschnittsfahrt müßten wir Cuxhaven bei Stauwasser erreichen. Doch der Wind schläft ein, und so kommt der Tag des Vire.

In der Elbmündung beginnt die Tide mitzuschieben. Mit mächtiger Fahrt über Grund brummen wir an Neuwerk vorbei, daß ich schon Zweifel bekomme. Doch als wir nach neun Stunden Motorfahrt die Kugelbake passieren, setzt Stauwasser ein.

Wie auf einem Ententeich bruttelt FIRECREST durch die Einfahrt bei der alten Liebe. Es beginnt zu nieseln.

Cuxhaven im Regen. Doch hier wohnt Segelkamerad Reiner von der ANNA, damals in Horta. Wir besuchen ihn, seine Frau Petra und das Baby in ihrer Altbauwohnung. Reiner hat ANNA zum Verkauf annonciert. Die junge Familie will leben.

Tags darauf bricht die Sonne durch. Die Tide ist günstig. Tief gerefft, laufen wir vor Nordwest 6 Kurs Brunsbüttel.

Als wir in der Schleuse am langen Schwimmbalken längsseit gehen, keimt in mir langsam jenes Gefühl, von dem ich nicht wußte, ob es noch kommen würde.

Es wächst, als sich das Schleusentor hinter uns schließt und die teebraune Elbe dem Blick entzieht, und es durchströmt mich vollkommen, als sich das Tor auf der anderen Seite öffnet und wir hinaustuckern auf die gekräuselte Oberfläche des Kanalhafens, in der sich Wolkenweiß und sattes Himmelblau spiegeln. Gezeitenströme, Mahlsände, Sturm und Legerwall, sie liegen hinter uns.

Am Steg von Brunsbüttels verlassenem Yachthafen machen wir fest. Der Herbstwind pflückt welke Blätter aus den Uferpappeln, aber die Sonne scheint warm. Wir haben alle unsere Gastflaggen ins Cockpit geschafft, auch all die Selbstgemalten, knütten sie aneinander und ziehen sie in die Saling.

Wir sind wieder da!

Herbstwind

Sturmböen heulten im Rigg, die Ankerkette knackte und polterte, Holzscheite knisterten im Ofen. Zuweilen tauchte ich aus der ofenwarmen Kajüte und hielt gewohnheitsmäßig meinen Rundblick. Ruhig brannte die chinesische Ankerlampe, kalt glitzerten die Sterne, am Ufer rauschten Pappeln und Weiden. Hier lagen wir so sicher wie »in des lieben Gottes Hosentasche«.

Das Brennholz hatte Christines Vater mitgebracht - einen ganzen Sack voll Tischlerabfälle. Gestern war großer Auftrieb gewesen. Samt 90jährigem Opa war Christines Familie nach Brunsbüttel gefahren, glücklich, ihr Mädchen wohlbehalten zurückzubekommen.

Trotzdem war ich froh, die Freundin abends wieder für mich allein zu haben. Ich mochte noch nicht gewahr werden, daß unsere Reise jetzt schnell zu Ende ging.

Am folgenden Tag wehte der Nordwest mit 7 bis 8. Teils nur unter den Vorsegeln erreichten wir bei Einbruch der Dämmerung den Flemhuder See. Der einsame Ankerplatz war die Erfüllung nordseesturmgehetzter Sehnsüchte.

Früh am nächsten Morgen öffneten sich die Holtenauer Schleusen vor einer herbstgrauen Förde. Sie wirkte viel kleiner als damals.

In Möltenort hatte der Hafenmeister auf seinem rostigen Damenrad gerade die erste Runde gemacht. Ein Blick über Rumpf und Rigg sagte dem alten ostpreußischen Fischer alles.

»Willkommen zu Hause«, meinte er trocken.

Möltenort war der Hafen meiner Kindheit. Möltenort stand als Heimathafen unter dem Heck der FIRECREST, von Möltenort segelte *FIRECREST rund Fünen*, in Möltenort wurden wir von meinem Onkel »offiziell« verabschiedet und nun wieder unter großem Hallo von meiner extra angereisten Familie in Empfang genommen: Eltern, Onkeln und Tanten, Vettern und Cousinen. An langen Kaffeenachmittagen und Kaminabenden erzählten wir von den zurückliegenden anderthalb Jahren, bis wir angekommen waren.

In der Förde küselte leichte Brise, aber draußen wehte seit Tagen Starkwind aus Ost. Beim Leuchtturm Bülk nahmen uns die Roller in Empfang. So ausgeprägte Seen hatten wir seit dem Atlantik nicht mehr erlebt. Auf der ganzen Länge der Ostsee hatten sie sich aufgebaut. Mit 6 von backstags jagten wir dahin wie zwischen Horta und Falmouth.

Doch weder Strom noch Gezeiten brauchten uns zu kümmern. Was wir, Windvorhalt eingerechnet, mit dem Klüverbaum anpeilten, würden wir auch erreichen.

Bei Stollergrund knallten Brecher gegen die Seiten. Aber was scherte es uns, die wir die Shingles gesehen hatten? Der Grund lag zuverlässig fünf Meter unter dem Kiel und dort würde er auch bleiben. Schnell wurde es wieder tiefer, die Grundseen blieben zurück, und das Deck trocknete in Sonne und Wind.

Bald erschienen am Horizont die »Kokospalmen« von Schleimünde - jene Baumgruppe, die bei mittlerer Sicht wirklich wie Palmen auf einer niedrigen Koralleninsel aus der See steigt, noch ehe das dahinterliegende Land durchkommt.

Sorglos genossen wir das wilde Segeln. Das Seegat von Schleimünde war unproblematisch, und dahinter lag die Schlei, in der wir auf ganzer Länge perfekten Schutz finden würden.

Weiß schäumten die Brecher auf den Steinschüttungen. Ein paarmal noch hoben uns die Ausläufer der Dünung, dann rauschten wir auf dem Tonnenstrich durch das algenschaumige Schleiwasser. Maasholm lag im kühlen Sonnenschein, dann Backbord der Wald am Rabelsund, gegenüber die Reetdachkaten am Ufer - alles war wie früher.

In Kappeln am Kai warteten wir bei frischer Milch und Marzipanstreifen vom Bäcker auf das Öffnen der Drehbrücke.

Dann trieb der abflauende Herbstwind uns weiter zwischen Schilfufern, vorbei an dem idyllischen Arnis. In Jacken und Pullovern standen wir im Cockpit, Aries steuerte, und die Sonne sank über Hügel und Stoppelfelder, romantische Landgüter und buntverfärbte Wälder.

»Denkst du, woran ich denke?« fragte die Gefährtin.

»Helford River.«

»Ja.«

Nun funktionierte die Sehnsucht in umgekehrter Richtung.

Bei Dunkelwerden erreichten wir die Klappbrücke bei Lindaunis. Mit herabgefierter Gaffelpiek trieben wir langsam heran. Die Brücke hob sich, ich holte das Piekfall, so daß das Groß sich wieder entfaltete, und wir glitten unter der Brücke hindurch, nur das Summen des Windes im Rigg und das hohle Plätschern zwischen den Brückenpfeilern.

Bald segelten wir in tiefer Finsternis. Doch die Schatten der Uferkanten gaben deutliche Peilungen, und das Echolot zeigte, wo es flacher wurde. Es war vollkommen gefahrlos. Allenfalls konnten wir im weichen Schlick landen.

Schließlich weitete sich an Steuerbord das Gunnebyer Noor. Das erleuchtete Fenster vom Segelverein war so gut wie ein Leuchtfeuer. Als wir es quer hatten, ließen wir auf zwei Meter Tiefe den Anker fallen.

Genau hier war der allererste Ankerplatz der FIRECREST gewesen, nachdem ich sie, keine Meile entfernt, in der Scheune meiner Tante gebaut und in der Nähe vom Stapel gelassen hatte.

Nach Hause?

Um eine Wagenladung Ausrüstung leichter, dafür mit Brennholz und selbstgebackenem Kuchen »aus Familienbeständen« setzten wir nach einigen Tagen wieder Segel. Meine Flensburger Freunde hatten mir meine alte Wohnung am Wasser wieder angeboten.

Aber wir hatten es gar nicht eilig.

Weil Ostwind auf die Schleimündung drückte, ankerten wir erstmal im Rabelsund. Während wir im Uferwald weiteres Brennholz sammelten, schwoite FIRECREST in den Böen, und aus ihrem Ofenrohr wehte eine dünne Rauchfahne.

Als der Wind auf Südwest drehte, machten wir zögerlich seeklar. Doch schon bald ankerten wir wieder unter einsamen dänischen Küsten, ließen Wind und Regen an Deck zurück und genossen die Wärme und Behaglichkeit unserer Kajüte. Mit diesem Zuhause würden wir niemals arm sein.

Als die Vorräte knapper werden, finden wir uns schließlich bei hartem Aufkreuzen gegen Nordwest und Dauerregen vor Holnis in der Flensburger Förde. Trotz ihres beträchtlichen Bartes scheint FIRECREST deutlich höher zu laufen als früher - als hätte sich das Boot auf dem Nordatlantik erstmal einsegeln müssen. Oder ist es der Skipper, der besser mit ihr umzugehen gelernt hat?

In grauer Ferne sind Mürwik und der Hafen Fahrensodde bereits auszumachen. Doch hinter den Ochseninseln kreuzen wir noch einmal unter das hohe dänische Ufer und ankern. In Gummistiefeln und Ölzeug rudern wir durch den strömenden Regen zum *Café Sønderhav*.

Die bestrumpften Füße zwischen den Heizungsrohren, sitzen wir gemütlich bei Pflaumenkuchen mit Schlagsahne und Kaffee. Und wenn man in Dänemark Kaffee bestellt, bekommt man Kaffee - eine ganze Thermoskanne voll.

Dies sind die letzten Stunden unserer Langfahrt. Erst als FIRECREST nur noch ein Schattenriß hinter der nassen Scheibe ist, zahlen wir.

Im Dingi schwappt das Regenwasser knöchelhoch. So hat es seit Dominica nicht mehr geregnet. Aber der Ofen trocknet das Ölzeug und die hereingetragene Nässe binnen Minuten.

Am Morgen lag die Förde im Nebel. Nach dem letzten Frühstück unserer Reise trieben wir nach Kartenpeilung über das stille Wasser, bis die Einfahrt von Fahrensodde aus dem Nebel trat. Nur noch wenige Masten ragten über die Stege.

Auf der Brücke stand - Erich!

»Segeln, wenn der Wind günstig ist!« rief er. »Hat's gestimmt?«

Als wir vom Steg aus das Boot in seiner Box liegen sahen, war es beinahe wie vor der Abreise. Und trotzdem fehlte etwas. Es war zurückgeblieben - irgendwo zwischen den Ochseninseln und Martinique.

Ende?

Epilog

Wie es sich gehört, gab es ein bißchen Rummel um die Reise der FIRECREST, gerade genug, um unser Selbstvertrauen zu heben und nicht soviel, daß wir hochmütig geworden wären.

Dann mußte ich mich von meiner tapferen Gefährtin trennen. Sie bekam eine Stelle in Hamburg, und ich ging als Steuermann in die Brasilienfahrt.

Würde unsere trotz aller Gegensätze gewachsene Gemeinsamkeit standhalten?

Wir spürten, daß wir seit unserem Aufbruch andere geworden waren. Trotzdem versuchten wir, unsere Bordgemeinschaft an Land fortzusetzen, besonders als unser Söhnchen zur Welt kam. Doch was die Herausforderungen der Reise verbunden hatten, trennten unsere unterschiedlichen Lebensauffassungen und der Berufsalltag zu Hause.

Heute leben Christine und ich getrennt. Trotzdem versuchen wir, unserem Sohn gute Eltern zu sein und werden darin von unseren Familien und Freunden unterstützt. So haben wir es vergleichsweise leicht.

Zu manchen unserer Segelkameraden hatten wir noch eine Zeitlang Kontakt, doch unsere Korrespondenz wurde weniger, je mehr auch die Kameradin und ich auseinanderdrifteten. Und nun haben sich die Kielwasser verlaufen.

Am längsten hörten wir von Paul und Janette.

Wirklich sollte THUELLA im Jahr darauf problemlos über die Biscaya segeln. Im letzten Brief erzählte Janette, Paul würde als Busfahrer in Gibraltar arbeiten.

BAYADERE und ihre Crew sind wohl in Amerika geblieben, PIMPERNELL wird die Welt umsegelt haben, AFRICAN QUEEN hat sie umsegelt, ebenso ALINE.

ANNA wurde verkauft, und Reiner lebt mit seiner Familie als Holzbootsbauer an der Unterelbe. Sein Freund Christian hat sich inzwischen einen Colin-Archer-Kutter gebaut und ist seinerseits auf Langfahrt gegangen.

LISSYs Crew hat ein gesundes Baby bekommen und lebt in Hamburg.

Uts scheiterte mit FRAUKEN auf einem Riff vor Rarotonga, machte das Boot wieder flott und segelte nach Neuseeland. Auf der Weiterreise nach Australien verlor er den Mast durch Blitzschlag. Zuletzt vollendete er seine dritte Weltumsegelung mit der FRAUKEN in Horta, wo er FRAUKEN verschenkte. Man erzählte mir, daß er nun auf einem neuen Boot in den Grenadines südlich von Martinique lebt.

Ludwig und Christa verbringen immer noch einen Teil des Jahres auf TAVOY zwischen den Antillen, wo sie zuweilen Wolfgang treffen, der inzwischen wieder einen ausgemusterten Hafenschlepper besitzt.

FRI sah ich eines Sommers in Svendborg wieder. Sie lag an der Ausrüstungspier der Ring-Andersen-Werft, schwarzgeteert wie ehedem, aber sie hatte einen Sponsor gefunden und war grundüberholt.

Und wundersamerweise traf ich zu meiner Freude auf der anderen Seite des Hafenbeckens MORILD mit unserem Segelkameraden Jan, dem dänischen Einhandsegler damals auf der Reede von Fort de France. Er war nun über 70, lebte immer noch die meiste Zeit des Jahres auf seinem Boot, das immer noch keinen Motor besaß, und war »mal eben von Kopenhagen herübergesegelt«, um eine Freundin zu besuchen.

Ein Segelkamerad berichtete, daß unser bemalter Stander für Peter Azevedo immer noch - stark von Tabakqualm vergilbt - seinen Platz auf der Holztäfelung des Café Sport hat. Unsere Bilder auf den Hafenmauern von Funchal, Candelaria und Madeira hingegen werden wohl längst übermalt sein.

Ich selbst wohne heute auf dem Lande in der Nähe der Schlei - ohne FIRECREST.

Neulich fragte mein Junge, warum ich das schöne Boot verkauft hätte. Wir hätten damit doch zusammen zu den Inseln fahren können, »wo´s die Kokosnüsse gibt«.

Es war ganz einfach. Der Kutter hätte jedes Jahr viele Wochen Arbeit bedeutet und die meisten Ferien und Wochenenden an Bord. Sonst verkommt ein Boot, sonst braucht man keines.

Da aber Max und ich nicht zusammen lebten, hätten wir uns dann kaum noch gesehen. So hat der Verkaufserlös dazu beigetragen, mir eine Existenz an Land zu ermöglichen - in seiner Nähe.

Aber das Modell der neuen FIRECREST ist bereits vorhanden. Und wenn Max älter ist, und wenn ihm Segeln Spaß macht... um Shakespeare abzuwandeln: »Es wird immer Gestade geben an den Meeren, von denen sich die Schulweisheit nichts träumen läßt.«

Anhang

Im Folgenden möchte ich die FIRECREST noch einmal vorstellen und auf verschiedene Themen eingehen, die gerade für unsere Reise Bedeutung hatten.

Es soll keine Gebrauchsanweisung für Langfahrten sein. Das würde den Rahmen sprengen. Dafür sind verschiedene Bücher geschrieben worden (auch von mir). Aber es soll den Zusammenhang vervollständigen, besonders für denjenigen, der sich vielleicht fragt: Könnte ich so etwas auch machen? Und wenn - wie?

Planung, Durchführung und Erfolg unserer Ozeanreise wurden von verschiedenen Voraussetzungen begünstigt.

Unsere persönliche Situation war ideal.

Wir waren gesund. Wir waren mental vorbereitet, hatten uns auf extreme Herausforderungen eingestellt. Wir flüchteten vor keinen Problemen, die uns unterwegs hätten einholen können, und für die vorgesehene Dauer der Reise stand genug Kapital zur Verfügung.

Wir waren frei und ohne Verpflichtungen, und unsere Freunde und Angehörigen behinderten unsere Pläne nicht, sondern unterstützten sie sogar.

Und wir hatten das geeignete Boot.

Die FIRECREST

Nun erwarte man nicht, daß ich mein Urteil über das ideale Langfahrtboot abgebe. Mit jeder Art von Boot sind schon erfolgreich Langfahrten unternommen worden, und am Ende schworen alle Eigner auf ihren besegelten Hohlkörper.

FIRECREST war vom Riß her ein Boot der Jahrhundertwende, ein extremer Langkieler. Aber ich kenne auch hervorragende Hochseeyachten mit Flossen- oder Kimmkielen und wunderbare Mehrrumpfboote.

Rumpf- und Kielform, Baumaterial und Rigg zeigen vor allem den persönlichen Geschmack. Für diesen findet man dann hundert Gründe. Ich mochte eben die Linien des klassischen englischen Kutters. Außerdem war das Boot durch den langen, geraden Kiel einfach zu bauen, problemlos zu slippen, einfach auszutrimmen, und es war kursstabil.

Wesentlich für eine Ozeanreise schienen mir eher folgende Besonderheiten:

Durch ihren großen Ballastanteil konnte sich FIRECREST aus gekenterter Lage schnell wieder aufrichten.

Rumpf, Deck, Aufbauten und Verbände waren so stark, daß sie schlechtestem Wetter widerstanden, solange nichts auf sie eindrosch, das härter war als Wasser. Wir trauten dem Boot zu, auch eine Eskimorolle zu überleben.

Die Luken waren »weit weg vom Wasser« (siehe Knockdown vor Madeira) und die Fenster waren klein und hätten bei Zerstörung leicht mit dicken Sperrholzplatten zugenagelt werden können.

Das Cockpit war nur eine 100 x 60 cm große Vertiefung im Deck mit zwei armdicken Lenzrohren.

Unter Deck waren alle schweren und harten Gegenstände, wie Reserveanker, Ketten, Bratpfannen oder Feuerlöscher, gegen Durchkentern sicher gelascht.

Unsere persönlichen Dinge und Habseligkeiten, ebenso wie Geschirr, Töpfe, Besteck, Werkzeug, Lampenzylinder und so weiter verteilten sich auf zahlreiche Schapps mit kleinen Türen und kräftigen Knebelvorreibern. Auch die Backskisten waren mit Knebeln gegen Öffnen über Kopf gesichert. Die Bücher standen hinter handbreiten Schlingerleisten, Kleidung und Wäsche hingen in bauchigen Hängenetzen, aus denen sie kaum herausfallen konnten. Segel, Kanister, Tauwerk und verschiedene sperrigere Ausrüstungsgegenstände waren in der hinteren Segellast dicht an dicht kentersicher gestaut, aber so, daß man an alles herankam.

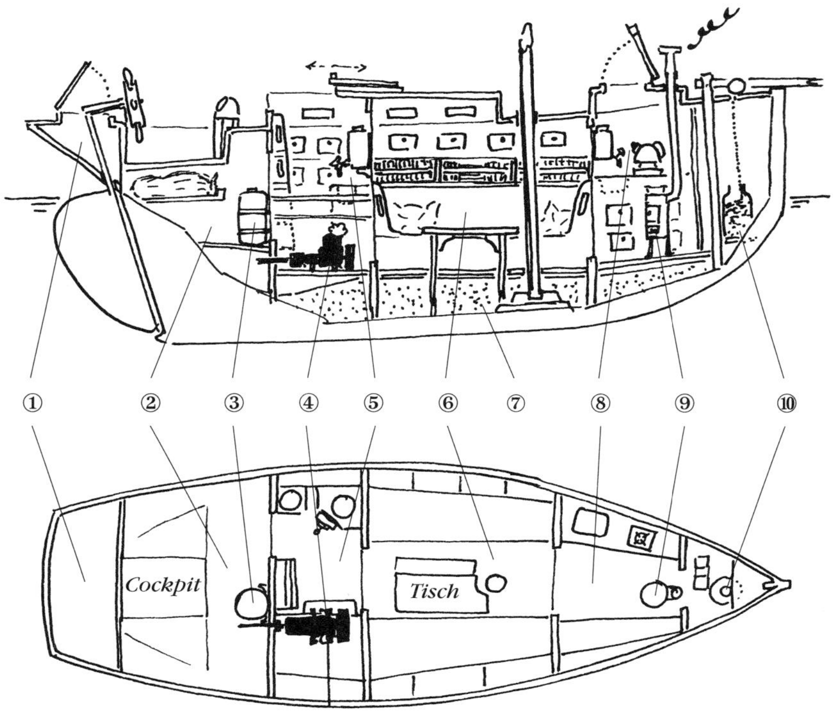

1 Achterpiek – Fender, Leinen
2 Segelkammer und Kabelgatt
3 Wasserfaß aus PVC
4 Hilfsmotor 7PS unter dem Kartentisch
5 Kartenraum mit Eimerklo, Waschtisch, Lenzpumpe
6 Kajüte mit Regalen, Schapps und Sofakojen
7 3,5 t Ballast aus Eisenschrott und Zement
8 Pantry und Werkstatt
9 Kanonenofen
10 PVC-Faß als Kettenkasten

Darüber hinaus hat die Reise der FIRECREST deutlich gemacht:

1. wie wenig an Ausrüstung auf einer Hochseeyacht wirklich notwendig ist, um lange Ozeanreisen angenehm durchzuführen,
2. von welcher Machart diese Ausrüstung sein sollte.

Segelführung

Die Segel hatte ich bei dänischen Segelmachern aus *Duradon (Synthetic Canvas)* anfertigen lassen. Sie bewährten sich ausgezeichnet. Im Gegen-

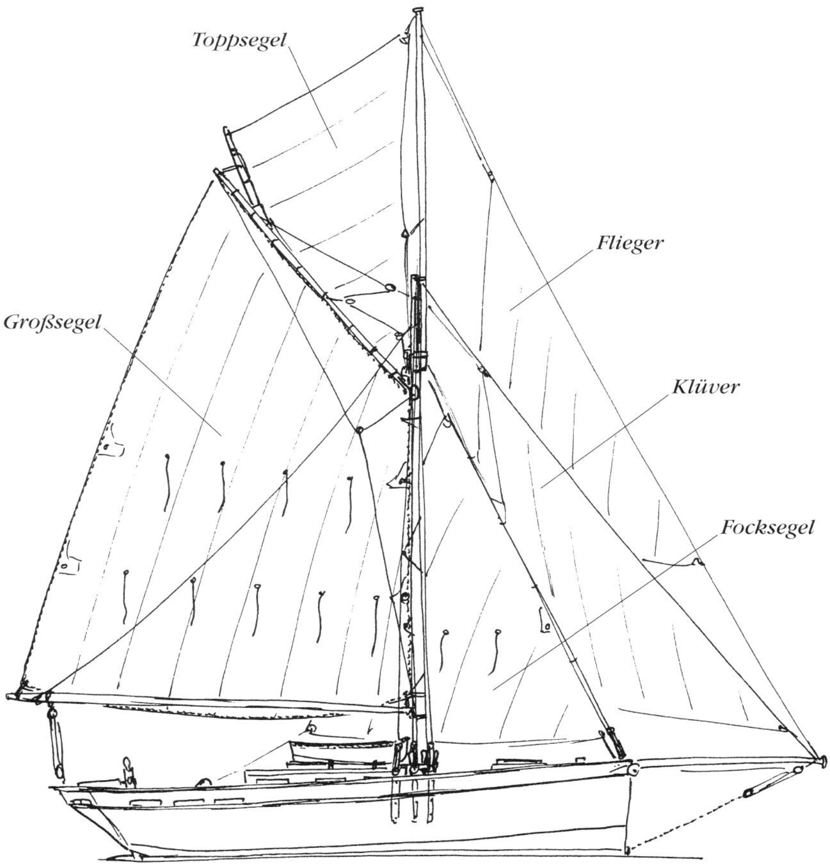

satz zu dem hartkantigen, glatten Dacron ließ sich das Duradon ausgesprochen angenehm handhaben, wie dickes Leinentuch, nur daß es kaum Wasser zog. Auch nach der langen Reise hielten die Segel noch ihre Form und zeigten kaum Alterung und Verschleiß.

Flieger und Toppsegel waren unsere Schönwettersegel, die bis maximal fünf Windstärken gefahren wurden.

Den Flieger zu bergen, war unbequem. Wurde er an Stagreitern gefahren, mußte man dazu auf den Klüverbaum, und fliegend gefahren, zerrte er einen fast vom Vorschiff, wobei er drohte, ins Wasser zu fallen.

Das Toppsegel hingegen stand mit wenigen Handgriffen und war innerhalb weniger Sekunden(!) wieder geborgen.

Das an sich schon einfache Bindereff des Großsegels wurde im Laufe der Reise noch weiter vereinfacht, indem ich zuletzt sogar Faulenzer und Refftaljen entfernte. Die vordere und die hintere Reffkausch wurden einfach an dem so schön griffigen Segeltuch herunter auf den Baum gezogen und mit Knebelstroppen belegt, das lose Tuch dazwischen mit Reffbändseln zusammengebunden.

Mit den kleinen Vorsegeln kamen wir ohne Winschen aus. Wenn das Boot über Stag ging, holte ich die losen Schoten schnell dicht und belegte sie, ehe die Segel auf dem anderen Bug wieder Wind fingen. Zuerst versorgte ich meist den großen, stark ziehenden Flieger, weil sein Hebel am größten war. Und sonst reichte kurzes Anluven, um eine zu offen stehende Vorschot dichter zu bekommen.

Vor dem Wind waren die Segeldrücke geringer, so daß die Schoten mit Muskelkraft dichter geholt werden konnten.

Strategisch segeln

Auch wenn unsere Ziele in Luv lagen, haben wir das Boot äußerst selten hoch am Wind geknüppelt.

Auf langen Törns entscheidet vielmehr die richtige Wetterstrategie, das heißt die Wahl eines Kurses, der von den voraussichtlichen Verlagerungen der Hoch- und Tiefdruckgebiete und den damit einhergehenden Windänderungen begünstigt wird. Da reicht es meistens, wenn das Boot mit halbem Wind oder allenfalls voll und bei läuft.

Mehr dazu unter dem Thema *Wettervorhersage.*

Flautendümpeln

Lange habe ich darüber nachgedacht, wie man das nerven- und materialverschleißende Dümpeln bei plötzlicher Flaute und steiler Restdünung nach einem Sturm erträglicher machen kann.

Hilfreich wäre eine riesige Genua oder ein Yankeeklüver von der Klüvernock bis zum Achterschiff, flach geschnitten und dichtgeschotet, um die Rollbewegungen zu dämpfen.

Gegen unangenehme Stampfbewegungen läßt sich am meisten schon bei der Bootskonstruktion etwas tun. Harmonische Linienverläufe mit langgezogenem Mittelteil und kurzen Überhängen, bei denen das Wasser nicht von unten gegen waagerechte Flächen schlagen kann, tragen viel zu ruhigem Liegen in der Flaute bei.

Da ließ FIRECRESTs fast waagerechte Gillung unter dem Spiegel zu wünschen übrig. Regelmäßig schmetterte das Heck beim Eintauchen dröhnend auf die Dünung.

Auf jeden Fall sollte das Rigg stark und dabei doch elastisch sein, um die ruckartigen und unregelmäßigen Schwingungen zu verkraften. Außerdem sollte der Mast nicht zu leicht sein, um mit seiner Massenträgheit die Schlingerbewegungen zu verlangsamen.

Unser gewachsener, biegsamer Lärchenmast mit Niroverstagung und starken Jungferntaljen aus elastischem Nylongut hat diese Forderungen hervorragend erfüllt. Sie auch für moderne Riggs zu verwirklichen, wäre eine Herausforderung für Konstrukteure. Denn wir hatten von mehreren Booten gehört, und eines in Horta auch einlaufen sehen, die ihre hart abgestagten Masten in Flauten verloren hatten.

Ankern

Die meiste Zeit während unserer Reise lagen wir vor Anker. Dieser Satz sagt alles über die notwendige Qualität des Ankergeschirrs.

Der Anker muß bei jedem Wetter halten, er muß schnell klargemacht und geworfen werden können, und er muß auch von einer weniger kräftigen Person schnell eingeholt und versorgt werden können.

Es gibt zahlreiche Ankertypen für verschiedene Arten von Grundbeschaffenheit. Die meisten Yachten, die wir unterwegs trafen, verwendeten Danforth-, Bruce- oder Pfluganker.

Ankergewichte und Kettenstärken müssen auf die Bootsgröße abgestimmt sein. Dafür gibt es Tabellen in Handbüchern und bei Herstellern.

Ob man auf seinem Boot eine Ankerwinde benötigt, läßt sich leicht überprüfen, indem man Anker und Kette in einer ruhigen Bucht einmal probeweise auf 15 Meter Tiefe fiert und das Ganze dann versucht, zügig einzuholen. FIRECRESTs rückgratlädierter Skipper brauchte eine.

CQR – Anker

Bruce-Anker

Danforth-Anker

Stockanker

Die ausgesteckte Kettenlänge soll bekanntermaßen mindestens dreimal die Tiefe vom Grund bis zur Ankerklüse betragen; bei Verwendung einer Trosse mit Kettenvorlauf fünfmal.

In flachem Wasser, zum Beispiel auf drei Meter, stecke ich aber mehr, sonst reicht das Gewicht der Kette nicht, um sie auch in Böen tief genug durchhängen zu lassen. Denn ein Anker hält nur, solange der Kettenzug waagerecht auf ihn wirkt.

Um sicherzugehen, haben wir meist fünffache Länge gesteckt. Außerdem haben wir bei windigem Wetter vor längeren Landgängen noch einen zweiten Anker ausgefahren.

In Gezeitengewässern denke man an den Tidenhub. Ankert man bei Ebbe, wird sich die Kettenlänge im Verhältnis zur Wassertiefe bei Flut stark verkürzen.

Wenn irgend möglich, versuchten wir den Anker nicht tiefer fallen zu lassen, als ich hätte tauchen können, also etwa acht bis zehn Meter.

Meist fuhren wir eine Ankerboje. Die dünne Tripleine war am Anker befestigt, etwas länger als Wassertiefe, und zeigte die Stelle an, wo der Anker lag. Das verdeutlichte die Ankersituation enorm, besonders, wenn man nachts zur Kontrolle den verschlafenen Rundblick tat.

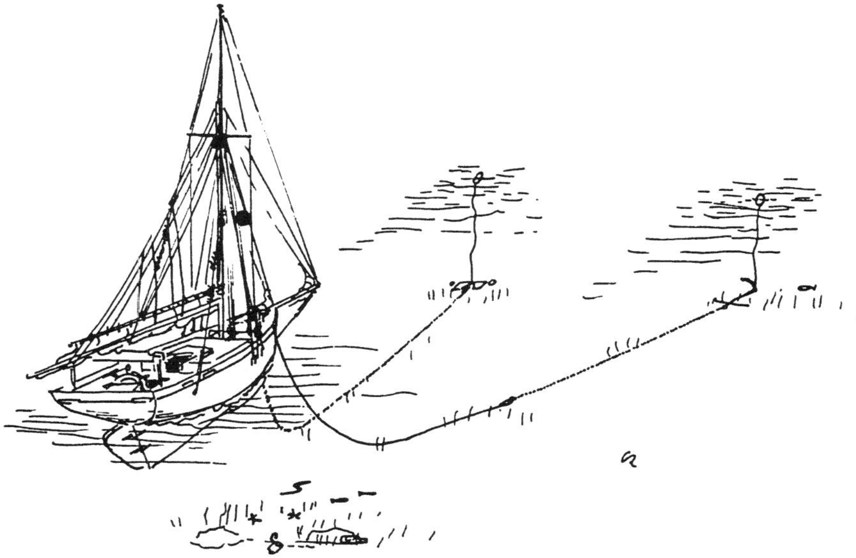

Außerdem wußte ich, wo ich zum Anker hinuntertauchen konnte, und wir hätten mit der Boje den im Notfall geslippten Anker immer wiederfinden können.

Einmal hatte ich den Anker mit der Tripleine auch von einem Hindernis freiholen können. Und da die Boje groß und auffällig war, zeigte sie anderen Booten, wohin diese ihren Anker nach Möglichkeit nicht werfen sollten.

Nur auf sehr engen Reeden verzichteten wir auf die Boje, weil die Leine dort anderen Booten zu leicht in die Schraube oder ins Ruder hätte geraten können - mit einer interessanten Folge von Komplikationen.

Unsere Ankerausrüstung bestand aus:

60 m 8-mm-Kette im Kettenkasten, einem alten PVC-Faß, sauber und leicht zu reinigen,

einer einfachen Hebelwinde,

dem 20-kg-Stockanker, der in einer Halterung außen an der Bugseite hing,

einem 16-kg-Danforth-Anker, besonders für Sandgrund und Schlick,

15 m 8-mm-Kette mit 30 m 14-mm-Nylontrosse, um einen zweiten Anker auszubringen,

dem 35-kg-Stockanker als Notanker, dazu 10 m 10-mm-Kette und 50 m 18-mm-Kunsthanftrosse,
einem 12-kg-Klappdraggen mit 15 m 6-mm-Kette und 10-mm-Nylontrosse als Heckanker. Doch der hielt schlecht und wurde nicht mehr benutzt, nachdem wir beim Tauchen in einer wrackgespickten Bucht einen 5 kg leichten Danforth-Anker gefunden hatten, der in Sandgrund hielt wie einzementiert.

Dingi

Auf den Ankerplätzen war ein Dingi unverzichtbar - wie hätten wir sonst an Land kommen sollen? Unseres war nur 1,8 Meter lang und einen Meter breit. Nach dem Bau der FIRECREST hatte ich es aus Resten gezimmert und mit GFK überzogen.

Aber es ließ sich auch mit zwei Personen gegen starken Wind rudern. Das ist meines Erachtens Voraussetzung für jedes Dingi, denn auf Ankerplätzen herrscht üblicherweise ablandiger Wind.

Einmal rutschte mir aus Versehen ein Riemen aus der Hand. Hilflos trieben Boot und Riemen auseinander - zum Glück auf der lieblichen Schlei. Seitdem fuhren wir immer einen dritten Riemen im Dingi. Gegen kräftigen Wind zu wriggen, kann man vergessen.

Decksarbeiten

FIRECREST war ein wunderbares Boot für Ozeanreisen, aber sie steckte auch voll der Irrtümer eines unerfahrenen Amateurbootsbauers.

Abgesehen von meinen Fehlern bei der Verarbeitung verschiedener Hölzer und Harze, suchte ich anfänglich geradezu nach Möglichkeiten, Tauwerk und Drähte zu takeln und Spezialbeschläge einzubauen, bis der Kutter den Windfang und Arbeitsaufwand eines Miniaturgroßseglers mit sich herumfuhr.

So begann nach dem Stapellauf eine zweite Bauphase, in der ich langsam, meiner wachsenden Erfahrung entsprechend, vieles umbaute, neu takelte und schließlich zurückbaute und wieder entfernte, bis der Kutter der solide einfache Seekreuzer geworden war, der er von Anfang an hätte sein sollen. FIRECREST kehrte in Rigg, Beschlägen und Decks-einrichtung grundlegend vereinfacht nach Hause zurück.

Eine Aufstellung dieser Veränderungen würde den Rahmen sprengen, doch machten sie einen Großteil der berühmten »Liste« aus, die mich auf jedem Ankerplatz beschäftigte.

Wirklich notwendig waren die meisten dieser Arbeiten nicht. FIRECREST hätte die Reise auch ohne sie zu Ende gebracht. Aber das Boot war so ganz Produkt meiner Vorstellung, daß ich meine Ideen unverzüglich umsetzte. Material und Werkzeug waren an Bord. Dabei kam es mir ebenso auf das Erscheinungsbild an wie auf Funktion. - Ich baute zwei Heckausleger, da mir erst der zweite gefiel, und ich entfernte den Baumgalgen, obwohl er praktisch war, weil er mir nicht mehr gefiel.

Abgesehen davon gab es reichlich zu malen, zu konservieren und instand zu setzen.

Antifowling

Das Streichen mit Antifowling auf Teneriffa hätten wir uns sparen können. Schon in der Karibik hatte das billige spanische Produkt seine Wirkung aufgezehrt.

Ein hervorragendes, teures Hartantifowling am Anfang der Reise, das man später gelegentlich hätte überschrubben können, ohne daß es dabei abscheuerte, wäre letztlich billiger gekommen und hätte einen Bruchteil der Arbeit bedeutet.

Positionslampen

Uns fehlten elektrische Positionslampen. Welch Fehlgriff unsere Petroleumlampen waren - von der umständlichen Bedienung abgesehen -, erfuhr ich während der langen Herbstnächte im Kanal und auf der Nordsee. Wir waren ein Anachronismus, ein Relikt aus der Segelschiffszeit (als alle so ausgerüstet waren), mit dem niemand rechnete.

Der erfahrene Uts fuhr im Rigg der FRAUKEN einen vollständigen Handelsschiffs-»Tannenbaum«: rot, weiß, rot übereinander und rot über grün (Segler), alles farbeimergroße Rundumlampen von Frachtschiffsformat, wahlweise einzeln schaltbar - ziemlich sperrig, aber sehr vernünftig.

Windsteuer

Technik vom Feinsten war die Aries-Windsteueranlage: präzise, robust und fast wartungsfrei. Und bei Beschädigung hätte man sie durch Auswechseln von Teilen immer schnell reparieren können. Ohne sie wäre unsere Reise in dieser Form nicht möglich gewesen.

Hilfsmotor

Erst Jahre nach dem Stapellauf hatte ich mich für den Einbau eines Hilfsmotors entschieden. Doch hatte ich den kleinsten Motor gewählt, den ich bekommen konnte. Je kleiner er war, desto leichter konnte ich ihn einbauen, desto weniger störte er, und desto leichter ließ er sich warten oder auch reparieren.

Für den Einbau schnitt ich keine unschönen Löcher in Totholz und Ruderblatt, sondern bohrte nur ein kleines Loch seitlich durch die Außenhaut für die Schraubenwelle. Damit folgte ich dem Beispiel der alten Fahrtensegler, die ihre Lotsenkutter und Fischersmacks in den zwanziger Jahren auf gleiche Weise motorisiert hatten. Nun stand der Motor dezent unter dem Kartentisch, dort, wo früher das Schapp für den Wasserschlauch und die Gummistiefel war.

Leider mißtraute ich ihm. Ich hatte mich vom allgemeinen Vorurteil gegen Zweitakter anstecken lassen. Erst als ich mehr über Motoren gelernt hatte, begriff ich, was für eine robuste, einfache Maschine ich da hatte, ideal für die Reise der FIRECREST.

Man erinnere sich an Ostende: das Wasser im Motor und Johns englische Methode, es wieder zu entfernen. Nur ein robuster Zweitakter konnte diese Behandlung vertragen, ohne Schaden zu nehmen.

Die Bedeutung unseres Motors im Gesamtsystem läßt sich am Fassungsvermögen seines Treibstofftanks ermessen: 20 Liter gingen hinein, dazu hatten wir noch drei 5-Liter-Kanister, aus denen wir nachtankten.

Etwa 2,5 Liter verbrauchte der 7-PS-Motor pro Stunde - viel, verglichen mit einem Diesel. Doch mit allen Spritvorräten hätten wir gut 12 Stunden motoren und über 40 Meilen zurücklegen können.

Technik und Komfort

Was wir uns - von helleren Positionslampen abgesehen - zuweilen gewünscht hätten, wäre eine Kühlbox mit 12-V-Aggregat gewesen, einen kleinen Backofen und einen Wassersack zum Aufhängen als Decksdusche. Alles Weitere hätte unser Leben kompliziert und uns von dem entfernt, was wir eigentlich suchten - Einfachheit.

Navigation und Wetterkunde

Für Navigation und Wetterkunde besaßen wir Kompaß, Peilkompaß, Sextant, Handlot bis zehn Meter und Echolot bis 90 Meter, Patentlogge, Barometer, Hygrometer, Thermometer und Radio. Diese Geräte genügten vollkommen.

Astronavigation

Die astronomische Navigation wurde mir durch meine Ausbildung erleichtert. Im Grunde ist sie aber unkompliziert und ihr Erlernen keineswegs so tiefschürfend, wie mancher glauben mag.

Doch seitdem billige Satellitenrechner die genaue Position jederzeit auf Knopfdruck servieren, scheinen die Segler langsam den soliden Computer zu vergessen, den sie ständig zwischen den Schultern mit sich tragen.

Ich kann und will aber nicht einsehen, warum Navigation mit den klassischen Hilfsmitteln plötzlich ein Problem sein soll. Außerdem macht sie Freude - zumindest einem Seemann aus Leidenschaft.

Auf einem Frachter freue ich mich über alle Hilfsmittel, die mir den Job erleichtern. Aber mein Boot segele und navigiere ich zu meinem Vergnügen. Vieles von dem, was mir die Werbung gerne mit teuer verkauften Maschinen abnehmen würde, will ich selber machen. Ich möchte aus eigenem Können an mein Ziel kommen, und ich will frei sein, die Vollabhängigkeit von außen - zumindest während meiner Segelferien - hinter mir lassen.

Wenn man das astronomische Weltbild einmal begriffen hat, ist Navigation einfach. Und nachher rechnet man ohnehin nach Schemata. Für die verschiedenen Beobachtungsverfahren, wie Sonnenhöhe, Mittagsbreite, Sternenort, Nordsternbreite und so weiter, habe ich mir Rechenvorlagen gezeichnet, die ich dann nur noch auszufüllen brauchte.

Gerade als Berufsseemann kann ich Bobby Schenks Buch *Astronavigation* sehr empfehlen: einfach, leicht verständlich, ohne Ballast.

Karten und Handbücher

An den iberischen Felsenküsten und zwischen den atlantischen Inseln segelten wir teilweise nach jahrzehntealten Seekarten, ausgemustert auf meinen diversen Handelsschiffen. Die Leuchtfeuer hatten wir anhand des neuen Almanachs korrigiert, und sonst rechneten wir eben damit, daß manche Informationen nicht mehr zutrafen und navigierten entsprechend. Daß diese Vorsicht auch bei neuesten Karten geboten ist, lernten wir im Verlauf der Reise kennen.

An stark veränderlichen Sandküsten hingegen möchte ich jedem Ortsfremden raten, mit neuesten Karten zu segeln. Das Dovetief vor Norderney hatte sich nach einem Winter vollkommen verlagert.

Auch unsere Seehandbücher waren uralt und längst ausgemustert. Doch die Beschreibungen von Küstenstrukturen, lokalem Wetter und Grundbeschaffenheiten sind in den alten Seehandbüchern oft viel gründlicher und ausführlicher, weil sie teilweise noch von den Bedürfnissen einer Schiffahrt unter Segeln ausgingen. Viele detaillierte Informationen über lokale Winderscheinungen, Küstenströmungen, Ankergründe und Anlegeplätze auch abgelegenerer Ecken fehlen in den mittlerweile für die moderne Berufsschiffahrt überarbeiteten Handbüchern.

Deshalb empfehlen sich heute eher spezielle Handbücher für Yachten.

Ich besaß von einem alten Kap Horn-Kapitän noch das *Segelhandbuch für den Atlantischen Ozean* von 1910, herausgegeben für die Kaiserlichen Marine von der Deutschen Seewarte. Ich fand es sehr wertvoll und freue mich, es auch heute noch weiterempfehlen zu können, denn es ist inzwischen als Faksimile-Nachdruck erschienen.

Als Grundlage für unsere Reiseplanung dienten jedoch vor allem die *Monatskarten für den Nordatlantischen Ozean*.

Wettervorhersage

Wetterkunde empfand ich immer als faszinierenden Teil meines Segelhobbys. Auch ohne Wetterbericht läßt sich aus dem Zusammenspiel von Luft- und Wassertemperatur, Luftdruck, Luftfeuchtigkeit und Wolkenbild ziemlich genau vorhersagen, mit welchem Wetter in den nächsten Stunden zu rechnen ist. So ist man meist vorbereitet.

Und wenn man über Radio zusätzlich über die genaue Lage der Druckgebilde informiert wird, und wie sie sich wohl verändern werden - und damit auch Windrichtung und Stärke -, so lassen sich wunderbare Segelstrategien entwerfen, nach denen man nur noch selten an die Kreuz muß, um aufzuknüppeln.

Auf jeden Fall läßt sich schon aus dem Aufbau des klassischen Tiefs entnehmen, wie sich das Wetter bei seinem Durchzug entwickeln wird. Auch wenn sich das Wetter in den Druckgebilden nur selten klassisch nach Lehrbuch verhält, kommt es der Vorhersage oft sehr nahe.

Seit Verlassen der deutschen Küstengewässer stützten wir uns vor allem auf *BBC Radio 4*. Seine Wetterberichte auf Langwelle 200 Kilohertz waren professionell und die Vorhersagen meist zutreffend. Als wir den Sendebereich südlich Lissabon verließen, blieben wir ohne Wetterbericht, bis wir die Karibik erreichten.

Doch in den niedrigen Breiten kündigt sich die Wetterentwicklung in der Regel schon Tage vorher an, und draußen mußten wir es ohnehin nehmen, wie es kam.

Ab Martinique versorgte uns dann *Radio Antilles* mit dem sehr guten Wetterbericht der US-Coast Guard.

Nur auf dem Nordatlantik empfanden wir das Fehlen eines Wetterberichtes im Klartext als Nachteil. Der verschlüsselte Morsebericht auf Kurzwelle war zu schnell für mich.

Doch mit oder ohne Wetterbericht - beim Herannahen eines Orkans wäre der langsamen FIRECREST ohnehin nichts anderes übriggeblieben, als zu versuchen, gemäß der klassischen Orkantheorie, einen weniger gefährlichen Teil des Wirbelsturmes abzulaufen.

In der Karibik hätte uns *Radio Antilles* über die genaue Zugbahn des Wirbelsturms informiert.

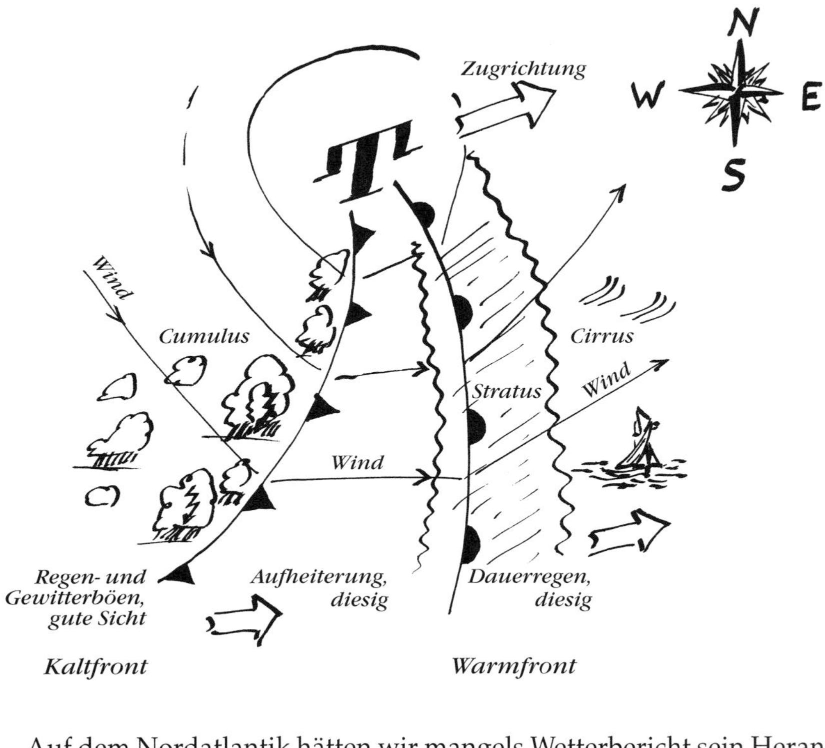

Auf dem Nordatlantik hätten wir mangels Wetterbericht sein Herannahen nur an den typischen Wetterzeichen feststellen können, so wie ich sie mehrmals beschrieben habe. Aus der langsamen Richtungsänderung des aufkommenden Sturms hätten wir dann auf unsere Position in dem Druckgebilde schließen können. Besonders gefährlich ist darin die Zugbahn, wo die stärksten Windgeschwindigkeiten auftreten, und der sogenannte gefährliche Quadrant, in dem das Boot zur Zugbahn hin versetzt wird. Daher wird auf der Nordhalbkugel, wo die Wirbelstürme links herum kreisen, folgende Taktik empfohlen: Das Boot legt sich bei Aufkommen des Sturmes auf Backbordbug, also mit dem Wind von Steuerbord.

Bleibt der Wind nach dem Einsetzen in seiner Richtung gleich und nimmt stetig zu, so sind wir wahrscheinlich genau in der Zugbahn. Wir laufen vor dem Winde ab, um von der Zugbahn wegzukommen. Dreht der Wind langsam linksherum, deutet es auf den linken vorderen und einigermaßen schiffbaren Quadranten hin. Hier läuft man ebenfalls vor Wind und Seegang ab, um noch mehr Abstand zur Zugbahn zu gewinnen.

Dreht der Wind aber nach rechts, so befinden wir uns im rechten vorderen, dem gefährlichen Quadranten. Ein Ablaufen brächte uns direkt in die Zugbahn. Deshalb sollten wir auf Backbordbug hoch am Wind laufen, solange es noch geht, und dann beidrehen. Wie lange das ein kleines Fahrzeug bei Orkan allerdings durchhält, ist fraglich. Wahrscheinlich müssen wir doch ablaufen - in der Hoffnung, daß die Wirbelsturmbahn einen der üblichen überraschenden Knicke macht und uns das Schlimmste erspart bleibt.

Jetzt verstehen Sie die Formulierung: *..., und draußen mußten wir es ohnehin nehmen, wie es kam.*

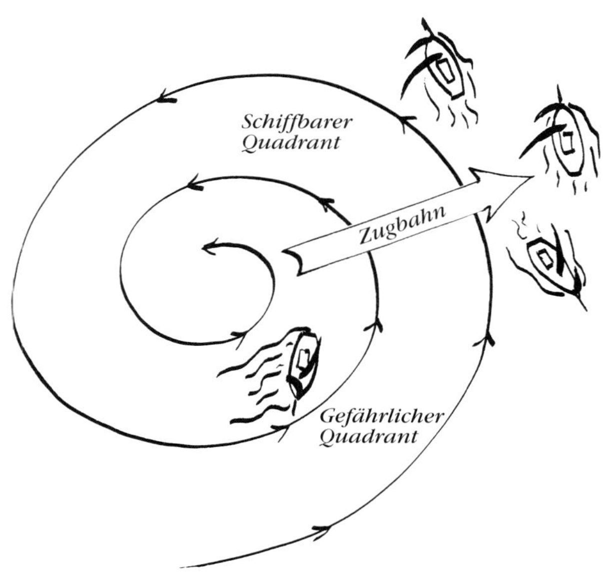

Routenplanung

Die Drohung vor schweren Stürmen zieht sich wie ein sonnenuntergangsroter Faden durch das ganze Buch. Segelten wir doch die meiste Zeit im Bereich der Hurrikane, die im Spätsommer nicht selten über den ganzen Atlantik bis an die europäischen Küsten ziehen - wie damals *Charly* vor Lage oder später *Carry* vor Vlieland.

Das jahreszeitliche Auftreten der Hurrikane sowie der Herbst- und Winterstürme bestimmte unsere Routenplanung.

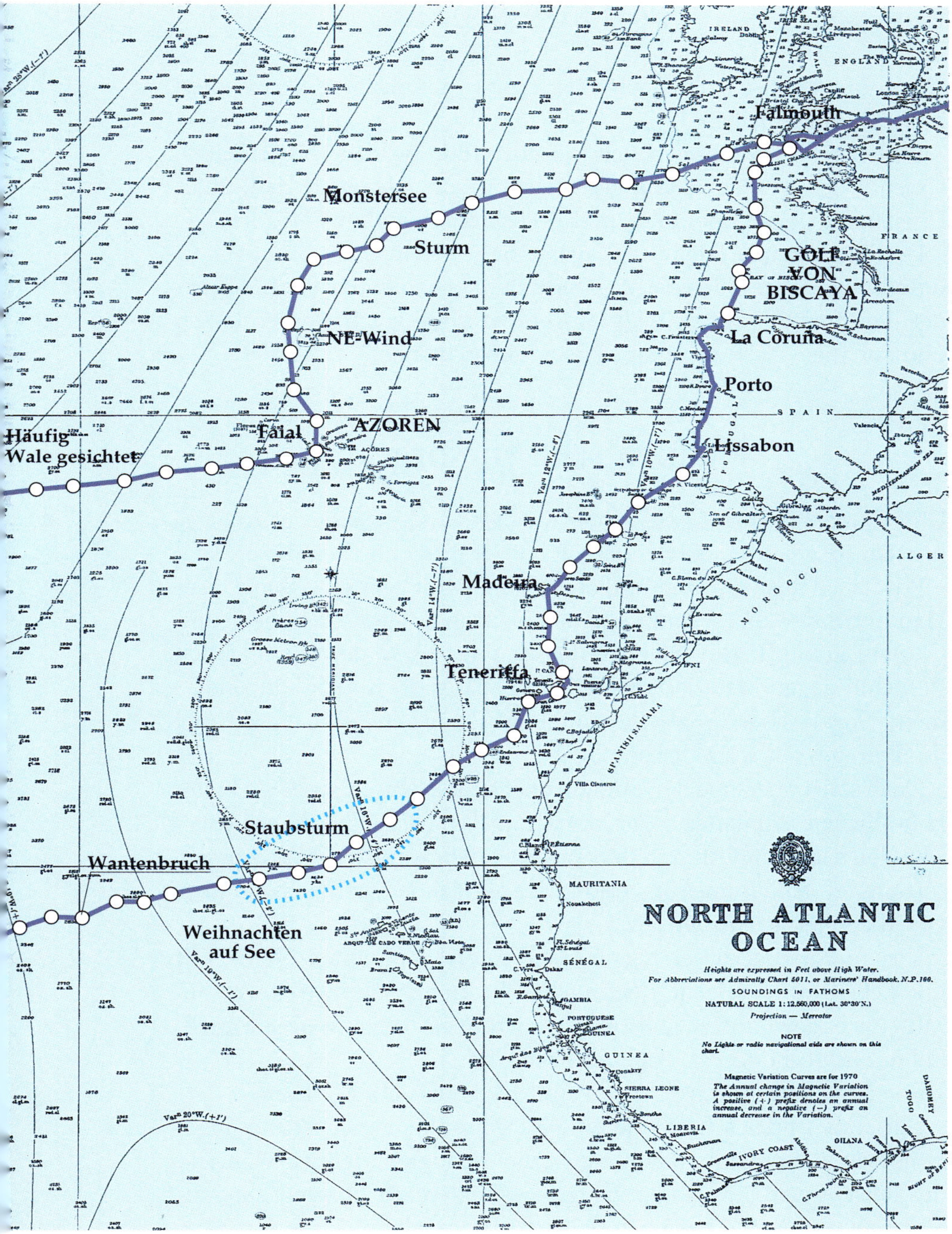
Falmouth
Monstersee
Sturm
GOLF VON BISCAYA
NE-Wind
La Coruña
Porto
AZOREN
Faial
Häufig Wale gesichtet
Lissabon
Madeira
Teneriffa
Staubsturm
Wantenbruch
Weihnachten auf See
IRELAND
ENGLAND
FRANCE
SPAIN
ALGER
MOROCCO
SPANISH SAHARA
MAURITANIA
SÉNÉGAL
GAMBIA
PORTUGUESE GUINEA
GUINEA
SIERRA LEONE
LIBERIA
IVORY COAST
GHANA
TOGO
DAHOMEY
NORTH ATLANTIC OCEAN
SOUNDINGS IN FATHOMS
Magnetic Variation Curves are for 1970

Postadressen

Auch auf Weltreise wollten wir mit unseren Freunden und Verwandten in Verbindung bleiben.

Üblicherweise kann man sich fast überallhin postlagernd schreiben lassen. Doch werden Sendungen meist nur eine begrenzte Zeit, unter Umständen gegen Gebühren, in den Postämtern aufbewahrt.

Deshalb traten wir dem Cuxhavener Segelverein *Trans-Ocean* bei. Er unterhält in allen Teilen der Welt Stützpunkte, wo freundliche Mitglieder den durchreisenden Yachties Rat und Hilfe zuteil werden lassen und vor allem als zuverlässige Postadressen dienen.

Medizinische Vorsorge

Die gesundheitlichen Gefahren der warmen Länder sind nicht zu leugnen. Umso schlechter steht es dort oft mit der medizinischen Versorgung.

Wir haben uns vom Hamburger Tropeninstitut beraten lassen. Unser Hausarzt hatte uns gründlich untersucht und gegen Gelbfieber und Cholera geimpft. Auf Teneriffa haben wir uns später mit reichlich Resochin gegen Malaria versorgt (und später doch nicht eingenommen). Dort kostete das gleiche Mittel von derselben Firma ein Zehntel des Betrages wie in Deutschland.

Auch sonst überstieg der Umfang unserer Bordapotheke einen Erste-Hilfe-Kasten. Wir hatten sogar Morphium. Wir hätten Brüche schienen, Wunden nähen und Amputationen vornehmen können - ob erfolgreich, sei dahingestellt. Immerhin verfügte ich als Handelsschiffsoffizier über eine theoretische Ausbildung.

Unsere Vorsorge unterwegs bestand in erster Linie aus Sauberkeit und Lebensmittelhygiene, doch auch nicht strenger als man es etwa am Mittelmeer gewohnt ist. Ich erinnere mich an ein- oder zweimal Durchfall mit Erbrechen, doch es dauerte nie lange.

Von dem Fischgift *Ciguatera* erzählte ich bereits auf Martinique.

Christine und ich hatten je eine Reisekrankenversicherung abgeschlossen, deren geringe Beiträge berücksichtigten, daß wir während der Reise erwerbslos waren. Unterwegs legten wir unsere Zahnarztrechnungen aus und bekamen sie nach unserer Heimkehr erstattet.

Schiffe, Treibgut

Die Hauptgefahren auf See sind »harte Gegenstände« - von größeren Fahrzeugen bis zu kantigem Treibgut.

Was es mit den Dampfertrecks in den Wegekarten auf sich hat, habe ich bei der Ansteuerung des Englischen Kanals erläutert. Aber auch außerhalb dieser Bereiche ist ein Ausguck lebensnotwendig: Selbst auf freier See sind wir wiederholt durch Kursänderung aus stehenden Peilungen herausgesegelt.

Auch mit Radarreflektor und elektrischen Positionslampen sind kleine Yachten für die Großschiffahrt fast unsichtbar und daher nicht vorhanden, solange sie nicht mit anderen Mitteln auf sich aufmerksam machen.

Bei den Trawlern unter der belgischen und holländischen Küste hätte aber auch das nichts genützt. Aus Seeamtsverhandlungen ist bekannt, mit welch haarsträubenden Methoden auf großen Fangbooten teilweise zur See gefahren wird. Wenn die schweren Trawler mit äußerster Fahrt Kurs Heimathafen streben, um den Fang anzulanden, brennen weiterhin die Fischerlichter, und das »Stundenglas« hängt im Rigg, Signale, die eigentlich nur beim wirklichen Fischen gesetzt werden dürfen, da sie alle anderen Fahrzeuge zum Ausweichen verpflichten. Inzwischen legen die Steuerleute übermüdet die Füße hoch, um sich erst unter der Küste vom eingeschalteten Echoalarm wieder wecken zu lassen.

Große Meerestiere

Viele Segler haben Angst vor Walen. Und es gibt schauerliche Erzählungen, die den Nachteil haben, zu stimmen. Gegen einen wutschäumenden Pottwalbullen ist wohl wenig auszurichten.

Trotzdem - wir hatten keine Angst - wohl Respekt. Nie wäre es uns in den Sinn gekommen, näher an Wale heranzusegeln. Aber wir glaubten an eine freundliche Übereinstimmung dieser Tiere mit uns friedlichen Besuchern in ihrem Reich. Wir freuten uns über diese phantastischen Begegnungen, von denen Landbewohner nicht einmal träumen.

Weniger Zutrauen hatten wir zu den großen »Kaltblütern« wie Haifischen oder Riesenkalmaren. Wobei letztere - zumindest an der Oberfläche - so extrem selten sind, daß sich Vorsicht erübrigt. Unser Erlebnis in der Sargassosee betrachte ich eher als persönlichen Glücksfall.

Trotzdem ist ein Fall aus dem Zweiten Weltkrieg verbürgt, wo große Kalmare schiffbrüchige Marinesoldaten von Rettungsflößen »pflückten« und in die Tiefe zogen. Die Länge angetriebener Exemplare erreicht zuweilen die großer Wale.

Sicherheitsausrüstung

Manche Sicherheitseinrichtungen an Bord wären nicht vorhanden, wenn die Skipper bewußter mit ihren Ängsten umgehen würden.

Wenn technische Ausrüstung Unglücke vermeiden könnte, gäbe es keine Schiffbrüche mehr. Das Gegenteil ist der Fall. In zunehmendem Maße fahren Menschen zur See, die sich dort nur halten können, weil technische Hilfen es ihnen bequem ermöglichen - solange sie funktionieren.

Die größten Gefahren der See werden vielmehr durch gute Seemannschaft und Voraussicht gebannt. Doch eine Restgefahr läßt sich durch keinerlei Maßnahmen vermeiden. Ihr kann man nur mit Vertrauen begegnen. Mit seiner Angst sollte man sich arrangieren, anstatt immer mehr Technik einzubauen, die einen unbewußt geradezu fixiert auf Notfälle, die dann ohnehin stets anders eintreten, als es die gehetzte Phantasie (oder die geschickte Werbung) ausmalte.

Wir haben schiffgewordene Cascoversicherungen gegen die Gefahren der See erlebt. Trotzdem hatte ich nicht den Eindruck, daß deren Skipper sorgenfreier segelten. Angst fragt nicht nach Inhalten. Wo die eine gebannt ist, dräut die andere bereits am Horizont.

Rettungsinsel

»Sie hatten keine Rettungsinsel? - Wie leichtsinnig!«

Ich habe einmal ein solides Schlauchboot gesehen, das seine Insassen in einer Bö abwarf und - sich immer wieder überschlagend - quer übers Wasser davonwehte. Seitdem stelle ich mir vor, wie es einem in einer Rettungsinsel im Orkan ergehen würde - vielleicht wie in einer Trommelwaschmaschine auf der Achterbahn? Trotzdem haben Rettungsinseln bislang unzähligen Menschen das Leben gerettet.

Unser Dingi schien mir als Rettungsmittel solider als eine Insel. Zum Seeklarmachen gehörte, daß wir unsere Fender als Schwimmkörper unter die Duchten zurrten, dazu einen halbgefüllten (so schwimmfähigen) Frischwasserkanister und einen wasserdichten Behälter mit Angelzeug, Signalmitteln und anderer Seenotausrüstung. Außerdem hatte das Dingi Besegelung, so daß wir die nächste Landmasse hätten ansteuern können. Und mit dem Walkie-Talkie in seiner wasserdichten Umhüllung hätten wir auf Kanal 16 vorbeifahrende Schiffe ansprechen können.

Heute würde ich über eine *EPIRB* nachdenken - einen automatischen Seenotsender, der über Satellit sendet. Die Geräte sind mittlerweile erschwinglich und nicht größer als Walkie-Talkies.

Seeraub und Diebstahl

Natürlich sollten alle Luken abgeschlossen werden können, wenn man das Boot verläßt. Doch in den Tropen bei geschlossenen Luken zu schlafen, wäre nur mit einer Klimaanlage erträglich.

Das nächste Mal werde ich über ein System nachdenken, damit wir die Luken nachts offen lassen können, ohne daß jemand ins Boot gelangen kann. Beispielsweise ein Netz aus Stahldraht, das vor den offenen Niedergang gespannt wird. Es müßte sich von innen aber mit einem Griff entfernen lassen, falls man an Deck möchte.

Ein wirksamer Schutz wäre auch eine helle Deckslampe oder ein Blinklicht, aus der Kajüte einzuschalten oder über einen Stolperdraht. Bewegungsmelder scheinen weniger sinnvoll, weil sie sicher auch von Möwen oder Pelikanen ausgelöst werden.

All dies hatten wir nicht und schliefen trotzdem bei offenen Luken. Aber wir segelten auch kein Boot, dessen luxuriöser Glanz zu Untaten verlockt hätte.

Bewaffnung

Da es mir geraten erschien, in der Karibik nicht unbewaffnet zu sein, nahm ich meinen antiken Armeekarabiner und einen alten Revolver mit. Wie nachzulesen, ergaben sich daraus Probleme, die ich ein nächstes Mal gern vermeiden würde. Über das Wie muß ich noch nachdenken.

Bewaffnet möchte ich aber sein, um Gelegenheitspiraten ebenso abzuschrecken wie Profis, denen es um schnellen Gewinn ohne Risiko geht. Die Illusion, unbewaffnet bei einem Überfall eher geschont zu werden, hätte ich nicht. Angesichts der rigorosen Polizeimethoden in den Ländern der warmen Zonen werden sich Verbrecher, die Boote entern, mit Zeugen kaum gefährden wollen.

Proviant und Frischwasser

Auf Langfahrt verliert das Wort Supermarkt bald jeden profanen Klang. Die Möglichkeit, preiswert frische und gute Lebensmittel bunkern zu können, bekommt einen ganz neuen Stellenwert. Erreicht die Yachtbesatzung einen fremden Ankerplatz und erfährt: »Das Blechdach dort hinter den Palmen, das ist ein Supermarkt«, befällt sie große Erleichterung.

Doch durch die Vorräte an Dosen und Trockenproviant, die wir für die langen Seetörns ohnehin an Bord hatten, haben wir auch Strecken ohne Supermärkte gut überbrückt. Wasser, Früchte und Gemüse konnten wir zwischendurch eher einmal bekommen.

In unseren Kanistern und PVC-Fässern konnten wir 300 Liter Frischwasser bunkern. Regenwasser aufzufangen, ist uns auf See nicht gelungen - zu unruhig waren die Schiffsbewegungen in den Böen, und die Schauer waren oft nicht ergiebig. Auf Ankerplätzen hingegen sammelten wir zuweilen reichlich Regenwasser - vorzugsweise im Dingi. Christine veranstaltete daraufhin Waschtage.

Den angehenden Langfahrtsegler mag der Vergleich der Bunkerbestände zu Beginn und bei Ende der längsten Überfahrt interessieren (siehe Seite 186, Seite 213). Dabei wird er feststellen, daß wir uns mit unseren Vorräten weit auf der »sicheren Seite« befanden. Eine etwas kühnere Planung - vor allem im Bereich der Dosenkonserven - hätte sich durchaus vertreten lassen. Frischwasser kann man allerdings nie genug haben. Man sollte immer damit rechnen, daß Mastbruch zum Beispiel die Reisedauer verdoppelt, oder daß einzelne Gebinde auslaufen oder Wasser verdirbt.

Rezepte

Da ich so von Christines Kochkünsten schwärmte, hier wenigstens die Rezepte für das Brotbacken im Topf mit Trockenhefe und für Quiche.

Brot

Trockenhefe mit etwas warmem Wasser anrühren, mit einem Pfund Mehl, ausreichend Salz sowie zwei Tassen Wasser vermischen und durchkneten, dabei den Teig mehrfach fest auf die Arbeitsplatte schlagen. Dann muß der Teig gehen, bis er etwa die doppelte Größe erreicht hat.

Dann formt man eine flachgedrückte Kugel, bestäubt diese mit Mehl und legt sie in den Einsatz des Dampfdrucktopfes, der innen eingefettet und ebenfalls mit Mehl bestäubt ist.

Unten in den Topf legt man den Abstandshalter aus Draht oder einen Blechteller und stellt darauf den Einsatz mit dem Brotteig.

Nun entfernt man den Gummidichtungsring - Druck soll ja nicht erzeugt werden, sondern nur Hitzestau - setzt den Deckel auf und läßt das Brot etwa eine Stunde lang auf kleinstmöglicher Flamme backen.

Quiche

Aus zwei Tassen Mehl, einer Tasse Margarine, drei bis vier Eßlöffeln Wasser und einer Prise Salz wird der Teig geknetet, mit dem der Drucktopfeinsatz ausgelegt und ein Teigdeckel geformt wird.

Die Füllung kann je nach Geschmack zum Beispiel aus Pilzen, Shrimps, Tomaten, Paprika und Schinken bestehen, mit saurer Sahne, Eiern und Gewürzen vermengt.

Die Füllung wird in die Teigform gegeben, der Teigdeckel aufgelegt und das Ganze so wie das Brot, vielleicht mit etwas kürzerer Backzeit, gebacken.

Abfälle

Auf hoher See blieb uns, auch aus hygienischen Gründen, gar nichts anderes übrig, als unseren Müll Mutter Natur »anzuvertrauen«. In den Häfen brachten wir ihn natürlich an Land.

Auf manchen Inseln stellten wir allerdings fest, daß der Müll in Leichtern gesammelt wurde, die alle paar Nächte einige Meilen hinaus in die Karibik geschleppt und dort »gelöscht« wurden. Auf den Isles des Saintes wurde der Müll passend am Gipfel des Kraterrandes verbrannt.

Kleidung

Auch unsere bessere Sommergarderobe hatten wir mitgenommen. Von Bord unseres spartanischen Segelbootes bekam das mondäne Leben zuweilen großen Reiz. Anschließend genossen wir wieder um so mehr unser Matrosenleben.

Sonst trug die Bordfrau auf Landgang leichten Rock oder Sommerhose und Bluse, der Skipper saubere Jeans und weißes Hemd. Gerade in den Ländern des Südens wird Wert auf die äußere Erscheinung gelegt, und es war uns schon wichtig, als Ausländer nicht unangenehm aufzufallen.

An Bord trugen wir alles, was wärmte oder vor der Sonne schützte und natürlich bequem war.

Vor der Reise hatte ich mir zweiteiliges Unterzeug aus Kunstfaserflies gekauft, das sich hervorragend bewährt hat.

Auch das Ölzeug war ausgezeichnet: außen kräftiges Kunststoffgewebe, innen gummiert, so daß es sofort trocknete, sobald man es auszog. Von mehrschichtiger Wetterschutzkleidung halte ich gar nichts. Stattdessen variiere ich lieber die Schichten, die ich unterziehe.

Hinsichtlich der Seestiefel habe ich schon vor FIRECREST Bernard Moitessiers Rat befolgt. Er empfahl einfache schwarze Gummistiefel, die auch innen gummiert sind - auswischen - trocken. Ich fand sie - Marke Nora - in einem Geschäft für Berufskleidung und kaufte zwei Paar. Nach 20 Jahren trage ich immer noch das erste Paar. Es gibt sie noch. Und sie machen keine schwarzen Streifen!

Sportliche Anerkennung

Die Reise der FIRECREST hatte auch eine sportliche Zielsetzung. Ich wollte beweisen, daß mit den Hilfsmitteln von Alain Gerbault, den jungen Hiscocks und anderen Langfahrtpionieren auch heute noch sichere und bequeme Ozeanreisen unternommen werden können. Mit den Einschränkungen hinsichtlich der Petroleumlampen und der unschätzbaren Hilfe durch das Windsteuer ist das auch gelungen.

Obwohl wir keine Mitglieder waren, schien das auch die Segler des *KYC (Kieler Yacht Club)* zu interessieren, die uns nach unserer Heimkehr für den Schlimbachpreis nominierten. Darüber haben wir uns sehr gefreut.

Das »nächste Boot«

Bei allen Mängeln - ich liebte FIRECREST, und unter anderen Umständen hätte ich sie noch. Doch als wir uns dann trennen mußten, trat an ihre Stelle jene Idealvorstellung, die sich im Laufe der Reise herausgebildet hatte. Das nächste Boot wird der alten FIRECREST im Stil sehr ähneln: englischer Langkieler mit geradem Steven, Klüverbaum und Yachtheck.

Doch soll das Boot viel kleiner und leichter werden und weniger Tiefgang haben. Das einmastige Rigg wird äußerst einfach zu takeln und zu bedienen sein, doch weiterhin auf der Basis von lehnigem Tauwerk und griffigem Segeltuch (Duradon).

Linienführung und Segelriß sind diesmal mehr auf gute Am-Wind-Eigenschaften getrimmt, und der Rumpf wird mehr Formstabilität haben, um aufrechter zu segeln.

Statt Kajütaufbau gibt es - ganz im alten Yachtstil - ein klares Deck mit Skylights und einem bequemen Niedergang mittschiffs. Das Cockpit - wegen des Windsteuers wenig benutzt - wird nur ein kleines Loch im Deck sein für die Beine von höchstens zwei Personen.

Auch unter Deck werden Farben und Raumgestaltung wieder ähnlich, die Einteilung klassisch: vorn Pantry, dahinter Kajüte mit Ofen, unterm Niedergang Kartentisch und Waschecke, hinten eine winzige

Schlafkajüte. Stehhöhe wird es nur noch unter Luke und Skylights geben.

Aber Bau, Transport, Slippen, Instandhaltung und Bedienung werden erheblich weniger Aufwand erfordern, kurz: Das Boot soll mir das gleiche wie die alte FIRECREST ermöglichen, mich aber nicht mehr so in Anspruch nehmen.

Zunächst will ich das Boot wieder ohne Motor vom Stapel lassen. Doch mit seiner größeren Leistungsfähigkeit am Wind - zum Beispiel beim Aufkreuzen enger Einfahrten - und meiner gewachsenen Erfahrung werden wir nun vielleicht dabei bleiben.

Erinnern Sie mich gelegentlich daran, ob ich diesen Vorsatz durchgehalten habe.

Impressum:
FIRECREST auf Atlantikreise
Clemens Richter
1. Auflage 1998

Titellayout	MachArt, Hamburg
Layout, Herstellung	MachArt, Hamburg
Fotos und Zeichnungen	Clemens Richter, Böel
Druck	Busse Druck, Herford

ISBN 3-88412-289-4

C A N A D A
UNITED STATES
Erster
Nordatlantiksturm
Bermuda
Erste Position
von „Andrew“
Flaute in
der Sargassosee
KLEINE
ANTILLEN
Virgin Isle
St. Christopher
Dominica
Martinique
Passatströmung
GULF OF MEXICO
CARIBBEAN SEA
VENEZUELA
COLOMBIA
GUYANA
SURINAME
FRENCH GUIANA
PACIFIC OCEAN
Reiseroute
Mittagspositionen
auf den Überfahrten